Ano Litúrgico

Coleção Fonte Viva

Ano Litúrgico: é o próprio Cristo presente na sua Igreja
Matias Augé

Bíblia e liturgia: a teologia bíblica dos sacramentos e das festas nos padres da Igreja
Jean Danielou

Eucaristia: teologia e celebração. Documentos pontifícios, ecumênicos e da CNBB 1963-2004
Antonio Francisco Lelo (org.)

Formação da identidade cristã - Exegese bíblica dos primeiros padres da Igreja
Guido I. Gargano

Patrística pré-nicena
Geraldo Lopes

Vocabulário básico de Liturgia
José Aldazábal

Matias Augé

Ano Litúrgico

É o próprio Cristo
presente na sua Igreja

Paulinas

Dados Internacionais de Catalogação na Publicação (CIP)
(Câmara Brasileira do Livro, SP, Brasil)

Augé, Matias
 Ano litúrgico : é o próprio Cristo presente na sua Igreja /
Matias Augé ; [tradução Geraldo Lopes]. – São Paulo : Paulinas,
2019. – (Coleção fonte viva)

 Título original: L'anno liturgico : è Cristo stesso presente
nella sua Chiesa
 Bibliografia.
 ISBN 978-85-356-4470-8

 1. Ano litúrgico 2. Celebração litúrgica 3. Jejuns e festas
4. Jesus Cristo 5. Mistério pascal 6. Vida espiritual I. Título.
II. Série.

19-27804   CDD-263.9

Índice para catálogo sistemático:

1. Tempos e festas : Ano litúrgico : Cristianismo   263.9

Maria Paula C. Riyuzo - Bibliotecária - CRB-8/7639

Título original da obra: L'Anno Liturgico. È Cristo stesso presente nella sua Chiesa.
© Libreria Editrice Vaticana, Cittá del Vaticano, 2009.

1ª edição – 2019

Direção-geral: Flávia Reginatto
Conselho editorial: Dr. Antonio Francisco Lelo
    Dr. João Décio Passos
    Ma. Maria Goretti de Oliveira
    Dr. Matthias Grenzer
    Dra. Vera Ivanise Bombonatto
Editores responsáveis: Vera Ivanise Bombonatto
    e Antonio Francisco Lelo
Tradução: Geraldo Lopes
Copidesque: Mônica Elaine G. S. da Costa
Coordenação de revisão: Marina Mendonça
Revisão: Sandra Sinzato
Gerente de produção: Felício Calegaro Neto
Diagramação: Jéssica Diniz Souza

Nenhuma parte desta obra poderá ser reproduzida ou transmitida
por qualquer forma e/ou quaisquer meios (eletrônico ou mecânico,
incluindo fotocópia e gravação) ou arquivada em qualquer sistema ou
banco de dados sem permissão escrita da Editora. Direitos reservados.

Paulinas
Rua Dona Inácia Uchoa, 62
04110-020 – São Paulo – SP (Brasil)
Tel.: (11) 2125-3500
http://www.paulinas.com.br – editora@paulinas.com.br
Telemarketing e SAC: 0800-7010081
© Pia Sociedade Filhas de São Paulo – São Paulo, 2019

Sumário

Abreviações e siglas 13

Apresentação 17

CAPÍTULO I

Premissas metodológicas 19

1. História – celebração – teologia 20

2. A expressão (e o conceito) "Ano Litúrgico" 22

3. A estrutura orgânica do Ano Litúrgico 24

CAPÍTULO II

Tempo, história da salvação e liturgia 31

1. Algumas premissas antropológicas 31

    1.1. Tempo e espaço 32

    1.2. O que é o tempo? 36

2. O tempo como história salvífica 38

3. O espaço temporal do homem e do cosmo marcado
    e definido pelos ritmos da natureza criada 41

4. O tempo dos acontecimentos humanos (chronos) 45

5. O tempo de momento pleno e ocasião propícia para
    ser alcançado pelo Deus que salva (kairós) 46

6. A dimensão temporal da vida humana envolvida
    no tempo de Deus (aiôn) 48

7. Cristo, Senhor do tempo 49

8. Do acontecimento à celebração 53

CAPÍTULO III

O "mistério de Cristo" – "Mistério pascal" 57

1. O fundamento bíblico do mistério pascal 57

    1.1. O mistério 58

    1.2. O mistério pascal 59

2. O "mistério (de Cristo)" nos padres apostólicos e subapostólicos 60

3. O "mistério (de Cristo)" nas catequeses do século IV 62

4. O "mistério pascal" nos Padres 63

    4.1. A Páscoa "paixão" 63

    4.2. A Páscoa "passagem" 65

    4.3. A Páscoa como "passar além" (ou "saltar") 66

    4.4. A Páscoa "recapitulação" 66

5. Do grego mysterion ao latim mysterium e sacramentum 67

6. O mistério/sacramento pascal em Leão Magno 69

7. O mistério/sacramento pascal nas antigas fontes litúrgicas romanas 70

    7.1. A anamnese eucarística 70

    7.2. A antiga eucologia romana 72

8. O mistério pascal da teologia escolástica até nossos dias 73

9. O mistério pascal segundo o Vaticano II 74

CAPÍTULO IV

O calendário litúrgico 77

1. Alguns dados da história 78

2. O Calendário romano geral de 1969 81

3. A problemática de um eventual Calendário perpétuo 84

CAPÍTULO V

O domingo, festa primordial dos cristãos 87

1. A festa 88

    1.1. Dimensão antropológica 88

        1.1.1. A festa tem caráter coletivo 90

        1.1.2. A festa é uma celebração extraordinária 90

        1.1.3. A festa é recordação e presença 91

        1.1.4. A festa é rito tradicional e fantasia criadora 93

        1.1.5. A festa é alegria e seriedade 93

    1.2. Dimensão cristã 95

        1.2.1. A festa na Bíblia 95

        1.2.2. A teologia da festa 97

        1.2.3. Alguns condicionamentos atuais colocados à festa cristã 99

2. O domingo 101

2.1. Testemunhos neotestamentários...102

2.1.1. O dia da coleta...103

2.1.2. O dia da assembleia.. 104

2.1.3. O dia da Ceia do Senhor 105

2.1.4. O dia da presença do Ressuscitado 107

2.1.5. O dia das experiências pascais 108

2.2. A relação sábado/domingo 110

2.2.1. O shabbat hebraico 111

2.2.2. Do sábado ao domingo..113

2.3. Repouso festivo e participação na missa dominical 116

2.4. Para uma teologia do domingo 119

CAPÍTULO VI

A celebração da Páscoa anual nos primeiros quatro séculos 127

1. A celebração da Páscoa no cristianismo primitivo.. 127

2. A data da celebração 130

3. A estrutura celebrativa.. 134

4. O quadro teológico.. 137

5. O processo de expansão da Páscoa no decurso do século IV........................ 139

CAPÍTULO VII

A celebração pascal do século IV ao século XVI... 141

1. O Tríduo Sagrado e a Semana Santa.. 142

1.1. A quinta-feira antes da Páscoa.. 143

1.2. A Sexta-feira Santa 146

1.3. O Sábado Santo.. 148

1.4. A Vigília Pascal.. 148

1.5. A missa do Domingo de Páscoa 151

1.6. A Semana Santa 152

2. Os cinquenta dias pascais.. 153

3. A Quaresma 155

CAPÍTULO VIII

As celebrações pascais após o Concílio Vaticano II.. 161

1. O Tríduo Pascal: celebração e teologia 162
   1.1. A Quinta-feira da Semana Santa 164
   1.2. A Sexta-Feira Santa "in Passione Domini" 166
   1.3. O Sábado Santo 169
   1.4. O Domingo de Páscoa "in resurrectione Domini" –
        Vigília Pascal na noite santa 172
   1.5. O Domingo de Páscoa "in resurrectione Domini": missa do dia 175
2. O Tempo de Páscoa: estrutura celebrativa 175
3. O Tempo de Páscoa: Teologia 177
   3.1. O Tempo Pascal é tempo de Cristo 177
        3.1.1. Cristo é o "verdadeiro Cordeiro" no qual se realizam
               as figuras antigas 178
        3.1.2. Em Cristo o universo ressuscita e se renova,
               e o ser humano retorna às fontes da vida 179
        3.1.3. O acontecimento da glorificação de Cristo inaugura um novo
               e eterno sacerdócio 180
   3.2. O Tempo Pascal é tempo do Espírito 180
        3.2.1. Cristo ressuscitado por obra do Espírito 180
        3.2.2. Cristo Ressuscitado fonte do Espírito 181
   3.3. O Tempo Pascal é tempo da Igreja 181
        3.3.1. O Espírito, princípio de unidade da Igreja 182
        3.3.2. O Espírito introduz a Igreja no mistério de Cristo 183
   3.4. O Tempo Pascal é anúncio do tempo escatológico 183
4. O tempo de Páscoa: parênese 184
   4.1. Mortos e ressuscitados com Cristo 184
   4.2. Fiéis à solicitação do Espírito 186
        4.2.1. Cooperar com a ação do Espírito 186
        4.2.2. Com uma vida fundada sobre a dinâmica
               da liberdade do amor filial 187
   4.3. Na vida e na missão da Igreja 188
5. O tempo de Quaresma: estrutura celebrativa 190
6. O tempo de Quaresma: teologia 191
   6.1. A Quaresma é introdução ao mistério pascal de morte e ressurreição 192
   6.2. A Quaresma é um itinerário sacramental-batismal 193
   6.3. A Quaresma é um itinerário cristocêntrico-pascal 194
   6.4. A Quaresma é um itinerário penitencial 194

7. O tempo de Quaresma: parênese 195

   7.1. A Quaresma é tempo de luta contra o mal e contra o pecado 196

   7.2. A Quaresma é tempo de jejum, de esmola e de oração 197

   7.3. A Quaresma é tempo de escuta da Palavra de Deus 199

CAPÍTULO IX

O tempo da manifestação do Senhor 203

1. Origem do Natal 204

2. Desenvolvimentos da celebração do Natal até hoje 207

3. A celebração do Natal: teologia 210

   3.1. O Natal celebra os inícios da nossa redenção 211

   3.2. O Natal celebra a manifestação da glória de Deus em Cristo 212

   3.3. O Natal celebra o esponsalício do Filho de Deus com a humanidade. 214

   3.4. O Natal é a festa da nossa "divinização" 216

   3.5. O Natal é a festa da "nova criação" 218

   3.6. O Natal faz memória da maternidade virginal de Maria,
      "filha de Sião" 219

4. A celebração do Natal: parênese 220

   4.1. O Natal é um acontecimento de salvação 220

   4.2. O Natal é mistério de luz 221

   4.3. O Natal é mistério de fraqueza 221

   4.4. O Natal é mensagem de paz 221

   4.5. O Natal é convite à alegria 222

   4.6. O Natal é convite para a solidariedade 222

   4.7. O Natal é manifestação do mistério de Cristo 223

   4.8. O Natal é revelação do mistério do ser humano 223

5. Origem da Epifania 224

6. Os desdobramentos da celebração da Epifania
   até os dias de hoje 225

7. A celebração da Epifania: teologia 227

   7.1. A Epifania celebra a manifestação do Filho de Deus a todos os povos.. 227

   7.2. A Epifania celebra o encontro de todos os povos com o Senhor 229

8. A celebração da Epifania: parênese 230

   8.1. A Epifania é um convite a renovar a fé naquele
      que se revela como nosso Salvador 230

8.2. O contínuo discernimento destes sinais dos tempos 231

8.3. Em uma Igreja missionária a serviço do Reino 232

9. A origem do tempo do Advento 233

10. Desdobramentos da celebração do Advento até os dias de hoje 234

11. A celebração do Advento: teologia 236

11.1. O advento celebra o "já" e o "ainda não" da salvação 237

11.2. O Advento como alegre esperança da realização
definitiva da salvação 239

11.3. O Advento celebra a memória de Maria, ícone da esperança............. 241

12. A celebração do Advento: parênese 242

12.1. O Advento é paradigma da condição peregrinante do cristão............. 242

12.2. O Advento é "sacramento" da esperança cristã
entre empenho e esperança 245

CAPÍTULO X

O Tempo Ordinário "durante o ano" 249

1. Origens, evolução e significado
do Tempo Ordinário... 250

2. O Lecionário do Tempo Ordinário... 253

2.1. As três leituras dominicais... 253

2.2. As duas leituras feriais 254

3. A leitura semicontínua do Evangelho 255

4. Teologia e estrutura do Tempo Ordinário... 258

CAPÍTULO XI

As festas "de devoção" 261

1. Santíssima Trindade (domingo I depois de Pentecostes)............................ 262

2. Santíssimo Corpo e Sangue de Cristo
(quinta-feira após a Santíssima Trindade) 265

3. Sacratíssimo Coração de Jesus
(sexta-feira após o II Domingo depois de Pentecostes)..............................270

4. Nosso Senhor Jesus Cristo, Rei do Universo
(último domingo per annum)... 273

5. Santa família de Jesus, Maria e José
(domingo entre a oitava de Natal) 276

6. Conclusão 280

CAPÍTULO XII

Maria na celebração do mistério de Cristo... 281

1. Origens e desenvolvimentos do culto mariano.. 282

    1.1. Maria na prece da Igreja antiga 282

    1.2. Origem e difusão das festividades marianas 284

        1.2.1. No Oriente 284

        1.2.2. No Ocidente... 286

2. Maria na liturgia renovada após o Concílio Vaticano II 290

    2.1. As festividades marianas no Calendário 290

    2.2. As solenidades marianas 292

        2.2.1. Maria Santíssima, Mãe de Deus.. 293

        2.2.2. Assunção da Bem-aventurada Virgem Maria 295

        2.2.3. Imaculada Conceição da Bem-aventurada Virgem Maria 297

    2.3. Os textos bíblicos e eucológicos das missas marianas 299

    2.4. Os textos marianos da Liturgia das Horas 301

CAPÍTULO XIII

Santos na celebração do mistério de Cristo 303

1. Origem e desenvolvimento do culto dos santos e das santas 304

    1.1. O culto dos mártires: primeiros testemunhos 304

    1.2. Do culto dos defuntos ao culto dos mártires 307

    1.3. Do culto dos mártires ao culto dos santos.. 309

    1.4. Do culto local ao culto universal... 311

    1.5. A expressão litúrgica do culto dos mártires e dos santos 312

2. Teologia do culto dos santos 314

3. O culto dos Anjos... 320

    3.1. Os Santos Arcanjos Miguel, Gabriel e Rafael
        (29 de setembro – festa) 321

    3.2. Santos Anjos da Guarda
        (2 de outubro – memória) 323

CAPÍTULO XIV

Teologia e espiritualidade do Ano Litúrgico 325

1. O Ano Litúrgico é uma entidade teológica 325

    1.1. Em busca de uma teologia do Ano Litúrgico.. 326

1.2. O Ano Litúrgico é uma entidade teológica 328

    1.2.1. A categoria "história da salvação" 329

    1.2.2. Os "Mistérios de Cristo" 330

    1.2.3. A linguagem litúrgica 332

2. O Ano Litúrgico é celebração memorial e cíclica do mistério de Cristo 337

3. Palavra e sacramento no Ano litúrgico 341

4. Nos diversos mistérios do ciclo anual celebramos
   o único mistério de Cristo 348

5. O Ano Litúrgico, itinerário de vida espiritual 352

Abreviações e siglas

AG   Concílio Vaticano II, Decreto *Ad Gentes.*

ALW   *Archiv für Liturgiewissenschaft*, Regensburg, 1950-.

Anàmnesis   AA.VV. *Anàmnesis. Introduzione storico-teologica alla Liturgia*, a cura dei professori del Pontificio Istituto Liturgico di Santo Anselmo di Roma. 7 vol., Marietti, Genova, 1974-1989. [Tradução bras. AA.VV. *Anamnesis.* São Paulo: Paulus, 1986-1996. v. 1-6].

BP   *Biblioteca Patristica.* Firenze/Bologna, 1984-.

CDC   Código de Direito Canônico (seguido do ano da edição)

CIC   Catecismo da Igreja Católica, 1992.

CCL   *Corpus Christianorum. Series Latina.* Turnhout, 1954-.

CEI   Conferenza Episcopale Italiana.

COED   *Conciliorum Oecumenicorum Decreta*, Dehoniane, Bologna, 1981.

DACL   F. Cabrol; H. Leclercq [H. Marrou] (edd.), *Dictionnaire d'Archéologie Chrétienne et de Liturgie*, Letouzey et Ané, Paris, 1907-1953.

DTC   *Dictionnaire de Théologie Catholique*, Paris, 1903-1972.

DV   Concílio Vaticano II, Constituição *Dei Verbum.*

EL   *Ephemerides Liturgicae*, Roma, 1887-.

EM   *Ephemerides Mariologicae*, Madrid, 1950-.

EO	*Ecclesia Orans*, Roma, 1984-.
GeV	L. C. Mohlberg; L. Eizenhöfer; P. Siffrin (edd.), *Liber Sacramentorum Romanae Aecclesiae ordinis anni circuli* (Rerum Ecclesiasticarum Documenta – Series Maior. Fontes 4), Herder, Roma, 1960.
GrH	J. Deshusses (ed.), *Le Sacramentaire Grégorien. Ses principales formes d'après les plus anciennes manuscrits*, tome premier (Spicilegium Friburgense 16), Éditions Universitaires, Fribourg Suisse 1971 (1979²).
GS	Concílio Vaticano II, Constituição *Gaudium et Spes*.
IGLH	*Institutio generalis de Liturgia Horarum*, 1971.
IGMR	*Institutio generalis Missale Romanum*, 2002.
JLW	*Jahrbuch für Liturgiewissenchaft*, Münster, 1921-1941.
Liturgia	D. Sartori; A. M. Triacca; C. Cibien (edd.), *Liturgia* (I Dizionari San Paolo), San Paolo, Ciniselo Balsamo, 2001.
LMD	*La Maison Dieu*, Paris, 1945-.
Mansi	S. D. Mansi (ed.), *Sacrorum Conciliorum nova et amplissima collectio*, voll. 53, Firenze 1759-1827, Graz, 1960 (ed. anastatica).
MLCT	*Monumenta Liturgica Concilii Tridentini*.
MR	*Missale Romanum* (seguido do ano da edição típica).
MSIL	*Monumenta Studia Instrumenta Liturgica*.
NBA	AA.VV (edd.), *Nuova Biblioteca Agostiniana* (edição bilingue), Città Nuova, Roma, 1985-. (cf. sítio da internet: http:/www.augustinus.it).
NGALC	*Norme generali per l'ordinamento dell'Anno Liturgico e del Calendario*, 1969.
OICA	*Ordo initiationis christianae adultorum*, 1972.

OLM	*Ordo lectionum Missae*, 1981.
OR	*Ordo Romanus*. O número que acompanha esta sigla corresponde à numeração de M. Andrieu (ed.), *Les Ordines Romani du haut moyen âge* (Spicilegium Sacrum Lovaniense, Études et Documents 11, 23, 24, 28, 29), Louvain, 1960-1965.
PG	J. P. Migne (ed.), *Patrologiae cursus completus. Series greca*, Paris-Montrouge, 1857-1866.
PL	J. P. Migne, (ed.), *Patrologiae cursus completus. Series latina*, Paris-Montrouge, 1844-1864.
PO	Concílio Vaticano II, Decreto *Praesbyterorum ordinis*.
PR	*Pontificale Romanum* (seguido do século, para os Pontificais da Idade Média: M. Andrieu (ed.), *Le Pontifical au Moyen Âge* (Studia e Testi 86-89), Città del Vaticano, 1938-1941), ou seguido do ano da edição típica para os Pontificais posteriores).
PRG	C. Vogel; R. Elze (edd.), *Le Pontifical romano – germanico du X siècle* (Studia e Testi 226, 237, 269), Città del Vaticano, 1963-1972.
QL(P)	*(Les) Questions liturgiques (et parroissiales)*, Louvain, 1910-.
RevSR	*Revue de Sciences Religieuses*, Strasbourg, 1921-.
RHE	*Revue d'Histoire Ecclésiastique*, Louvain, 1900-.
Righetti I	M. Righetti, *Manuale di Storia Liturgica*, vol. I: *Introduzione Generale*, Ancona, Milano, 1964³ (segunda edição anastática, 2005).
Righetti II	M. Righetti, *Manuale di Storia Liturgica*, vol. II: *L'Anno liturgico nella storia, nella Messa e nell'Ufficio*, Ancona, Milano 1969³ (segunda edição anastática 2005).
RL	*Rivista Liturgica*, Finalpia/Torino-Leumann/Padova, 1914-.
RSR	*Revue de Science Religieuse*, Paris, 1910-.

SC	Concílio Vaticano II, Constituição *Sacrossantum Concilium.*
ScC	*La Scuola Cattolica*, Venegono Inf., 1973-.
SCh	*Sources Chrétiennes*, Paris, 1942-.
ScLit	A. J. Chupungo, (ed.), *Scientia Liturgica. Manuale di Liturgia*, 5 vol., Piemme, Casale Monferrato, 1998.
SE	*Sacris Erudiri*, Steenbrugge, 1948-.
STh	Tommaso D'Aquino, *Summa Theologica.*
TQ	*Theologische Quartalschrift*, Tubinga, 1919-.
Ve	L. C. Mohlberg; L. Eizenhöfer; P. Siffrin (edd.), *Sacramentarium Veronense* (*Rerum Sacramentarum Documenta* – Series Maior, Fontes I), Herder, Roma, 1956.

Apresentação

O Ano Litúrgico, entre os muitos interesses que cultivei no campo da liturgia, é o aspecto que nutri por mais tempo e no qual me empenhei com maior paixão. Eis por que posso afirmar que estas páginas são fruto de anos de estudo e de magistério. Já publiquei diversas monografias, estudos e artigos sobre o Ano Litúrgico ou sobre seus aspectos particulares. E o material é retomado aqui, revisto e, quando preciso, atualizado e completado na tentativa de oferecer uma apresentação do argumento que seja, na medida do possível, unitária e completa.

Não me é desconhecido o fato de existir ao redor, sobre o Ano Litúrgico, uma produção literária bastante abundante. Em todo caso, creio que este volume tenha originalidade. Com efeito, na discussão do tema procura-se privilegiar o Ano Litúrgico em sua dimensão teológica, bem como espiritual. Como se deduz pelo índice do livro, não se esquece nem da história nem da celebração. Contudo, busca-se de forma mais profunda colocar em evidência os aspectos teológicos e de vida espiritual.

"Nos ritmos e nos acontecimentos do tempo, recordamos e vivemos os mistérios da salvação"; este anúncio, feito no dia da Epifania, dá-nos de forma simples e imediata o sentido e o valor do Ano Litúrgico: "recordar" e "viver". Como diz Pio XII na sua Encíclica *Mediator Dei*, "o Ano Litúrgico é o próprio Cristo presente em sua Igreja". Procuraremos, portanto, colocar em evidência, de modo particular, a dimensão cristológica e eclesial do Ano Litúrgico.

O Ano Litúrgico apresenta-se organizado como celebração anual do mistério/mistérios de Cristo e das memórias de Nossa Senhora e dos Santos/as, que são realização concreta deste mistério. Assim fala a SC, no número 102: "A santa mãe Igreja considera seu dever celebrar, em determinados dias do ano, a memória sagrada da obra de salvação do seu divino Esposo".[1] Portanto, o tempo salvífico do Ano Litúrgico tem uma referência essencial à Igreja, existe *para* a Igreja. O mistério de Cristo celebrado deve se tornar "fonte de vida para a Igreja".

---

[1] Constituição Conciliar *Sacrosanctum Concilium* sobre a Sagrada Liturgia 102. Disponível em: <http://www.vatican.va/archive/hist_councils/ii_vatican_council/documents/vat-ii_const_19631204_sacrosanctum--concilium_po.html>. Acesso em: 11.05.11.

Capítulo I. Premissas metodológicas

O esquema destas páginas sobre o Ano Litúrgico tem uma lógica metodológica, que será ilustrada brevemente. Em primeiro lugar, apresentamos alguns critérios de método para compreender qual é o modo com o qual desejamos afrontar a matéria. Em segundo lugar, ocupamo-nos da temática do tempo litúrgico. Não há dúvida de que, caso se deva falar do Ano Litúrgico, ele não pode ser compreendido sem referência à categoria tempo. Após algumas premissas de ordem antropológica, tratamos do tempo na Bíblia, entendida como história da salvação, e do tempo no horizonte da celebração litúrgica, entendida como celebração do mistério da salvação, tendo como núcleo o mistério de Cristo, mistério pascal. Com efeito, o Ano Litúrgico coloca-se na relação entre o tempo da história da salvação e o tempo da celebração do mistério da salvação. Neste quadro, já se pode colher rapidamente uma primeira dimensão teológica do Ano Litúrgico. Esta dimensão desencoraja uma leitura dos dados da história bíblica que se esgote em um simples olhar para os acontecimentos do passado. Encoraja, sim, um aprofundamento dos mesmos dados da história da salvação constantemente em ato.

Exposta a temática acima, o discurso procede seguindo um método histórico-genético, no sentido de que estuda o Ano Litúrgico assim como nasceu e foi, pouco a pouco, desenvolvido nas diversas partes e elementos que o compõem, e não como o conhecemos em sua estrutura atual. Com efeito, o Ano Litúrgico nasce do núcleo que é o mistério da Páscoa, e se expande depois, pouco a pouco, no curso dos três primeiros séculos.

Após um breve capítulo sobre o calendário litúrgico, daremos uma atenção particular ao domingo, dia do Senhor e Páscoa semanal, como primeira celebração litúrgica que aparece no curso da história. A seguir, estuda-se a

Páscoa anual e os seus desenvolvimentos na liturgia romana. Tudo aquilo que explicamos até o século IV pode-se considerar substancialmente válido para toda a liturgia da Igreja. Com efeito, até aquele momento, não se tinham afirmado ainda as chamadas famílias ou ritos litúrgicos nem existia uma verdadeira distinção entre os ritos orientais e os ritos ocidentais. Ao contrário, a partir do final do século IV concentramo-nos somente na liturgia romana. A seguir, estudamos o ciclo do Natal – Epifania, o Tempo Ordinário, bem como o culto de Maria, dos Anjos e dos Santos e Santas no curso da Celebração anual do Mistério de Cristo. Dado que a história se faz com os documentos, concedemos uma particular atenção às fontes (bíblicas, patrísticas e litúrgicas: *Sacramentários, Ordens, Missais* etc.). Finalmente, encerramos o tratado com um capítulo no qual se traçam as grandes linhas da teologia e da espiritualidade do Ano Litúrgico.[1]

1. HISTÓRIA – CELEBRAÇÃO – TEOLOGIA

Entrando plenamente no preâmbulo metodológico,[2] dizemos que a celebração da missa e da *Liturgia das Horas*, de cada dia e de cada festa, realiza-se mediante ritos, leitura, orações que variam durante o ano segundo uma ordem que atualmente é indicada comumente com a expressão "Ano Litúrgico". Portanto, considerado em si mesmo e em relação com a ação cultual da Igreja, o Ano Litúrgico apresenta-se como a estrutura que sustenta todo o edifício cultual. Estritamente falando, portanto, não se trata de uma ação pontual, mas sim daquilo que sustenta cada celebração. O Ano Litúrgico pode ser concebido como um *lugar-tempo sacramental*. Por esta razão, toda ação litúrgica é, de alguma forma, "colorida" pelo momento do Ano Litúrgico no qual é realizada e participada. Assim, por exemplo, uma celebração eucarística no Tempo Pas-

---

[1] As principais obras de referência são aquelas nas quais ilustrei diversos aspectos do Ano Litúrgico: *Anàmnesis* 6, 9-34, 57-66, 221-259; *La domenica festa primordiale dei cristiani* (Universo Teologia 34), San Paolo, Cinisello Balsamo 1995; ScLit 5, 169-190, 211-245, 356-370; *Avvento Natale Epifania: il tempo della manifestazione del Signore* (Alle Fonti della Liturgia), San Paolo, Cinisello Balsamo 2002; *Quaresima Pasqua Pentecoste: tempo di rinnovamento nello Spirito* (Alle Fonti della Liturgia), San Paolo, Cinisello Balsamo 2002.

[2] Para uma primeira aproximação ao estudo do Ano Litúrgico, cf. A. M. Triacca, *Anno liturgico, verso una organica trattazione teologica*, in *Salesianum* 38 (1976) 513-621; G. Cavagnoli, *Rassegna bibliografica sull'Anno Liturgico*, in RL 75 (1988) 443-459.

cal possui algo de particular que não se encontra no Tempo Ordinário ou no de Natal, e vice-versa, embora se trate da mesma e única Eucaristia.

Notemos que a quase totalidade das numerosas e recentes publicações sobre o Ano Litúrgico desenvolve o tema apresentando, antes de tudo, o capítulo histórico e analisa sucessivamente os textos litúrgicos e os ritos de cada um dos períodos do Ano Litúrgico. De forma complexiva, o método seguido pelos autores espelha seja a evolução histórica do Ano Litúrgico – indispensável para compreender o objeto preciso da sua celebração –, seja o atual conteúdo doutrinal e espiritual dos diversos períodos e das diversas festas.

As publicações às quais nos referimos, quase unanimemente (não todas), colocam antes do exame analítico, indicado precedentemente, o que parece ser mais oportuno: uma breve síntese sobre a concepção do tempo e da festa conforme a tradição bíblica. Contudo, causa espanto em alguns críticos o fato de que aí seja acrescentado um capítulo sobre a teologia de todo o Ano Litúrgico. Tomando-se, por exemplo, o vol. 6 de *Anamnesis*, percebemos que no início existe uma primeira parte intitulada "Teologia do Ano Litúrgico", na qual se fala da noção de tempo, o que é o tempo segundo a Bíblia e, em seguida, da centralidade de Cristo no tempo, passando posteriormente para o mistério de Cristo celebrado no tempo do Ano Litúrgico. Os críticos, aludidos acima, interrogam-se como se poderia justificar, sob o aspecto metodológico, tal forma de proceder. Com efeito, a teologia do Ano Litúrgico não é abstrata, mas concreta. Ela se exprime nos textos e nos ritos de cada festa e de cada um dos períodos do Ano Litúrgico. Então, se isto é verdadeiro, somente após uma visão global do Ano Litúrgico em si mesmo, e um estudo particularizado de cada uma de suas partes, enquanto convergência de multíplices fatores, sob o aspecto teológico, histórico, litúrgico, pastoral e celebrativo, se podem traçar algumas linhas sintéticas sobre a teologia, a espiritualidade e a pastoral do Ano Litúrgico considerado na sua totalidade. Dizendo em palavras mais simples, estes críticos se perguntam como é possível propor uma teologia do Ano Litúrgico antes de estudar sua história e seu conteúdo. Portanto, considerando essas dificuldades colocadas, a exposição deveria começar com a história, passar posteriormente para os conteúdos das celebrações, para concluir tudo com uma síntese teológica.

Às anotações feitas, podemos responder afirmando que, por um lado, parece correto que o estudo do Ano Litúrgico seja organizado partindo dos dados da história para atingir, em seguida, uma teologia, antepondo-se algumas considerações sobre o tempo na Bíblia e na celebração litúrgica. De outro lado, porém, construir certa teologia do Ano Litúrgico pode-se fazer também propondo uma teologia geral daquilo que é o mistério litúrgico, o qual tem sempre uma referência ao tempo enquanto é celebrado no tempo. Porém, é verdade que na maioria das monografias sobre o Ano Litúrgico que temos à disposição falta um capítulo teológico conclusivo, que retome e reelabore, possivelmente de forma sistemática, os elementos que sobressaem de cada uma das temáticas teológicas que aparecem, vez ou outra, na análise dos diversos períodos do Ano Litúrgico.[3]

2. A EXPRESSÃO (E O CONCEITO) "ANO LITÚRGICO"

Temos ainda algumas noções preliminares para esclarecer. Podemos exprimi-las formulando as duas perguntas seguintes: a expressão e/ou o conceito "Ano Litúrgico" é adequada/o? Qual é a estrutura orgânica do Ano Litúrgico, considerando que possua certa estrutura?

A expressão "Ano Litúrgico" é bastante recente. Ela corresponde a uma preocupação de organização conceitual própria dos tempos modernos. Mais ou menos no século XIX, quando vieram à luz as grandes publicações relativas aos Padres da Igreja (como, por exemplo, as que foram editadas pelo Migne), em um momento cultural que dava grande atenção à história. Naquele contexto nasceu a expressão hodierna para exprimir o conjunto das celebrações anuais da Igreja. Os livros oficiais da liturgia romana dos séculos XVI-XVII, isto é, aqueles que saíram da reforma desejada pelo Concílio de Trento, não utilizam jamais um nome específico para indicar o complexo das festas litúrgicas distribuídas no curso do ano. A primeira atestação de um nome específico

---

[3] Procuramos obviar esta lacuna, de alguma forma, no vol. 5 de *Scientia Liturgica*, 356-370, e, de modo diverso e mais original, nos dois pequenos volumes supracitados, publicados em 2002.

PREMISSAS METODOLÓGICAS

é encontrada na liturgia luterana no contexto alemão. Estamos no final do século XVI, alguns anos após a ruptura com a Igreja Católica. Tal expressão é "Ano da Igreja" ou "Ano eclesiástico" (*Kirchenjahr*), locução utilizada pela primeira vez em 1589 pelo pároco luterano J. Pomarius.[4] Na Alemanha ainda se utiliza esta expressão, mesmo entre os católicos. Ela poderia acentuar a *dimensão eclesial* do Ano Litúrgico.

Na França, no século XVII, apareceu a expressão "Ano cristão" (*L'Année chrétienne*) em uma obra famosa, composta de nove volumes por Nicolas Letourneux, conhecido autor por suas tendências jansenistas. Trata-se de uma espécie de comentário do Ano Litúrgico.[5]

Podemos citar ainda Pius Parsch, que publicou em 1923 o seu "Ano da Salvação" (*Das Jahr des Heiles*), título que poderia sublinhar a dimensão salvífica das celebrações anuais da Igreja.[6] Em 1934, Aemiliana Löhr intitulava de "Ano do Senhor" (*Das Jahr des Herrn*) o seu comentário sobre o Ano Litúrgico. Nas edições, o equivalente *Das Herrenjahr*. Esta expressão, retomada em seguida por outros autores, poderia sublinhar a centralidade da Páscoa anual.[7] Encontramos ainda um livro que contém as epístolas e os Evangelhos das festas, publicado em Florença em 1784. O título era "Anno Spirituale" (*L'Année Spirituelle*).[8]

Parece que a expressão "Ano Litúrgico" foi usada, pela primeira vez, no século XIX, por Dom Próspero Guéranger, o conhecido reformador de Solesmes, e ainda o precursor do Movimento Litúrgico. A uma de suas principais obras, em nove volumes, ele intitulou *L'Année liturgique*. Este trabalho foi publicado

---

[4]   Cf. J. Pomarius, *Postille*, Wittenberg 1589. Para ulteriores precisações, cf. B. Kranemann, *Zur Geschichte und Bedeutung des Deutches Begriffes "Kirchenjahr"*, in ALW 33 (1991) 35-42.

[5]   O título completo da obra é *L'Année Chrétienne, ou Les Messes des Dimanches, Féries et Fêtes de toute l'année, en latin et en français, avec l'Explication des Épîtres et des Évangiles avec un abrégé de la Vie des Saints, dont on fait l'Office*. Os primeiros seis volumes foram publicados antes de 1686. A obra foi colocada no Índice dos Livros Proibidos em 1695.

[6]   P. Parsch, *Das Jahr des Heiles*, Volksliturgisches Apostolat, Klosterneuburg 1923.

[7]   Aem. Lörh, *Das Herrenjahr. Das Mysterium Christi in Jahreskreis der Kirche*, 2 vol., Friedrich Pustet, Regensburg 1955[6].

[8]   Cf. DTC XII, 2192.

em Le Mans entre 1841 e 1866. A obra, com quinze volumes, foi concluída pelo seu discípulo L. Fromage.[9]

Comparando os dados da história da liturgia com o conceito atual tornado presente pela expressão "Ano Litúrgico", tem-se a impressão, como dissemos antes, de que tal conceito corresponda a uma vontade de organização racional, típica da época moderna. Ela relaciona-se à tentativa de querer conceber o conjunto das festas cristãs como uma unidade e como um tempo sagrado, contraposto a um tempo cósmico e profano. De algum modo, buscar-se-ia enfatizar um tempo específico e particular. Note-se, contudo, que esta visão não corresponde ao espírito da liturgia. Com efeito, ela não pretende contrapor um tempo sagrado da celebração litúrgica a um tempo profano da visão humana.[10] Eis por que, a fim de evitar uma terminologia de contraposição do tempo litúrgico ao profano ou civil, alguns estudiosos aconselham que não se use a expressão "Ano Litúrgico". Sugerem que se procure servir de outras expressões, como, por exemplo, "Tempo e liturgia". Esta expressão, porém, parece mais ambígua, pois aberta a interpretações variadas.

Louis-Marie Chauvet afirma que, para compreender bem o calendário litúrgico, seria necessário começar, paralelamente, esquecendo-o, pelo fato de o Ano Litúrgico correr o risco de ser interpretado como um grande "sociodrama" que apresenta as etapas da vida de Cristo. A sucessão cronológica dos grandes momentos da Páscoa corre o risco de deturpar o seu sentido. A parúsia seria enviada ao "dia de são nunca" e se arrisca a perder o sentido escatológico da liturgia. Em essência, Chauvet convida a "esquecer" o calendário litúrgico para entendê-lo, o que significa apontar o problema da estrutura orgânica que se encontra por trás do Ano Litúrgico.[11]

3. A ESTRUTURA ORGÂNICA DO ANO LITÚRGICO

Para evitar que a expressão "Ano Litúrgico" possa criar alguma ambiguidade na compreensão do mistério celebrado por ele, é importante compreender

---

[9] Em italiano existe uma tradução em 5 volumes, publicada nos anos 1956-1957, por Paulinas. Acentuamos que Guéranger, no Prefácio Geral da sua obra, utiliza também outras expressões: "Ano eclesiástico", "Ano cristão", "místico Calendário" etc.

[10] Cf. M. Metzger, *Année ou bien cycle liturgique*, in RevSR 67 (1993) 85-96.

[11] Cf. L.-M. Chauvet, *La ritualité chrétienne dans le cercle infernal du symbole*, in LMD, n. 133 (1978) 75-56.

a estrutura orgânica do mesmo Ano Litúrgico.[12] A sua estrutura atual resulta de um processo de ordem teológico-litúrgico-pastoral, realizado progressivamente em um período de tempo relativamente longo no âmbito da experiência celebrativa das diversas Igrejas locais. Ainda que tal estrutura não seja em si um absoluto, contudo, ela deve ser considerada o meio para fazer existir um conteúdo no tempo, em nosso caso, o mistério de Cristo.

Deve-se evitar considerar o Ano Litúrgico como uma série linear de festas e de eventos iniciados em um ponto e concluídos em outro ponto; por exemplo, desde o primeiro domingo de Advento até o último domingo do Tempo Ordinário (Solenidade de Cristo, Rei do Universo). Em tal horizonte, o atual Calendário Romano não coloca propriamente o problema do início e do fim do Ano Litúrgico: as *Normas gerais sobre a liturgia e o calendário*, publicadas em 1969, limitam-se simplesmente a expor os princípios e a estabelecer as regras gerais que dizem respeito aos dias e ao ciclo do Ano Litúrgico.

Certamente, os livros litúrgicos atuais contemplam um início e um fim do Ano Litúrgico, que na atual liturgia romana diz respeito aos dois domingos acima citados. Porém, na sua realidade vivida, o Ano Litúrgico tem uma sua lógica interna que deve ser procurada. As leituras bíblicas do primeiro domingo do Advento falam do final da história, significando que na celebração do ciclo anual entrelaçam-se o início e o final da história da salvação. Portanto, não se deve partir da ideia que afirma ser o Ano Litúrgico uma espécie de calendário escolar, social ou esportivo com o qual se organizam uma série de atividades, partindo de um início para chegar a um fim. Na realidade, a questão é muito mais complexa.

Conforme ilustramos, a concepção do Ano Litúrgico, como um conjunto único, desenvolveu-se lentamente e amadureceu somente no início da Idade Moderna, quando – em ambiente protestante – se falou de "Ano eclesiástico". Alguns estudiosos notaram que a expressão *"Circulus Anni"* encontrada no título de dois antigos Sacramentários romanos dos séculos VII e VIII, o *Gelasiano Antigo* e o *Gregoriano Adrianeu*, não pressupõem a nossa concepção

---

[12] Cf. W. Evenepoel, *La délimation de l' "année liturgique" dans les premiers siècles de la chrétienté. Caput anni liturgici*, in RHE 83 (1988) 601-616.

de "Ano Litúrgico". Assim, por exemplo, no título *Liber Sacramentorum Romanae Aeclesiae Ordinis Anni Circuli* do GeV, encontra-se somente subjacente a ideia de ciclo no qual cada dia renasce. Porém, onde começa e onde termina este ciclo não é objeto de atenção. A palavra "circulus" não é enfatizada, tanto que não subsiste o critério ligado ao conceito de princípio e fim. Isto já fora explicado, entre outros, por Joseph Pascher, que escreveu um livro muito interessante sobre o Ano Litúrgico, traduzido em várias línguas, e publicado durante a celebração do Vaticano II.[13] É verdade, contudo, que a aparição dos livros litúrgicos, que devem organizar o material de certo modo, conduz paulatinamente à concepção de Ano eclesiástico como ciclo anual. Ele se distingue do ano civil por um início e uma duração próprios. Isto coloca um questionamento que não é somente acadêmico, mas nos leva à certa reflexão acerca do Ano Litúrgico: qual é o início do Ano Litúrgico? Esta pergunta é provocativa, porque, com alguns dados da história, percebemos que aquilo que denominamos Ano Litúrgico foi organizado de diversos modos.

Um *Lecionário Galicano* antigo, por volta do ano 500, testemunha um Ano eclesiástico que começa no dia de Páscoa.[14] Traços de uma semelhante organização ou delimitação do Ano Litúrgico encontram-se em diversos Padres da Igreja. Assim, por exemplo, em Zenão de Verona, em uma série breve de sermões dedicados à Páscoa, e em Agostinho, o qual, comemorando a paixão de Cristo, fala da Semana Santa como "última semana" (*novissima hebdomada*) do ano.[15] O fundamento deste modo de conceber o Ano eclesiástico, tendo seu início na Páscoa, é certamente antigo. A ideia de fundo é que a ressurreição de Cristo constitui um novo início; em particular se encontra muitas vezes a concepção de que Cristo ressuscitou no mesmo dia em que foi criado o mundo. Portanto, a ressurreição do Senhor assinala o início de uma criação "refeita de novo". Trata-se, com efeito, de uma temática tipicamente batismal.

---

[13] Cf. J. Pascher, *Das liturgische Jahr*, M. Hueber, München 1963.

[14] Cf. A. Dold (ed.), *Das Älteste Liturgiebuch der lateinischen Kirche. Ein altgallikanisches Lektionar das 5/6 Jhs* (Texte und Arbeiten 26-28), Beron 1936.

[15] "*Ibi in ipso psalmo* [ps. 22,17], *ubi dictum est: 'Foderunt manus meas et pedes, dinumeraverunt omnia ossa mea', ubi passio Domini apertissime declaratur; qui psalmus omni anno legitur novissima hebdomada intento universo populo, imminente passione Christi...*" (Agostinho, *In Johannis Evangelium Tractatus* 13-14; NBA, CCL 36, 138).

Também Leão Magno, em um de seus sermões sobre a paixão do Senhor, fala da Páscoa como um *"exordium"*, isto é, de um início do mundo, um início no qual o cristão renasce: "... a fim de que, no tempos nos quais se deu origem ao mundo, começasse também a criação cristã".[16]

Se é verdade que nenhum dos livros litúrgicos, exceto o *Lecionário Galicano*, assinalado antes, apresenta o dia primeiro de março como início do ano, temos, contudo, um certo número de elementos que indicam esta direção. A respeito se pode mencionar a terminologia das *Quatro Têmporas* dos meses de março, junho, setembro e dezembro, que foram introduzidas em Roma como jejuns do 1º, do 4º, do 7º e do 10º mês. O *Sacramentário Gelasiano*, na XX sessão da primeira parte,[17] chama as Têmporas de março de *primeiro mês*, enquanto as de junho, de *quarto mês*, e assim por diante. Se o GeV chama *primeiro mês* ao mês de março, nas Gálias, por volta do final do século V, encontra-se um texto de Sidônio Apolinário no qual o mês de fevereiro é apresentado como "mês duodécimo", que corresponde ao último mês do ano: "o nosso mês duodécimo que vós chamais mês de Numa".[18] Segundo alguns autores, este fato corresponderia a alguns acontecimentos da antiga Roma: Rômulo havia dividido o ano em dez meses. Numa Pompílio, sucessor de Rômulo, notando que o ano do seu predecessor não correspondia nem ao ciclo solar nem ao lunar, teria acrescentado dois meses, janeiro e fevereiro.

Com efeito, sabemos que inicialmente, na Antiga Roma, o ano civil começava em primeiro de março. Contudo, em 153 a.C., pela primeira vez, os novos Cônsules tomaram assento no dia 1º de janeiro. A partir daí, da metade do século II a.C., o dia 1º de janeiro já constituía o início oficial do ano em Roma. Contrariamente ao que afirmam alguns autores, como Mario Righetti e outros, o dia 1º de março não foi escolhido como início do Ano Litúrgico

---

[16] *"Nunc ad praenuntiatum festis omnibus festum sacer novorum mensis enituit, ut in quo accepit mundus exordium, in eodem haberet christiana creatura principium"* (Leão Magno, *Serm.* 47,3; BP 38,226).

[17] A semana das Quatro Têmporas comportava, além do jejum, reuniões litúrgicas de estação na quarta e na sexta-feira, depois na noite entre sábado e domingo. Rapidamente, a estas liturgias de estação, foram acrescentadas as ordenações: os nomes dos candidatos eram proclamados na quarta-feira e eles eram depois apresentados ao povo na sexta-feira. Enfim, eram ordenados na noite do domingo (cf. GeV, n. 140).

[18] *"... quam duodecimum nostrum, quem Numae mensem vos nuncupatis"* (Sidônio Apolinário, *Epistolarum liber* 9,16: PL 58,637).

Ano Litúrgico

porque estava em conformidade com o ano civil. Com efeito, como se falou, de longa data este começava no dia 1º de janeiro. O contrário é verdade: dado o fato de 1º de janeiro ser celebrado em Roma de modo exuberante e com toda sorte de práticas pagãs, contra as quais a Igreja agia com certa determinação, foi escolhido deliberadamente um início das celebrações cristãs significativamente diverso. Assim, no dia 1º de janeiro, nas preces *super oblata* e *ad completa* do *Sacramentário GrH*, passadas depois ao *Missal Romano* de 1570, em vigor até a reforma desejada pelo Vaticano II, ainda se encontram vestígios de reparação pelos escândalos das festas pagãs de início de ano.[19]

Não existe dúvida de que, na escolha do mês de março como início do ano, é preciso atribuir uma importância decisiva a quanto prescreve o Antigo Testamento sobre a celebração da Páscoa hebraica: "No dia catorze do primeiro mês, à tarde, vocês comerão pães sem fermento, até a tarde do dia vinte e um desse mês" (Ex 12,18).

Trata-se do primeiro mês do calendário sacerdotal judaico, que era um Calendário lunar com início no mês de Nissan, isto é, pelos meados do nosso mês de março, mês do equinócio da primavera. A este respeito existem uma série de textos cristãos que falam da celebração da Páscoa cristã "no primeiro mês". Ora, a partir de certo momento, 1º de março não é mais considerado o início do Ano eclesiástico, também porque coincide com a Quaresma; se, no início, o Ano Litúrgico consistia na celebração do domingo e, no século II, acrescentou-se o dia da celebração da Páscoa anual, precedido de dois dias de jejum, consolidar-se-á em seguida a prática dos quarenta dias de preparação da mesma Páscoa, tanto que o primeiro de março se encontrará no interior deste período de preparação. Consequentemente, o início do Ano eclesiástico deslocar-se-á para os domingos da Quaresma, e depois, em seguida, aos domingos da Quinquagésima e Septuagésima. O *Sacramentário de Salzburg*, por volta do ano 800, inicia-se com a celebração do Domingo da Septuagésima.[20]

---

[19] "... *coelestibus nos munda mysteriis...*" (*Super Oblata*, GrH, n. 83); "*Haec nos communio, Domine, purget a crimine...*" (*Ad completa*, GrH, n. 84). Como os pagãos celebravam o início do ano em homenagem a Jano Bifronte com alegria desenfreada, com usos supersticiosos e grande dissolução, a Igreja procurou imunizar os fiéis instituindo liturgias penitenciais e convidando ao jejum.

[20] Cf. K. Gamber, (ed.), *Sakramentartypen. Versuch einer Gruppierung der Handschriften und Fragmente bis zur Jahrtausendwende* (Texte und Arbeiten 49-50), Beuron 1958, 125.

Isto demonstra que a Páscoa é sempre o ponto de referência para dar início às celebrações do Ano Litúrgico.

Finalmente a partir do século VI, até o VIII, impõe-se gradualmente um novo início do Ano eclesiástico: o Natal. Com efeito, em meados do século IV o Natal aparece pela primeira vez no Calendário romano, o *Cronógrafo* de 354. Porém, neste calendário, a ocorrência do Natal era considerada como as festas dos santos. Isto significa que a celebração do nascimento de Jesus está inserida no Santoral, e não no Temporal.

Por volta do ano 400, Agostinho interpreta o Natal como um simples aniversário do nascimento de Jesus. Afirma ele que, enquanto a Páscoa se celebra como evento salvífico (*"in sacramentum celebrari"*), o Natal celebra-se como aniversário (*"in memoria revocari"*).[21] Alguns decênios após, Leão Magno afirmará, ao contrário, que o Natal não é somente aniversário, mas também o início da salvação. O Natal torna presente o ponto de partida daquilo que, no evento da Páscoa, realizou-se na carne de Cristo.[22] Portanto, Leão vê o Natal como um início da Páscoa, tendo como consequência um deslocamento do Ano Litúrgico. Ele começará, então, com a celebração do Natal.

Nos antigos *Sacramentários* romanos, o início do Ano Litúrgico corresponde ao início do período de (Advento-)Natal, de tal forma que o Natal e a Epifania serão considerados parte das celebrações no âmbito do Temporal, e não mais do Santoral. Já no GeV do século VII, encontra-se um importante testemunho a respeito da distinção entre o Temporal e o Santoral, mesmo que neste Sacramentário as *Orationes de Adventu Domini* sejam colocadas após o comum dos Santos, no final do segundo Livro. O que tinha acontecido com o ciclo pascal, segundo certa extensão, acontecerá do mesmo modo com o Natal, quando será considerado como início das celebrações do Tempo Pascal.

Destas reflexões sobre a estrutura orgânica do Ano Litúrgico, emerge claramente dele a presença de uma dinâmica profunda. Ela tem seu ponto de partida na Páscoa do Senhor. Dizendo em outras palavras, a origem e o de-

---

[21] Cf. Agostinho, *Epistola* 55,2; NBA, PL 33,205.
[22] Cf. Leão Magno, *Sermo* 6,1-2; BP 31, 154 e 156.

senvolvimento do Ano Litúrgico se explicam conforme um movimento que, partindo do centro, atinge a periferia.

Notemos que a mentalidade que subsiste a este modo de proceder se contrapõe ao uso de organizar a oração e a até vida cristã. Esta, fundando-se em critérios chamados "devocionais", parte de temas mensais. O Ano Litúrgico, com efeito, é organizado por meses (o mês de março como mês de São José, ou então o mês de maio como mês mariano, o de junho como mês do Sagrado Coração de Jesus, e assim por diante). Tem-se, como resultado, uma visão diversa do Ano Litúrgico.[23]

Como veremos a seguir, o mês tem apenas relevância na organização do Ano Litúrgico, sobretudo na liturgia romana, do mesmo modo que têm certo peso a semana e também o ano. Com estas considerações, introduzimo-nos em uma temática importante, isto é, a que diz respeito ao Ano Litúrgico e a seu significado.

---

[23] Isto não significa que os pios exercícios que acompanham a celebração destes meses não tenham valor para a vida cristã. Com efeito, como afirma a *Constituição sobre a Sagrada Liturgia* do Vaticano II: "Importa, porém, ordenar essas práticas tendo em conta os tempos litúrgicos, de modo que se harmonizem com a sagrada liturgia, de certo modo derivem dela, e a ela, que por sua natureza é muito superior, conduzam o povo" (SC, n. 13).

Capítulo II. Tempo, história da salvação e liturgia

Antes de ilustrar a história do Ano Litúrgico e de traçar as suas linhas teológicas, parece lógico chamar a atenção à categoria "tempo" e ao seu valor teológico. Com efeito, a teologia do tempo subsiste à estrutura e à compreensão da teologia do Ano Litúrgico. Iniciaremos com uma série de premissas sobre a categoria tempo e sobre a relação tempo–espaço na formação do Ano Litúrgico.[1]

1. ALGUMAS PREMISSAS ANTROPOLÓGICAS

Apresentando uma rápida visão da forma como o homem e a mulher de hoje percebem o tempo, podemos afirmar muito sinteticamente o que segue.[2] O tempo, em um sistema sempre mais planejado, não é mais a mistura da memória de um passado, a manifestação de um presente rico de sentido, a projetação de um futuro carregado de esperança. Ele se tornou um vazio que deve ser preenchido com toda forma de atividade. Parar para refletir, para fazer silêncio, dá a sensação de falta de coragem, de medo. A vida cotidiana corre o

---

[1]   Cf. M. Augé, *Alcune riflessioni sull'hodie ligurgico alla luce del formarsi dell'Anno liturgico*, in EO 16 (1999) 109-116.

[2]   Cf. J. Mourou, *Il mistero del tempo*, Morcelliana, Brescia 1965; J. Le Goff, *Tempo della Chiesa e tempo del mercante*, Einaudi, Torino 1977; A. Rizzi, *Categorie culturali odierne nell'interpretazione del tempo*, Aa.Vv., *L'Anno liturgico. Atti della XI Settimana di Studio dell'Associazione Professori de Liturgia* (Studi di Liturgia – Nuova Serie 11), Marietti, Casale Monferrato 1983, 7-22; Ph. Rouillard, *Temps liturgique et temps des hommes*, in *Notitiae* 24 (1988) 245-252; G. Bonaccorso, *Nuovi modelli interpretativi del tempo: provocazione alla riflessione liturgica*, in RL 77 (1990) 359-386; A. Nesti, P. De Marco, A. Iacopozzi (edd.), *Il tempo e il sacro nelle società post-industriali* (Atti del 2nd International Summer School on Religions in Europe), Angeli, Milano 1997; A. M. Triacca, *Tempo e Liturgia*, in *Liturgia* 1987-2001; G. Paolucci (ed.), *Cronofagia. La contrazione del tempo e dello spazio nell'era della globalizzazione* (Sociologia della vita quotidiana 7), Guerini Studio, Milano 2003; R. Mancini, *Il senso del tempo e il suo mistero* (Al di là del detto 10), Pazzini, Villa Verucchio 2005; A. Rizzi, *Il problema del senso e del tempo. Tempo festa preghiera* (Teologia Saggi), Cittadella, Assisi 2006.

risco de se tornar uma corrida contra o tempo, perseguida por uma ferocidade sempre mais intensa.

A aceleração e a fragmentação, aspectos que conotam nosso tempo, aprisionam-no dentro de uma concepção coisificante que desconhece a sua dimensão de mistério. O tempo é constrangido a ser aprisionado nas malhas de uma compreensão produtivo-eficientista (o tempo do mercado), a qual esquece que o tempo é essencialmente "acontecimento de relação", "espaço de aliança", "lugar de encontro com o outro". Não é compreendido como "o tempo", mas sim como "os tempos", e estes fragmentados. O homem e a mulher de hoje são seres de momento, pois incapazes de persistência, de perseverança, de construir uma história e de conceber a vida como história. Com efeito, se no século passado a história desfrutava de um conceito crescente, hoje se encontra com uma estimativa decrescente. E o motivo é o desinteresse progressivo da própria história.

Por outro lado, nota-se que hoje parece também tomar consistência uma concepção diversa de tempo. Ele é pouco linear, descontínuo, imprevisível: um tempo dilatado que investe a experiência individual e social, cujos conteúdos se multiplicam desmesuradamente e cujos contornos ficam sempre mais esmaecidos. Tempo interior, tempo de intuição, tempo reencontrado?

1.1. Tempo e espaço

Um fato provado pela experiência confirma que não há espaço sem tempo nem tempo sem espaço. O tempo e o espaço permitem calcular o ser e o não ser das coisas.

A fé dos hebreus está mais ligada ao ritmo de mudança do tempo sagrado que ao espaço. E se a sinagoga às vezes não pode competir em beleza com as catedrais cristãs, a única, verdadeira, indestrutível catedral é o *Shabbat*. A sinagoga, lugar de estudo, de encontro e de oração, pode não estar presente nas cidades da diáspora, mas o rito, o momento de encontro com Deus, feito de instantes que retornam pontualmente aconteça o que acontecer, não faltará jamais.

Um estudioso americano, Jonathan Smith,[3] na formação do Ano Litúrgico, propõe, ao contrário, a prioridade do espaço sobre o tempo. O autor parte de uma perspectiva antropológica para explicar a relação entre tempo e Ano Litúrgico. Para Smith, desde as origens, o rito estaria ligado a um lugar particular e a objetos específicos, pois estes dão o sentido da regularidade, que é uma das características próprias do rito. De forma particular, no que diz respeito à liturgia cristã, esse mesmo autor afirma que, até o século IV, os lugares nos quais se celebravam determinados acontecimentos logo seriam expandidos e fixados em determinados dias da semana.

Smith observa que no *Itinerarium Egeriae*, documento do final do século IV, as celebrações estão ligadas aos lugares. Celebra-se em cada lugar lendo o trecho correspondente da Bíblia e rezando.[4] Na primeira parte do *Itinerarium*, Egéria descreve sua peregrinação através dos lugares bíblicos. As breves celebrações que se desenvolviam nas diversas paradas desta peregrinação têm a seguinte estrutura: *oratio, lectio, psalmus, oratio.* Encontramos expressões como: recita-se um salmo *aptus loco* ou *competens loco.*[5] Na segunda parte de sua narração, a peregrina descreve a liturgia de Jerusalém: a liturgia diária, a semanal e a anual. Partindo de Jerusalém, esses ritos ligados aos lugares santos serão posteriormente associados ao tempo, conforme um ritmo que se repete anualmente. Assim, por exemplo, se um peregrino se dirige ao Santo Sepulcro para celebrar a morte de Jesus, depois a memória da morte de Jesus será retomada, colocada em um ciclo temporal e celebrada a cada ano. Se, no início, o lugar é origem do rito, a seguir – gradualmente –, a estrutura local se deslocará ao nível temporal.

Segundo J. Smith, Jerusalém teria transferido lentamente as estruturas rituais locais para o nível temporal, isto é, os lugares santos de Jerusalém, como o Gólgota, o Santo Sepulcro, o Monte das Oliveiras, a Gruta da Natividade em Belém etc., teriam possibilitado inserir um sistema a-histórico (no sentido de uma relação somente com um lugar preciso, não com o tempo) em um sis-

---

[3] Cf. J. Smith, *To Take Place*, The University of Chicago Press, Chicago 1987.

[4] Cf. a edição bilíngue preparada por N. Natalucci: Egeria, *Pellegrinaggio in terra santa – Itinerarium Egeriae* (Biblioteca Patristica 17), Nardinim, Firenze 1991.

[5] Cf. M. Augé, *Una liturgia dele peregrinaje*, in EO 2 (19856) 113-125.

tema temporal. Dessa forma, ter-se-ia dado vida ao Ano Litúrgico. Portanto, ainda segundo Smith, no princípio as celebrações estavam ligadas a um lugar com uma visão escatológica da história da salvação, representada de modo exemplar pelo domingo, o qual – ciclicamente, em cada semana – comemorava todo o mistério da salvação centralizado na Páscoa de Jesus. Assim, lentamente, as festividades *aptae loco* passaram a ser festividades e memória em um lugar e em um dia precisos (*aptae loco et diei*); é a terminologia típica do *Itinerarium Egeriae*. Desse modo, formar-se-á um calendário, até que, saindo de Jerusalém, esta liturgia localizada será uma liturgia conformada ao dia (categoria temporal) e não mais ao lugar, uma vez que será celebrada em todos os lugares. Não há dúvida de que esta teoria exerce certo fascínio, uma vez que parece quase lógica a forma como Smith explica a formação do Ano Litúrgico.

A este respeito, interessa-nos saber a opinião de outros estudiosos. Precedentemente, antes de Smith, existiu um grande estudioso na Igreja da Inglaterra que agiu quase da mesma forma. Trata-se do beneditino anglicano Gregory Dix († 1952). Ele, juntamente com outros autores, apresenta o estádio de desenvolvimento atingido por Jerusalém no século IV como início de uma nova consciência histórica da Igreja, que transforma ou mesmo remove a original disposição escatológica.[6] Sabemos que os primeiros cristãos viviam a espera iminente do Senhor, a parúsia. Essa consciência escatológica teria sido corrigida após a paz constantiniana de 313, no sentido de que a Igreja primitiva começava a compreender que a segunda vinda do Senhor não era iminente. Era preciso, pois, caminhar com a história. Outros estudiosos preferem simplesmente dizer que a ritualização do tempo procede gradualmente, à medida que se enfraquece o sentimento de iminência da parúsia.

Um conhecido liturgista americano da Igreja episcopal, Thomas J. Talley, afirma que a comemoração histórica e a espera escatológica caminham em passos paralelos desde a espiritualidade pascal do século I. Segundo Talley, os três primeiros séculos não se desinteressavam nem um pouco dos problemas históricos, e a data da Páscoa era considerada muito importante como aniversário do triunfo de Cristo, seja qual for o peso que possamos dar à ênfase

---

[6] Cf. G. Dix, *The Shape of the Liturgy*, London 1960, 385-396.

colocada na espera da parúsia na Páscoa por parte de muitos conhecidos autores. Já nos escritos de Tertuliano se faz uma clara distinção entre a Páscoa e o Pentecostes, entre o memorial da paixão e alegria da ressurreição.[7]

Mircea Eliade († 1986), famoso estudioso das religiões, originário da Europa Oriental, nota que Orígenes (185-253) compreendeu muito bem que a originalidade do cristianismo consiste, antes de tudo, no fato de que a Encarnação aconteceu em um tempo histórico e não simplesmente no tempo cósmico. Ela é, portanto, fruto de um processo histórico, no qual se realiza uma história. Portanto, não seria lógico contrapor a visão histórica à visão escatológica. Com efeito, os cristãos não esquecem que o mistério da Encarnação, embora seja um fato histórico, não pode ser reduzido à pura historicidade. Por outro lado, os cristãos proclamam "às nações" a divindade de Cristo, Filho de Deus, Salvador universal.[8] Permanece, contudo, o fato de que – ao menos até o século IV – a Igreja ignorou o calendário litúrgico e não distribuiu religiosamente o tempo do evento Cristo nos ritmos do calendário solar, lunar, das estações, como um procedimento quase universal, natural, por assim dizer, do ponto de vista antropológico. Podemos concluir dizendo que as teorias acima ilustradas têm certo fundamento porque, a partir do século IV, há um despertar e uma atenção especial à história que favorece a celebração dos diversos acontecimentos salvíficos em dias determinados.

Em contrapartida, deve-se afirmar que o culto cristão é livre de determinações espaciais, como templo e altar, e temporais, como dias festivos e feriais. Os Evangelhos e os escritos neotestamentários, sobretudo os paulinos, são muito claros ao sublinhar o fato de que os cristãos não têm o templo nem o altar, mas tudo encontra realização em Cristo. Paulo recorda insistentemente aos primeiros cristãos que ninguém os deve condenar por festas, novilúnios e sábados (cf. Cl 2,16-17; Rm 14,5). Essa visão "a-ritual", que corresponde ao tema teológico da Carta aos Hebreus, constitui uma base importante para nossas reflexões. Note-se, pois, que Jesus proclama e ensina um culto "em es-

---

[7] Cf. Th. J. Talley, *Le origini dell'Anno liturgico*, edizione italiana a cura di D. Sartore (Strumenti 51), Queriniana, Brescia 1991, 48.

[8] Cf. Mircea Eliade, *Mito e realtà* (Classici Borla), Borla, Roma 1985, 202-203.

pírito e verdade" (Jo 4,23), que não está ligado nem ao Monte Garizim nem a Jerusalém.

Não obstante, a consciência litúrgica das antigas comunidades cristãs inseriu a oração e outras celebrações em tempos determinados; redesenhou um nexo mais estreito e qualificante entre liturgia e tempo, como não fizera com relação à liturgia e ao espaço. O processo histórico de que fala Jonathan Smith pode se tornar crível, contanto que se admita que já os primeiros cristãos tinham não somente uma visão local do culto, mas também temporal.

1.2. O que é o tempo?

O problema do sentido do tempo sempre atraiu a atenção do ser humano. É conhecida a resposta de Agostinho à pergunta sobre o que era o tempo: "O que é, pois, o tempo? Se ninguém me pergunta, eu sei; se quisesse explicá-lo a quem me interroga, não o saberia".[9]

O tempo é uma das grandes experiências arquetípicas, primitivas e originais do ser humano; desde sempre essa experiência acompanha a pessoa humana. Tal experiência permeou a história, o pensamento religioso e o filosófico, bem como a filosofia. Porém, o tempo é uma realidade que parece ter iludido todas as nossas tentativas de chegar a uma explicação completamente racional. Não causa, pois, admiração que o tempo tenha sido considerado pelos povos antigos como uma das multíplices divindades, ou até mesmo como uma forma de manifestação da Divindade Suprema da qual ele flui como um rio de vida.[10] Um grande poeta de nosso tempo, Jorge Luis Borges, disse: "O tempo é a substância da qual sou feito. O tempo é um rio que me carrega, mas eu sou o rio; é um tigre que me estraçalha, mas eu sou o tigre; é um fogo que me devora, mas eu sou o fogo".[11]

---

[9] Agostinho, *Confessioni* XI 14,17: NBA.

[10] Cf. M.-L. Von Franz, *L'esperienza del tempo. Il dio arcano che presiede alla vita*, Tea Due, Milano 1997, 9.

[11] J. L. Borges, *Nueva refutación del tiempo*, in *Otras inquisiciones*, Emecé, Buenos Aires 1960, 301; trad. it. de F. Montaldo in *Opere Complete*, a cura di D. Porzio, vol. 1, Mondadori, Milano 1984, 1089.

Falando brevemente com as palavras de M. Heidegger, "eu sou o meu tempo".[12] Com efeito, o tempo de uma pessoa identifica-se com a sua continuidade sucessiva como sujeito, com o seu devir que a faz uma totalidade com o seu ser sujeito humano. A existência mede o tempo. Portanto, podemos ter alguma compreensão de que seja o tempo somente a partir de nossa vida, ou seja, das nossas experiências, das nossas relações com a natureza e com os nossos semelhantes. Por isso é justo afirmar que aprendemos o que seja o tempo e que ele adquire sentido através de uma verdadeira e própria iniciação no âmbito de determinado contexto cultural e social. A liturgia da Igreja teve no passado, e ainda hoje, uma função fundamental nessa iniciação da compreensão que nós, cristãos, temos do tempo.[13] Angelo di Berardino afirma: "A mudança do ritmo do tempo que se realiza durante o quarto século foi uma das revoluções sociais e religiosas mais radicais e duradouras e que teve reflexos em toda a história posterior. [...] A partir de então o tempo cristão condiciona toda a sociedade".[14]

Portanto, a nossa relação com o tempo não é puramente intelectual, mas uma relação vital e também ritual.

Dizíamos antes que assistimos a uma crescente aceleração da vida social, a tal ponto que devorar espaço e tempo tornou-se um valor em si mesmo. Essa inclinação "cronofaga", ou seja, essa vontade de devorar o tempo, determina que a aceleração seja a cifra sintética para definir o modo de viver o tempo na nossa sociedade. A liturgia, ao contrário, é o lugar e o tempo da lentidão. Essa lentidão da liturgia pode enfastiar, dando a impressão de "perda de tempo". Verdadeiramente, na lentidão da celebração é guardada e transmitida uma precisa compreensão do modo de viver o tempo, nesta contida toda uma antropologia, uma sabedoria, ou seja, um modo de viver e um modo de ser pessoa humana. Aristóteles recordava que o verdadeiro filósofo é reconhecido pela calma com a qual arranja o seu manto.

---

[12] M. Heidegger, *Il concetto di tempo*, Adelphi, Milano 2002², 28-29.

[13] Cf. A. Grillo, *Tempo, lavoro e festa cristiana in epoca postmoderna*, in F. Alacevich; S. Zamagni; A. Grillo (edd.), *Tempo dei lavoro e senso della festa*, San Paolo, Ciniselo Balsamo 1999, 92-93.

[14] A. Di Berardino, *La cristianizzazione del tempo nel IV secolo: il caso della celebrazione della Pasqua*, in W. Henkel (ed.), *Ecclesiae Memoria. Miscellanea in onore del R.P. J. Metzler*, Herder, Roma/Freiburg/Wien 1991, 146-147.

ANO LITÚRGICO

Os dois aspectos que se sobrepõem na experiência humana do tempo, seja aquele regulado pelos ciclos da natureza (tempo cósmico), seja o que se desenvolve no fluir dos acontecimentos (tempo histórico), são governados por Deus, que os orienta para um mesmo fim. Essa visão do tempo torna-se particularmente atual, no sentido de corresponder às exigências das pessoas de hoje. Falamos daquela exigência fundamental que já o marxismo, mas também o tempo do mercado e as outras concepções atuais do tempo, advertiu e à qual tentou satisfazer, isto é, a síntese entre tempo cósmico e tempo de projeto.[15]

2. O TEMPO COMO HISTÓRIA SALVÍFICA

Na Bíblia, a organização cultural conecta-se diretamente aos ritos cronológicos. A ciclicidade da memória cultural pede para ser lida e interpretada segundo uma lógica. Esta compreende primariamente a celebração cultual como rito memorial do acontecimento salvífico que aconteceu no passado, funda o sentido do hoje e do amanhã do povo dos crentes.

A Bíblia está particularmente interessada no tempo, de tal forma que o lê a partir desta ótica. A revelação de Deus abre-se e fecha-se com anotações temporais: "No princípio Deus criou o céu e a terra" (Gn 1,1); "... Sim, venho muito em breve!" (Ap 22,20). Na Bíblia, Deus não é percebido de forma abstrata, na sua essência eterna, como conceberam Platão e Aristóteles. Nela Deus é percebido em suas intervenções na terra, que transformam a história do mundo em uma história sagrada. À categoria "espaço", típica das culturas orientais e mais inclinada à sacralização, a Bíblia prefere a categoria "tempo", como, por exemplo, testemunha o oráculo de Natã (cf. 2Sm 7). Neste lugar, interessa-nos colher, nos escritos bíblicos, o pensamento e a mensagem teológica sobre o tempo assim como Israel e a primitiva comunidade cristã exprimiram e viveram.[16]

---

[15] Cf. A. Rubino, *Anno liturgico itinerario con Cristo nella Chiesa*, Schena Editore, Fasano 2006, 46.

[16] Cf. M. Join-Lambert; P. Grelot, *Tempo*, in X. Léon Dufour (ed.), *Dizionario di Teologia Biblica*, Marietti, Torino 1971[4], 1253-1273; J. Gurht; H. Ch. ; Hahn, Tempo, in L. Coenen; E. Beyreuther; H. Bietenhard (edd.), *Dizionario dei concetti biblici del Nuovo Testamento*, Dehoniane, Bologna 1976, 1819-1844; S. De Vries, *Il tempo nella Bíblia*, in *Concilium* 17 (1981) 199-219; A. Marangon, *Tempo*, in P. Rossano; G. Ravasi; A.

A revelação hebraico-cristã deve ser colocada no horizonte das chamadas religiões históricas. Antes, ela oferece uma das altas e sistemáticas representações do ingresso de Deus no tempo e do Eterno no contingente. A partir daí, a reflexão sobre a temporalidade ultrapassa as considerações antropológicas sobre a existência e sobre o limite humano para se posicionar em um horizonte nitidamente teológico. Pois bem, a concepção hebraica do tempo, embora com as inevitáveis dependências e enriquecimentos com relação às culturas circunstantes, tem uma história autônoma e original de sentido e de mensagem teológica. O mundo hebraico elaborou uma visão do tempo que não coincide exatamente com a das culturas circunstantes, nem com a da cultura helênica.

Na estrutura do pensamento grego, o tempo apresenta a figura cíclica das estações, retornando constantemente sobre si mesmo, sem apontar para algum termo. A lei que domina é a do *eterno retorno*, segundo a qual os mesmos acontecimentos reproduzem-se eternamente.

> Os gregos não conseguem pensar que a libertação possa ser produzida através de um ato realizado por Deus na história. Para eles, a libertação pode ser considerada somente em passar da existência daqui de baixo para a do além, subtraída do tempo e sempre acessível. Portanto, a representação da felicidade, segundo os gregos, é espacial, determinada pela oposição aqui embaixo/lá em cima, e não temporal, caracterizada, portanto, pelo contraste entre o presente e o futuro.[17]

Ao contrário, em Israel, sob o pano de fundo de um quadro cultural que mantém algumas grandes articulações, comuns a todas as grandes tradições religiosas, vai-se impondo paulatinamente uma visão sempre mais original do tempo, recusando qualquer ideia de sacralização do tempo cósmico. Sem renegar o tempo como elemento da história humana, a Bíblia considera nos momentos do tempo outros tantos ritmos da ação da revelação de Deus. São ritmos nos quais Deus realiza a salvação dos seres humanos. Naturalmente,

---

Girlanda (edd.), *Nuovo dizionario di teologia biblica*, Edizioni Paoline, Ciniselo Balsamo 1988, 1519-1532; AA.VV., Il Tempo (Parola Spirito e Vita – Quaderni di lettura biblica 36), Dehoniane, Bologna 1997.

[17] O. Cullmann, *Cristo e il tempo. La concezione del tempo e della storia nel Cristianesimo primitivo* (Economica EDB), Dehoniane, Bologna 2005, 75. [Tradução bras. *Cristo e o tempo*. São Paulo: Custom, 2003].

como já foi dito, o Antigo Testamento toma consciência dessa visão histórica de forma gradual. O Novo Testamento pressupõe e transforma o quadro histórico veterotestamentário, colocando a pessoa de Cristo no centro da história da salvação. Para o autor da Carta aos Efésios, o quadro histórico-salvífico abraça o desígnio histórico de Deus até a passagem para a eternidade (cf. Ef 1,3-14).

Na Igreja antiga o esquema histórico-salvífico assinala as confissões de fé, a catequese, a pregação, a teologia e a espiritualidade. Nos Padres e na Primeira Idade Média desenvolve-se uma interpretação teológica da história considerada como história da salvação. Sob o ponto de vista metodológico, a ruptura com o esquema histórico-salvífico na teologia acontece com a perspectiva dialético-metafísica adotada pela Escolástica. A história não encontra espaço nas *Summae Theologicae*: interessam mais as essências e os universais que o devir. Como consequência, perde-se o sentido da *oikonomia*, enquanto se é incapaz de entender o primado da Escritura e a dimensão histórica da revelação. Na teologia moderna a ideia de uma história da salvação começa no século XIX por obra da escola de Erlangen. Mais tarde, no século XX, entre os autores que elaboraram uma teologia da história, assinalamos Oscar Cullmann, com a sua obra, antes citada, *Cristo e o tempo*.[18] Tal obra teve um grande influxo no âmbito católico. Finalmente, a revalorização da perspectiva histórico-salvífica foi amplamente confirmada pelo Vaticano II, já no primeiro capítulo da *Sacrossantum Concilium*.

Como foi acenado antes, não se pode afirmar que o povo de Israel tenha elaborado, desde o princípio, uma visão histórico-salvífica unitária. Contudo, é verdade que, pouco a pouco, a sua experiência de fé conduziu a interpretar a história dessa forma. Encontramos textos no Antigo Testamento nos quais esta visão unitária da história falta completamente. É notória a afirmação do Eclesiastes: "Há um tempo para nascer e tempo para morrer. Tempo para plantar e tempo para arrancar a planta. Tempo para matar e tempo para curar. Tempo para destruir e tempo para construir. Tempo para chorar e tempo para rir. Tempo para gemer e tempo para bailar" (Ecl 3,2-4).

---

[18] O original da obra em língua alemã foi publicada em Zurique, no ano de 1946.

Em todos os casos, Israel conseguirá elaborar uma visão unitária do tempo e da história. Neste processo teve uma função fundamental a consciência que Israel adquiriu como "povo de Deus", chamado à aliança com ele. É esta relação de aliança que define o novo tempo de Israel. Portanto, ele não é mais cósmico, mas existencial. Não mais estendido sobre os ciclos da natureza, mas medido pela palavra de Javé e pela obediência do seu povo.

3. O ESPAÇO TEMPORAL DO HOMEM E DO COSMO MARCADO E DEFINIDO PELOS RITMOS DA NATUREZA CRIADA

Os ritmos cósmicos são um fator importante no processo de valorização do tempo. Aqui nos ocupamos daquelas unidades diferentes do tempo astronômico que são, desde a antiguidade, utilizadas por todos os povos, embora com diversos processos de cálculo. São: o ano, o mês, a semana, o dia, a hora. No interesse cultural e religioso hebraico-cristão, nem todos estes espaços de tempo têm a mesma relevância. Como se verá a seguir, isto não é indiferente para a compreensão do Ano Litúrgico. Antes de tudo, é preciso sublinhar que na Bíblia todas estas unidades temporais vêm ligadas à experiência de fé e, por isso mesmo, têm um valor teológico.

Antes o *ano hebraico*, no período anterior ao exílio, começava no outono, no mês de *tišri* (Ex 23,16; 34,22). O ano-novo era celebrado junto com a festa das Cabanas para recordar a criação do primeiro ser humano que, segundo a tradição hebraica, aconteceu no outono. Em seguida, o ano iniciará na primavera, no mês de Nissan (Ex 12,2): é o nome do primeiro mês religioso, junto dos Babilônios, correspondente a março-abril do calendário solar. O ano é o espaço no qual Israel, e posteriormente o cristianismo, vive e relembra, em um crescendo contínuo, os encontros com Deus, que se manifesta e salva. Na inserção das diversas celebrações, o povo hebraico reevoca o encontro contínuo com Deus Salvador. De ano em ano, o povo de Deus celebra em novidade contínua e progressiva, não conforme a ciclicidade da natureza e da mitologia, as surpresas da história da salvação, sempre orientada para um tempo final que reassumirá o seu caminho através da história. Daí a importância do calendário religioso, anual e jubilar, que já aparece nas mais distantes construções teológicas hebraicas sobre o tempo, testemunhadas pela Bíblia: o ano sabático (Dt 15,1-11); as festas anuais: Páscoa e outras (Dt 16,1-17); o ritual das festas do ano (Lv 23).

O *mês*, de um ponto de vista astronômico, é o período de tempo que compreende a uma revolução completa da lua ao redor da terra, mesmo que o atual calendário gregoriano não seja mais exatamente sincrônico com ela. Trata-se da dimensão menos consistente do tempo na cultura e na teologia hebraicas. Nm 28,11-15 descreve um ritual no qual se prescreve que, no primeiro dia de cada mês lunar, se faça o sacrifício de duas novilhas, de um carneiro e de sete cordeiros, com oferendas e libações, e mais o sacrifício de um cabrito pelo pecado. Segundo Ezequiel, o príncipe deveria oferecer, no primeiro dia do mês, um novilho, seis cordeiros e um cabrito (Ez 46,6-7). As *neomênias* (do grego "lua nova") – assim se chamavam as festas da lua nova – são uma sobrevivência de cultos ancestrais à lua, pelo seu influxo benéfico e para obter a fecundidade da criação e do ano. Aparece como um culto tolerado, comum na área meridional (especialmente Cananeia), muitas vezes fustigado pelos profetas e dos quais se faz menção também nos escritos do Novo Testamento (Cl 2,16; Gl 4,10),[19] tendo permanecido na esfera da religiosidade popular.[20] Como já foi dito, o mês não tem grande importância nos prazos ou nas cadências rituais de Israel.

A *semana* é uma medida de tempo que ocorre muitas vezes na concepção que o Antigo Testamento tem do tempo. Sabe-se, por exemplo, que a narração da criação, o que foi atribuída à fonte sacerdotal, isto é, Gn 1, mais abstrata e teológica que a narração de Gn 2, quer dar uma classificação lógica e exaustiva dos seres criados segundo um plano refletido no quadro de uma semana, que se conclui com o repouso sabático. Dessa forma, a lei hebdomadária é considerada como uma instituição divina de valor universal. A esse respeito, tem-se um testemunho claro no mesmo decálogo da lei, quando se afirma:

---

[19] Na Igreja Apostólica os judaizantes propagaram a celebração das neomênias também na comunidade cristã.

[20] No Antigo Oriente era muito difuso o culto da lua, considerada como divindade. A lua é símbolo do princípio feminino e receptivo, em contraste com o sol, princípio masculino e ativo.

Lembre-se do dia de sábado, para santificá-lo. Trabalhe durante seis dias e faça todas as suas tarefas. O sétimo dia, porém, é o sábado de Javé seu Deus. Não faça nenhum trabalho, nem você, nem seu filho, nem sua filha, nem seu escravo, nem sua escrava, nem seu animal, nem o imigrante que vive em suas cidades. Porque em seis dias Javé fez o céu, a terra, o mar e tudo o que existe neles; e no sétimo dia ele descansou. Por isso, Javé abençoou o dia de sábado e o santificou (Ex 20,8-11).

A semana tem uma parte importante nos costumes e nas práticas religiosas do Antigo Testamento. As festas dos Ázimos e dos Tabernáculos duram uma semana: "No dia quatorze do primeiro mês celebra-se a Páscoa de Javé, e o dia quinze é o dia de festa. Durante sete dias se comerão pães sem fermento..." (Nm 28,16-17; cf. Dt 16,8; Lv 23,8.34).

O Pentecostes ou festa das semanas acontece sete semanas após o sábado de Páscoa (Ex 34,22; Lv 23,15). Cada semana de anos terminava com o ano sabático, no qual se deviam livrar os escravos e os devedores e deixar repousar a terra (Ex 21,2; Dt 15,1ss; Lv 25,3s). Ao termo de sete semanas de anos estava previsto um ano jubilar, ano por excelência da libertação (Lv 25,8), ao qual Cristo dará cumprimento (cf. Lc 4,18-19).

No Novo Testamento a semana adquire um novo valor religioso: ela está baseada não mais no dia de sábado (como último dia da semana, que corresponde ao sétimo dia da criação), mas no domingo, como primeiro dia da semana, pois quer sublinhar a celebração hebdomadária da vitória de Cristo sobre o pecado e sobre a morte. A primeira unidade cronológica do Ano Litúrgico será justamente o domingo. Mais tarde, na metade do século II, aparecerá o ritmo anual com a celebração da Páscoa anual. Como veremos adiante, é opinião comum que o núcleo original do Ano Litúrgico será justamente o hebdomadário.

O *dia*, como espaço astronômico de 24 horas, é uma medida de tempo que aparece frequentemente no Antigo Testamento. A respeito dele se sabe que o início do dia para o mundo hebraico, ao menos após o exílio da Babilônia, corresponde à tarde do dia precedente, isto é, a partir idealmente da interpretação sacerdotal de cada dia da semana da criação. Com efeito, na narração sacerdotal de Gn 1, é significativo que para cada dia se encontre no final

Ano Litúrgico

a expressão: "Houve uma tarde e uma manhã: e foi o primeiro ... segundo ... terceiro ... quarto ... dia etc.". Portanto, a Bíblia disporia que Israel inicie na tarde precedente o seu tempo festivo para Deus – depois que o sol tenha se posto.

No seu abundantíssimo uso do termo "dia", a Sagrada Escritura usa um notável número de textos visando à transcrição teológica e simbólica desta unidade de tempo. Referindo-se sobretudo às intervenções decisivas de Deus, dentro dos dias dos seres humanos, encontram-se fórmulas que têm certa densidade teológica; por exemplo, podem-se relevar as seguintes expressões: "no final dos dias..."; "virão dias nos quais..."; "o dia de Javé" ou "o dia do Senhor" etc. Estas expressões estão inseridas em uma dimensão simbólica particularmente referida a uma intervenção salvífica de Deus, ainda que não falte, por vezes, o aspecto punitivo.

Como demonstra o Vocabulário do Novo Testamento, o "dia do Senhor" (*heméra toû Kyríou*) é agora o dia de Cristo. Alguns textos, como 2Tm 1,10, antecipam a "epifania" ou "manifestação" do Senhor para a Encarnação; outros exprimem um movimento de espiritualização, embora conservem o aparato apocalíptico do Antigo Testamento.

A *hora* é a menor repartição do tempo astronômico hebraico a ter certo interesse teológico, quer em dimensão escatológica, quer messiânica. Confrontado com os LXX do Antigo Testamento, o uso do termo é muito mais frequente no Novo Testamento. Com efeito, o uso da palavra quase duplicou nos escritos neotestamentários. No Antigo Testamento o termo "hora" pode exprimir a onipotência divina quando se empenha com os humanos de forma pontual e extraordinária (Ex 9,18; Js 11,6; 1Rs 19,2). No Novo Testamento pode também significar o espaço de 60 minutos, como em alguns textos evangélicos (Mt 20,1-16; Mc 14,37; Jo 11,9 etc.). Existirá, pois, uma hora definitiva, a da consumação, que verá a ruína do inimigo. Destarte, vem a desenvolver-se uma visão escatológica como aparece evidente no Livro de Daniel (11,40.50) e no Livro do Apocalipse (18,10.17.19). Um uso simbólico do termo "hora" é encontrado nos Evangelhos, de modo particular em João, a propósito da paixão de Jesus, que é a sua hora, aquela disposta pelo Pai, aquela na qual triunfam provisoriamente as trevas, aquela que Jesus esperou em conformidade com a vontade do seu Pai (Lc 22,53; Jo 7,30; 8,20; 12,27; 13,1; 17,1). Dessa forma, adquire unidade toda ação de Cristo, orientada para a "sua hora". Por trás da aparência segundo a qual os movimentos se sucedem sem coordenação, tudo está orientado para uma meta que será conseguida no seu devido tempo, no seu dia, na sua hora.

Notemos que os dois ritmos cronológicos do *ano* e da *semana*, que na tradição hebraica têm particular valor teológico, são justamente os ritmos sobre os quais, em seguida, se construirá a estrutura inteira do Ano Litúrgico.

4. O TEMPO DOS ACONTECIMENTOS HUMANOS (*CHRONOS*)

Sabemos que o sinal é composto de um *significante*, o aspecto material do sinal, e por um *significado*, o aspecto conteudístico do sinal. Pois bem, se consideramos o Ano Litúrgico como um grande sinal, podemos afirmar que ele é formado por um significante (no nosso caso: o dia, a semana, o ano), e por um significado, o aspecto conteudístico. Até aqui falamos do significante, sublinhando a importância da semana e do ano. Agora, ao contrário, falaremos do significado. Em um primeiro momento, detemo-nos brevemente nos três termos gregos que na Bíblia exprimem uma concepção religiosa ou teológica do tempo (*chronos, kairós* e *aiôn*). Em seguida, à luz destes termos, traçaremos uma primeira síntese elementar do significado do tempo na história da salvação e nas celebrações do Ano Litúrgico. De cada um dos três supracitados termos, interessa-nos o significado que eles têm no grego clássico, na Bíblia (Antigo e Novo Testamento), bem como na compreensão do Ano Litúrgico.

O vocábulo grego *chronos*, desde os tempos de Homero, serve para definir formalmente um momento, ou então um espaço de tempo, cuja duração não é bem precisada. *Chronos* significa o tempo em geral, no seu curso, o tempo que passa. O vocábulo, que não possui na língua hebraica um termo único e correspondente, é usado mais ou menos 100 vezes no Antigo Testamento (versão grega dos LXX) e perto de 54 vezes no Novo Testamento grego. Existe um tempo do ser humano e da sua ação histórica (Gn 26,1.15; Is 54,9; At 1,21; 2Cor 7,39; Gl 4,1; 1Pd 1,17). Mas no tempo dos seres humanos foi inserido o de Cristo! Esta visão teológica encontra-se presente, sobretudo, nas cartas paulinas e deuteropaulinas. O aparecimento de Cristo traz, uma vez por todas, o tempo à plenitude, isto é, o tempo dos humanos foi invadido e penetrado pela ação de Deus. Ele dá a plenitude ao tempo. Um testemunho direto desta doutrina encontra-se em Gl 4,4-5: "Quando, porém, chegou a plenitude do tempo, Deus enviou o seu Filho. Ele nasceu de uma mulher, submetido à Lei para resgatar aqueles que estavam submetidos à Lei, a fim de que fôssemos adotados como filhos e filhas".

O acontecimento e o tempo histórico de Cristo distinguiram – no tempo dos humanos – aquele passado na ignorância e no pecado, daquele que permanece, depois dele, para a salvação da história humana (At 17,30; 1Pd 1,20; 4,1-3). Como já se disse, Cristo não somente realiza o tempo, mas lhe dá plenitude. Então, o tempo de Cristo se torna a medida do tempo histórico, seja do passado, seja do futuro. Ele retornará no "tempo da restauração de todas as coisas" (At 3,21), assim afirma Pedro no discurso ao povo. Eis, portanto, que a reflexão teológica sobre o tempo é centralizada em Cristo. Isto é fundamental para compreender o Ano Litúrgico. O tempo depois de Cristo não oferece nenhuma novidade. Trata-se sempre do mistério da salvação que culmina em Cristo e que depois encontramos representado no rito. O Ano Litúrgico não é, portanto, uma série de conceitos, mas é a celebração de um único acontecimento de salvação. É o tempo no qual Cristo entra e realiza a plenitude. Portanto, o Ano Litúrgico perde consistência se for transformado num calendário temático-devocional.

O *chronos* não é uma entidade absoluta, mas sim espaço e forma que permite contemplar a ação histórica de Deus e a resposta que no tempo dá à pessoa humana, a qual considera o seu presente estruturado com base no tempo de preparação do Antigo Testamento e de cumprimento em Jesus Cristo.

5. O TEMPO DE MOMENTO PLENO E OCASIÃO PROPÍCIA PARA SER ALCANÇADO PELO DEUS QUE SALVA (*KAIRÓS*)

O segundo termo a ser acentuado é *kairós*. Originariamente indica a justa medida, a justa relação, aquilo que é destinado, que é apropriado, ou então aquilo que é determinante. *Kairós* é um tempo pontual, um instante privilegiado, que oferece oportunidades inéditas e fascinantes. Entre outros dados, o termo passou hodiernamente para a literatura leiga. É significativo, para a compreensão neotestamentária do tempo, que, quando Jesus viveu sua ação no mundo, o conceito *kairós* tenha sido mormente qualificado do ponto de vista do conteúdo do que o conceito *chronos*. Portanto, não surpreende que *kairós* (com cerca de 300 presenças) apareça nos LXX o triplo de vezes com relação a *chronos*, e que no Novo Testamento se encontre 85 vezes a palavra *kairós*, contra 54 vezes a palavra *chronos*.

No Antigo Testamento o vocábulo hebraico 'et, que corresponde ao termo grego *kairós*, significa prevalentemente o tempo pontual, determinado, justo. Os profetas unem tal termo hebraico ao "dia do Senhor" (Jr 3,17; 4,11; 8,1; Dn 12,1). O "tempo justo" é aquele do encontro com Deus (Is 28,23-29; Jr 8,7; Ez 16,8 e, sobretudo, Ecl 3). Se *chronos* indica o tempo de modo muito amplo, *kairós* exprime um tempo muito bem definido.

No Novo Testamento, *kairós* alude ainda mais à área teológica do tempo de Deus dentro do tempo humano, isto é, *kairós* é o momento no qual Deus intervém na história do ser humano, de forma muito pontual, para a sua salvação. Com a chegada de Cristo deu-se início a um tempo particular da ação salvífica divina, que qualifica todo o resto do tempo. É preciso converter-se para a chegada de Cristo, reconhecendo tal *kairós* de apelo, e conformando a vida às intervenções e ao ritmo do tempo de Deus. A tal propósito pode-se recordar o texto de Lc 19,44: "Eles esmagarão você e seus filhos, e não deixarão em você pedra sobre pedra. Porque você não reconheceu o tempo em que Deus veio para visitá-la". Trata-se de palavras que Jesus dirige a Jerusalém (cf. Mc 1,14s; Lc 12,54ss; Rm 13,8ss; 2Cor 6,1s etc.).

Com relação aos tempos passados de busca e de espera, este tempo de salvação está presente agora. Ele se abre também à perspectiva do futuro. Não priva, contudo, de tensão e de ruptura com as experiências humanas que o caracterizam (Lc 6,20-26; 12,49-53; Jo 6,21-24 etc.). Deste tempo pontual, que chamamos "tempo cristológico", à luz unitária da história, a liturgia cristã é o sinal, medido segundo a lógica do significado (memória do acontecimento, testemunho da sua eficácia, promessa da sua realização futura) e segundo a ordem do significante (o dia, a semana e o ano).

Se *chronos* evoca o Ano Litúrgico com um conjunto de memórias de um mesmo acontecimento salvífico que culmina em Cristo, *kairós* evoca o valor de cada celebração particular do Ano Litúrgico, a qual assume uma específica força salvífica, como memória das intervenções pontuais de Deus na história da salvação. Justamente porque a realização do plano divino está ligada a momentos escolhidos por Deus, a *kairoi*, pode-se falar de história da salvação. Notemos que, na terminologia bíblica, usa-se *kairós* para identificar os dois momentos mais importantes desta história: no Antigo Testamento, o êxodo para os hebreus; no Novo Testamento, a encarnação do Verbo de Deus para os cristãos.

6. A DIMENSÃO TEMPORAL DA VIDA HUMANA ENVOLVIDA NO TEMPO DE DEUS (*AIÔN*)

O último termo a ser analisado, *aiôn*, indica a duração da vida em Hesíodo e, em Ésquilo, a geração. Pode, pois, indicar o tempo já vivido ou o que ainda resta para viver. Refere-se, portanto, ao passado ou então ao futuro. Ele deve ser situado entre o *chronos* e o *kairós*. Na versão grega dos LXX, *aiôn* aparece cerca de 450 vezes e é usado para traduzir o termo hebraico *'ôlam*. O significado inicial dos termos grego e hebraico é a duração da vida, do mundo, junto com o significado de longo tempo e de eternidade. Portanto, não se trata de um *tempo indeterminado* nem de um *tempo pontual* ou determinado, mas de uma *duração de tempo*, segundo certa extensão. Notemos, pois, que os vocábulos que estamos analisando exprimem uma dimensão temporal conexa com a existência humana, mas que a transcende, indo além dela em direção ao passado e ao futuro. Isto acontece por causa de um envolvimento mais ou menos direto com o tempo de Deus.

No Novo Testamento, o substantivo *aiôn* aparece ao menos 100 vezes, com o significado de longo tempo, período de tempo, e assim por diante. O termo é indispensável para explicar a condição histórica e a escatologia do Novo Testamento. Na literatura apocalíptica rabínica faz-se, com frequência, a distinção entre o "mundo presente" e o "mundo que vem (futuro)", no sentido de duas épocas da história da humanidade. O "mundo presente" é a época do pecado, da imperfeição; o "mundo futuro" designa uma nova época na qual o pecado e a miséria desaparecerão e os justos receberão o prêmio. Jesus e os exegetas aceitaram o esquema judaico dos dois *eones*, mas lhe conferiram um novo conteúdo e um novo significado. Alguns escritos neotestamentários, sobretudo Paulo e os sinóticos (jamais, contudo, João), distinguem o *eone* presente do futuro, isto é, o tempo presente do futuro, quase como dois períodos históricos sucessivos. Assim, por exemplo, em Mt 12,32 diz-se que, aquele que falar contra o Espírito Santo, "não será perdoado nem neste mundo nem no futuro". Note-se, porém, que a distinção dos dois *eones* não corresponde jamais a um dualismo teológico: Satanás mina o tempo presente, mas Deus – em Cristo – o remiu. Por isto a nova criação já teve início (Gl 1,4; 4,4). Assim a vida eterna é a do *eon* futuro (Rm 2,7; 6,22-23; Gl 6,8 etc.). João precisa que esta vida eterna (definitiva, após o *eon* presente) já é de alguma forma atual, nem a morte a detém mais (Jo 3,15s; 5,24; 17,3).

Esta visão do tempo assume certa importância para a compreensão da mesma liturgia, pois ela é pregustação da futura liturgia, a celeste (cf. SC, n. 8). Tal visão escatológica da liturgia é mais marcada nas liturgias orientais.

7. CRISTO, SENHOR DO TEMPO

Dizíamos acima, com relação à visão veterotestamentária, que a história adquire um sentido novo no Novo Testamento. A relação entre Antigo e Novo Testamento pode ser concebida como uma ligação estritamente temporal entre preparação e cumprimento. Por exemplo, levando-se em consideração alguns hinos das cartas paulinas e deuteropaulinas, bem como as primeiras confissões cristãs de fé, vemos que nestes textos Jesus Cristo é proclamado como centro e sentido único da história:

Bendito seja o Deus e Pai de nosso Senhor Jesus Cristo: Ele nos abençoou com toda bênção espiritual no céu, em Cristo. Ele nos escolheu em Cristo antes de criar o mundo para que sejamos santos e sem defeito diante dele, no amor. Ele nos predestinou para sermos seus filhos adotivos por meio de Jesus Cristo, conforme a benevolência de sua vontade... (Ef 1,3-5 – leia-se todo o capítulo).

Uma outra passagem altamente significativa é o prólogo do Evangelho de São João, em que se afirma: "No começo a Palavra já existia: a Palavra estava voltada para Deus, e a Palavra era Deus. No começo ela estava voltada para Deus. Tudo foi feito por meio dela, e, de tudo o que existe, nada foi feito sem ela" (Jo 1,1-3). Trata-se da encarnação do Verbo que se insere na história como cumprimento do tempo.

Com a encarnação, deu-se início a manifestação pessoal do mesmo Deus no tempo: após ter habitado o seio da Virgem, o Verbo veio construir a sua tenda no meio dos seres humanos (cf. Gn 1,14), dando início à plenitude do tempo. Eis, portanto, que o tempo de Deus atinge o seu sentido pleno e salvífico com a vinda de Jesus de Nazaré: a sua presença na história reassume passado e futuro e se torna revelação da face misteriosa de Deus (Hb 13,8; Ap 1,17s).

O senhorio de Deus na história, e, portanto, também o de Cristo, dirige-se para o tempo final. Cristo domina e realiza a história, mas, ao mesmo tempo, orienta-a para um tempo definitivo. Trata-se do grande capítulo da escatologia bíblica. A série das libertações ou salvações parciais, das quais as páginas do Antigo Testamento estão plenas, progride em direção daquela que será a libertação que resumirá as precedentes. Destarte, as formas temporâneas e limitadas do domínio e da realeza divina sobre os seres humanos e sobre o cosmo tendem para a total presença divina na história e no cosmo, a fim de que, como disse Paulo em 1Cor 15,28: "Deus seja tudo em todos". A visão da história se apresenta como uma *"oikonomia"*, uma progressiva realização até à plenitude. Cristo, Senhor do tempo, é uma das categorias teológicas fundamentais que explica o único acontecimento de salvação.

O Ano Litúrgico celebra o único acontecimento de salvação em Jesus Cristo, bem como os diversos momentos deste evento, cujos protagonistas são o Pai, o Filho e o Espírito Santo. Não há, pois, sentido em estabelecer uma festa do Pai, do Filho e do Espírito Santo. Nós celebramos os acontecimentos salvíficos nos quais estão envolvidas as Três Pessoas da Santíssima Trindade. A liturgia é obra da Trindade (CIC, n. 1077).

Neste ponto, são de grande interesse as diversas afirmações neotestamentárias indicadas com os termos *"plêroma"* e *"plerôo"*, isto é, o substantivo "plenitude" e o verbo "levar à plenitude ou cumprimento". Estes vocábulos exprimem a realização e a plenitude relativas a um tempo de espera, de promessa e de provisoriedade.[21] A referência a Cristo torna-se decisiva para compreender o novo equilíbrio da história e o deslocamento de acento da esperança cristã, com relação à esperança messiânica do Antigo Testamento. O Novo Testamento tem uma concepção admiravelmente linear do tempo, com um presente, um passado e um futuro. Todavia, como já falamos antes, a concepção linear da história já era afirmada pela fé hebraica. O Antigo Testamento já distinguia o tempo presente do tempo futuro, enquanto a espera-esperança estava orientada para aquela direção decisiva entre os dois tempos. Ora, Cristo desloca o equilíbrio da história: o *kairós* definitivo, isto é, a intervenção pontual, definitiva e salvífica já chegou à sua plenitude com o anúncio do Reino de Deus: "Depois que João Batista foi preso, Jesus voltou para a Galileia, pregando a Boa Notícia de Deus. 'O tempo já se cumpriu, e o Reino de Deus está próximo. Convertam-se e acreditem na Boa Notícia'" (Mc 1,14-15).

Como especifica Paulo na Carta aos Romanos e aos Efésios, o tempo é realizado não genericamente em Cristo, mas com a sua morte e ressurreição. Por isso, durante o tempo presente, que vai em direção da consumação final, já se iniciou o tempo futuro. Consequentemente entre o evento Cristo e o fim deste *eon*, o cristão é convidado a viver com o ânimo de quem já pertence ao tempo

---

[21] Os conceitos que estamos ilustrando têm a finalidade de criar o ambiente teológico justo para compreender melhor o Ano Litúrgico. Fazemos, pois, alguma aplicação concreta a respeito. Quando, após o Vaticano II, foram nomeadas as Comissões para a reforma do Ano Litúrgico e dos sacramentos, na Comissão que devia reorganizar o Santoral, afrontou-se, entre outros, o problema relativo ao valor a ser dado à festa de Nossa Senhora de Lourdes. Sabemos que a Revelação se fechou com a era apostólica. Portanto, não há nenhuma revelação privada que acrescente algo a mais ao que está presente no Novo Testamento. Isto não deve ser entendido como uma tomada de posição contra as aparições ou "revelações" privadas, e sim como um critério fundamental para interpretá-las. Destarte, se antes da reforma do Vaticano II, no MR 1962, a festa de Nossa Senhora de Lourdes (11 de fevereiro) era intitulada *"In Apparitione Beatae Mariae Virginis Immaculatae"* e o objeto da celebração era, segundo a coleta, a aparição de Nossa Senhora (*"Virginis apparitionem caelebrantes"*), no MR 1970 é simplesmente a memória da *"Beatae Mariae Virginis de Lourdes"* e na coleta desapareceu qualquer referência à aparição. Tudo isto deve ser visto em relação à plenitude que Cristo dá ao tempo. Não há dúvida de que todas as manifestações carismáticas podem ajudar a aprofundar o mesmo mistério de Cristo, mas não podem revelar nada de novo.

definitivo, embora permaneça ligado àquela história humana e cósmica que vai em direção a sua consumação. É o tempo da Igreja e da sua missão.

A Igreja, celebrando a liturgia com os seus ritos, os seus sinais e as suas estruturas temporais, já está orientada para o futuro. A liturgia, como simples realidade ritual, deverá desaparecer. Portanto, não é preciso dar aos sinais um valor definitivo. Isto nos recorda a ínsita natureza precária do rito. Portanto, existe uma abertura em direção deste futuro, que a fé e a reflexão teológica da Igreja apostólica colhem no fato da encarnação, morte e ressurreição do Filho de Deus, eventos que são a chave para interpretar toda a história. Veremos que no mesmo Ano Litúrgico tudo se interpreta à luz da Páscoa. "Uma vez por todas" ("*ephápax*": Hb 7,27; 9,12; 10,10), Cristo salvou o mundo, atuando nele a libertação-salvação e colocando em perspectiva o pleno cumprimento de tal acontecimento no final do *eón* presente, com a sua segunda vinda na história.

O tempo precedente ao fato redentor deve ser compreendido a partir de Cristo: "Porque nele foram criadas todas as coisas, tanto as celestes como as terrestres, as visíveis como as invisíveis: tronos, soberanias, principados e autoridades. Tudo foi criado por meio dele e para ele. Ele existe antes de todas as coisas, e tudo nele subsiste" (Cl 1,16-17).

O tempo sucessivo à morte e ressurreição de Cristo busca ainda nele, na sua Páscoa, conteúdos para caminhar e esperar: "Se o Espírito daquele que ressuscitou Jesus dos mortos habita em vocês, aquele que ressuscitou Cristo dos mortos dará a vida também para os corpos mortais de vocês, por meio do seu Espírito que habita em vocês" (Rm 8,11; cf. 1Cor 15).

A Revelação bíblica não nega o tempo da pessoa humana, nem o dissolve na eternidade; contudo, tal tempo recebe uma consistência nova e superior. Por esta razão, em toda festa litúrgica podemos encontrar uma ligação com o tempo cósmico, com o acontecimento salvador e com a história atual da pessoa humana.

O que até agora foi dito comporta, como se indicou, uma chave de leitura da mesma liturgia. O mistério da Encarnação, com o seu equilíbrio perfeito, entre *logos* e *sarx*, entre *verbo* e *carne*, entre *eternidade* e *contingência*, entre *escatologia* e *história*, é o modelo supremo e pleno para compreender a natureza do tempo salvo. Esquecida esta chave de leitura, corre-se o risco de criar liturgias que celebram somente o ser humano e não o acontecimento salvífico de Cristo.

8. DO ACONTECIMENTO À CELEBRAÇÃO

Após ter falado da dimensão histórico-temporal do acontecimento salvífico, façamos agora uma referência às instituições cultuais ordenadas a tornar este evento salvífico presente e eficaz para as pessoas no curso do devir histórico. Nós nos interrogamos como possa tornar-se presente um acontecimento do passado no tempo da celebração litúrgica. A liturgia se funda sobre uma ordem temporal que lhe é própria, isto é, sobre um tempo transcendente dominado e presidido por aquilo que é o *ephápax* da história: a sua realização, uma vez por todas e para sempre. A Páscoa de Jesus, ponto focal e acontecimento aglutinante de toda a história, foi completada e realizada uma vez por todas. Tanto o antes (a Páscoa de Israel) como o depois (a Páscoa da Igreja) estão contidos na Páscoa de Jesus. Existe, pois, um momento de antecipação (a páscoa hebraica) e um momento de presença da Páscoa de Jesus na Páscoa da Igreja.

Ao *ephápax* dos *kairoi* bíblicos sucede agora o *osákis* ("cada vez que") das ações salvíficas da Igreja, em particular dás ações litúrgicas. Esta nova categoria cronológica está em relação, antes de tudo, com o *kairós* definitivo e escatológico de Jesus Cristo: "Portanto, todas as vezes que vocês comem deste pão e bebem deste cálice, estão anunciando a morte do Senhor, até que ele venha" (1Cor 11,26). Ou, como recita a oração sobre as ofertas do segundo domingo do tempo ordinário: "... toda vez que celebramos este memorial do sacrifício do teu Filho, realiza-se a obra de nossa redenção".

O *Catecismo da Igreja Católica*, n. 1104, exprime-se nestes termos:

A liturgia cristã não somente recorda os acontecimentos que nos salvaram, como também os atualiza, torna-os presentes. O mistério pascal de Cristo é celebrado, não é repetido; o que se repete são as celebrações; em cada uma delas sobrevêm a efusão do Espírito Santo que atualiza o único mistério.

Ano Litúrgico

Estas considerações nos conduzem a interpretar o tempo litúrgico como um tempo linear, continuação do tempo bíblico ou histórico-salvífico. Quando celebramos a liturgia da Igreja, não fazemos outra coisa senão colocar-nos em contato linear com os acontecimentos narrados pela Bíblia. Pois, no tempo da celebração, tempo verdadeiramente libertador, o acontecimento é sempre profecia e anúncio de um futuro melhor, é sempre um "já e ainda não" que, atualizando os acontecimentos passados de Deus em um presente celebrativo, antecipa e oferece, por sua vez, as primícias de um cumprimento em plenitude. Um exemplo pode ser retirado das orações litúrgicas, em particular das orações após a comunhão, que fazem frequentemente referência seja ao mistério celebrado e participado, seja à sua realização definitiva.

Portanto, o tempo presente tem uma consistência própria. Se tudo fosse orientado para a eternidade, existiria o risco de minimizar de uma só vez o alcance (o *ephápax*) do que diz respeito também ao presente. Portanto, o equilíbrio entre os três momentos do tempo torna-se fundamental, isto é, entre o passado da história de Deus, o presente da participação e o futuro do cumprimento. Porém, esse equilíbrio pode ser rompido com uma visão não harmônica da história. Se o tempo presente, que se inicia após a Páscoa de Jesus, isto é, o tempo da fé e dos sinais, que começa após a glorificação do Filho (o tempo intermédio ou tempo da Igreja), é completamente determinado quer pelo acontecimento central da Páscoa de Jesus, quer pelo futuro plenamente realizado, como pode acontecer ainda um seu significado? Em palavras mais simples, se dizemos, por um lado, que tudo foi realizado em Cristo e que, por outro lado, esperamos a realização da história, que sentido tem o tempo celebrativo que se encontra entre a plenitude de Cristo e a plenitude da história? Deve-se notar que agora Cristo reina invisivelmente sobre o céu e sobre a terra. Age, portanto, visivelmente na Igreja e através da Igreja. Portanto, ele continua a exercitar todas as suas funções, como único e Sumo Sacerdote, intercedendo junto do Pai e apresentando-lhe todas as nossas orações (cf. Jo 14,14ss).

Portanto, o tempo presente está intimamente ligado ao acontecimento Cristo, porque o Crucificado não desapareceu no sepulcro, mas está vivo à direita do Pai. Se Cristo não tivesse ressuscitado, todo este discurso careceria de significado; antes, seria feito em vão. G. Lafont afirma que

> o tempo da história presente é um tempo "acompanhado", segundo a palavra de Jesus: "eis que estarei *convosco* todos os dias até o final do mundo" (Mt 20,20). E é justamente ali que – com toda probabilidade – se situa a sacramentalidade cristã, ou, com outros termos, a ritualidade na perspectiva do tempo [...]. O sacramento presencializa o tempo crístico no tempo humano e cósmico.[22]

Esta doutrina, esboçada brevemente, precisa ser ilustrada e aprofundada de uma forma melhor. A este respeito, é importante deter-se sobre dois conceitos fundamentais para a compreensão da teologia do Ano Litúrgico: "mistério de Cristo" e "mistério pascal". É o que faremos no capítulo seguinte.

---

[22] G. Lafont, *Storia*, in G. Barbaglio; S. Dianich (edd.), *Teologia* (I Dizionari San Paolo), San Paolo, Cinisello Balsamo 2002, 1581.

Capítulo III. O "mistério de Cristo" — "Mistério pascal"

Na terminologia teológica, o sintagma "mistério pascal" – redescoberto no decurso do século passado – é usado geralmente para o conjunto dos acontecimentos que giram em torno da paixão, morte, ressurreição e glorificação de Jesus Cristo. Recolhendo sob a única expressão de "mistério pascal" fatos que são diversos, quer-se cercar de evidência a profunda unidade que eles constituem na economia da salvação. Em todo caso, deve-se relevar que ao afrontar esse argumento, deparamo-nos com uma série de expressões aparentadas entre elas e usadas, às vezes, na linguagem teológica como equivalentes: *mistério pascal, mistério de Cristo, mistério da salvação, mistério da redenção* e outras ainda.

Pretendemos ilustrar brevemente a origem e os desenvolvimentos desta categoria teológica. Haveremos de nos mover entre o âmbito terminológico e o categorial. Seguindo um método diacrônico, daremos uma rápida visão dos principais testemunhos que vão da Bíblia até os nossos tempos, estando principalmente atento às fontes ocidentais. Considerada a amplidão do argumento, detenho-me nos aspectos do problema que dizem respeito mais diretamente à temática abordada.[1]

1. O FUNDAMENTO BÍBLICO DO MISTÉRIO PASCAL

Mesmo que pressuponhamos o amplo capítulo sobre o sentido do mistério nos escritos dos dois Testamentos, creio que seja útil recordar alguns elementos a este respeito.[2]

---

[1] Cf. M. Augé, *Il Mistero Pasquale*, in F. Bosin; C. Dotolo (edd.), *Patì sotto Ponzio Pilato...* (Biblioteca di ricerche teologiche 5), Dehoniana, Bologna 2007, 41-59.

[2] C. A. Grillmeier, *I misteri della vita di Gesù*, in J. Feiner; M. Löhrer (edd.), *Mysterium Salutis* III/2, Queriniana, Brescia 1971, 9-35.

1.1. O mistério

A palavra mistério, no judaísmo, contém um nítido sentido escatológico que mesmo em Daniel aparece com pouca clareza. É aquele que mostram os textos de Qumran. Nestes, os planos e as decisões secretas de Deus, que dizem respeito à época que deve vir, são designados como mistérios. Também no Novo Testamento, o vocábulo *mysterion* conserva uma determinação escatológica. Nos Sinóticos trata-se da vinda de Cristo que se realiza e se revela como "mistério do Reino de Deus" (Mc 4,11). No anúncio e na obra de Jesus torna-se visível o Reino de Deus (Mt 12,28), e isto em virtude do seu mistério. Eis, portanto, que nos eventos singulares da vida terrena de Jesus se manifesta, em modo teológico, nos ritmos da história humana, o único mistério de Deus.

É notável a frequência com a qual o termo *mysterion* aparece nas cartas paulinas e deuteropaulinas. Nestes escritos se fala do "mistério" (Rm 16,25), do "mistério de Deus" (Cl 2,2), do "mistério de Cristo" (Cl 2,2; 4,3; Ef 3,4), do "mistério da piedade" ou "da verdadeira religiosidade" (1Tm 3,16), ou também do "mistério do Evangelho" (Ef 6,19); locuções que têm significados afins. A doutrina paulina a respeito pode ser resumida dizendo que "o mistério" é a vontade salvífica divina e o seu admirável desígnio de salvação, cujas linhas se recorrem e se centram em Cristo. Este desígnio, escondido em Deus desde a eternidade, foi plenamente manifesto em Cristo, que confiou o anúncio oficial aos apóstolos:

> Este mistério, porém, não foi descoberto a outras gerações como foi agora revelado aos seus santos Apóstolos e aos profetas no Espírito Santo (cf. Ef 3,46 gr.) para que pregassem o Evangelho, e despertassem a fé em Jesus Cristo e Senhor, e congregassem a Igreja. Os escritos do Novo Testamento são um testemunho perene e divino de todas estas coisas (Constituição Dogmática *Dei Verbum* 17).

O "mistério" se manifesta como uma "economia" (*oikonomia* [Ef 3,9]): ordenamento ou disposição temporal da salvação, e se diz também das etapas sucessivas pelas quais se realiza o plano divino, ou seja, a vinda na terra do Filho de Deus, o tempo da Igreja, a consumação final. O mistério é, portanto, um dinamismo no qual estão envolvidos quantos foram investidos (cf. Cl 2,2;

Ef 1,17ss; 3,18ss). O mistério é o mesmo Cristo revelado por excelência na sua cruz, mas que inclui em si mesmo, desde toda a eternidade, o destino da humanidade e do universo inteiro.

O mistério pode ser reconhecido somente a partir da sua livre e gratuita automanifestação histórica, uma vez que essa mesma automanifestação, essa "revelação", é parte integrante da mesma noção de mistério. Emerge, portanto, a indissociabilidade do mistério cristão dos acontecimentos salvíficos da sua manifestação narrados pela Escritura.

1.2. O mistério pascal

Na Bíblia não encontramos a expressão "mistério *pascal*". Contudo, encontramos os elementos que constituem a substância da categoria teológica em questões semelhantes às que a tradição irá interpretar. É preciso ter presente que a morte de Jesus não pode ser entendida isoladamente. É preciso compreendê-la no contexto de toda a história pré-pascoal de Jesus e, sobretudo, à luz reveladora da sua ressurreição. A morte e a ressurreição de Jesus constituem uma unidade, são um único e grande acontecimento salvador.[3] Por vezes Paulo considera a morte enquanto evento histórico. Então ela lhe aparece como fato em si mesmo, distinto da ressurreição. A morte é o efeito da fraqueza da carne, enquanto a ressurreição é efeito do poder de Deus (2Cor 13,4). Mas os dois fatos são concatenados, sendo a morte causa meritória da ressurreição (Fl 2,5-11). Antes, segundo Paulo (Rm 4,25), o mesmo efeito salvífico deriva quer da morte, quer da ressurreição: "O qual [Jesus] foi entregue à morte pelos nossos pecados e foi ressuscitado para nos tornar justos". Da mesma forma João (Jo 8,28; 12,32) faz coincidir a morte sobre a cruz com a exaltação e a glorificação. Já próximo da sua paixão, ele exclama: "Chegou a hora em que o Filho do Homem será glorificado" (Jo 12,23). Com efeito, a morte pascal de Jesus é a "passagem deste mundo para o Pai" (Jo 13,1), da morte para a vida. A carta aos Hebreus entende da mesma forma, quando diz que Jesus,

---

[3] Cf. F. X. Durrwell, *La risurrezione di Gesù, mistero di Salvezza. Teologia biblica della Risurrezione*, Paoline, Roma 1962, 87ss. N. Füglister, *Il valore salvifico della Pasqua* (Supplemento ao Grande Lessico del Nuovo Testamento 2), Paideia, Brescia 1976, 329.

em virtude do seu sangue, que significa a sua morte sacrifical, entrou na glória de Deus (cf., entre outros trechos, Hb 9,12), ou então – o que vem a ser o mesmo – que Deus torna perfeito, "por meio do sofrimento, o Iniciador da salvação de todos eles" (Hb 2,10). Dessa forma o habilita e o consagra à soberania messiânica. Podemos, pois, concluir afirmando que Jesus é o "salvador" não só e não tanto como crucificado, mas também, e diria mesmo sobretudo, como ressuscitado. Assim exprime o alegre anúncio do querigma apostólico, quando proclama: "Deus, no acontecimento da ressurreição, constituiu Jesus como Senhor e Messias" (At 2,36), enquanto o "elevou" como guia e salvador, para conceder a Israel "a conversão e o perdão dos pecados" (At 5,31).

Como haveremos de ver a seguir, a expressão *mistério pascal* é o fruto da fusão dos conceitos de mistério e de páscoa, realizada entre os séculos II e IV. A expressão encerra um conceito que permite concentrar em Jesus toda a história salvífica. A morte e ressurreição de Jesus, culminância da sua existência e da sua obra, constituem o centro de toda a história salvífica desde a criação até a realização escatológica do desígnio de Deus, a partir do qual tudo se compreende e no qual todo evento passado e futuro é recapitulado, toda palavra pronunciada adquire sentido e luz. Ao mesmo tempo ele permite compreender como a história da salvação, que tem o seu centro na morte e ressurreição de Jesus, à semelhança da Páscoa antiga, pode ser perpetuada e participada ao longo das gerações mediante o memorial litúrgico, na ceia do Senhor, nas ações sacramentais, nos ritmos do Ano Litúrgico e na oração eclesial. Portanto, a categoria pascal se torna a chave hermenêutica de todas as intervenções salvíficas de Deus, realizadas por Jesus de Nazaré e por ele confiadas à Igreja para que as perpetuasse.

2. O "MISTÉRIO (DE CRISTO)" NOS PADRES APOSTÓLICOS E SUBAPOSTÓLICOS

O termo *"mysterion"* nos Padres Apostólicos aparece somente em três textos de Inácio de Antioquia († 110). Na Carta à Igreja de Magnésia, falando da substituição do sábado hebraico pelo domingo, Inácio afirma que aqueles que não observam mais o sábado "vivem segundo o domingo, dia no qual surgiu a nossa vida por meio dele e da sua morte que alguns negam. Mistério do qual, ao contrário, temos a fé e no qual perseveramos para ser discípulos de Jesus Cristo".[4]

Mysterium que significa o mistério salvífico da cruz de Jesus, que nos conduz à vida ressuscitada com ele. Na Carta aos Efésios, [Inácio] afirma, ao contrário, que são três os mistérios que permanecem vedados ao príncipe deste mundo: "a virgindade de Maria, o seu parto e a morte do Senhor". Estes três mistérios, acrescenta Inácio, foram realizados no silêncio de Deus, mas eram destinados a ser proclamados.[5] Notemos que também neste texto é conservada a perspectiva paulina, que interpreta a economia salvífica culminante na cruz. Na Carta à Igreja de Trales, Inácio fala dos "diáconos dos mistérios de Jesus Cristo".[6] Este texto parece depender de 1Cor 4,1 e diz respeito ao ministério da Palavra de Deus.

Ao lado da morte gloriosa de Cristo, Inácio coloca o mistério da encarnação do Filho de Deus. A este propósito, podemos dizer logo que, na cristologia patrística, a encarnação não é jamais considerada abstratamente do mistério da Páscoa. Ela é vista prevalentemente como um acontecimento no qual a "descida" do Verbo entre nós atinge o seu cumprimento na humilhação da cruz e leva a pleno cumprimento o plano de "elevação" da pessoa humana na glória da ressurreição. Estas afirmações são verdadeiras principalmente na visão dos Padres orientais, para os quais a encarnação é, de alguma forma, o mistério central, mas para explicar a sua eficácia deve chegar à glória passando pela morte. A encarnação não é um acontecimento puramente ontológico, definido fora do contexto soteriológico-pascal.

Do período subapostólico citamos a *Adversus Haereses* de Ireneu de Lião († 220). Recordemos que temos uma única versão latina da maior parte deste tratado. Como acontecerá com frequência na latinidade cristã, nesta versão o grego *mysterion* é traduzido indiferentemente pelos vocábulos latinos *mysterium* ou *sacramentum*. Deixando de lado outras questões, interessa-nos sublinhar a

---

[4]   Inácio de Antioquia, *Aos Magnésios* 9,2: A. Quacquarelli (ed.), I Padri Apostolici (Collana di Testi Patristici 5), Città Nuova, Roma 1989[4], 112.

[5]   Inácio de Antioquia, *Aos Efésios* 19,1; *loc.cit.* 106.

[6]   Inácio de Antioquia, *Aos Tralianos* 2,3; *loc.cit.* 116.

continuidade com o pensamento paulino que é evidente em um texto no qual Ireneu convida a estudar o mistério e a "economia de Deus" como é e a crescer no amor daquele que fez e continua a realizar grandes coisas por nós.[7]

3. O "MISTÉRIO (DE CRISTO)" NAS CATEQUESES DO SÉCULO IV

No século IV são escritas as esplêndidas e profundas catequeses dos Padres, quer orientais, quer ocidentais.[8] Nestes documentos o termo mistério é aplicado, pela primeira vez, de modo explícito, aos acontecimentos da história salvífica e à doutrina que os ilustra, mas também aos ritos cristãos. Portanto, o vocábulo que continua a ser aplicado à interpretação da Escritura segundo o mistério paulino indica agora também a participação neste mistério, considerado como o conteúdo da fé dos sacramentos e dos ritos cristãos em geral.[9]

Em Cirilo de Jerusalém encontramos o plural *ta mysteria* (que indica os ritos das religiões mistéricas) aplicado ao ritual daquilo que se chamará, consequentemente, a "iniciação cristã". Cirilo termina a exortação preparatória dizendo: "Prepara o teu coração para receber o ensinamento em vista da comunhão dos santos mistérios. Pede com ardor a fim de que Deus te torne digno dos mistérios celestes e imortais".[10]

Atanásio, no seu segundo livro *Contra Arianos*, é um dos primeiros a aplicar, em particular, o termo *mysterion* ao Batismo.[11] Cirilo, contudo, aplica-o (no plural) também à Eucaristia.[12]

As catequeses patrísticas do século IV, das quais oferecemos somente uma pequena amostra, partem todas da ideia paulina de que o mistério de Cristo deve ter em nós a sua última realização e que é por meio dos sacramentos da Igreja que ele chega até nós.

---

[7]   Cf. *Ireneu de Lião, Adversus Haereses*, II 4,1; SCh 294,44; E. Bellini, (ed.), *Ireneo di Lione, Contro le eresie e gli altri scritti*, (Già e non ancora 76), Jaka Book, Milano 1981, 128.

[8]   Cf. O. Pasquato, *Catechesi: epoca patristica*, in M. Sodi; A. M. Triacca (edd.), *Dizionario di Omiletica*, Elle Di Ci – Verlar, Leumann (Torino) – Gorle (Bergamo) 1998, 235-236.

[9]   Cf. L. Boyer, *Mysterion. Dal mistero alla mistica*. Libreria Editrice Vaticana 1998, 187ss.

[10]   Cirilo de Jerusalém, *Protoch.* 16, PG 33, 361A.

[11]   Atanásio, *Oratio II contra Arianos* 42: PG 26, 236C.

[12]   Cirilo de Jerusalém, *Catech.* 23,22: PG 33,1125B.

4. O "MISTÉRIO PASCAL" NOS PADRES

A expressão "mistério pascal" (o "mistério da Páscoa") aparece pela primeira vez na segunda metade do século II, em duas homilias pascais da Ásia Menor, uma de Melitão de Sardes e a outra de escritor desconhecido. As duas homilias estão divididas em duas partes. A primeira trata, em chave tipológica, da Páscoa da antiga Lei, tomando os momentos salientes da narração de Ex 12, a fim de demonstrar que tudo nela era orientado para a Páscoa nova de Cristo. A segunda parte trata do mistério cristão da Páscoa, ou seja, do plano divino em Jesus Cristo. Preexistindo como Deus, encarna-se, sofre, morre, ressuscita e sobe ao céu, conseguindo uma redenção definitiva, que agora é oferecida a todos os povos. A redenção de Jesus Cristo, morto e ressuscitado, é comunicada na celebração litúrgica da Vigília Pascal, nas suas implicações sacramentais e místicas diante da assembleia dos fiéis.

Apresentamos, a seguir, uma síntese das diversas concepções da Páscoa assim como ela aparece nas principais homilias e escritos dos Padres que vão do século II ao século V.[13]

4.1. A Páscoa "paixão"

Melitão de Sardes, na sua *Homilia sobre a Páscoa* (*Perí Pascha*), que pode ser datada entre os anos 165 e 185, afirma que "o *mistério da Páscoa* é o novo e o antigo, o eterno e o contemporâneo, o perituro e o imperituro, o mortal e o imortal".[14] Este "mistério da Páscoa" é identificado depois com o "Mistério do Senhor [...], antigo segundo a prefiguração, ao contrário, novo segundo a graça";[15] prefigurado em Abel, Isaac, José, Moisés, Davi, nos profetas perseguidos e no cordeiro sacrificado, anunciado mediante a voz dos profetas e realizado nos últimos tempos. Portanto, a Páscoa cristã é apresentada como a conden-

---

[13] Cf. R. Cantalamessa, *La Pasqua della nostra salvezza. Le tradizioni pasquali della Bibbia e della primitiva Chiesa*, Marietti 1971.

[14] *Sulla Pasqua* 2; R. Cantalamessa, *I più antichi testi pasquali della Chiesa* (Bibliotheca "Ephemerides Liturgicae" – Sectio historica 33), Edizioni Liturgiche, Roma 1972, 25. A expressão "mistério da Páscoa" é encontrada por mais duas vezes (*ivi* 11.65; *l.c.*, 27.39).

[15] *Ivi* 58, *l.c.*, 38.

Ano Litúrgico

sação de toda a história da salvação, que na Vigília pascal era celebrada como história unitária e contínua desde a criação até a parúsia. Nenhum momento dessa história, por mais relevante que fosse, nem mesmo a Encarnação, lhe era subtraído para ser celebrado à parte. Eis por que a Homilia de Melitão de Sardes traça um quadro do Mistério Pascal no qual se encontram juntos preexistência, prefiguração antigo-testamentária, encarnação, vida pública, paixão, morte, ressurreição e ascensão. Neste quadro, a descida da encarnação e a subida da ascensão – com uma particular acentuação da morte – tomam um espaço histórico privilegiado, mas não exclusivo. A Páscoa pode ser definida como a festa da unidade dos dois Testamentos. Neste enquadramento, Melitão pode estabelecer a equação: "O mistério da Páscoa é Cristo".[16]

A outra homilia pascal do século II, sempre procedente da Ásia Menor, é *Sobre a santa Páscoa*, do assim chamado Anônimo Quartodecimano. Também neste texto se fala do "mistério da Páscoa",[17] que compreende toda a vida de Jesus. A vinda (*epidemia*, n. 5) de Cristo à terra culmina no mistério pascal, cujas diversas etapas são ilustradas mais para a conclusão da homilia: a morte da morte, a descida aos lugares inferiores, a ressurreição, a ascensão ao céu (nn. 109-116). O mistério da Páscoa estende-se por toda a história da salvação e tem, até mesmo, um dimensão cósmica, razão pela qual é chamado "mistério cósmico da Páscoa".[18]

Notamos que as duas homilias acima, os mais antigos testemunhos da celebração anual da Páscoa, pertencem à área das Igrejas que celebravam a Páscoa em 14 de Nissan, aniversário da morte de Cristo. Ligando-se à tipologia do Cordeiro[19] e ao querigma joanino,[20] as nossas homilias concebem

---

[16]   *Ivi* 65, *l.c.*, 39. A expressão reaparece mais adiante: "Sou eu a Páscoa da salvação" (*ivi* 103, *l.c.*, 50).

[17]   *Sulla Santa Pasqua* 13; l.c., 59.

[18]   *Ivi* 40, *l.c.*, 67.

[19]   Esta compreensão tipológica já é clara em 1Cor 5,7 e em Jo 19,33-36 (referindo-se, porém, ao cordeiro e não à festa).

[20]   A elevação de Cristo na cruz é sinal de sua elevação à glória: "Quando vocês levantarem o Filho do Homem, saberão que Eu Sou" (Jo 8,28); "Quando eu for levantado da terra, atrairei todos a mim" (Jo 12,32). O Cristo de João aparecerá sempre assim: "*stans tamquam occisus*" (Ap 5,6), isto é, morto e, no entanto, em pé, morto e vivo ao mesmo tempo. De aqui brotam a tradição da cruz gemada e a tradição iconográfica que mostra Cristo sobre a Cruz vivente e ressuscitado (os olhos abertos) e morto ao mesmo tempo (o lado aberto).

essencialmente a Páscoa de Cristo como a sua paixão. Daqui brota a convicção, compartilhada pelas duas homilias, de que "páscoa" derivasse, também etimologicamente, de *patire*, através do verbo grego *páschein*. Portanto, a festa de Páscoa da Igreja é comemoração daquela mesma paixão, mesmo que no interior do conceito de paixão se desenvolve o inteiro conteúdo do mistério pascal de morte-vida.

Também Ireneu, Hipólito e Tertuliano ligam o termo *pascha* com o verbo grego *páschein*, "sofrer", referindo-se, portanto, à paixão de Cristo. Embora relativamente ingênua, esta explicação recolhe, contudo, o que era o sentido judaico da Páscoa. Com efeito, no judaísmo "Páscoa" se tornara sinônimo de cordeiro pascal. Brotam desta realidade as expressões "imolar a Páscoa", "comer a Páscoa", que encontramos também no Novo Testamento (Mt 26,17; Mc 14,12; Jo 18,28).

4.2. A Páscoa "passagem"

Um segundo grupo de Padres (Clemente Alexandrino, Orígenes e a maioria dos Padres orientais e ocidentais, em particular Agostinho) encontra uma terminologia mais exata no termo "passagem" (em hebraico: *pesah*; em grego: *diabasis*; em latim: *transitus*). O sujeito é o povo que "passa" da escravidão do Egito à Terra Prometida através do Mar Vermelho. Aplicada a Cristo, esta etimologia indicará a sua "passagem" da morte para a vida, deste mundo para o Pai.

De alguma forma, Agostinho faz a síntese, fundindo entre elas as concepções de páscoa-paixão e páscoa-passagem: "Com efeito, o Senhor, através da paixão, passou (*transit*) da morte à vida. Para nós, que cremos na sua ressurreição, ele abriu a estrada pela qual também passamos da morte à vida".[21]

A passagem de Jesus, deste mundo para o Pai, abraça, em estreita unidade, paixão e ressurreição. É através de sua paixão que Jesus chega à glória da ressurreição. A Páscoa cristã é um *transitus per passionem*.

---

[21] Agostinho, *Enarrationes in psalmos* 120,6: NBA; PL 37, 1609.

4.3. A Páscoa como "passar além" (ou "saltar")

Um terceiro grupo de Padres, mas exíguo (os da área palestinense-antioquena, como o pseudo-Orígenes, Apolinário de Laodiceia, Teodoreto de Ciro, Procópio de Gaza), compreende *pascha* como "passar além" (*hypérbasis*). Trata-se de uma nuance da páscoa-passagem. Neste caso, o sujeito da Páscoa é o "Anjo Exterminador" que, vendo o sangue do cordeiro, "passa além" das casas dos hebreus, trazendo-lhes a salvação. Com Jerônimo, embora afirme como Orígenes que Páscoa significa "passagem", acrescenta que esta passagem é antes de tudo a de Deus e do seu Anjo exterminador. "À vista do sangue nas portas dos israelitas, passam além."[22] Esta passagem é também a do mesmo Cristo que, com sua morte e ressurreição, "passou além" dos limites da morte e comunica este dom às pessoas que acreditam nele. Apolinário de Laodiceia († 390) escreve: "Cristo não comeu a Páscoa, mas tornou-se ele mesmo aquela Páscoa, cujo cumprimento é no Reino de Deus, quando passa além definitivamente da morte. Com efeito, é isto que indica a palavra cujo significado é 'passar além'".[23]

4.4. A Páscoa "recapitulação"

Na liturgia pascal de Israel, a celebração do acontecimento do Êxodo, pouco a pouco, tinha-se dilatado a ponto de abraçar até mesmo o evento da criação. Um processo totalmente análogo verifica-se na percepção que a Igreja dos primeiros séculos tem da sua Páscoa. Neste contexto aparece a Páscoa como "recapitulação", conceito presente na Bíblia, sobretudo nas cartas paulinas. Interessa-nos o sentido cristológico que ele assume no capítulo primeiro da carta aos Efésios (1,3-14), quando se fala do desígnio de Deus (chamado "o mistério da sua vontade", v. 9) de "recapitular em Cristo todas as coisas, as do céu e as da terra" (Ef 1,10). O verbo raro *anakephalaiósasthai* pode ser traduzido de diversos modos: "dar uma cabeça" ou "erigir", "levantar", conforme se queira caracterizar o início ou o termo deste encabeçamento do universo (a

---

[22] Jerônimo, *In Math.* IV, 26,1-2; PL 26, 198.

[23] Apolinário de Laodiceia, *Commento a Matteo*, fragmento 130.

Bíblia latina traduziu *instaurare*). A Bíblia da CEI traduz: "reconduzir a Cristo, única cabeça, todas as coisas". Toda a carta aos Efésios desenvolve a ideia segundo a qual Cristo regenera e une sob sua autoridade, para reconduzir a Deus, o mundo criado, que o pecado tinha corrompido e dividido: o mundo dos seres humanos, no qual judeus e pagãos são reunidos em um mesmo desígnio de salvação, bem como o mundo dos anjos.

Com o conceito da "recapitulação" quer-se ilustrar a unidade do desígnio salvífico de Deus, criação e redenção, na única "economia" divina. O tema é frequente nos Padres. Assim, por exemplo, Ireneu usa este conceito para insistir sobre a unidade das duas Alianças e sobre a identidade do Deus criador e do Deus Salvador em polêmica com as concepções gnósticas e marcionitas. Toda a economia da salvação (Ireneu fala também de diversas economias salvíficas, seguindo a concepção de Justino) tem um único ponto de referência, Jesus Cristo. "Um só Jesus Cristo, Nosso Senhor, que veio através de toda a economia; e recapitulou em si todas as coisas."[24] O mais interessante para nós é que o tema da "recapitulação" é particularmente frequente nas catequeses pascais dos Padres e coloca em relevo, sobretudo, o mistério da ressurreição do Senhor. Assim, por exemplo, Gaudêncio de Bréscia († 410) exprime-se nestes termos: "O Filho de Deus, por meio do qual foram feitas todas as coisas, eleva o mundo prostrado com a própria ressurreição [e isto] no mesmo dia e no mesmo tempo no qual, pela primeira vez, tinha criado do nada, para que tudo fosse restaurado em Cristo".[25]

5. DO GREGO *MYSTERION* AO LATIM *MYSTERIUM* E *SACRAMENTUM*

Como já acentuamos antes, o vocábulo grego *mysterion* teve o correspondente latino *mysterium*. Este último, em época cristã pré-nicena, recebera menor difusão que o correspondente *sacramentum*. Depois, na época pós-nicena latina, tendo caído o preconceito de se confundir com ritos pagãos, ele se tornou de uso comum nos autores cristãos.

---

[24] Ireneu de Lião, *Adv. Haer.* III,16,6; Sch 211, 312; Bellini (ed.), *Ireneo di Lione, cit.*, 268.
[25] Gaudêncio de Bréscia, *Tract. in Ex.* I,3; CSEL 68,19.

Em Latâncio, que representa o ponto de passagem da Igreja pós-constantiniana, *sacramentum* se torna habitualmente sinônimo de *mysterium*. Notemos que ele foi o primeiro a aceitar, em âmbito cristão, o uso de *mysterium*. Contudo ele jamais utilizou o plural *mysteria* no sentido pagão de cerimônias religiosas próprias de um culto mistérico. O *mysterium veritatis* corresponde aos segredos de Deus que ele revela, a *doctrina caelestis*, o *sacramentum Dei* da doutrina dos profetas.[26] Esta doutrina corresponde à inteira economia divina da criação que agora é acessível no *sacramentum verae religionis*, isto é, a cristã,[27] em particular com respeito à encarnação e à paixão do Verbo (*sacramentum nativitatis suae*). Latâncio o utiliza nesse sentido 23 vezes nas *Institutiones* e 3 na *Epitome*, obra síntese das *Institutiones*, mas na qual *sacramentum* é substituído por outras expressões, entre as quais *mysterium*, talvez porque tivesse como interlocutor um grego (*Pentadius frater*).

Para os Padres latinos da época de Agostinho, morte e ressurreição de Cristo ligam-se uma com a outra na unidade de um só mistério redentor. Próspero de Aquitânia chama a redenção universal em Cristo de *"divinae misericordiae sacramentum"* e acrescenta "que este sacramento da misericórdia de Deus está destinado a todas as criaturas humanas".[28] Mas qual liame existe entre a morte e a vida? Como dois acontecimentos tão diversos podem fundir-se a tal ponto de formar um só mistério? A resposta destes Padres é unânime. Segundo Zenão de Verona e Gaudêncio de Bréscia, entre a morte e a ressurreição existe o mesmo liame que se dá entre o meio e o fim.[29] E Agostinho exprime-se nestes termos: "Se não tivesse morrido, não teria ressuscitado; se não tivesse ressuscitado, não teria sido glorificado".[30]

Se a morte de Cristo tornou-se fonte de vida e de salvação, é porque a ela seguiu-se a ressurreição. Portanto, é através da ressurreição que o efeito salutar

---

[26] Cf. Latâncio, *Div. Inst.* 7,24; PL 6,810.

[27] Cf. Latâncio, *Div. Inst.* 1,1; PL 6,117-118.

[28] Entre as cartas agostinianas, *Epist.* 225,6; PL 33,1005.

[29] Cf. Zenão de Verona, *Tract.* 57,16; PL 11, 507B; Gaudêncio de Bréscia, *Sermo* 7, PL 20,884.

[30] *"si non moreretur, non resurgeret; si non resurgeret, non glorificaretur"* (Agostinho, *Enarrationes in psalmos* 57,16: NBA; PL 36,686).

da morte de Cristo pode nos atingir. A ressurreição se nos apresenta como o ato redentor por excelência.[31]

6. O MISTÉRIO/SACRAMENTO PASCAL EM LEÃO MAGNO

A expressão *mysterium paschale/paschale sacramentum* é frequentemente utilizada por Santo Agostinho e por São Leão Magno. É dado aqui um espaço mais amplo a Leão Magno, porque, sem dúvida, foi aquele quem deixou uma marca nos antigos textos da liturgia romana transmitidos pelos antigos Sacramentários. Muitos destes textos originam-se do próprio Leão Magno e outros são inspirados por ele. Foram usados ininterruptamente ou então retomados com a reforma litúrgica desejada pelo Vaticano II.

Nos textos de Leão Magno, como, de outro lado, na literatura patrística do século que o precede, *sacramentum* e *mysterium* são muitas vezes usados como sinônimos. Leão Magno fala frequentemente de *sacramentum*. Nos sermões pascais os principais significados atribuídos a *sacramentum* são: em referência ao conjunto dos acontecimentos da paixão e ao sacrifício de Cristo; em referência à redenção; referindo-se à Páscoa e à sua perpetuação no rito; em referência à cruz; no sentido de manifestação visível da misericórdia de Deus; para indicar o conjunto das obras de Cristo. A plenitude de significado que Leão Magno atribui ao termo *sacramentum* tem grande ressonância no século anterior a ele, com Hilário de Poitiers no seu *De Trinitate*. Esta foi a primeira grande obra teológica escrita em latim, no período em que o Santo Bispo esteve no exílio (356-360).

Nos sermões pascais de Leão Magno não encontramos a expressão *mysterium paschale*. No sermão 59 sobre a paixão do Senhor, pronunciado na sexta-feira, 21 de abril de 444, o Papa inicia o seu discurso com estas palavras:

> Caríssimos, a narração evangélica nos apresentou o sacramento pascal (*paschale sacramentum*) na sua totalidade e a escuta interior foi assim penetrada através da audição, de tal forma que ninguém pode dizer de não ter diante dos olhos o quadro dos acontecimentos, pois a acurada exposição dos fatos, divinamente

---

[31] Cf. G. Leclerc, *Le Mystère de la Résurrection dans la prédication pascale des Pères latins à l'époque de Saint Augustin* (PUL, Theses ad lauream), Sherbrooke 1965, 44-48.

ANO LITÚRGICO

inspirados, mostrou com evidência o grau de impiedade com a qual o Senhor Jesus foi entregue, com qual julgamento foi condenado, com qual crueldade foi crucificado e o tamanho da glória da ressurreição.[32]

A expressão *sacramentum paschale* a encontramos com o mesmo significado no sermão 52 sobre a paixão do Senhor, pronunciado na quarta-feira, 8 de abril de 453.[33] Em ambos os casos, o sacramento pascal compreende a entrega de Jesus e a condenação, a crucifixão e a ressurreição.

7. O MISTÉRIO/SACRAMENTO PASCAL NAS ANTIGAS FONTES LITÚRGICAS ROMANAS

7.1. A anamnese eucarística

As mais antigas anamneses recebem a inspiração das palavras de Paulo: "Portanto, todas as vezes que vocês comem deste pão e bebem deste cálice, estão anunciando a morte do Senhor, até que ele venha" (1Cor 11,26).

O conteúdo desta anamnese é fixado na expressão "morte do Senhor". Não se trata da morte em si, mas da "morte do Senhor", do *Kyrios*, isto é, da morte gloriosa, da morte como passagem para a vida; portanto, morte que aproa na ressurreição. É esta afirmação que constitui o objeto central do memorial eucarístico no seu estágio mais arcaico. A seguir aparecem desenvolvimentos significativos.

Com efeito, o conteúdo anamnético evidenciado no texto paulino já aparece desdobrado no início do século III, na mais antiga anáfora que conhecemos, a da *Tradição Apostólica*, documento atribuído, no passado, a Hipólito de Roma. O texto diz assim: "Portanto, recordando a sua morte e a sua ressurreição, nós te oferecemos..." (*Memores igitur mortis et resurrectionis ejus, offerimus tibi*).[34]

A menção da ressurreição, implícita no texto de Paulo, nós a encontramos aqui devidamente explicitada. O velho cânon romano, cujo núcleo mais ar-

---

[32] Leão Magno, *Serm.* 59,1; BP 38, 363.

[33] Cf. Leão Magno, *Serm.* 52,2; BP 38, 281.

[34] B. Botte (ed.), *La Tradition Apostolique de Saint Hyppolyte. Essai de reconstitution* (Liturgiewissenschaftliche Quellen und Forschungen 39), Aschendorff, Münster 1963, 16).

caico vem do século IV, faz menção do mistério pascal no seu conteúdo mais elementar de morte e ressurreição, mas o desenvolve ulteriormente citando a ascensão: "Recordando a beata paixão, a ressurreição dos mortos e a gloriosa ascensão ao céu do Cristo teu Filho e nosso Senhor, nós te oferecemos" (*memores [...] Christi Filii tui Domini nostri tam beatae passionis, necnon et ab inferis resurrectionis, sed et in caelos gloriosae ascensionis, offerimus*).[35]

Na passagem do século IV para o V, na anáfora transmitida pelo Livro VIII (12,38) das *Constituições dos Apóstolos*, o conteúdo da anamnese conhece um desenvolvimento ainda mais amplo: "Lembrados da sua paixão, da sua morte, da sua ressurreição dos mortos, da sua volta aos céus e da sua futura segunda vinda, na qual virá com glória e poder, oferecemos...".[36]

Como último exemplo desse processo, pode-se citar a anamnese da anáfora sahídica de São Mateus:

> [...] realizamos o mistério que nos ordenaste: fazendo memória da tua eterna grandeza e dos prodígios que realizaste desde o princípio com a criação do mundo junto com o teu Pai bondoso e o teu Espírito santo, depois da tua encarnação de Maria Virgem e santa e imaculada [realizada] sem a semente do homem, dos sinais e dos prodígios que realizaste em meio a nós pelo poder da tua divindade e dos sofrimentos que suportaste por nós com a tua santa cruz, da tua morte vivificante, dos três dias que passaste no sepulcro, da tua ressurreição dos mortos e da tua subida ao céu, do teu assentar-se à direita do Pai, do teu retorno a nós na tua segunda parúsia terrível e gloriosa [...] a ti oferecemos...[37]

Estes poucos testemunhos permitem-nos afirmar que a anamnese faz memória do inteiro mistério de Cristo. No início essa memória se concentra na *"memoria mortis"*. Um desenvolvimento de expansão fragmentou o mistério nas suas diversas fases históricas. É um processo que se assemelha ao que ilus-

---

[35] B. Botte (ed.), *Le Canon de la Messe Romaine. Edition critique* (Textes et Études liturgiques 2), Abbaye de Mont César, Louvain 1935, 40.

[36] D. Spada; D. Salachas (edd.), *Costituzioni dei Santi Apostoli per mano di Clemente*, Urbaniana University Press, Città del Vaticano 2001,223.

[37] *Segno di unità*. Le più antiche eucaristie delle Chiese, a cura dei monaci e delle monache di Bose, sotto la direzione del prof. Enrico Mazza, Qiqajon, Magnano 1996, 227-229. A anáfora se encontra no *Eucologio del Monastero Bianco*, datado por volta do século X; contém, contudo, textos anafóricos que testemunham um estágio arcaico das relações entre liturgias alexandrinas e antioquenas.

tramos a respeito das diversas concepções da Páscoa partindo das mais antigas homilias quartodecimanas. Notamos, pois, que um processo semelhante se encontra nas pregações, nas confissões de fé e no desenvolvimento do Ano Litúrgico. Primeiramente, a imagem de Cristo aparece estreitamente vinculada ao acontecimento pascal, condensado na morte gloriosa. Cristo é anunciado, confessado e celebrado como Senhor. O *Pantocrator* é a representação plástica desta imagem do Cristo. À medida que o aprofundamento catequético toma corpo e exige que se deem respostas às heresias, a consciência cristã forja uma imagem de Cristo mais humana e mais imersa na história.

7.2. A antiga eucologia romana

Nos séculos VII/VIII encontramos os mais antigos *sacramentários* da liturgia romana (*Veronense, Gelasiano antigo, Gregoriano*). Neles aparece frequentemente o termo *"mysterium"*, bem como as expressões equivalentes *"paschale mysterium"* e *"paschale sacramentum"*. Assim, por exemplo, na eucologia do GeV, *mysterium* pode indicar os eventos históricos singulares da vida de Cristo: o mistério do nascimento, *"singulare nativitatis mysterium"* (GeV, n. 2; cf. nn. 5, 14), ou outros acontecimentos da vida de Cristo (GeV, nn. 68, 1023), o mistério da Trindade (GeV, n. 9); pode indicar também os sacramentos da iniciação cristã (GeV, nn. 67, 102, 373, 1249) etc. Como já aconteceu nos textos pascais do Antigo Testamento,[38] o acontecimento histórico-salvífico e o acontecimento ritual se fundem. A história justifica os ritos: a liturgia comemora e atualiza os fatos passados. Os dois momentos se sobrepõem. Eis, portanto, que a interpretação dos textos dos Sacramentários tornou-se mais complicada pela sobreposição de perspectivas.

Uma prece que faz parte dos textos antigos da bênção do círio pascal fala do *"magnum mysterium"* e da noite *"huius mirabile sacramentum"* (GeV, n. 426). O *magnum mysterium* é aqui o desígnio divino que se realizou historicamente na Páscoa; enquanto o *mirabile sacramentum* desta noite é o sinal visível do

---

[38] Cf. L. Alonso Schöckel, *La Bibbia, parola di vita scritta per noi*, vol. I, Marietti, Casale Monferrato 1990, 156s.

mesmo mistério, pois assume uma estrutura ritual cujo primeiro símbolo é a luz do círio.

A expressão *paschale mysterium* aparece cinco vezes no *Gelasiano antigo*. Em todos estes textos emerge, antes de tudo, a dimensão ritual: o mistério pascal foi instituído para nós (GeV, n. 334), permanece sempre conosco (GeV, n. 564); é, portanto, celebrado (GeV, nn. 468, 471) em nosso favor (GeV, n. 514). O sintagma paralelo *paschale sacramentum* encontra-se presente em duas orações *"per singulas lectiones"* da Vigília Pascal. O seu conteúdo é o seguinte: a universalidade do objeto da solenidade pascal demonstra-se no fato de que, para a digna celebração do *paschale sacramentum*, é preciso conhecer e compreender a Escritura, seja do Antigo, seja do Novo Testamento. Somente desta forma a comunidade dos crentes pode contemplar a obra de Deus. A celebração da Páscoa está vinculada ao passado da história sagrada, reconhece-se na atualidade presente da obra de Deus e sente-se atraída para os bens prometidos para a eternidade (GeV, n. 437). Finalmente a obra salvífica de Deus atuada no *paschale sacramentum* está destinada a atingir todas as nações (cf. GeV, n. 434).

8. O MISTÉRIO PASCAL DA TEOLOGIA ESCOLÁSTICA ATÉ NOSSOS DIAS

Não é minha intenção alongar-me na ilustração da concepção que a Escolástica tem do mistério pascal.[39] Notemos somente que, a partir de Santo Anselmo de Aosta († 1109) em diante, a teologia escolástica costuma ver a essência da ação salvífica realizada por Cristo na *satisfactio*. No seu *Cur Deus homo*, Anselmo insiste no conceito de satisfação como reparação objetiva da ordem natural conturbada pelo pecado de Adão. Cristo opera nossa salvação porque, enquanto homem-Deus, com o sacrifício da cruz satisfatoriamente assumiu todos os nossos pecados. Eis, portanto, que a perspectiva jurídica é colocada no centro do interesse da soteriologia e da piedade dos fiéis. A partir do momento que a *satisfactio* se realiza e se conclui com a morte de Jesus na

---

[39] Cf. P. Zavatta, *La teologia del sabato santo* (Contributi di Teologia 47), Città Nuova, Roma 2006, 39-41.

cruz, a sua ressurreição pode ser inserida na reflexão teológica, quando muito, como um complemento, em si e por si, não essencial à aquisição da salvação verdadeira e própria. Dessa forma, corre-se o risco de esquecer o valor soteriológico que, como já foi acenado no início do texto, é dado à ressurreição do Senhor pelo Novo Testamento. Santo Tomás de Aquino, porém, comentando Rm 4,25 ("o qual foi entregue à morte pelos nossos pecados e foi ressuscitado para nos tornar justos"), considera tanto a morte como a ressurreição de Jesus a causa eficiente da nossa salvação.[40]

O último documento litúrgico de certa importância doutrinal publicado antes do Vaticano II é a encíclica *Mediator Dei*, de Pio XII (1947), que não usa jamais a expressão "mistério pascal" nem, falando da redenção, muito menos insiste na ressurreição de Jesus Cristo. Também neste documento magisterial delineia-se uma perspectiva da morte de Jesus Cristo como acontecimento salvífico fundamental, deixando de lado a ressurreição, como se esta última fosse somente um argumento apologético da divindade de Jesus Cristo, que remiu o mundo sobre a cruz.

9. O MISTÉRIO PASCAL SEGUNDO O VATICANO II

A categoria "mistério pascal", felizmente recuperada pelo movimento litúrgico – em particular por Odo Casel († 1948) – e pela redescoberta de uma cristologia histórico-salvífica, teve lugar central na elaboração doutrinal do Vaticano II: não se fala mais da salvação do mundo e da redenção sem apelar para o aspecto dinâmico e completo do mistério enquanto projeção de uma vida em virtude e através da morte. Para não me alongar mais do que é preciso para a compreensão do nosso discurso, detenho-me somente ao uso da categoria "mistério pascal" feito pelo primeiro documento promulgado pelo Vaticano II, a Constituição sobre a liturgia *Sacrossantum Concilium*. Examinemos duas expressões: "mistério de Cristo" e "mistério pascal".

O sintagma "mistério de Cristo" é encontrado em SC, nn. 2, 16, 35, 102, e no plural no n. 103. Os diversos acontecimentos da vida terrena de Jesus são

---

[40] Cf. Sth III, q. 56, a. 2, ad 4. Sobre tudo isto, cf. St. Lyonnet, *La historia de la salvación en la Carta a los Romanos* (Nueva Alianza 10), Sígueme, Salamanca 1967, 157-161.

chamados "mistérios da redenção" (SC, n. 102) e/ou "mistério de Cristo" (SC, n. 103). Estes diversos mistérios formam o inteiro evento cristológico, na sua globalidade, "da encarnação e nascimento até à ascensão, ao dia de Pentecostes, e a espera [...] do retorno do Senhor" (SC, n. 102). O mistério de Cristo, chamado também "obra da redenção", é objeto da pregação e está presente e operante sobretudo na celebração litúrgica e, em particular, no divino sacrifício da Eucaristia (SC, nn. 2, 35). Finalmente, o mistério de Cristo que resume as "admiráveis obras de Deus na história da salvação" (SC, n. 35) deve ser realçado no ensinamento das disciplinas teológicas (SC, n. 16).

O sintagma "mistério pascal" encontra-se na SC, nn. 5, 6, 61, 104, 106, 107, 109. O mistério de Cristo ou "obra da redenção" realiza-se principalmente no "mistério pascal de sua paixão, ressurreição da morte e gloriosa ascensão" (SC, n. 5). Do mistério pascal da paixão, morte e ressurreição de Cristo "brota a graça divina" (SC, n. 61). "... mediante o Batismo as pessoas são inseridas no mistério pascal de Cristo ..." (SC, n. 6). A Igreja jamais deixou de reunir-se em assembleia para celebrar o mistério pascal com a leitura das Escrituras, com a celebração da Eucaristia e com a ação de graças (SC, n. 6). "A Igreja celebra o mistério pascal a cada oito dias, naquele que se chama justamente dia do Senhor ou domingo" (SC, n. 106). Também "no dia natalício dos santos [...] a Igreja proclama o mistério pascal..." (SC, n. 104). Finalmente, a piedade dos fiéis alimenta-se "na celebração dos mistérios da redenção cristã, mas sobretudo do mistério pascal" (SC, n. 107), cuja celebração é preparada pela Quaresma (SC, n. 109).

A propósito de SC, n. 5, citado acima, notemos que a um Padre conciliar, na trilha da teologia escolástica e pós-tridentina, que pedia que se afirmasse que a obra da redenção fora realizada principalmente (*precipue*) por meio da paixão e morte de Cristo, a Comissão respondeu que o Concílio não pretendia ilustrar as diversas sentenças teológicas, mas sim afirmar *"unitas mysterii paschalis ad mentem sancti Pauli et Patrum"*.[41]

O percurso que percorremos na busca do uso e do sentido da categoria teológica "mistério pascal" permitiu dar uma rápida visão, sem dúvida bastante parcial mas suficientemente ampla, dos diversos momentos históricos e das

---

[41] F. Gil Hellín, *Concilii Vaticani II Synopsis: Constitutio De Sacra Liturgia "Sacrossantum Concilium"*, Libreria Editrice Vaticana, Città del Vaticano2003, 23.

diversas acentuações que o conceito "mistério pascal" conheceu em diferentes épocas. Podem-se distinguir três períodos:

- Época dos Padres, que, partindo da Escritura, em particular de São Paulo, fazem do mistério pascal o centro da sua reflexão cristológica e também eclesiológica, em uma visão unitária da história da salvação que encontra o seu momento culminante na paixão, morte, ressurreição e glorificação de Cristo. Notamos que, nas homilias mistagógicas e posteriormente nos textos litúrgicos, o mistério pascal faz referência não só aos acontecimentos da história salvífica mas também aos ritos cristãos. Ele exprime a participação sacramental ao mistério.
- A época da teologia escolástica, embora dê um passo adiante na sistematização teológica, perde de alguma forma a visão unitária do mistério pascal. Isto é devido, entre outras causas, a certo esquecimento das categorias mistérico-simbólicas.
- No século XX, sob a influência do movimento litúrgico e da reviravolta histórico-salvífica no campo cristológico, testemunhamos a redescoberta do mistério pascal assim como compreenderam os Padres; redescoberta esta chancelada pelos documentos do Vaticano II.

O mistério pascal, como síntese da perspectiva plena da nossa fé histórica, deveria poder irradiar-se em toda reflexão sobre a revelação e ser a hermenêutica do ato de crer. Se o objeto da fé é Cristo, se o nosso credo é diretamente à pessoa de Cristo, ela [a fé] não é prevalentemente uma ontologia, mas é, em ótica histórica, antes de tudo existência e dinamismo. Agora fica mais clara a amplitude da afirmação de Pio XII, que escolhemos como subtítulo deste livro: "O Ano Litúrgico é o próprio Cristo presente na sua Igreja".

Capítulo IV. O calendário litúrgico

De modo geral, quando falamos de "calendário", queremos indicar o sistema de subdivisões do tempo, ou também, e quiçá melhor ainda, a série ordenada das partes que constituem o ano com os seus meses, semanas e dias, bem como os acontecimentos ligados a eles. O calendário mais difuso é chamado *solar* ou *tropical*, que é o período de tempo compreendido entre duas passagens sucessivas do sol no equinócio de primavera. Ele mede o espaço de tempo que intercorre entre o início da primavera e o início da primavera sucessiva. Tem a duração de 365 dias, cinco horas e cerca de 48 segundos. Pelo que diz respeito ao conteúdo do calendário, ele pode referir-se à organização de eventos. Principalmente as religiões das culturas desenvolvidas, para regular as atividades culturais, elaboraram um calendário específico do tempo, isto é, a lista de todas as festas móveis e fixas no decurso do ano.[1]

Nas Normas gerais para o ordenamento do Ano Litúrgico e do Calendário, que são a introdução do Calendário Romano, promulgado em 1969, se

---

[1] Cf. H. Leclercq, *Kalendaria*, in DACL VIII, Paris 1928, 624-667; E. Focke; H. Heinrichs, *Das Kalendarium des Missale Pianum vom Jahre 1570 und seine Tendenzen*, in TQ 120 (1939) 383-400; C. Sánchez Aliseda, *El Calendario Litúrgico Romano*, in *Revista Española de Teología* 8 (1948) 409-455; G. Löw, *Calendario della Chiesa Universale*, in *Enciclopedia Cattolica* III, Città del Vaticano 1952, 364-372; L. Turchi, *Calendario*, in *Enciclopedia Cattolica* III, Città del Vaticano 1952, 344-364; N. M. Denis-Boulet, *Il Calendario Cristiano* (Enciclopedia Cattolica dell'uomo d'oggi), Catania 1960; O. Jounel, *Les développements du sanctoral du Grégoire XIII à Jean XXIII*, in LMD, n. 63bis (1960) 74-81; S. Marsili, *La liturgia attraverso i secoli*, in RL 51 (1964) 309-330; Righetti I., *I Calendari e Martirologi*, 317-323; L. Brandolisi, *Benedetto XIV di fronte ad alcuni movimenti riformistico-liturgici del secolo XVIII*, in EL 88 (1974) 447-470; O. Jounel, *L'évolution du Missel romain de Pie X à Jean XXIII*, in *Notitiae* 14 (1978) 246-258; E. Zerubavel, *Ritmi nascosti. Orari e calendari nella vita sociale*. Il Mulino, Bologna 1985; A. Olivar, *Il calendario e il martirologio romanos*, in Phase 26 (1986) 199-210; M. Augé, *Il calendario liturgico*, in *Anàmnesis* 6,57-66; A. Bugnini, *La riforma liturgica (1948-1975)*, Nuova edizione riveduta e arricchita di note e di supplementi per una lettura analitica (Bibliotheca "Ephemerides Liturgicae" – "Subsidia" 30), Edizioni Liturgiche, Roma 1997, 305-324 e passim; J. López Martín (C. Cibien), *Calendario liturgico*, in *Liturgia*, 297-302; J. A. Goñi Beásoain de Paulorena, *La Riforma del Calendario Litúrgico proyectada por la Comission Piena*, in Scriptorium Victoriense 53 (2006) 129-228; M. Sodi (ed.), *Testimoni del Risorto. Martiri e santi di ieri e di oggi nel Martirologio Romano* (Studi Relidiosi), Messaggero, Padova 2006.

afirma: "O ordenamento geral da celebração do Ano Litúrgico é regulado pelo Calendário, que é geral ou particular, conforme diz respeito a todo o rito romano ou alguma Igreja local ou Família religiosa" (NGALC, n. 48).

Estas palavras nos recordam que a origem e o desenvolvimento do calendário litúrgico estão em estreita relação com a formação e o desenvolvimento do Ano Litúrgico.

1. ALGUNS DADOS DA HISTÓRIA

O uso de um calendário estritamente litúrgico originou-se nos primeiros séculos cristãos quando, a partir da metade do século II e sobretudo na segunda parte do século IV, o Ano Litúrgico toma forma. Encontra-se como documento separado ou inserido nos vários livros litúrgicos. Dois calendários do século IV merecem nossa atenção antes de tudo. Eles são os mais antigos e base daquilo que será, mais tarde, o Calendário Romano.

O *Cronógrafo filocaliano* é um almanaque de luxo de 354, assim chamado por causa do nome do seu autor, Fúrio Dionísio Filocalo († 382). Ele é o mesmo que incidiu as célebres inscrições do Papa Dâmaso com as quais se celebram as gestas dos mártires.[2] A primeira parte do documento contém os fastos romanos e as festas tradicionais, seguidas dos sete dias da semana com as suas propriedades astrológicas. A segunda parte compreende ainda numerosas informações de ordem civil e termina com algumas indicações nitidamente cristãs, duas listas de aniversários: a dos bispos ou *Depositio Episcoporum* e a dos mártires, a *Depositio Martyrum*. A primeira fornece, seguindo a ordem do calendário, a lista dos Papas não mártires, desde Lúcio († 254) a Silvestre († 335). Redigida em 336, a lista foi em seguida atualizada até 354. A *Depositio Martyrum* inicia-se com o Natal de Cristo em 25 de dezembro: "*VIII kal. januarii natus Christus in Bethleem Judeae*" (é a primeira informação que se tem relativa à celebração do Natal). Segue depois a lista dos mártires festejados em Roma, segundo a ordem do calendário, de janeiro a dezembro, com a data do seu martírio e o lugar da sepultura. Do Papa Calisto († 222) aos mártires

---

[2] Cf. U. Dionisi, *Filocalo Furio Dionisio*, in A. Di Berardino (ed.), *Dizionario Patristico e di Antichità Cristiana* I, Marietti, Casale Monferrato 1983, 1367.

da perseguição de Diocleciano, cessada em 305. Não obstante o caráter local e topográfico dos primeiros calendários, o *Cronógrafo Romano* contém na lista dos mártires alguns da Igreja africana: Perpétua e Felicidade (7 de março) e Cipriano de Cartago (14 de setembro).[3]

No Oriente encontramos o Calendário do *Martirológio siríaco*, chamado também *Martirológio de Nicomédia*, redigido por volta do ano 362, em língua grega. Conhecemos um texto siríaco copiado em Emessa em 411 e conservado atualmente no British Museum. Aos nomes dos mártires anteriores à época de Diocleciano (284-305) e chamados "antigos", o Calendário acrescenta os mártires da grande perseguição iniciada sob o mesmo imperador e os da perseguição de Juliano, o Apóstata (361-363). Aos nomes dos mártires ocidentais ou da Bacia do Mediterrâneo elencados na primeira parte do documento, ele acrescenta, na segunda parte, os orientais da Armênia e da Mesopotâmia. Nele encontramos também a festa da Epifania e a memória de "todos os confessores da fé" (sexta-feira depois da Páscoa). Este Martirológio é uma chave de primeira importância para uma crítica do *Martirológio jeronimiano*, do qual se tratará a seguir, transmitido em um estado de confusão e corrupção indescritíveis.

O Calendário do *Martirológio jeronimiano* foi compilado no decurso do século V, na Itália Setentrional, presumivelmente na região de Aquileia e falsamente atribuído a São Jerônimo. Entre as suas fontes, estão os dois calendários do século IV, acima ilustrados. Como os antigos Calendários, esse se contenta em assinalar os nomes do santo, o dia e o lugar da sua morte. Alguma vez, contudo, acrescenta nesse espaço uma notícia sucinta sobre as circunstâncias do martírio ou da morte. A recensão que chegou até nós contém o acréscimo de elementos galicanos, como, por exemplo, uma festividade mariana no dia 18 de janeiro, a mais antiga festividade celebrada em honra de Maria, celebrada na Gália. O mais antigo manuscrito que se conserva deste Martirológio é do início do século VIII.[4] A obra, não obstante a precariedade da sua transmissão, traz um testemunho de inestimável valor sobre o culto de numerosos

---

[3]   Cf. F. Duchesne (ed.), *Le Liber Pontificalis. Texte, introduction et commentaire* I, Éditions E. de Boccard, Paris 1955, 11-12.

[4]   Paris, Bibliothèque Nationale, *lat.* 10837.

santos da Antiguidade e da Primeira Idade Média e constitui uma garantia do culto prestado nos primeiros tempos e nas idades sucessivas.

Durante a Primeira Idade Média há uma proliferação de Calendários, na maioria dos casos inseridos nos Martirológios, os quais – na maioria das vezes com pouco critério científico – dão sucintas notícias biográficas dos santos e assinalam as festividades do Temporal. O final do século XII representa uma guinada na história do Calendário romano, que se abre à santidade contemporânea, modo de agir que se conserva até os nossos dias. As festas dos santos são sempre mais numerosas. Antes se festejavam somente os antigos mártires e algumas figuras de primeiro plano na vida da Igreja, das quais o último foi, em ordem de tempo, São Gregório Magno († 604). Depois do Concílio de Trento, o Calendário do *Breviário* e do *Missal* de São Pio V assume inteiramente as aquisições do século XII, acrescentando nele as aquisições dos quatro séculos posteriores. Em 1584 Gregório XIII ordena que se faça uma edição depurada do Martirológio, que é publicada com o título de *Martirológio romano*.[5]

A partir do século XVII, a liturgia do Temporal é praticamente suplantada pela do Santoral: as festas em honra dos santos crescem em número e grau, com novas festividades sendo inseridas no Calendário, de tal forma que o Santoral desenvolve-se e passa a submergir as festas dos principais mistérios da redenção. O calendário compilado por Pio V apresentava somente 120 festas dos santos. No século XVIII, as festas do Santoral tinham subido para 228. Caso se acrescentem as 38 festas *ad libitum*, o número atinge a cifra de 264. Bento XIV (1740-1758) projetou uma reforma para a Igreja Universal, mas não a concluiu. O objetivo dessa reforma era a revisão do Santoral. De fato, porém, uma reação à invasão dos santos no ciclo cristológico somente se efetiva com a edição típica do *Martirológio romano*, publicado por Pio X em 1913. Outras intervenções nessa linha são as de Pio XII (1939-1958) e de João XXIII (1958-1963). Em todo caso, nos quatro séculos que transcorreram da promulgação dos livros litúrgicos reformados segundo as disposições do Concílio

---

[5]   Cf. M. Sodi; R. Fusco (edd.), *Martyrologium Romanum. Editio princeps (1584)*. Edizione anastatica (MLCT 6), Libreria Editrice Vaticana, Città del Vaticano 2005.

de Trento até o Concílio Vaticano II, foram introduzidos cento e quarenta e quatro santos no *Missal* e no *Breviário*.

Gregório XIII, além de ordenar a reforma do Martirológio, já acenada anteriormente, empreendeu também a reforma do Calendário litúrgico tradicional. Seguindo o cômputo de Júlio César, estabelecido no ano 46 a.C., este ano [chamado justamente "juliano"] era 11,25 minutos mais longo que o ano solar. Onze minutos de antecipação a cada ano representam um dia a cada 128 anos. Destarte, no século XVI o real equinócio caía no dia 11 de março. Para corrigir o erro, Gregório XIII, com a Bulla *Inter Gravissimas* (24.02.1582), suprimiu, de um golpe, dez dias do Calendário e ordenou que ao dia 4 de outubro de 1582 se seguisse imediatamente o dia 15. Depois, para reduzir ao mínimo a margem de erro ainda existente, decidiu eliminar três dias bissextos a cada quatro anos, isto é, aqueles dos anos centenários cujos primeiros números não formem um número divisível por quatro. Segundo cálculos modernos, o calendário gregoriano está sujeito a um erro anual de 19,45 segundos, ou seja, um dia a cada 4.442 anos.[6]

A reforma gregoriana tinha uma finalidade litúrgica, além de astronômica. Ela procurava exaltar a importância e a centralidade da Páscoa. O Calendário Gregoriano não foi aceito pelo Patriarca Jeremias II de Constantinopla e só lentamente foi aceito nos demais países não católicos: pela Rússia em 1918 e pelo Congresso pan-ortodoxo de Istambul. Este, contudo, logo a seguir, continuou a seguir o Calendário juliano. Exceção é a Igreja ortodoxa da Finlândia, que aderiu completamente ao Calendário gregoriano.

2. O CALENDÁRIO ROMANO GERAL DE 1969

A Constituição sobre a liturgia do Vaticano II dispõe que se proceda à revisão do Ano Litúrgico (SC, n. 107), o que comporta a prévia revisão do Calendário. Em obediência a esta decisão, Paulo VI, antes de proceder à revisão da *Liturgia das Horas* e do novo *Missal*, promulgou em 1969 o *Calendário romano*

---

[6] Cf. B. Amata e M. Sodi (edd.), *Dal Calendario Giuliano a quello Gregoriano. La Costituzione "Inter gravissimas" de Gregorio XIII*, in RL 88 (2001) 189-195. Para ulteriores informações, veja-se M. Sodi (ed.), *Astronomia e culto. Risposta a domande di attualità*, Messaggero, Padova, 2009.

geral. A Carta Apostólica *Mysterii paschalis* (14.02.1969), com a qual Paulo VI aprova o novo Calendário, começa com estas palavras: "A celebração do Mistério Pascal, conforme o ensinamento do Concílio Vaticano II, constitui o momento privilegiado do culto cristão, no seu desenvolvimento cotidiano, semanal e anual...".

Esta particular atenção ao Mistério Pascal concretiza-se em uma decisiva revalorização do domingo, que é "o dia de festa primordial" (SC, n. 106), e das festividades do Senhor que celebram o mistério da nossa salvação. Consequentemente o Calendário dá a preeminência ao Próprio do Tempo sobre o Santoral. Em todo caso, deve-se notar que as festividades da Beata Virgem Maria e dos santos não devem ser contrapostas ao primado do mistério de Cristo. Antes, nele é proclamado o mistério pascal do Cristo (SC, nn. 103-104).

O Temporal, que celebra a obra da salvação, é organizado em três grandes blocos: as celebrações que giram ao redor da solenidade pascal (Quaresma, Tríduo Pascal, Cinquentena pascal); as celebrações da manifestação do Senhor (Advento, Natal, Epifania); os tempos que não celebram nenhum aspecto particular da salvação (Tempo Ordinário). Como afirma o NGALC, retomando o que diz SC nos nn. 106 e 5: "O domingo deve ser considerado como festa primordial" (n. 4), bem como "o Tríduo da paixão e da ressurreição atinge o vértice do Ano Litúrgico" (n. 18).

O Santoral é organizado conforme os seguintes critérios: procura-se celebrar as memórias dos santos – mártires ou não – no dia de aniversário da sua morte ou "dia natalício", porque é através dela que os santos foram configurados definitivamente com o seu Senhor e Redentor; escolhem-se os santos de maior relevo para toda a Igreja, deixando os outros para o culto local, nacional, regional ou diocesano; o calendário pretende refletir a universalidade da Igreja e, portanto, da sua santidade, segundo as diversas áreas geográficas e segundo os diversos estados de vida ou tipos de santidade (mártires, virgens, pastores etc.). Dada a história plurissecular da Igreja, ela celebra os santos de todas as épocas da sua história, reservando um lugar particular aos santos bíblicos. Em contrapartida, foram retirados do Calendário aqueles santos cuja identificação da existência histórica apresentava maiores dificuldades. Houve exceções para aqueles santos cuja veneração era muito antiga e mais difundida. O Calendário utiliza, então, uma tríplice categoria de celebração dos santos: a *solenidade*, a *festa* e a *memória* (*obrigatória* ou *facultativa*). Estas distinções permitem celebrar os santos conforme o grau da sua importância e, sobretudo, conjugar a sua celebração nos diversos tempos litúrgicos. Além disso, além de operar uma significativa diminuição das celebrações dos santos, o Calendário redimensionou a classificação litúrgica de muitas das suas festas. Com efeito, o maior número deles é de *memórias facultativas*. O povo cristão passa a desfrutar de uma legítima liberdade na celebração dos seus santos.

No que diz respeito às festividades de Nossa Senhora, o *Calendário romano geral*, seguindo as indicações de SC, n. 103, determina a hierarquia das celebrações marianas segundo o grau de participação de Nossa Senhora na obra salvadora do seu Filho Jesus, assim como ela se manifesta nos diversos mistérios marianos celebrados no decurso do Ano Litúrgico. Dá-se um relevo particular àquelas celebrações (*solenidades* e *festas*) que comemoram acontecimentos salvíficos nos quais Maria é protagonista, intimamente associada ao seu Filho Jesus no mistério da encarnação-redenção. Um segundo grupo de celebrações (as *memórias obrigatórias*) comemora aspectos particulares do mistério de Maria ou acolhe algumas das grandes devoções marianas passadas pela tradição. Enfim, são classificadas como memórias facultativas as celebrações que comemoram devoções marianas nascidas e desenvolvidas no seio de algumas grandes Ordens religiosas ou sob os auspícios de célebres santuários marianos, e que têm, portanto, caráter mais local e particular. Em geral, as celebrações marianas são distribuídas ao longo do ano, seguindo o ritmo dos acontecimentos da história da salvação, da qual o Ano Litúrgico é uma espécie de "sacramento".

Nas sucessivas edições do *Missal Romano*, o Santoral conheceu novos desenvolvimentos.[7] Assim, na terceira edição do *Messale Romanum* do ano de 2002, publicada vinte e sete anos após a segunda edição típica do ano de 1975, o próprio dos Santos recebeu uma significativa ampliação de celebrações: três *memórias obrigatórias* e dezesseis *memórias facultativas*, das quais uma do Senhor

---

[7]   Cf. C. Magnoli, *Il proprio dei Santi*, in RL (2003) 627-635.

(*Santíssimo Nome de Jesus*, 3 de janeiro) e duas marianas (*Beata Virgem Maria de Fátima*, 13 de maio, e *Santíssimo Nome de Maria*, 12 de setembro). Posteriormente foi introduzida ainda a memória facultativa da *Beata Virgem Maria de Guadalupe* (12 de dezembro).

Junto do *Calendário romano geral*, ocupam lugar os Calendários particulares diocesanos, regionais ou religiosos. Além disso, nos dias nos quais não aparece nenhuma celebração obrigatória, pode-se celebrar a memória de qualquer santo presente no *Martirológio* naquele dia. Dessa forma conjugou-se a diminuição do Santoral com o enriquecimento da lista dos santos. No que diz respeito aos Calendários particulares, a Congregação para o Culto Divino, em 24.06.1979, publicou a instrução *Calendaria particularia*, que regula a sua composição. Em particular pretende-se evitar que o espírito que guiou a redação do *Calendário romano geral* se enfraqueça nos Calendários particulares. Tendo como premissa que é um direito/dever das Igrejas e famílias religiosas honrar de forma particular os próprios santos, estabelece-se um princípio fundamental: "O Próprio do Tempo ou ciclo dos vários tempos, solenidades e festas, no qual se estende e se celebra, no decurso do Ano Litúrgico, o mistério da redenção, seja sempre conservado na sua integridade e desfrute da devida preeminência sobre celebrações particulares" (n. 2).

3. A PROBLEMÁTICA DE UM EVENTUAL CALENDÁRIO PERPÉTUO

Por causa das suas origens hebraicas, a celebração da Páscoa cristã está ligada a um calendário que pode ser chamado lunissolar. Portanto, o Calendário litúrgico da Igreja é um calendário lunissolar. A variação da data da Páscoa pode comportar complicações mais ou menos importantes para toda a estrutura do Ano Litúrgico, de modo particular aos que se dedicam ao mundo dos negócios. Segundo o parecer de muitos, seria necessária nesta matéria uma normalização de caráter internacional. Já no tempo da reforma de Gregório XIII, tinha-se levado em consideração a possibilidade de fixar definitivamente a Páscoa em um determinado dia de domingo.

No final do século XVIII, no contexto da Revolução francesa, houve a tentativa de uma organização do calendário que rompia radicalmente com qualquer tradição. O Calendário revolucionário foi preparado por um grupo *ad hoc* e formado por cientistas, artistas e pessoas dedicadas às letras. O ano começava com o equinócio de outono e era dividido em doze meses de 30 dias, mais outros cinco chamados complementares. A estes se acrescentava, a cada quatro anos, o dia da Revolução. Cada mês era dividido em três períodos de 10 dias que recebiam o nome de primeiro dia, segundo dia, terceiro dia, e assim por diante, até o décimo, que era o dia do repouso, precedentemente ocupado pelo domingo. O novo Calendário entrou em vigor no dia 22 de setembro de 1792, data da Fundação da República. Mas o Calendário revolucionário, já no dia 8 de abril de 1802, com a reintrodução da antiga divisão semanal, estava parcialmente liquidado. Com efeito, no dia 1º de janeiro de 1806, um edito de Napoleão restaurou o Calendário gregoriano.

De um século para cá foi de novo retomada a ideia de estabilizar as semanas do ano – e, portanto, a celebração da Páscoa. Somente entre 1923 e 1937 foram apresentadas à Liga das Nações cerca de 200 propostas para a reforma do Calendário. Uma das propostas mais conhecidas foi denominada *Calendário Universal*. Tal proposta foi examinada em 1954, pela Organização das Nações Unidas, mas jamais foi adotada. Em princípio, estas propostas não deveriam causar problemas de caráter doutrinal. Contudo, sob um ponto de vista psicológico ou emocional, o abandono de tão longa tradição eclesial poderia suscitar perplexidade em alguns setores.

A tradição hebraica com relação à Páscoa foi colocada de lado desde o advento do cristianismo. A consideração do dia da semana no qual se deu a ressurreição do Senhor, isto é, o domingo, com efeito, prevaleceu. Houve, sim, alguns momentos de confusão com uma minoria na Ásia Menor (os chamados Quartodecimanos) que observava a data israelita. A Páscoa é a celebração da nossa redenção, que foi realizada no tempo histórico. Contudo, somos participantes desta realidade salvífica no sacramento – de modo eminente na Eucaristia –, que nos faz sair dos estreitos limites do momento histórico e até nos liberta, projetando-nos para fora do tempo. Portanto, a santificação do tempo permite transcender o próprio tempo, uma vez que une nossa vida com o mistério realizado por Cristo de uma vez por todas.

De sua parte, o Concílio Vaticano II, no *Apêndice* à Constituição *Sacrossantum Concilium*, declarou que a Igreja não tem nada contra o fato de que a festividade da Páscoa seja atribuída a determinado domingo do Calendário gregoriano, contanto que haja acordo entre os interessados, sobretudo os irmãos separados da Comunhão com a Sé Apostólica. Do mesmo modo o Concílio declara que não se opõe às iniciativas que visam introduzir na sociedade civil um calendário perpétuo, desde que seja tutelada: "A semana de sete dias e com o respectivo domingo. A Igreja deseja também manter intacta a sucessão hebdomadária, sem inserção de dias fora da semana, a não ser que surjam razões gravíssimas sobre as quais deverá pronunciar-se a Sé Apostólica".

Notamos que nos anos sucessivos à celebração do Concílio Vaticano II, o tema de um eventual Calendário perpétuo ou universal não teve nenhum desenvolvimento significativo na sociedade civil.

Capítulo V. O domingo, festa primordial dos cristãos

Como dito antes, no capítulo 3, o "mistério de Cristo" e/ou "mistério pascal" são conceitos prenhes que exprimem todo o mistério da salvação de Deus assim como se desenvolve no tempo e é celebrado e participado no rito da Igreja. O domingo aparece na história do Ano Litúrgico como o primeiro núcleo festivo-ritual que marca o tempo dos cristãos. O Concílio Vaticano II, na Constituição sobre a Sagrada Liturgia, quando trata do domingo afirma (o destaque é do autor):

> Por tradição apostólica, que nasceu do próprio dia da Ressurreição de Cristo, a Igreja celebra o mistério pascal todos os oito dias, no dia que bem se denomina dia do Senhor ou domingo. Neste dia devem os fiéis reunir-se para participarem da Eucaristia e ouvirem a Palavra de Deus, e assim recordarem a paixão, ressurreição e glória do Senhor Jesus e darem graças a Deus que os "regenerou para uma esperança viva pela ressurreição de Jesus Cristo de entre os mortos" (1Pd 1,3). *O domingo é, pois, o principal dia de festa a propor e inculcar no espírito dos fiéis*; seja também o dia da alegria e do repouso. Não deve ser sacrificado a outras celebrações que não sejam de máxima importância, porque o domingo é *o fundamento e o centro de todo o Ano Litúrgico* (SC, n. 106).

Neste texto conciliar o domingo é apresentado como "festa primordial dos cristãos" (*primordialis dies festus*) e como "fundamento e núcleo (*fundamentum et nucleus*) de todo o Ano Litúrgico". É festa "primordial" não só pela sua importância na vida espiritual dos fiéis mas também no sentido de que o domingo foi a primeira festa celebrada pelos cristãos e, por isso, é também o "fundamento" do Ano Litúrgico. Neste capítulo nos ocuparemos em primeiro lugar do fenômeno da festa. Depois trataremos do domingo.

1. A FESTA

O fenômeno da festa é originário da experiência social humana desde os primórdios da civilização. Notemos também que esta teve desde o início um sentido prevalentemente religioso, entendido no sentido de uma realidade que coloca em contato com o supratemporal, o suprarracional e, como se queira, além do contingente.[1]

1.1. Dimensão antropológica

O ser humano é festivo por natureza. Ele não só trabalha e pensa, mas é aquele que canta, celebra, repousa e joga. Portanto, a festa é um fenômeno típico da experiência e do comportamento humano. Porém, quando se pretende analisar a própria experiência do fazer festa, sente-se certo embaraço, pois na nossa sociedade, complexa e pluralista, existe uma tal variedade e complexidade de festas que se torna assaz difícil individuar elementos em comum entre umas e outras. As diversas festas envolvem, de vez em quando, grupos e pessoas distintas, ou então uma mesma festa pode de fato ser percebida e vivida de modos muito diferentes por uns e outros. Pode-se, destarte, pensar em um grupo de muçulmanos que vive na Itália ou um grupo de cristãos que vive em um dos países islâmicos. Cada grupo celebra a festa a seu modo, segundo o próprio credo e conforme a própria cultura. Isto é particularmente evidente na celebração do domingo, como dia de festa por excelência para os cristãos. Com efeito, o domingo regula o ritmo festivo semanal de todo o Ocidente, e não só.

Analisando as características e os componentes essenciais que se encontram, por exemplo, nas sociedades humanas mais arcaicas e mais simples, a festa aparece como um fato antropológico rico e complexo; é um componente

---

[1] Cf. H. Cox, *La festa dei folli. Saggio teologico sulla festività e sulla fantasia* (La ricerca religiosa – Studi e testi 11) Bompiani, Milano 1971; Aa.Vv., *Riscoperta della festa*, Borla, Roma 1990; A. Donghi, *Esultiamo nel Signore. Invito al mistero della festa*, Paoline, Cinisello Balsamo 1991; F. Alacovich; S. Zamagni; A. Grillo, *Tempo del lavoro e senso della festa* (Le ragioni del bene 4), San Paolo, Cinisello Balsamo 1999; S. Maggiani, *Festa/Feste*, in Liturgia, 584-602; G. Sovernigo, *La fatica di far festa oggi: scomparsa o migrazioni? In prospettiva prevalentemente psicologica*, in M. Barba (ed.), *"O Giorno primo ed ultimo". Vivere la domenica tra festa e rito. Atti della XXII Settimana di Studio della Associazione Professori di Liturgia* (Bibliothecca "Ephemerides Liturgicae" – "Subsidia" 134), CLV – Edizioni Liturgiche, Roma 2005, 59-82; A. Rizzi, *Il problema del senso e il tempo. Tempo festa preghiera* (Teologia saggi), Cittadella, Assisi 2006.

essencial da vida do ser humano: revela um povo, a sua cultura; é o espelho de todo um modo de pensar e de viver; revela, de certa forma, um determinado modo de ver o mundo e a própria vida.

A complexidade da festa comporta também certa ambivalência, e até mesmo uma parodoxalidade, pois na festa existem elementos que aparecem como contraditórios. O que é a festa? Podemos responder afirmando com uma descrição aproximativa: "A festa é o complexo de celebrações comunitárias extraordinárias, em equilíbrio entre espontaneidade e norma, entre alegria e seriedade, entre libertação e repouso".[2]

A complexidade da festa é confirmada também pelo objeto da celebração festiva, que reconduz à pergunta: o que a pessoa humana celebra quando faz festa? O objeto da celebração festiva pode ser constituído por muitas coisas. De alguma forma, o objeto festivo pode ser tudo aquilo que um povo ou uma cultura considera valor.

Então, as festas são motivadas por valores que, no âmbito social, são de caráter coletivo ou comunitário. Cada comunidade festeja aquilo que considera importante: o objeto da festa encontra espaço entre o profano e o sagrado, entre a morte e a vida. Eis por que a dimensão religiosa é conatural à festa. Com efeito, em quase todos os povos a festa encontra também uma conexão com a dimensão religiosa da vivência cotidiana do povo.

Do que se disse, deduz-se que as linguagens que caracterizam a celebração festiva são ligadas aos diversos componentes culturais de um povo e às características pelas quais este povo se desenvolveu e continua a desenvolver-se. Esta afirmação deixa entrever uma série de tradições que foram herdadas do passado e da sensibilidade particular com a qual os participantes desenvolvem a própria festa. Na enorme variedade de festas, existem alguns elementos comuns que serão analisados em seguida.

---

[2] D. Cesarini, *Sulla filosofia della festa*, in Aa.Vv., *Il giorno del Signore* (Ricerche teologiche), Cittadella, Assisi 1988, 19.

1.1.1. A festa tem caráter coletivo

A festa é um rito que diz respeito e envolve toda a coletividade. O sujeito conatural da festa não é o indivíduo em si, mas o grupo. Parece que ninguém consegue festejar em solidão (ninguém abre uma garrafa de espumante no seu quarto sem uma companhia). Assim que se decide fazer festa, encontra-se logo diante dos valores nos quais se crê, diante da comunidade na qual se encontra inserido e na tradição da qual se provém. A festa tem a linguagem do "nós" porque os seus símbolos são comunicativos. Cada festa é *"vox populi"*, voz do povo, da comunidade que se reúne festivamente para falar consigo mesma de si mesma por meio da boca da mesma transfiguração festiva. Isto comporta um relacionamento e uma relação com os outros. Por sua natureza, portanto, a festa é um acontecimento social que, por princípio, diz respeito a todo o grupo (vila, tribo, povo). É um fato que toca as estruturas de apoio, com base nas quais se identifica um povo ou um grupo humano.

A festa coloca em jogo os diversos esquemas de pensamento, bem como uma série de módulos comportamentais e de valores comuns do grupo. Mas não só isso: a festa, além de enlaçar relações coletivas no âmbito do próprio grupo, tende a coenvolver também indivíduos estranhos ao próprio grupo. Diz-se que uma festa teve sucesso quando um grande número de pessoas participou. Trata-se, portanto, de uma experiência comunitária, de "um encontro momentâneo do sentido comunitário profundo".[3] A festa é a forma mais elevada de identificação de um indivíduo com o próprio grupo. Entre outras coisas, ela responde pelo desejo de reunir-se, que é um fato conatural à pessoa humana. A mesma dispersão do cotidiano aprofunda ainda mais essa necessidade de reunir-se.

1.1.2. A festa é uma celebração extraordinária

O tempo, de per si, é um elemento neutro. Transcorre de modo sempre homogêneo e igual, inerme e inexorável. Em contrapartida, o tempo da festa é pontual e preciso, um tempo extraordinário. Com efeito, nem todo dia é

---

[3] G. Scabia, *Fare la festa. Appunti di esperienze*, in RL 70 (1983) 70. O autor, porém, em uma página antecedente, afirma crer "que se pode fazer festa também sozinho" (p. 62).

O DOMINGO, FESTA PRIMORDIAL DOS CRISTÃOS

festa. O tempo festivo está ligado a certos momentos precisos e que podem ser identificados no decorrer do tempo, pois a pessoa humana os determinou de forma pontual. São momentos ligados à determinada data indicada por aquilo que chamamos calendário. O sistema das festas nos diversos povos deu vida aos calendários, que são um instrumento com o qual o ser humano organiza o seu tempo indiferenciado para situar a si próprio, a própria atividade e a própria experiência de vida em relação a essa dimensão fundamental da existência humana que é o tempo.

A festa está situada em um tempo que se distingue da vida de todos os dias. Ela representa uma alternativa ou mesmo uma ruptura com a vida cotidiana. Ela interrompe as diversas atividades da pessoa e exprime a vida com outros módulos e com outras características. O tempo festivo coloca-se dentro do tempo cósmico e é vivido como uma pausa, um corte, uma brecha, uma interrupção, um espaço temporal no qual se supera o cotidiano existencial para se projetar além e fora dele. A festa, contudo, não se opõe à cotidianidade, pois na sua característica de diversidade exprime o valor do cotidiano, colocando-o em uma moldura de sentido. A festa pretende regenerar o cotidiano para torná-lo prenhe de valor.

De alguma forma se poderia falar da refeição como "festa cotidiana". Referimo-nos à refeição como um ato comunitário, que reúne ao redor da mesa os membros da família ou de uma comunidade mais ampla. O termo que resume o significado espiritual deste ato é "convivialidade".

1.1.3. A festa é recordação e presença

Na festa encontramos elementos que concorrem entre si. Assim, por exemplo, de um lado, há a recordação de alguma coisa do passado, enquanto, de outro, há algo do presente. Nas culturas primitivas a relação entre festa, tempo e realidade exprime-se através do chamado "módulo mítico".[4] O mito (do grego *mytos* = conto, narração) não é algo irreal, mas uma forma de explicar, sempre de forma narrativa, as realidades fundamentais da vida, como, por

---

[4] Cf. M. Eliade, *Mito e realità*, Borla, Roma 1985; J. Ries, *Il mito e il suo significato* (Di fronte e attraverso 714), Jaka Book, Milano 2005.

exemplo, as origens do mundo, de uma instituição ou de uma realidade precisa. Para se chegar à explicação tem-se que atingir o acontecimento primordial realizado pela divindade. Pois é daquele evento que provém a realidade da qual fazemos memória. Nesse sentido, poder-se-ia dizer que é um mito a narração da criação que encontramos no Livro do Gênesis. Esta narração, de alguma forma, contém verdades reveladas.

O conceito de mito, na história da cultura ocidental, foi submetido a diversas interpretações. Mas, como já foi afirmado, no seu significado mais geral, o mito é uma lenda, uma narrativa caracterizada como "palavra sagrada" mediante a qual se procura fornecer uma explicação-causa e uma garantia da validez de todos aqueles elementos que constituem o patrimônio social, intelectual e moral de determinada cultura.

Pois bem, o acontecimento ao qual o mito dá sentido é concebido como um evento que traz em si uma força "salvífica" (no sentido amplo). Portanto, o evento é perpetuado, de alguma forma, em um preciso contexto ritual ou ação simbólica que exprime e torna ativo um significado que o grupo que celebra a festa condivide e sanciona na vida cotidiana com o seu comportamento social.

Certamente os mitos – considerando os fatos grandiosos que aconteceram no passado – permitem que esse passado seja recuperado através do acontecimento festivo (como, por exemplo, a Festa da Independência de um povo ou então a da sua Libertação etc.). Em tal acontecimento festivo realizam-se cerimônias que produzem uma determinada ritualidade. Dessa forma, entende-se recuperar certos valores que no passado deram vida a uma realidade concreta (como, por exemplo, a fundação de um estado). Isto permite entender que o mito pode também ser regenerado e enriquecido.

Portanto, quando uma comunidade ou um grupo humano faz festa, recorda, na alegria, um acontecimento prenhe de significado para sua vivência histórica. A festa, então, torna-se expressão ritual e comunitária de experiências e esperanças comuns. É recordação do "acontecimento salvífico", mas também presença de tal acontecimento, não somente em nível psicológico, mas também em nível fundante de valores para o presente, valores que devem ser traduzidos constantemente, isto é, devem ser aplicados às novas situações da sociedade.

1.1.4. A festa é rito tradicional e fantasia criadora

De um lado, o evento festivo se organiza sempre ao redor de um sistema ritual mais ou menos forte. O rito representa a organização da festa, confundindo-se com ela. Todavia, o *éthos* festivo é, por sua natureza, exuberante, excedendo o esquema do rito. A festa é, ao mesmo tempo, *normata* (rito regulado por normas tradicionais) e causa de uma fantasia criadora.

O rito não é somente o invólucro que organiza a festa e, no limite, tem-na sob seu controle. Mas, em profundidade, é o seu fundamento na figura da celebração, que, através do entrelaçamento de linguagens verbais e não verbais, atinge o mito. A função essencial da celebração festiva é a de valorizar simbolicamente o motivo e o objeto da festa, fazendo o mito falar através do rito.

A festividade concede ao ser humano uma breve liberdade das convenções sociais. Sem certa possibilidade de "infringir" as normas que regulam o comportamento social, a festividade não seria tal, porque a festa comporta sempre algumas diversidades do modo de se comportar nos dias feriais. Assim, por exemplo, nos dias de festas se vestem roupas mais chamativas, dorme-se um pouco mais, come-se mais e assim por diante. Há uma espécie de excesso e de diversidade com relação à cotidianidade. Além disso, certa criatividade no plano da imaginação religiosa renova a matéria mitológica tradicional: a criatividade na festa vai, aos poucos, renovando a tradição passada pelo mito.

O que até agora foi dito ilustra a dualidade ínsita na festa e que corre entre espontaneidade e norma. Se de um lado se admira o frescor de uma festa realmente espontânea e não artificial, do outro lado se aprecia a estabilidade de uma ocorrência calendarial e a solidez e a longa tradição de usos e ritos festivos. Assim vemos que a festa não é jamais improvisada: ela é longamente preparada com cuidado em cada um de seus particulares, embora permaneça aberta a momentos criativos de espontaneidade individual.

1.1.5. A festa é alegria e seriedade

Outra ambivalência do festejar é a que se estabelece entre a alegria e a seriedade. Podemos afirmar que a comunidade festeja a si mesma, pois tem uma história e está voltada para um futuro melhor. Nesse sentido, toda festa está colocada no contexto e no quadro de uma história e de uma cultura orientadas para um futuro em direção ao qual aquele povo ou aquela mesma cultura caminha. Portanto, ao realizar a festa manifesta-se certo otimismo no horizonte da vida: a afirmação pública e comunitária da dimensão jubilosa da existência.

A alegria da festa é, pois, o reflexo de um mundo justo, solidário e convivial, no qual as pessoas se sentem ligadas umas às outras. Porém, a alegria presente em cada celebração festiva não está nem mesmo isenta de certa doce e delicada tristeza, pois na mesma festa podem emergir os problemas do cotidiano, bem como as injustiças e as lembranças inquietantes do passado. Este fato demonstra que a celebração festiva é inseparável do dualismo entre claro e escuro. A festa não suprime a tragédia da vida, mas, de alguma forma, assume esta dimensão trágica, colocando-a em uma visão mais ampla e recompondo todo o mundo de valores do grupo. As mesmas festas de luto escondem um hino à vida, pois nelas choramos a morte enquanto amamos a vida.

Fazer festa quer dizer recomeçar de novo para orientar a vida para horizontes sempre mais positivos. A seu modo, a festa é um momento contemplativo, estético e celebrativo da vida, pois faz parte daquelas realidades que, de per si, não têm um escopo, mas possuem um sentido. Ela é como um jogo. A festa repousa em si mesma, ainda que hoje se tenha degenerado, assumindo, com frequência, uma finalidade utilitária ou comercial.

Continuando nossa explanação, dizemos que a festa possui um estímulo liberalizante de romper a ordem costumeira. É uma emancipação das sufocantes cadeias do ritmo cotidiano. Ela é uma parada improdutiva, que comporta uma paz contemplativa e um ócio que deveria enriquecer o ser humano.

A diversidade do dia festivo é advertida pela mesma psicologia humana que sente necessidade de restabelecer o equilíbrio muitas vezes perdido, após ter acumulado tensões devido ao trabalho cotidiano. Hoje existe também, infelizmente, a síndrome da festividade (depressão festiva). Neste caso não há mais a real dimensão da festa, uma vez que a pessoa que é atingida pela depressão festiva, pelo fato de não estar em atividade, perdeu o sentido da própria festa.

O ser humano tem necessidade de determinados momentos de ócio festivo para tomar consciência de que nem um hiperbólico produto interno bruto e o pleno emprego podem trazer a felicidade e a salvação para todo um povo. Nos dias de festa deixa-se de trabalhar, goza-se dos tradicionais momentos de convivialidade humana, sem os quais a mesma vida não seria propriamente humana. A festa, como o jogo, a contemplação e o amor, é fim em si mesma. Por isso não pode ser instrumentalizada.

Por fim, a festa permite ao ser humano que se dedique ao que considera essencial para a própria vida. No seu significado mais íntimo, a festa é um reconhecimento, uma proclamação e uma aceitação da própria existência como dom e como gratuidade, como liberdade e como libertação da escravidão (do trabalho). Certamente esta visão deveria ser, de alguma forma, correta ou integrada com a percepção que se tem hoje do trabalho nas sociedades mais avançadas. O modo de ver das culturas antigas faz com que se perceba na realidade do trabalho uma condição sobretudo penosa, opressora (antes de tudo se sente o trabalho como uma obrigação) e não libertadora. Na cultura atual, ao contrário, o trabalho pode ser vivido como uma realidade libertadora e criadora que satisfaça a pessoa que dele é protagonista. Por esta razão, a festa nem sempre é vivida como no passado.[5]

1.2. Dimensão cristã

O que dissemos até aqui sobre a dimensão antropológica da festa é de natureza aberta. Com isto podemos afirmar que é possível fazer uma dissertação sobre uma ou mais de suas tipologias. Aqui nos interessam, concretamente, as características da festa cristã.

1.2.1. A festa na Bíblia

O modelo festivo que emerge da Bíblia manifesta-se como a mesma Revelação bíblica, ao mesmo tempo ancorado no tempo e superior a ele; revela-se conexo à existência e contemporaneamente a transcende; encarna-se, mas, no

---

[5] Cf. A. Grillo, *Tempo, lavoro e festa cristiana in epoca postmoderna*, in F. Alacevich; S. Zamagni; A. Grillo, *Tempo dei lavori e senso della festa*, cit., 67-104.

entanto, se manifesta como promessa. Em particular, vejamos as principais estruturas teológicas que caracterizam a festa bíblica.[6]

A festa bíblica é uma celebração rememorativa dos grandes fatos realizados por Deus em favor dos seres humanos na história (dimensão anamnética). As festas do Antigo Testamento, embora ligadas ao ritmo cíclico da natureza, próprio de uma cultura de agricultores e nômades, tornam-se, mediante um processo de progressiva historicização, "memorial" da contínua irrupção de Deus na história da humanidade. A festa celebra e atualiza as admiráveis gestas divinas. Quando chega à plenitude dos tempos, elas culminam na Páscoa do Senhor. Portanto, a "recordação-memorial" das gestas salvíficas não para na contemplação, mas se exprime em autêntica manifestação sacramental. Esta dimensão anamnética coloca o tempo da festa em continuidade ao histórico-salvífico. Por esta razão ela se torna – no *hoje* da celebração festiva – autêntico momento de experiência da salvação.

A festa é antecipação jubilosa do futuro do ser humano (dimensão escatológica). O acontecimento histórico é recordado e celebrado na espera da realização escatológica, dimensão colocada em evidência já pela palavra profética. À luz do mistério de Cristo, no Novo Testamento, a festa está entre o "já" da salvação dada e o "ainda não" da salvação definitivamente possuída. É, portanto, antecipação germinal da plenitude salvífica, quando Deus for "tudo em todos" (1Cor 15,28). Ela atualiza, em uma esperança autêntica, o termo da salvação e é por isso catequese contínua do sentido profundo da história.

A festa é empenho pela vida (dimensão moral). Se a festa é um momento salvífico no qual é coenvolvida a comunidade dos crentes, ela tem também uma dimensão moral e empenhativa que toca a vida e a existência concreta dos participantes. Não somente "narra" a história mas convida a "vivê-la" e, mais exatamente, a revivê-la. Os profetas do Antigo Testamento já tinham relembrado a exigência de uma coordenação profunda entre vida e celebração cultual. E, nesta linha, Paulo fala de um verdadeiro culto existencial, quando afirma: "Peço que vocês ofereçam os próprios corpos como sacrifício vivo, santo e agradável a Deus. Este é o culto autêntico de vocês" (Rm 12,1).

---

[6] Cf. G. Ravasi, *Strutture teologiche della festa biblica*, in ScC 110 (1982) 143-181.

Tudo o que foi dito permite-nos individuar os protagonistas da festa bíblica, que são: *Deus*, um Deus transcendente, mas operante e, portanto, presente na história; o *ser humano* e a *comunidade* com os quais Deus estabelece uma aliança e mantém um relacionamento de amor; o *mundo*, no qual se realiza o desígnio de salvação; o *tempo*, que é tempo de Deus para a salvação da criatura humana. Para a Bíblia celebrar a festa significa entrar em harmonia com a história da salvação na sua plenitude, sem perder a profunda conexão originária entre o calendário bíblico, o espaço cósmico e o ritmo sazonal-natural.

1.2.2. A teologia da festa

Poder-se-ia afirmar que, para o cristão, não há mais sentido falar de festas como dias especiais, distintos e diversos dos dias feriais, porque, de acordo com a vivência da fé, não parece que tenham mais valor e pertinência as categorias delimitadas de tempos e dias. Neste âmbito retorna o conceito de Cristo como pleno cumprimento do mesmo tempo. Portanto, o tempo é "salvo" e tudo é cristológico. O mesmo Paulo, na carta aos Colossenses e de modo semelhante em outras cartas, chegará a afirmar: "Ninguém, pois, julgue vocês pelo que comem ou bebem, ou por causa de festas anuais, mensais ou de sábados. Tudo isso é apenas sombra daquilo que devia vir. A realidade é Cristo" (Cl 2,16-17; cf. Rm 14,5).

O texto de Paulo não diz respeito somente às festas hebraicas, mas sublinha a dimensão escatológica da vida cristã e nos recorda que, se há um sentido falar de festa cristã, esta é o mesmo Cristo, o qual "ressuscitado dos mortos, não morre mais" (Rm 6,9). Cristo é festa perfeita e definitiva.

Continuando e aprofundando esta nossa explanação sobre a teologia da festa, notamos com Renato De Zan que:

> No Novo Testamento a festa não é uma realidade circunscrita em tempos prescritos, com ritos prescritos etc., mas é difusa em toda a vida do cristão em que não existe mais diferença entre tempo sagrado e tempo profano, e a experiência do transcendente e do Reino realizado não é realidade que deve somente ser esperada, mas já experimentada na vida.[7]

---

[7] R. De Zan, *"Spezzavano il pane a casa prendendo i pasti con letizia e semplicità di cuore" (At 2,46). C'è un concetto di festa nella celebrazione del N.T.?*, in M. Barba, (ed.), *"O giorno primo ed ultimo"*, cit., 107.

Porém, essa realidade que cava longitudinalmente a existência do cristão deve sair periodicamente à superfície da consciência e da expressão para se tornar mais real, mais pessoal, mais definitiva. Assim torna a emergir a festa litúrgica em toda a sua legitimidade, sem necessidade de despir os dias "feriais" do seu caráter genericamente festivo.[8]

Em Cristo tudo se realizou, mas por outro lado tudo deve ser realizado; isto é, a ação salvífica de Deus em Cristo deve realizar-se de forma *histórico--sacramental* em nós, no tempo da Igreja. Portanto, o acontecimento salvífico está aberto a todos os tempos e a todos os seres humanos através da anamnese eucarística. No âmbito cristão, a festa tem um valor provisório, justificado pela distância entre história e escatologia no processo de plena comunhão entre Deus e o ser humano.

No primeiro decênio após o Concílio Vaticano II, no afã de reencontrar a identidade cristã, houve um forte influxo da secularização (ou secularismo). Alguns autores chegaram a defender a liberalização dos dias festivos: por que obrigar os cristãos a assistir à missa aos domingos? Todo dia é festa. Todos os dias celebramos a Eucaristia. É verdade que temos a possibilidade de celebrar o acontecimento salvífico através da Eucaristia, mas isto não suprime a dimensão antropológica da festa, isto é, a necessidade de fazer emergir, de tempos em tempos, este valor permanente com os módulos normais das culturas.

As festas cristãs seguem os ritmos cronológicos próprios das civilizações em meio às quais se encontram inseridas, mas nem por isso permanecem prisioneiras da ordem cósmica. A mesma ciclicidade astronômica é assumida como sinal de uma totalidade, a de Cristo, o qual é proclamado como o "Alfa e o Ômega, o Primeiro e o Último, o Princípio e o Fim" (Ap 22,13).

O *sujeito* da festa cristã é, também neste caso, comunitário e não individual. É a comunidade cristã que se reúne para celebrar o evento salvífico de Cristo. A celebração festiva no cristianismo assume o passado, o presente e as tensões para o futuro, sob a força julgadora e transformadora da Páscoa do Senhor. Então, o *objeto* específico da festa cristã é encontrado sempre no mis-

---

[8]   Cf. L. Maldonado, *Secolarizzazione della Liturgia*, Paoline, Roma 1972, 405.

tério de Cristo. Em concreto se dá no ritmo da ida ao encontro de Jesus e na obediência às suas palavras: "Fazei isto em memória de mim" (1Cor 11,24).

Portanto, pode-se concluir que, na perspectiva cristã, a dimensão antropológica e também a religiosa da festa comumente compreendida, embora não desapareça, torna-se inadequada para exprimir toda a realidade da festa cristã. Elas não são suficientes para fundá-la. Por esta razão, veremos que o domingo, festa primordial dos cristãos, nasceu antes como uma "não festa" sob o ponto de vista de algumas características antropológicas e sociais, pois ele não nasceu ligado a um rito sazonal, mas sim se originou do ritmo breve e repetido da semana. O domingo não nasce como dia de festa, mas como dia da celebração.

Se, em seguida, em regime de cristandade as festas da Igreja adquiriram espontaneamente as características da festa, como fato social e cultural, isto – embora seja legítimo e também positivo – não se realizou sem algum risco ao seu significado originário e original. Tudo isto será visto de forma mais concreta na história do domingo.

1.2.3. *Alguns condicionamentos atuais colocados à festa cristã*

Podemos afirmar que existe hoje uma crise do sentido festivo, e não das festas. O problema reside na ausência do ser humano e na sua estranheza ao fato festivo. A pessoa humana se posiciona de modo diverso com relação à tradição anterior. A perda da disposição para fazer festa tem um profundo significado religioso. Em sentido muito geral, quem é a pessoa religiosa? É aquela que situa a própria existência em um quadro histórico e cósmico muito mais vasto. É aquela que se considera em um contexto no qual existem valores, no qual existe uma origem e um destino. Ela se considera parte de um todo maior, isto é, de uma história mais ampla na qual se sente chamada a ter uma função. Os ritos, os cantos, os gestos festivos ligam a pessoa a esta história, pois a ajudam a se situar na vivência concreta.

Isto explica por que, sem autênticas ocasiões festivas e sem o sustentáculo da fantasia celebrativa, o espírito e a psique do ser humano tendem a se deteriorar. A falta do senso festivo pode explicar, em parte, o mal-estar, o tédio

ANO LITÚRGICO

e a náusea de muitos de nossos contemporâneos. Com efeito, a celebração festiva bem conduzida coloca em movimento um conjunto de lembranças, de esperanças coletivas e de valores que dão sentido à vida. Quando o sentido de celebrar a festa desaparece, somem também o conjunto destes pontos de referência. Tem-se a impressão de que, hoje, alguma coisa nesse sentido esteja se deteriorando. As mesmas festas cristãs não têm mais a vitalidade de tempos atrás. Multíplices são os condicionamentos atuais aos quais está submetida a celebração da festa cristã. Indicaremos, brevemente, alguns de natureza socio-cultural.

Na nossa cultura pós-moderna (veja a *new age*)[9] fala-se de retorno ao sagrado, não no sentido devido, mas no sentido sincrético, com raízes *cósmico--vitalísticas* e naturalísticas, que deixam entrever uma espécie de mistura entre diversas crenças religiosas. Destarte, nasce um tipo de festa *neopagã*, com ritos, músicas e modelo de comportamento. Este desejo de fazer festa é positivo, pois recupera algumas das dimensões antropológicas da festa, mas torna-se ambíguo e perigoso, na medida em que coloca o ser humano na vaga dimensão sacral e cósmica, impedindo-o de exprimir a própria identidade pessoal e a própria vocação transcendente. Neste contexto, é bom não esquecer que a pessoa humana tem em si um elemento de profundidade e de valor individual que a torna superior ao cosmo. Além disso, a sua relação com Cristo e a sua projeção histórica não podem ser reduzidas unicamente ao contexto celebrativo.

Uma outra insídia brota de uma sociedade que privilegia o proveito econômico, pelo qual a festa não está mais a serviço do ser humano, mas da produção. Muitas vezes a necessidade de fazer festa é desviada para soluções "utilitárias". É bastante frequente em nossa sociedade interpretar a festa de forma muito redutiva, isto é, considerá-la somente como *férias, tempo livre* ou *relax*. Segundo alguns, a festa significa "não fazer nada". Também esta mentalidade – entre outras coisas muito difundidas – é ambígua, pois confunde a festa com tempo livre. Notamos, a este propósito, que os tempos de repouso

---

[9] Sobre a cultura pós-moderna, cf. S. Martelli, *La religione nella società postmoderna tra secolarizzazione e de--secolarizzazione*, Dehoniane, Bologna 1990.

ou de férias são em parte modelados pelas mesmas festas cristãs que exercem sobre elas um efeito ambíguo. As festas significam unicamente se sentir livre do peso e dos fastios da vida cotidiana, e a simples necessidade de evasão. Este fenômeno é particularmente evidente na concepção que alguns ambientes, na atualidade, têm do domingo.

2. O DOMINGO

Não faltaram defensores da origem não especificamente cristã do domingo.[10] Entre as diversas hipóteses: a cristianização do dia pagão dedicado ao sol na semana planetária greco-romana; a importância que o Mandeísmo, uma seita batista do tempo de João Batista, dava ao domingo; o influxo das comunidades de Qumran, que colocava em relevo o valor do dia após o sábado. Como ilustra amplamente M. S. Mosna, trata-se de teorias que não explicam a

---

[10] A bibliografia sobre o domingo é abundante. Indicamos os principais títulos consultados: W. Bordorf, *Der Sonntag. Geschichte des Ruhe-und Gottesdiensttages im ältesten Christentum* (Abhandlungen des Alten und Neuen Testament 43), Zwingli Verlag, Zürich 1962; J.-M. R. Tillard, *Le dimanche, jour d'alliance*, in Sciences Religieuses 16 (1964) 225-250; P. Massi, *La domenica nella storia della salvezza. Saggio teologico-pastorale* (Historia Salutis), M. D'Auria, Napoli 1967; C. S. Mosna, *Storia della domenica dalle origini fino agli inizi del V secolo. Problema delle origini e sviluppo, aculto e riposo, aspetti pastorali e liturgici* (Analecta Gregoriana 170), Università Gregoriana, Roma 1969; Righetti II, *La domenica*, 21-32; S. Dianich, *Per una teologia della domenica*, in *Vita Monastica*, nn. 124-125 (1976) 97-116; S. Bacchiocchi, *From Sabbat to Sunday. A historical Investigation of the Rise of Sunday Observance in Early Christianity*, Roma 1977; J. Garcia, *Contributions and Challenges to the Theology of Sunday*, in *Worsip* 52 (1978) 369-374; W. Rordorf (ed.), *Sabato e domenica nella Chiesa antica* (Traditio Christiana 2), [ed. italiana a cura di G. Ramella, Società Editrice Internazionale, Torino 1979]; Aa.Vv., *Domenica, il giorno dei giorni. Atti della XXVIII Settimana Liturgica Nazionale*, Centro di Azione Liturgica, Roma 1980; W. Rordorf, *Origine et signification de la célébration du dimanche dans le christianisme primitif. État actuel de la recherche*, in LMD n. 148 (1981) 103-122; Aa.Vv., *Der Sonntag. Anspruch-Wirklichkeit-Gestalt*, herausgegeben von A. M. Alttermatt und T. A. Schnitker und Mitarbeit von W. Heim, Echter Verlag Würzburg-Universitätsverlag, Freiburg/Schweiz 1986; Aa.Vv.; *Il giorno del Signore* (Ricerche Teologiche) cit.; M. Rooney, *La domenica*, in *Anàmnesis* 6, 67-91; H. Auf der Maur, *Le celebrazione nel ritmo del tempo – I. Feste del Signore nella settimana e nell'anno* (La Liturgia della Chiesa. Manuale di scienza liturgica 5), Elle Di Ci, Leumann (Torino) 1990, 49-92; P. Jounel, *Le dimanche*, Desclée Novalis, Paris 1990; R. Falsini (ed.), *La domenica oggi. Problemi e proposta pastorali* (Nuova Collana Liturgica, seconda serie 9), Edizioni O.R., Milano 1991; L. Lemmens, *Le dimanche à la lumière des apparitions pascales*, in QL 72 (1991) 177-190; J. López Martín, *El origen del domingo. Estado actual de la cuestión*, in Salmanticensis 38 (1991) 269-297; Aa.Vv., *El domingo, fiesta primordial de los cristianos* (Jornadas Nacionales di Liturgía), Secretariado Nacional de Liturgía, Madrid 1992; E. Bianchi, *Giorno del Signore, giorno dell'uomo. Per un rinnovamento della domenica*, Piemme, Casale Monferrato 1994; M. Augé, *La domenica, festa primordiale dei cristiani* (Universo Teologia 34), San Paolo, Cinisello Balsamo 1995; M. Augé, *La celebrazione della domenica*, in Sc.Lit, 169-181; A. César Molinero, *La domenica* Dies Domini *celebrazione del mistero di Cristo* (Biblioteca Catecumenale 12), Grafite, Napoli 1998; T. Kumbo, *A dimensão da comunhão do dia do Senhor*, Pontificia Universitas Sanctae Crucis, Romae 2001; L. Brandolini (M. Augé), *Domenica*, in *Liturgia*, 584-602; M. Barba (ed.), *"O giorno primo ed ultimo"*, cit.

ANO LITÚRGICO

origem do domingo cristão.[11] Os estudiosos não têm nem mesmo aceitado a tese de F. Bacchiocchi, adventista do sétimo dia, segundo o qual a observância do domingo ter-se-ia iniciado entre os cristãos somente no século II.[12]

Referimo-nos antes à SC, n. 106, em que se afirma que o domingo é de origem apostólica ("Segundo a tradição apostólica..."). Portanto, trata-se de ilustrar esta tese com os testemunhos do Novo Testamento, bem como dos Padres da Igreja.[13] Antes de tudo, é preciso considerar os textos neotestamentários nos quais se fundamenta a celebração cultual do domingo. Estes textos foram comentados por alguns autores em sentido minimalista, enquanto, por outros, em sentido mais ou menos maximalista. Pode-se afirmar, por exemplo, que o importante estudo de M. Rooney, citado na bibliografia, é uma pesquisa muito bem elaborada, mas se manifesta um tanto minimalista ao avaliar a força probatória dos textos do Novo Testamento como testemunho fundante da celebração dominical.[14]

2.1. Testemunhos neotestamentários

Quando afirmamos que a "celebração" do domingo é de tradição apostólica, queremos dizer que a comunidade cristã, já nos tempos apostólicos, reunia-se em assembleia no dia de domingo para celebrar a Eucaristia. As três passagens neotestamentárias mais importantes e que dizem respeito ao nosso tema são: 1Cor 16,1-2; At 20,7-12; Ap 1,9-10. São os mesmos textos que a Encíclica *Dies Domini* propõe, quando afirma no n. 21:

> É nesta base que, desde os tempos apostólicos, "o primeiro dia depois do sábado", primeiro da semana, começou a caracterizar o próprio ritmo da vida dos discípulos de Cristo (cf. 1Cor 16,2). "Primeiro dia depois do sábado" era também aquele em

---

[11] Cf. C. S. Mosna, *Storia della domenica*, cit. 30-42.

[12] Cf. F. Bacchiocchi, *From Sabath to Sunday*, cit., especialmente 90-131.

[13] Para os textos da tradição antiga que dizem respeito ao domingo (e ao sábado), sugerimos a obra de W. Bordorf, *Sabato e domenica nella Chiesa antica*, cit. Na obra, os textos são transcritos em língua original e na tradução italiana.

[14] Sobre o domingo existe um importante documento do magistério pontifício, publicado dois anos antes do grande Jubileu de 2000. Trata-se da encíclica de João Paulo II, *Dies Domini* (31.05.1998). Deve ser considerada uma síntese válida e autorizada da teologia e da pastoral do domingo.

que os fiéis de Trôade estavam reunidos "para partir o pão", quando S. Paulo lhes dirigiu o discurso de despedida e realizou um milagre para devolver a vida ao jovem Êutico (cf. At 20,7-12). O livro do Apocalipse testemunha o costume de dar a este primeiro dia da semana o nome de "dia do Senhor" (1,10). Doravante isto será uma das características que distinguirão os cristãos do mundo circundante.

Substancialmente, estes três textos do Novo Testamento provarão que já nos tempos apostólicos a comunidade cristã se reunia para celebrar a Eucaristia no dia de domingo.

2.1.1. O dia da coleta

O texto testamentário ao qual nos referimos é o seguinte: "Quanto à coleta em favor dos irmãos, façam como eu ordenei às igrejas da Galácia. Todo primeiro dia da semana, cada um coloque de lado aquilo que conseguiu economizar; desse modo, vocês não precisarão esperar que eu chegue para fazer a coleta" (1Cor 16,1-2).

Paulo se dirige aos cristãos de Corinto, convidando-os a preparar o óbolo para os irmãos da Igreja de Jerusalém. O apóstolo tinha prometido a Pedro, Tiago e João que se recordaria dos irmãos pobres da Palestina. Agora ele recomenda à comunidade de Corinto que recolha as ofertas para essa finalidade (cf. Gl 2,10). A importância do texto está no dia indicado por Paulo para preparar a coleta: "todo primeiro dia da semana". Na terminologia judaica este é o primeiro dia depois do sábado. Provavelmente o apóstolo sugere este dia para garantir a regularidade nas coletas das economias para os pobres. O fato atesta que a comunidade cristã de Corinto segue o ritmo da semana judaica de sete dias e que o primeiro dia após o sábado tem um significado particular. Qual? É verdade que neste texto não se fala explicitamente de assembleia cristã nem de culto. Em outro lugar, contudo, a "coleta" é chamada de *leithourghia*, isto é, "serviço sagrado" (cf. 2Cor 9,12; Rm 15,25-27), expressão que poderia indicar certo liame com a assembleia cristã no exercício do culto. Além disso, em 1Cor 11,20 se fala de "Ceia do Senhor", a celebração eucarística da qual participa a comunidade de Corinto e que poderia ser aquela celebrada no domingo, como se verá mais adiante. Mais tarde, na metade do século II, pelo

Ano Litúrgico

testemunho de Justino, as ofertas em favor dos necessitados se faziam também em Roma, ao final da celebração eucarística dominical.[15]

A Encíclica *Dies Domini*, no n. 70, cita o texto paulino do qual nos ocuparemos; fala do domingo como "dia da solidariedade": "De fato, a reunião dominical constituiu para os cristãos, desde os tempos apostólicos, um momento de partilha fraterna com os mais pobres. 'No primeiro dia da semana, cada um de vós ponha de parte, em sua casa, o que tiver podido poupar' (1Cor 16,2)".

2.1.2. O dia da assembleia

Lucas conta que encontrou Paulo em Trôade, quando ficou com ele sete dias. Depois continua:

> No primeiro dia da semana, estávamos reunidos para a fração do pão. Paulo, que devia partir no dia seguinte, dirigia a palavra aos fiéis, e prolongou o discurso até meia-noite. Havia muitas lâmpadas na sala superior, onde estávamos reunidos. Um jovem, chamado Êutico, que estava sentado na beira de uma janela, acabou adormecendo durante o prolongado discurso de Paulo; vencido finalmente pelo sono, caiu do terceiro andar para baixo. Quando o levantaram, estava morto. Então Paulo desceu, inclinou-se sobre o jovem e, abraçando-o, disse: "Não se preocupem, porque ele está vivo". Depois subiu novamente, partiu o pão e comeu. Ficou conversando com eles até de madrugada, e depois partiu. Quanto ao jovem, levaram-no vivo, e sentiram-se muito confortados.

Quase todos os exegetas interpretam esta passagem dos Atos no sentido dominical. É o texto mais importante, na medida em que é o mais explícito. É um texto digno de atenção, pois o autor dos Atos, Lucas, escreve em primeira pessoa, como testemunha ocular. Paulo se encontra em Trôade, hóspede da comunidade cristã que ele mesmo tinha fundado. O último dia da sua permanência é justamente "o primeiro dia da semana" e todos estão reunidos para "partir o pão"; expressão que indica, normalmente, a celebração eucarística (At 2,42-46; 1Cor 10,16). Depois, a referência ao andar superior (cf. Mc 14,15) e ao bom número de lâmpadas que iluminavam a sala constituem um aceno velado ao caráter ritual da reunião. Trata-se de uma celebração eucarís-

---

[15] Cf. Justino, *Apologia* I 67,6.

tica em um dia determinado. Tudo leva a concluir que se está numa reunião habitual: a comunidade não se reúne para se despedir do apóstolo, pois na narração foi a presença do apóstolo que se inseriu na reunião da comunidade, e não o contrário; portanto, a partida de Paulo não constitui a ocasião desta celebração.

Questão controvertida é determinar se a reunião aconteceu na tarde de sábado ou na de domingo. Com efeito, podem ser tomados como ponto de referência a contagem comum grega do dia, que vai de uma alba até a outra. O dia romano vai de uma meia-noite à outra e o judaico vai de um entardecer até o outro.[16] A opinião mais comum é que Lucas utiliza o cômputo judaico e que a reunião aconteceu na tarde do sábado. Em todo caso, o que é fundamental aqui é o caráter eucarístico da assembleia no primeiro dia da semana.

2.1.3. O dia da Ceia do Senhor

Pelos mais antigos textos não escriturísticos constatamos que o "primeiro dia após o sábado" começa a ser chamado "dia do Senhor". Mas já no Apocalipse João escrevia:

> Eu, João, irmão e companheiro de vocês neste tempo de tribulação, na realeza e na perseverança em Jesus, eu estava exilado na ilha de Patmos, por causa da Palavra de Deus e do testemunho de Jesus. No dia do Senhor, o Espírito tomou conta de mim. E atrás de mim ouvi uma voz forte como trombeta, que dizia [...] (Ap 1,9-10).

O texto é do final do século I, na Ásia Menor. João é o primeiro autor a usar a locução "dia do Senhor". No original grego a expressão é *"Kyriakē hēméra"*, correspondente, por sua vez, à expressão latina *"Dominica dies"*, da qual provém em seguida o nome cristão "domingo". Notemos que *Kyriakē* é um adjetivo. É a primeira e única vez que a locução em questão é utilizada no Novo Testamento. Contudo, o contexto não fala nem de assembleia litúrgica nem de Eucaristia,

---

[16] Para ulteriores detalhes sobre esta questão, cf. T. J. Talley, *Le origini dell'Ano liturgico*, cit., 22-25. Santo Agostinho, comentando At 20,7-12, sustenta que o dia dominical começa após o entardecer do sábado (cf. *Epist.* 36,13,28; NBA).

ANO LITÚRGICO

mas de uma visão que João tem no "dia do Senhor". Então, que importância tem esta passagem para estabelecer o domingo como dia de culto?

Nas fontes pagãs, anteriores ao Novo Testamento, *Kyriakós* significa "imperial", "pertencente ao império". O adjetivo é usado duas vezes no Novo Testamento: Ap 1,10 (*Kyriakē hēméra*) e 1Cor 11,20 (*Kyriakòn deipnon*), e parece estar relacionado com Cristo *Kyrios*, título de glória atribuído por Pedro a Cristo ressuscitado (At 2,36; 1Cor 12,3; Fl 2,9). A locução "dia do Senhor" representa, portanto, um paralelo daquela de Paulo, "ceia do Senhor". Quando se completou o desígnio de Deus, Jesus é plenamente Senhor e redentor de todo o criado. Por esta razão, as expressões "ceia do Senhor" e "dia do Senhor" manifestam certa sintonia.

Então, o que se entende por "dia do Senhor"? O contexto do Apocalipse não oferece, a respeito, um aceno clarificador. Alguns autores pensam que se possa interpretar recorrendo a um texto quase contemporâneo ao Apocalipse, a *Didaqué*, no qual se lê: "Reuni-vos no dia do Senhor, parti o pão e dai graças".[17] Com efeito, parece que tal expressão se refira à celebração da Eucaristia dominical. Enfim, é preciso ter presente que, seja no Antigo Testamento, seja no Novo, o dia do Senhor, ou então o "dia de Javé" (*hēméra tou Kyriou*, no genitivo nominal), é uma locução que indica o dia definitivo escatológico, que clama pela intervenção definitiva de Deus nos tempos escatológicos. São Paulo usa-a para indicar o dia do juízo: "Sabei bem que o dia do Senhor virá como um ladrão, de noite" (1Ts 5,2). No Antigo Testamento pode-se pensar naturalmente no fato de que estes tempos escatológicos iniciem-se com o Messias, isto é, com Cristo. Pode-se dizer que, na sua ambiguidade, a nossa expressão aplicada ao domingo proclama a totalidade do mistério pascal de Jesus Cristo, e não somente a sua ressurreição como acontecimento isolado, bem como sublinha a dimensão escatológica da Eucaristia dominical.

Também encontramos a ambiguidade acima indicada, de alguma forma, na Encíclica *Dies Domini*. Ela, embora comece com estas palavras e não com as palavras *Dies dominica*, indica imediatamente Ap 1,10 e também a Didaqué 14,1, bem

---

[17]   *Didaqué* 14,1.

como Inácio de Antioquia, na sua *Carta aos Magnésios*.[18] Substancialmente, diz-se *Dies Domini*, mas na realidade entende-se dizer *Dies dominica*. Se a Encíclica preferiu a expressão *Dies Domini*, isto se deve provavelmente à escolha do esquema de todo o documento, cujos cinco capítulos têm os seguintes títulos: *Dies Domini*, *Dies Christi*, *Dies Ecclesiae*, *Dies Hominis*, *Dies Dierum*.

2.1.4. *O dia da presença do Ressuscitado*

Além dos três textos, que de forma bastante clara afirmam que já nos tempos apostólicos a comunidade cristã se reunia em assembleia para celebrar a Eucaristia no primeiro dia da semana, são importantes para nós aqueles textos neotestamentários que falam das aparições do Ressuscitado no primeiro dia depois do sábado.

Os sinóticos indicam com precisão o dia da ressurreição do Senhor e das suas aparições aos Apóstolos: o primeiro dia da semana ou o primeiro dia depois do sábado (Mt 28,1; Mc 16,2; Lc 24,1). Também João narra que, no primeiro dia da semana, Maria Madalena se dirigiu ao sepulcro logo cedinho (Jo 20,1) e na tarde daquele mesmo dia Jesus apareceu aos apóstolos (Jo 20,1). Oito dias depois, era de novo um domingo, o Senhor apareceu-lhes uma segunda vez, estando presente também Tomé (Jo 20,26). A aparição de Cristo aos discípulos de Emaús acontece igualmente no mesmo dia da ressurreição (Lc 24,13).

Mais de uma vez o Senhor aparece durante as refeições e come em companhia dos discípulos (Mc 16,14; Lc 24,30.42; At 1,4). No episódio de Emaús, a cena do partir do pão representa o momento culminante da aparição. Justamente naquele momento "abriram-se-lhes os olhos e eles o reconheceram" (Lc 24,31). Note-se que Lucas designa esta refeição com o Ressuscitado com o mesmo nome dado às refeições cultuais da comunidade: a "fração do pão". Sucessivamente Pedro, quando fala das testemunhas da ressurreição de Cristo, afirma que são aqueles que "comeram e beberam com ele após a sua ressur-

---

[18] "Pois, se aqueles que viviam segundo a antiga ordem das coisas se abriram a uma esperança nova, não mais celebrando o sábado, mas vivendo na observância do Dia do Senhor, no qual a nossa vida é elevada graças a ele e à sua morte" (Inácio de Antioquia, *Aos Magnésios* 9,1-3). W. Rordorf coloca esta carta entre as pseudoinacianas e dela oferece um texto diverso.

reição dentre os mortos" (At 10,41). Portanto, podemos concluir que a fração do pão ou Eucaristia dominical liga-se, de alguma forma, às refeições tomadas pelos discípulos junto com Cristo ressuscitado.[19] Em si a Eucaristia une duas correntes que brotam de duas fontes: a ceia e a morte, de um lado, a ressurreição e as refeições com o Ressuscitado, do outro.

Sobre este fundo, as frequentes referências às refeições (eucarísticas) sugerem que os primeiros cristãos, que se reuniam na recordação da ressurreição do Senhor e das suas aparições, tenham transformado esta lembrança em realidade cultual.

Finalmente recordamos que cinquenta dias depois da ressurreição de Cristo, no dia de Pentecostes, o Espírito do Senhor foi derramado sobre os apóstolos e a Igreja de Cristo se manifestou ao mundo: era domingo. Este dia, no decorrer dos séculos, será epifania da Igreja, convocada pelo seu Senhor com a força do Espírito para celebrar a Eucaristia.

2.1.5. O dia das experiências pascais

Realizando uma visão de conjunto nos testemunhos do Novo Testamento, pode-se afirmar que o domingo, como dia da assembleia cultual, é documentado nas comunidades étnico-cristãs da Ásia Menor e da Grécia, de formação paulina e joanina. Podem-se, porém, estabelecer relações entre as comunidades de Jerusalém e o surgimento destas primeiras formas de culto cristão dominical.

Os primeiros cristãos não abandonam completamente o templo (At 2,16; 3,1) e a sinagoga (At 9,20). Eles, contudo, estão conscientes de que o culto da antiga Lei completou-se em Cristo. Esta consciência resolve-se na necessidade de novas relações com Deus. Consequentemente, a comunidade cristã de Jerusalém reúne-se nas casas particulares para a fração do pão, para receber o ensinamento dos Apóstolos e para rezar (At 2,42). Com a assídua leitura do Antigo Testamento, os primeiros cristãos se convencem sempre mais que o Cristo ressuscitado representa agora o cumprimento das promessas antigas. O

---

[19] Sobre este argumento, cf. F. X. Durrwell, *La risurrezione di Gesù, mistero di salvezza. Teologia biblica della risurrezione*, Paoline, Roma 1962, 461-466.

liame com o culto judaico, de um lado, e a necessidade de criar um novo culto, de outro, explicam bem por que os cristãos se reúnem para celebrar aquele novo culto na noite que vai do sábado para o domingo. Com efeito, o sábado era para os judeus o dia do culto e das reuniões sinagogais em toda a Palestina. O culto e a reunião dos cristãos, embora fossem totalmente diversos, vinham a ser quase como uma continuação do mesmo sábado.

Concluindo esta primeira aproximação, em mérito às origens do domingo, podemos afirmar que o domingo nasce dos acontecimentos pascais. Mais provavelmente nasce do mesmo fato da ressurreição do Senhor, ao menos como causa principal, bem como das aparições do Senhor.[20] O domingo é o dia no qual a comunidade cristã é convocada a se reunir em assembleia; é o dia para a audição da Palavra e a celebração da Eucaristia; é o dia no qual a comunidade é chamada a condividir os bens com as irmãs e os irmãos necessitados; é o dia do dom do Espírito e da missão. O domingo, sobretudo, exprime o sentido da festa cristã como celebração comunitária do memorial sacramental dos acontecimentos divinos e, em particular, da Páscoa de Cristo. Portanto, a referência à ressurreição não é somente histórica, isto é, comemoração de um acontecimento passado, mas é experiência continuada no hoje eclesial. É o que tecnicamente define "memorial" e que está no centro da celebração eucarística. Voltada para o passado enquanto memorial da Ressurreição, o domingo realiza na celebração sacramental o encontro da Igreja com o Senhor glorificado. Ao mesmo tempo, contudo, ela olha o futuro porque anuncia e antecipa o retorno glorioso do Ressuscitado, quando ele voltará para celebrar a Páscoa eterna.

Nos primeiros séculos, o núcleo central do domingo foi, sem dúvida, a assembleia eucarística. Os testemunhos a respeito são numerosos. Recordamos aqui somente um, proveniente do ambiente não cristão. Por volta do ano 112, Plínio, o Jovem, legado do imperador Trajano, escreve uma relação sobre a situação da Igreja no Ponto e na Bitínia. Nesta relação ele diz explicitamente

---

[20] W. Rordorf (*Origine et signification de la célébration du dimanche*, cit.), retomando uma hipótese lançada pela primeira vez por O. Cullmann, é da opinião de que a origem do culto dominical tenha sido o fato das aparições do Senhor.

que os cristãos tinham o hábito de se reunir costumeiramente em um dia estabelecido (*stato die*), antes do amanhecer, para

> recitar entre eles, em dois coros, uma invocação a Cristo, considerando-o um deus; obrigavam-se com juramento (*sacramentum*) não perpetrar nenhum delito. Não cometer nem furtos, nem agressões com a finalidade de rapina, nem adultérios, a não falhar aos próprios empenhos, a não recusar a restituição de um depósito quando fossem exigidos [...].[21]

Os autores geralmente interpretam a expressão *stato die* como designação do domingo. Se entendemos *sacramentum* como juramento sobre o qual, mediante um sacrifício, se funda um pacto (significado certamente conhecido de Plínio), então podemos afirmar que no texto é feita uma leitura romana da assembleia eucarística, entendida como assembleia cultual que tem no seu centro um sacrifício, que funda uma aliança e um empenho de vida.

A partir do século IV, a dimensão cultual do domingo consolida-se e desenvolve-se com o ofício da oração dominical. Graças ao *Itinerarium Egeriae*, documento dos anos 381, conhecemos muito bem a vigília dominical de Jerusalém. Trata-se de um ofício com salmos e preces que começa "antes do canto do galo". O ponto alto da celebração é a leitura evangélica da ressurreição feita não costumeiramente pelo mesmo bispo. Ele proclama o Evangelho anunciando a ressurreição do Senhor, como o anjo diante do sepulcro vazio.[22] É um ofício popular, de grande solenidade, que exalta o domingo como memória semanal do mistério da Páscoa.

2.2. A relação sábado/domingo

O que dissemos até aqui pede ainda uma reflexão sobre a relação entre sábado judaico e domingo cristão. Retomando uma reflexão de Enzo Bianchi, notamos que, tanto os hebreus como os cristãos têm em comum um prazo festivo semanal, mesmo que fixados em dias diversos; no sentido que os

---

[21] Plínio, o Jovem, *Carta* 10,96,7 (a Trajano).
[22] Cf. EgÉria, *Itinerarium* 24,8-11.

muçulmanos observam a sexta-feira, os hebreus e os cristãos observam respectivamente o sábado e o domingo.[23] As três grandes religiões monoteístas têm, portanto, um dia que faz referência à semana bíblica da criação. As três festas referem-se a uma imagem (e, portanto, do ser humano). A sexta-feira, dia no qual Deus criou o ser humano, faz referência ao Deus Onipotente, que age antes e sem o ser humano, que mostra o seu incondicional e absoluto senhorio sobre o mundo e sobre o ser humano, que nos seus confrontos é o "submisso".[24] O sábado, dia do repouso de Deus, recorda que o mundo foi confiado ao ser humano, e, se os "céus são os céus do Senhor, mas a terra ele deu aos filhos dos humanos" (Sl 115,16). Uma precisa responsabilidade nos confrontos da humanidade, Deus a confiou ao seu parceiro na história, Israel. O domingo, primeiro e oitavo dia, e sobretudo dia da ressurreição de Cristo, quer ser memória da criação e da sua realização que a transcende no Reino futuro, memória de uma salvação já acontecida em Cristo, mas que espera ainda a sua realização para sempre e para todos.

A Encíclica *Dies Domini* revaloriza o sábado, em particular no capítulo IV, dedicado ao repouso. Notamos a respeito que, sobretudo em área luterana, em sinal de fraternidade com os hebreus, existe às vezes a tendência a recuperar o sentido místico do repouso sabático, para aportar depois à celebração do domingo cristão. Nesse sentido, entende-se recuperar a substância das duas dimensões festivas, a hebraica e a cristã.

2.2.1. O shabbat hebraico

Para o Antigo Testamento o sábado[25] não é um dia tabu, porque não parece que encontre o seu fundamento em fatores astrológicos nem simplesmente

---

[23] Cf. E. Bianchi, *Giorno del Signore*, cit., 21-22.

[24] *Islam* é uma palavra árabe que significa "submissão" ou "ato de submeter-se". Assim se exprime a atitude do crente na obediência da fé e de toda a vida diante do Deus único que se revela para ele no Corão. Quem vive assim é um *muslim*, isto é, alguém que se submete a Deus (em português, "muçulmano").

[25] Cf. N. Negretti, *Il settimo giorno. Indagine critico-teologica delle tradizioni presacerdotali e sacerdotali circa il sabato biblico*, Pontificio Istituto Biblico, Roma 1973; P. Grelot, *Du sabbat juif au dimanche chrétien. I – Enquête sur le sabbat juif*, in LMD, n. 123 (1975) 79-103; Id., *Du sabbat juif au dimanche chrétien. II – Le dimanche chrétien*, in LMD, n. 124 (1975) 14-54; L. Maldonado, *El cristiano en busca de un significado para el sabado*, in *Phase* 28 (1988) 125-136; B. Pennacchini, *Sabato giorno di festa per Jhwh. Una ricerca sul sabato veterotestamentario e giudaico*, in Aa.Vv., *Il giorno del Signore*, cit., 21-75; M. Sales, *L'osservanza del sabato: dal settimo giorno al riposo di Dio in Dio*, in *Communio* 133 (1994) 9-27.

naturais, mas baseia a sua relevância sobre o fato de ser o dia santificado pela sua relação com o Deus da aliança. O próprio sábado é elemento constitutivo da aliança, no sentido de que progressivamente a observância do sábado se tornará uma verdadeira e própria "décima sobre o tempo", que é preciso pagar ou dar ao Senhor. Portanto, o sábado se torna uma confissão de fé em Javé, qual único senhor do tempo, da vida e da história. Essa afirmação envolve a aceitação da soberania de Deus sobre a história: o hebreu renuncia à própria pessoa e à própria autonomia para afirmar o senhorio de Javé sobre si e rejeitar todos os outros ídolos.

A antiguidade e a importância do preceito sabático emergem da elementar constatação de que ele se encontra em todas as partes da legislação do Pentateuco. Naturalmente o conceito e a espiritualidade do sábado tiveram um desenvolvimento histórico que se pode observar através dos livros do Antigo Testamento. Nele a semana é caracterizada por um ritmo de seis dias (feriais), mais um (festivo), o sábado, justamente, que tem raízes nos dois acontecimentos por excelência com os quais Deus se revela: a criação ou a redenção, ou libertação de Israel da escravidão do Egito.

No livro do Gênesis conclui-se a narração sacerdotal da criação mencionando o sábado como sétimo dia que completa, leva à plenitude e finaliza os seis dias do trabalho da criação: "Assim foram concluídos o céu e a terra com todo o seu exército. No sétimo dia, Deus terminou todo o seu trabalho; e no sétimo dia, ele descansou de todo o seu trabalho. Deus então abençoou e santificou o sétimo dia, porque foi nesse dia que Deus descansou de todo o seu trabalho criador" (Gn 2,1-3).

O sétimo dia é caracterizado, sobretudo, por um momento negativo, da abstenção do trabalho (note-se que *shabbat* deriva de uma raiz que indica "cessar", "repousar"). Esta visão negativa do sábado é contrabalançada pelo gesto positivo com o qual Deus "abençoa" o sétimo dia. Ora, na narração dos dois primeiros capítulos do Gênesis encontramos três bênçãos de Deus: a bênção dos animais marinhos (Gn 1,22); a bênção do ser humano (Gn 1,28); a bênção do sábado (Gn 2,3).

Se o sábado é dia santificado que se distingue dos demais, é também por ser o dia sem tarde e sem manhã. Com efeito, no Gênesis, para cada dia criado segue a expressão: "Houve uma tarde e houve uma manhã, primeiro... segundo... terceiro... dia" etc. Quando se chega ao sábado, tal fórmula não é repetida; isto indica que neste dia, segundo a profecia de Zc 14,7, "não existirá nem dia nem noite". É, pois, sublinhada uma dimensão de repouso escatológico e definitivo.

A substância histórica da fé de Israel percebeu e formulou o sábado não somente em relação à narração da criação, mas também em relação à libertação do Egito:

> Observe o dia de sábado, para santificá-lo, como ordenou Javé seu Deus. Trabalhe durante seis dias e faça todas as suas tarefas. O sétimo dia, porém, é o sábado de Javé seu Deus. Não faça trabalho nenhum, nem você, nem seu filho, nem sua filha, nem seu escravo, nem sua escrava, nem seu boi, nem seu jumento, nem qualquer um de deus animais, nem o imigrante que vive em suas cidades. Desse modo, seu escravo e sua escrava poderão repousar como você. Lembre-se: você foi escravo na terra do Egito, e Javé seu Deus o tirou de lá com mão forte e braço estendido. É por isso que Javé seu Deus ordenou que você guardasse o dia de sábado (Dt 5,12-15).

Destarte, o sábado adquire um valor pascal. Portanto, podemos concluir afirmando que o mistério do sétimo dia é para Israel um concentrado do mistério de sua história.

2.2.2. Do sábado ao domingo

Nas origens do cristianismo a relação entre sábado e domingo é uma questão bastante complexa. Com efeito, a polêmica sobre o sábado talvez venha dos tempos do ministério público de Jesus (Mt 12,1-8; Mc 3,1-6 etc.): trata-se de textos que referem a uma situação histórica precisa, em meio à qual Jesus veio a encontrar-se no ambiente histórico judaico, e conservam os traços de uma polêmica que se arrastou entre judeus e cristãos também depois de Jesus. A atitude dele, que se declara "senhor do sábado" e se coloca a serviço da pessoa humana (Mc 2,28), se revela como elemento clarificador da sua condição messiânica. Porém, é também verdade que Jesus jamais tenha falado em abolir o sábado. Antes, deve-se aplicar ao sábado o que ele falou a respeito dos preceitos da lei antiga em geral: "Não vim abolir a Lei, e sim dar pleno cumprimento a ela" (Mt 5,17).

Aparentemente, para os primeiros cristãos provenientes do judaísmo não era problema a prática do sábado. Eles continuaram a observar a prática da Lei e frequentar o templo e a sinagoga. Nem por um instante pensam em transferir o repouso legal do sábado para o domingo, que, como vimos, nasce como dia de culto e não de repouso. Todavia, o modo de agir de Cristo com relação à Lei e ao sábado não podia deixar indiferentes os primeiros cristãos. Por outro lado, a atitude de Paulo, embora formado na fidelidade mais absoluta à Lei, vai adquirir, nos confrontos com cristãos provenientes da gentilidade, o tom do distanciamento mais clamoroso que influenciará também sobre judeo-cristãos. O decreto da assembleia de Jerusalém (At 15) sancionará substancialmente a liberdade dos pagão-cristãos com relação à Lei. Entre as suas prescrições, também o repouso sabático deverá ser abolido.

Dessa forma, o cristianismo primitivo elaborou, rapidamente, uma teologia do sábado, que na verdade representa a aceitação de ideias judaicas tardias com a mistura de motivos cristãos. Na análise dos textos que dizem respeito ao preceito sabático, os Padres Apostólicos e os demais autores cristãos dos primeiros três séculos são guiados por uma série tríplice de considerações que convergem fundamentalmente para privar tal preceito do seu valor literal, dando-lhe um sentido alegórico-teológico-espiritual, isto é, considerando-o como um bem a ser conseguido no final dos tempos, que encontra o seu pleno cumprimento em Cristo. Nesta perspectiva, o sábado é visto como: tempo futuro de salvação, abstenção do mal e exercício de boas obras, totalidade de todo bem em Cristo, conseguida com a salvação eterna. Cristo é o verdadeiro sábado.[26] Contudo, não obstante o que se falou, até o século IV ainda existi-

---

[26] Mais particulares em C. S. Mosna, *Storia della domenica*, cit., 185-201.

ram tentativas de retornar, de uma forma ou de outra, a uma veneração do sábado, também com características cultuais.[27]

Em conclusão, podemos dizer que as motivações que se encontram na base do sábado judaico e aquelas que se encontram na base do domingo cristão, são diversas entre elas. O sábado é o dia santificado em memória da obra da criação e da libertação da escravidão do Egito, enquanto o domingo, desde o início, aparece como o dia no qual a comunidade cristã se reúne em assembleia para celebrar a memória do Senhor ressuscitado, na escuta da Palavra e na fração do pão. Não é o domingo, enquanto tal, que dá a plenitude ao sábado, mas é o mesmo Cristo que dá tal plenitude. A espera messiânica e escatológica que a celebração do sábado exprimia na comunidade judaica é realizada por Cristo, constituído Senhor pela sua ressurreição. O domingo não nasce como uma espécie de sábado cristão, mesmo se, como será visto, alguns elementos do sábado judaico passassem formalmente a fazer parte do domingo cristão. O CIC afirma:

> O domingo distingue-se expressamente do sábado, ao qual sucede cronologicamente, em cada semana, e cuja prescrição ritual substitui, para os cristãos. O domingo realiza plenamente, na Páscoa de Cristo, a verdade espiritual do sábado judaico e anuncia o descanso eterno do ser humano em Deus. Porque o culto da Lei preparava para o mistério de Cristo e o que nela se praticava era figura de algum aspecto relativo a Cristo (n. 2175).

A Encíclica *Dies Domini* de João Paulo II segue uma linha semelhante quando afirma:

> Mais do que uma "substituição" do sábado, o domingo constitui a sua perfeita realização e, de certa forma, o seu desenvolvimento e plena expressão no caminho da história da salvação, que tem o seu ponto culminante em Cristo. Nesta perspectiva, a teologia bíblica do "shabbat" pode ser plenamente recuperada (nn. 59-60).

---

[27] Cf. Inácio de Antioquia, *Aos Magnésios* 10,3; Justino de Roma, *Diálogo com Trifão* 47; Tertuliano, *De oratione* 23,1; *Tradição apostólica* 22; *Constituições apostólicas* VII, 23, 3.

2.3. *Repouso festivo e participação na missa dominical*

A primitiva comunidade cristã não se põe o problema do repouso dominical. Encontramos um primeiro e tímido aceno no início do século III em Tertuliano. Ele convida a se abster dos trabalhos no dia do Senhor, a fim de dar espaço ao culto divino.[28] Os inícios verdadeiros e próprios do repouso dominical se encontram em uma Lei de Constantino de 7 de março de 321. Nela o Imperador, dirigindo-se ao Prefeito de Roma, Elpídio, estabelece:

> Todos os juízes e as populações urbanas e todas as pessoas que fazem trabalhos no dia do sol, digno de veneração, façam repouso. Todavia, as populações dos campos trabalhem livremente e sem constrangimento algum na agricultura, pois acontece muitas vezes de não haver dia melhor para lançar o trigo nos sulcos e as vinhas nos buracos, de forma que não se perca desta forma o favor concedido pela providência celeste em uma ocasião momentânea.[29]

Este primeiro ordenamento diz respeito à abstenção do trabalho limitadamente à cidade de Roma. Mais tarde a Autoridade imperial expedirá outros decretos que estenderão e aperfeiçoarão a legislação.

Em um primeiro momento, os Padres da Igreja e os concílios locais não comentaram estes decretos. Em seguida, contudo, pela necessidade de criar uma espécie de plataforma teológica sobre a qual sustentar o repouso dominical, aplicaram ao domingo a espiritualidade do sábado judaico. Assim se pode notar que, se de um lado existe uma lei civil que estabelece o repouso, de outro lado se elabora uma justificação espiritual sobre elementos específicos tomados do sábado hebraico. Se os Padres dos séculos IV e V e os concílios locais acenam apenas ao repouso dominical, a partir do século VI encontramos diversos sínodos locais, sobretudo no âmbito da Igreja das Gálias que tratam deste assunto. Um testemunho preciso tem-se sobretudo com Cesário de Arles. Ele chega ao ponto de convidar os proprietários das terras que usem da vara contra quem não respeita o repouso dominical: "A fim de que aqueles

---

[28] Cf. Tertuliano, *De oratione* 23,2.

[29] Código de Justiniano 3,12,2. O historiador da Igreja, Eusébio de Cesareia (+ 339/340), na *Vita Constantini* (4,18-20), faz um comentário a este e aos outros decretos imperiais que dizem respeito ao descanso no dia do sol. Isto demonstra o fundamento do fato.

que não pensam na salvação da própria alma, temam ao menos a punição corporal".[30] Tal fato demonstra que, a partir desse período, o repouso no dia do Senhor já é um fato consolidado nas comunidades cristãs.

No início da Idade Média, sobretudo a partir do tempo dos Carolíngios, é elaborada uma casuística sobre o tipo do repouso a ser observado. Distinguem-se, então, os trabalhos *servis* ou materiais (proibidos) dos *liberais*, como o estudo, a música, a leitura (permitidos). O Código de Direito Canônico de 1917 ainda conserva esta terminologia. Tais distinções desapareceram na atualidade. O atual Código de Direito Canônico, no cânon 1247, estabelece simplesmente a abstenção "daqueles trabalhos e daquelas atividades que impeçam o culto devido a Deus, a alegria própria do dia do Senhor ou o justo repouso da mente e do corpo".

Notamos, pois, que a Encíclica *Dies Domini* dá grande relevo ao domingo como "dia de repouso" (nn. 64-68).

No que diz respeito ao preceito da missa dominical, os testemunhos elencados acima, a partir do Novo Testamento, demonstram claramente que a assembleia eucarística se reúne normalmente no domingo, que nasce justamente como dia de culto para toda a comunidade. Os acenos, mais ou menos explícitos, para não faltar à Eucaristia no dia de domingo encontram-se a partir do final do século I, conforme dá testemunho a Didaqué: "Reuni-vos no dia dominical do Senhor, parti o pão e dai graças…"[31]

Merecem particular interesse as palavras da *Didascalia* siríaca, na segunda metade do século III: "Porque sois membros de Cristo, não vos separeis da Igreja deixando de vos reunir […], mas no dia de domingo, deixando de lado qualquer coisa, apressai-vos a ir à Igreja […]".[32]

No início do século IV, temos o belo testemunho dos mártires da Abitínia, os quais afrontam jubilosamente a morte, antes de renegar o dia do Senhor.

---

[30] Cesário de Arles, *Serm.* 13,3,5.

[31] *Didaqué* 14,1.

[32] *Didascalia* 2,59,2.

Com efeito, respondendo às acusações dos magistrados, dizem: "A ceia do Senhor (*dominicum*) não pode ser deixada de lado".[33]

A partir do século IV, alguns sínodos provinciais dão normas disciplinares que orientam para a obrigação da participação eucarística dominical. É famosa a posição do Concílio de Elvira (300-302 ou 306-316), a primeira deste gênero que estabelece no cânon 21 que a pessoa que estiver na cidade durante o domingo e não for à Igreja seja excomungada por breve período de tempo, a fim de que apareça como admoestação. A partir do século VI a legislação se torna mais precisa, sobretudo nas Gálias. No tempo dos Carolíngios (séculos VIII-IX), temos as leis chamadas "capitulares". Elas estabelecem que nos dias de festa não se devem celebrar missas nas capelas, mas todos devem se dirigir às igrejas. Estes e outros procedimentos similares demonstram que a ideia da assembleia festiva de todo o povo não estava completamente extinta. No século XIII, Tomás de Aquino foi o primeiro a ligar o preceito de santificar as festas do decálogo à lei natural e precisamente à virtude da religião.[34] Note-se, contudo, que ele não fala da obrigação da missa dominical. Somente mais tarde, no século XV, encontramos a afirmação de que o preceito da missa dominical obriga sob pena de pecado mortal. Tal preceito se encontra, pela primeira vez, na *Summa Theologica* do bispo dominicano Antonino de Florença († 1459). Em seguida, esta doutrina será introduzida na doutrina oficial da Igreja. O atual CDC, no cânon 1247, fala da "obrigação de participar da missa" no dia de domingo e nos outros dias festivos de preceito. O CIC, no número 2181, acrescenta que, aqueles que deliberadamente não cumprem este preceito, cometem um "pecado grave". Geralmente os moralistas atualmente se abstêm de elaborar uma casuística minuciosa a respeito, como, ao contrário, fizeram no passado. Antes, procura-se agir em vista de uma mudança essencial de mentalidade que conduza a recuperar o sentido da pertença à Igreja e chegue, consequentemente, à participação na assembleia cultual, na qual se dá a principal manifestação da Igreja (cf. SC, n. 41).

---

[33] *Acta ss. Saturnini, Dativi et aliorum plurimorum martyrum* 9. A unicidade da palavra *"dominicum"* parece designar quer o domingo, quer a Eucaristia.

[34] Cf. St II-II, q. 122, a. 4.

2.4. Para uma teologia do domingo

O domingo expressa uma teologia que está ligada aos diversos ciclos do Ano Litúrgico. Pode-se falar, por exemplo, da teologia dos diversos domingos do Advento, como também dos domingos do Tempo Ordinário e da Quaresma. Porém, o domingo tem sua consistência anterior à formação do ciclo anual. Com efeito, quando ele ainda não era constituído, o domingo era celebrado. Tomando a reflexão patrística sobre o domingo, trata-se agora de recordar e recuperar o significado teológico do qual este dia está carregado para poder vivê-lo com maior consciência. A partir dos dados bíblicos, os Padres chamaram o domingo com diversos nomes. Tais nomes revelam não somente a importância e os valores teológicos, mas também plasmam e orientam a espiritualidade cristã do domingo. Entre os principais: primeiro dia (após o sábado), dia do sol, dia do Senhor, oitavo dia, dia da Trindade.[35]

Como *primeiro dia*, o domingo, de um lado, conduz à narração da criação do Gênesis e principalmente ao primeiro dia, quando Deus cria a luz (Gn 1,3-5), enquanto, de outro, conduz à narração evangélica na qual se evoca a ressurreição de Cristo, acontecida no "primeiro dia da semana" (Mc 16,2). Rapidamente se dará uma ligação a este respeito entre a criação da luz e a ressurreição de Jesus. Assim, segundo Justino: "Fazemos esta nossa assembleia comunitária no dia do sol porque é o primeiro dia no qual Deus, vencendo as trevas e a matéria, criou o mundo e porque Jesus Cristo, nosso Salvador, ressuscitou dos mortos neste mesmo dia".[36]

Ainda hoje, as comunidades cristãs de língua aramaica falam do domingo como primeiro dia da semana (*"had bshabba"*). Igualmente acontece entre os árabes e os etíopes. Contrariamente a quanto insinua a cultura do *week end*, a liturgia da Igreja considera o domingo como primeiro dia da semana.

Justino, no texto citado acima, foi o primeiro autor cristão a falar do domingo utilizando a expressão pagã "dia do sol". A luz é um simbolismo pri-

---

[35] Em *Anàmnese* 6, nos capítulos dedicados ao domingo (pp. 67-91), Marcel Rooney procura elaborar uma teologia do domingo, consultando os antigos *Lecionários*, para ver quais leituras eles propunham para as celebrações dominicais, bem como a eucologia para a liturgia dominical dos *Sacramentários*. O mesmo Rooney deve constatar que esse método não dá frutos concretos e consistentes.

[36] Justino, *Apologia* I 67,7.

mordial que se encontra em quase todas as religiões. No Antigo Testamento, a luz prefigura o acontecimento messiânico (Sl 4,7; Dn 9,17), enquanto no Novo Testamento ela se encontra em referência ao acontecimento salvífico em Cristo, à sua pessoa e à nova condição das pessoas que seguem o Mestre. Jesus se proclama "luz do mundo" e afirma que, quem o segue, "não caminhará nas trevas, mas terá a luz da vida" (Jo 8,12).

O primeiro ato criador de Deus foi a separação das trevas da luz. O fruto da redenção operada por Deus em Cristo é, ao contrário, a nossa libertação do poder das trevas e a transferência para o Reino do Filho do seu amor, conforme afirma Paulo em Cl 1,13. Os Padres dos séculos II, III e IV retomam o simbolismo bíblico da luz e o aplicam ao mistério cristológico celebrado no dia de domingo, como, por exemplo, Eusébio de Cesareia, Atanásio de Alexandria, Jerônimo. Nessa visão é recuperada a terminologia pagã do dia do sol referida a Cristo ressuscitado, sol de justiça. Notemos, pois, que, na metade do século IV, aparece a festa do Natal, contraposta à festa pagã do sol invicto.

Outro nome dado ao domingo é o de Dia do Senhor. Este, conforme explicamos acima, encontra-se em Ap 1,10. Em latim corresponde ao *dominica dies* e passa às línguas neolatinas modernas como *domenica*, *domingo*, *dimanche* etc. Esta é também a denominação que se encontra na tradição oriental, exceto no âmbito da liturgia bizantina, onde o domingo é denominado com a terminologia grega *anastasimos*, que proclama o domingo como "dia da ressurreição". Retornando à área da língua latina, é bom afirmar que da expressão *dominica dies* passou-se logo a *dominicum* para indicar a Ceia do Senhor. Já vimos que a expressão grega *Kyriakē hēméra* de Ap 1,10 pode-se ligar a expressão paulina "ceia do Senhor": *Kyriakē deipnon* (1Cor 11,20).

A expressão "dia do Senhor" conduz, portanto, em primeiro lugar ao *Kyrios*, isto é, ao Ressuscitado. Os Padres comentaram abundantemente este nome dado ao domingo. Por exemplo, assim afirma Inácio de Antioquia: "As pessoas que viviam conforme a antiga ordem de coisas abriram-se a uma esperança nova, não mais celebrando o sábado, mas vivendo na observância do dia do Senhor, no qual também a nossa vida se elevou graças a ele e à sua morte [...]".[37]

---

[37] Inácio de Antioquia, *À comunidade de Magnésia* 9,1.

O domingo não é, simplesmente, uma observância, mas um modo de ser e um estilo de vida que distingue os cristãos daquelas pessoas que, vivendo a antiga Lei, esperam o cumprimento das promessas. Para a comunidade cristã, o Senhor já venceu a morte e trouxe definitivamente a vida. O domingo, enquanto recorda a Páscoa, é também o dia da Igreja que a revive na assembleia eucarística. Na celebração dominical da Eucaristia, a Igreja toma consciência de ser comunidade convocada para a celebração, na qual, por sua vez, é edificada e construída na unidade, como Corpo de Cristo.

Nos primeiros séculos da Igreja, os cristãos estavam conscientes de que ir à assembleia significava construir, fazer a *Ecclesia*, a ponto de estabelecer a identidade entre a participação na assembleia e a pertença à Igreja. Esta vive e se realiza, sobretudo, quando se reúne em assembleia convocada ao redor do Ressuscitado. O "fazer Igreja" no domingo é de tal forma caracterizante que, a pessoa que a deixa habitualmente, demonstra ter perdido a identidade ou coloca em crise o seu sentido de pertença. Intervir e participar da Eucaristia dominical é uma exigência vital para os membros da comunidade cristã.

O dia do Senhor é um dia de alegria. O motivo da alegria é a presença do Cristo em meio aos seus (cf. Jo 20,20; Fl 4,56). Gregório de Nazianzo, falando de sua mãe, exprime-se nestes termos: "O dia do Senhor era para ti sustento de cada palavra tua e de cada ação que fazias; ó minha mãe, acolhendo na tua dor a dor de todos, deixavas [de sentir a dor] somente nos dias de festa; tinhas no templo o testemunho da tua alegria e das tuas dores".[38]

A alegria, conforme afirmamos acima, é um componente da festa como fato humano. Podemos, pois, afirmar que o domingo se tornou pleno somente quando foi vivido como dia festivo.

O dia do Senhor é também dia da reconciliação. Assim, lemos na *Didaqué*: "Reuni-vos no dia dominical do Senhor, parti o pão e dai graças, após ter confessado os vossos pecados, a fim de que o vosso sacrifício seja puro [...]".[39]

Em conclusão, o domingo como dia do Senhor é memória e presença do Senhor ressuscitado em meio à sua comunidade. Os cristãos, reconciliados,

---

[38] Gregório de Nazianzo, *Epitáfio* 66.

[39] *Didaqué* 14,1.

reúnem-se em assembleia para proclamar com alegria a presença sacramental do mistério pascal do Senhor.

O domingo é também *oitavo dia*. Ao que parece, esta denominação é exclusivamente cristã. Provavelmente está fundada no Novo Testamento, no sentido que poderia provir da narração das aparições do Ressuscitado, conforme se lê em Jo 20,26: "Oito dias depois os discípulos estavam de novo em casa e Tomé também estava com eles". Afirmar que o domingo é o *oitavo dia* da semana, num primeiro olhar, pode parecer um pouco paradoxal, pois este coincide com o primeiro dia. Contudo, caso se pense em chave simbólico-escatológica, o oitavo dia alude a uma nova realidade. É o anúncio da eterna bem-aventurança, que é o encontro definitivo com o Ressuscitado. Ao mesmo tempo, este *oitavo dia* indica que não há mais nenhuma sucessão de dias.

A partir desta ideia, de modo diverso, os Padres do Oriente e do Ocidente, usando a alegoria, elaboraram uma teologia da história, na qual confluem, integrando-se, de alguma forma, a concepção grega do tempo (concepção cíclica) e a hebraica (concepção linear). O tempo corre adiante e encontra o seu ponto final no Senhor.

O simbolismo do *oitavo dia* foi utilizado no contexto da polêmica anti-judaica, para afirmar a superioridade do cristianismo com relação à *sombra* então superada do judaísmo. A primeira menção clara do domingo como *oitavo dia* é encontrada em um documento da época pós-apostólica, a *Carta de Barnabé*. O autor, um anônimo, no contexto da polêmica contra os judeus, põe na boca do Senhor estas palavras:

> Não me são aceitos os sábados de agora, mas o sábado que eu instituí. Nele, dando repouso ao universo, assinalarei o início do oitavo dia, isto é, o início de um outro mundo. É por esta razão que festejamos na alegria o oitavo dia. Foi nele que Jesus ressuscitou dos mortos. Manifestando-se, subiu aos céus.[40]

O número "oito" indica a novidade que supera o esquema setenário, pois o novo início não é o retorno ao primeiro dia, mas o primeiro dia após os "sete".

---

[40] *Epístola de Barnabé* 15,8,9.

Eis por que o sábado, por assim dizer, permanece o último dia, o sétimo dia que encerra o Antigo Testamento. Já o dia da ressurreição, o domingo, é o oitavo dia, isto é, o início de um novo caminho que conduz à chegada do Reino celeste. Trata-se de um simbolismo que os Padres ilustram também com muitos textos do Antigo Testamento. O domingo, nesta visão do oitavo dia, está todo orientado pelo presente da celebração para o passado, na perspectiva do futuro. As duas dimensões, porém, o passado e o futuro, identificam-se de alguma forma no momento em que a atitude do futuro é entendido como a recuperação das próprias raízes ou como retorno às origens. O oito é o símbolo do retorno à origem, do recomeço possível após ter atingido o que o sete tinha preparado e, em certo sentido, concluído. Em muitas ocasiões, também na tradição hebraica, é o dia da purificação e o dia da circuncisão (Lv 12,2-3). Na tradição cristã, em relação à ressurreição do Senhor, foi fácil reler estes valores simbólicos no enquadramento batismal. Ressurreição e circuncisão encontram-se juntas num misterioso entrelaçamento simbólico. Não é por acaso que as fontes batismais fossem, de preferência, octogonais. Portanto, o domingo se situa na dinâmica do tempo e confere à mesma história um novo sentido.

O simbolismo do oitavo dia atinge seu cume justamente no século IV, quando os Padres colocam em relevo o tema batismal, justamente com o escatológico. O número "oito" adquire um sentido de perfeição e de totalidade escatológica. A doutrina de Agostinho é particularmente rica a respeito. Por outro lado, sabe-se que a tradição patrística, retomando o paralelismo entre o dilúvio e o Batismo, já definido no Novo Testamento (1Pd 3,18-21; 2Pd 3,3-10), faz notar que na arca salvaram-se oito pessoas. Nesse simbolismo, os Padres veem o futuro da salvação em Cristo. Por essa razão, estas oito pessoas representam a nova criação salva do dilúvio e da morte.

Todos estes aspectos do domingo como *oitavo dia* nos recordam que a espera do século futuro é a espera do Cristo pascal, que virá consumar a nossa salvação. Vindo após os sete dias que representam a duração terrena, o oitavo dia anuncia a bem-aventurança da eternidade. Na última página da *Cidade de Deus*, partindo de uma concepção da história como semana de milênios (Ap 20), Agostinho fala do mistério do oitavo dia nestes termos: "Este sétimo dia

Ano Litúrgico

será o nosso sábado, cujo fim não será mais uma tarde, mas o domingo como oitavo dia eterno, que foi consagrado pela ressurreição de Cristo. É a prefiguração do repouso não somente do espírito como também do corpo".[41]

Portanto, o domingo é assinalado por uma dimensão escatológica. Este fato será visto de uma forma ainda mais clara na Vigília Pascal, da qual um dos sentidos não é tanto vigiar esperando a hora da ressurreição, mas vigiar esperando que o Senhor retorne. Na Constituição *Sacrossantum Concilium*, o Vaticano II retomou a temática do oitavo dia. Com efeito, ele diz no n. 106: "Por tradição apostólica, que nasceu do próprio dia da Ressurreição de Cristo, a Igreja celebra o mistério pascal todos os oito dias, no dia que bem se denomina dia do Senhor ou domingo".

O hino dominical de Laudes, no tempo Ordinário, recita assim: "Ó dia primeiro e último, dia radioso e esplêndido do triunfo de Cristo! [...]". De forma mais explícita se exprime o Hino do Ofício das Leituras: "Resplende no dia oitavo a hora nova do mundo consagrada por Cristo, primícia dos ressuscitados".

A Encíclica *Dies Domini*, no n. 26, fala do domingo como "oitavo dia, figura da eternidade", recuperando variados textos dos Padres: de Justino, Orígenes, Basílio, Agostinho. Notamos que, a partir do século VIII, não se fala mais do domingo como oitavo dia.

Finalmente o domingo foi considerado o *dia da Trindade*. A expressão não é do tempo dos Padres. Nós a encontramos somente a partir do século IX. Em seguida, no século XII, na celebração dominical é atestado o uso do prefácio da Trindade. Este prefácio, na metade do século XVIII, é prescrito por Roma para todos os domingos do tempo não ligados a festividades (também no Advento). Este uso permaneceu em vigor até à reforma do Vaticano II. Dessa forma, o domingo não emergia como dia da ressurreição, aparecendo antes como dia da Trindade. Com a recente reforma, o domingo recupera a sua dimensão primária "cristológico-pascal". Notamos, porém, que o prefácio da Trindade está ainda hoje presente no MR como um dos prefácios à escolha para os domingos do tempo ordinário.

---

[41] Agostinho, *A cidade de Deus* 22,30; NBA.

O domingo, dia da redenção, tem que ser também o dia da Trindade, pois a obra da redenção é comum às Três Pessoas da Trindade: Deus Pai nos salva por meio de Cristo no Espírito. Tudo brota do Pai, por meio do Filho Encarnado na presença do Espírito Santo em nós. Este, unindo-nos ao Filho, reconduz tudo ao Pai.

Concluindo este capítulo, e tendo como sugestão os principais nomes dados ao domingo, podemos traçar esquematicamente as linhas que deveriam ser desenvolvidas por uma teologia do domingo:

- o domingo é o dia do Senhor ressuscitado, memorial da sua Páscoa;
- é o dia no qual o Ressuscitado se manifesta à sua Igreja com os dons salvíficos e, em particular, com a efusão do Espírito Santo, fruto da Páscoa;
- o domingo é, por excelência, o dia da assembleia convocada para celebrar a presença do Senhor Ressuscitado na Palavra e no Sacramento;
- portanto, o domingo é dia da proclamação da Palavra e da celebração eucarística, e dos sacramentos em geral;
- o domingo é o dia da comunidade reconciliada, expressão da nova criação e da nova humanidade;
- o domingo é o dia da partilha e da caridade;
- o domingo, como dia no qual é convocada a assembleia, sublinha a missão da Igreja enviada a proclamar ao mundo a força salvadora do mistério pascal;
- o domingo é um dia de alegria, que brota da experiência dos dons pascais, dos quais a Igreja usufrui na esperança do cumprimento escatológico;
- o domingo é também concebido como dia de repouso, entendido como libertação da escravidão, como espaço contemplativo e cultual, bem como sinal do eterno repouso.

Capítulo VI. A celebração da Páscoa anual nos primeiros quatro séculos

Mesmo que se deseje falar da Páscoa ritual cristã, é útil fazer uma breve premissa sobre a Páscoa ritual hebraica. Enquanto os hebreus se apropriaram da festa do *pesach* que provinha do tempo dos patriarcas, a festa dos ázimos (*massôt*) entrou no seu mundo religioso com o ingresso na Terra Prometida. A primeira é uma recordação do período nômade, enquanto a segunda veio com o sedentarismo. Enquanto o cordeiro lembra os pastores, a cevada é cultivada pelos agricultores. A Páscoa hebraica celebra-se na primavera, do dia 14 até o dia 21/22 de Nissan, como recordação da libertação dos Israelitas do Egito (cf. Ex 12).

O assim chamado *Poema das Quatro Noites* é um texto muito antigo que provém de um tempo anterior ao cristianismo. Trata-se de um *Targum* ou comentário teológico[1] a Ex 14,42, em que a Páscoa é definida como "noite de vigília" do Senhor. O texto, de autor desconhecido, contém a síntese teológica mais completa e mais densa de significado da Páscoa judaica. Neste texto ela aparece como o fiel da balança da história. A recordação de cada salvação acontecida na história de Israel, da criação à parúsia, tende a ser atraída para a órbita cronológica e litúrgica da Páscoa.[2]

1. A CELEBRAÇÃO DA PÁSCOA NO CRISTIANISMO PRIMITIVO

No que diz respeito à celebração da Páscoa cristã,[3] existe, antes de tudo, a questão concernente à sua celebração no cristianismo primitivo. Muitos es-

---

[1] O *Targum* nasceu na origem como simples tradução (*targum* = tradução) do texto hebraico da Bíblia em língua aramaica. Em seguida se desenvolve incluindo paráfrases e comentários homiléticos.

[2] Cf. R. Cantalamessa, *La Pasqua della nostra salvezza. Le tradizioni pasquali della Bibbia e della primitiva chiesa*, Marietti, Torino 1971, 42-52; B. Forte, *As quatro noites da salvação*. São Paulo, Paulinas 2012.

[3] Cf. B. Botte, *La question pascale. Pâque du vendredi ou Pâque du dimanche?*, in LMD n. 41 (1955) 84-95; Ch. Mohrmann, *Pascha, Passio, Transitus*, in id., *Études sur le latin des chrétiens*, vol. 1, Edizioni di Storia e Let-

tudiosos acreditam que se pode presumir que a Igreja Apostólica conhecia a celebração anual da Páscoa, ainda que uma evidência mais clara da sua observância apareça somente no século II.[4] Notamos que não existem testemunhos diretos em favor de tal celebração "ritual" em tempo apostólico. Se existem, tais testemunhos não são claros. Segundo R. Fuller,[5] biblista católico norte-americano, e outros biblistas, a primeira versão das narrações da paixão e da ressurreição de Jesus tem o seu *Sitz im Leben* na liturgia da comunidade. Porém, admitida esta hipótese, o problema é saber se se trata da liturgia da Páscoa semanal (o domingo), ou aquela anual, da qual trataremos agora. Analisemos os textos em questão.

Da ocorrência pascal (provavelmente somente judaica) fala-se com certa ênfase em dois textos dos Atos (At 12,3-4; 20,6). Em ambos se trata de determinações temporais. No primeiro caso narra-se a prisão e a consequente libertação de Pedro. No segundo, fala-se das viagens de Paulo. Alguns autores acreditam que possam ser descobertos traços de uma celebração anual da Páscoa nas narrações da libertação de Pedro "nos dias dos Ázimos".

Nós nos deteremos no texto de At 12, que começa com algumas informações sobre os fatos que conduziram à prisão de Pedro e a consequente libertação. O contexto temporal é esclarecido em dois tempos: são os dias "dos

---

teratura 1961², 205-222; O. Casel, *La fête de Pâques dans l'Église des Pères* (Lex Orandi 37), Du Cerf, Paris 1963 [tradução de *Art und Sinn der ältesten christlichen Osterfeier*, in JLW 14 (1938), 1-78]; R. Cabié, *La Pentecôte. L'évolution de la Cinquantaine Pascale aux cours des cinqs premiers siècles* (Bibliothèque de Liturgie), Desclée & Co, Tournai 1965; R. Cantalamessa, *La Pasqua della nostra salvezza*, cit.; H. Haag, *Vom alten zum neuen Pascha. Geschichte und Theologie des Osterfestes* (Stuttgarter Bibelstudien 49), KBW Verlag, Stuttgart 1971; R. Cantalamessa (ed.), *I più antichi testi pasquali della Chiesa. Le Omelie di Melitone di Sardi e dell'Anonimo Quartodecimano e altri testi del II secolo* (Biblioteca "Ephemerides Liturgicae", Sectio Storica 33), Edizioni Liturgiche, Roma 1972; R. Cantalamessa, *La Pasqua nella Chiesa antica* (Traditio Cristiana 3), Società Editrice Internazionale, Torino 1978; P. Jounel, *L'Anno*, in A.G. Martimort (ed.), *La Chiesa in preghiera. Introduzione alla Liturgia*, vol. IV: *La liturgia e il tempo*, edizione rinnovata, Queriniana, Brescia 1984, 49-97; A. Nocent, *Il triduo pasquale e la settimana santa*, in *Anàmnesis* 6, 93-145; H. Auf De Maur, *Le celebrazioni nel ritmo del tempo. 1 – Feste del Signore nella settimana e nell'anno* (La Liturgia della Chiesa, Manuale di scienza liturgica 5), Elle Di Ci, Leumann (Torino) 1990, 93,230; T. J. Talley, *Le origini dell'Anno liturgico*, cit. 9-80; B. Lemoyne, *La controverse pascale du deuxième siècle: désacords autour d'une date*, in QL 73 (1992) 223-231; R. Cabié, *A propos de la "Question Pascale": Quelle pratique opposait-on a celle des Quartodecimans?*, in EO 11 (1994) 101-106; M. Augé, *La celebrazione della Pasqua annuale*, in ScLit 5, 181-190.

[4] Assim, por exemplo, H. Auf De Maur, *Le celebrazioni nel ritmo del tempo*, cit., afirme na p. 107: "Ainda que não se tenha nenhum testemunho direto dos primeiros tempos, pode-se presumir com bastante segurança que a Igreja Apostólica já conhecia a celebração anual da Páscoa".

[5] Cf. R. Fuller, *The formation of the Resurrection Narratives*, London 1971.

A CELEBRAÇÃO DA PÁSCOA ANUAL NOS PRIMEIROS QUATRO SÉCULOS

Ázimos" quando Pedro é capturado (v. 3b) e Herodes espera o final da Páscoa hebraica para apresentar Pedro ao povo (v. 4b).[6] Estas indicações contêm uma simbologia pascal. Pedro é preso como Jesus nas proximidades da Páscoa ou festa dos Ázimos (cf. Lc 22,1). O simbolismo pascal cristão aparece também nos vv. 6-7: Pedro, ladeado de dois soldados e algemado com duas algemas,[7] é libertado da morte (próxima), como Jesus da morte (acontecida); Pedro adormece e é acordado pelo anjo. Os dois termos "dormir" (*koimómenos*) e "despertar" (*egheiren*) são utilizados pelo grego do Novo Testamento para indicar a morte e a ressurreição. Nos vv. 12-17, a narração da chegada do apóstolo à casa de Maria, mãe de João, tem uma notável semelhança com a aparição de Jesus ressuscitado aos discípulos (cf. Lc 24,36-53): a alegria, que impede a acolhida imediata (v. 14); o medo de ver um espírito (v. 15); o estupor pela presença inesperada (v. 16); as palavras pronunciadas por Pedro: "Dizei isto a Tiago e aos irmãos" (v. 17). Enfim, o desaparecimento de Pedro, do qual se diz que "saiu e foi para outro lugar" (v. 17).

Outro fato significativo é que os sinóticos descrevem a última ceia como um banquete pascal. Jesus envia os seus discípulos para preparar uma sala para "comer a páscoa" (Mc 14,14; Mt 26,18; Lc 22,8). Era natural que uma comunidade que celebrava o banquete judaico da Páscoa de modo novo, cristão, procurasse a legitimação de sua ação na última ceia de Jesus. Por isso representava esta ceia como banquete pascal. Paulo, seguindo a cronologia de João, interpreta a morte de Cristo como verdadeiro sacrifício pascal. Ele declara a superação da festa hebraica da Páscoa, pois a nova e verdadeira páscoa é Cristo imolado e ressuscitado: "Cristo, nossa páscoa, foi imolado!" (1Cor 5,7). No contexto, faz-se referência à Páscoa hebraica: "Purifiquem-se do velho fermento, para serem massa nova, já que vocês são sem fermento. De fato, Cristo, nossa páscoa...". O ritual hebraico da páscoa exigia que durante toda a sema-

---

[6] Trata-se de Herodes Agripa, que procurou ganhar o consenso dos judeus mediante uma política repressiva nos confrontos do cristianismo.

[7] Mateus fala dos guardas colocados por Pilatos para guardar o sepulcro de Jesus (cf. Mt 27,62-66). Também Lucas fala dos guardas, ao todo 16 soldados, que guardam o prisioneiro Pedro. Em um caso como no outro todas estas precauções servem para realçar ainda mais a eficácia libertadora de Deus.

na se comesse pão sem fermento, símbolo da pureza interior.[8] Por que Cristo, o cordeiro pascal dos cristãos, foi imolado uma vez por todas, o cristão deve se abster para sempre de todo fermento de malícia. Notemos que o Novo Testamento, pela primeira e única vez, fala de uma páscoa cristã: a *"nossa Páscoa"*. Todas as outras vezes que aparece o termo "páscoa" diz respeito à Páscoa dos hebreus. Mas esta única vez é suficiente para testemunhar que, na comunidade cristã, há uns vinte anos de distância dos acontecimentos, já existe, de forma pacífica e enraizada, a consciência de possuir uma Páscoa própria.

Com efeito, alguns autores afirmaram que o texto da 1Pd foi construído sobre a plataforma literária de uma catequese pascoal preexistente, endereçada, sobretudo, aos novos batizados. Ao menos a primeira parte da carta, que se conclui com uma doxologia: "… a fim de que em tudo Deus seja glorificado por meio de Jesus Cristo, ao qual pertencem a glória e o poder para sempre. Amém!".[9]

Note-se que a continuação do texto tem todas as características de uma carta. Mesmo que na atualidade se insista menos sobre esta hipótese, pode-se afirmar que a 1Pd, mas também outros textos do Novo Testamento citados acima, dão testemunho que a origem da Páscoa cristã e o seu desligamento da matriz judaica é um processo já realizado no tempo apostólico. Provavelmente a festa cristã da Páscoa foi celebrada "em espírito e em verdade", no íntimo do coração dos discípulos de Jesus, antes mesmo que com um rito e uma festa próprios.[10]

2. A DATA DA CELEBRAÇÃO

O que sabemos da Páscoa cristã dos dois primeiros séculos, sob o ponto de vista histórico, sabemo-lo pelo historiador Eusébio de Cesareia († 340).

---

[8] Os pães ázimos recordavam as fogaças que, por causa da rápida saída do Egito, os hebreus não puderam esperar fermentar (cf. Ex 12,17-39).

[9] Cf. F. L. Cross, *I Peter. A Pascal Liturgy*, London 1954. Somente nesta carta encontramos expressa a descida de Cristo à mansão dos mortos (3,19; 4,6), sinal da amplitude da soberania de Cristo e da eficácia universal da redenção operada por ele.

[10] Para os textos da tradição antiga que dizem respeito à Páscoa anual, sugerimos novamente a obra de R. Cantalamessa, *La Pasqua nella Chiesa antica*, cit. Os textos da obra são transcritos na língua original e na tradução italiana.

Os primeiros testemunhos explícitos da celebração anual da Páscoa cristã são da metade do século II e provêm da Ásia Menor. As Igrejas desta região celebravam a Páscoa no dia 14 Nissan. Nesse dia estava prescrito aos judeus que imolassem o cordeiro pascal. Estes cristãos, chamados justamente de "Quartodecimanos", convencidos de que a morte de Cristo tinha substituído o *Pessach* judaico, celebravam a Páscoa jejuando no 14 Nissan e concluíam o jejum com a celebração eucarística que acontecia no final da Vigília noturna, entre o 14 e o 15 Nissan.[11] As outras Igrejas, guiadas por Roma, celebravam a Páscoa no domingo depois do 14 Nissan. No ano 190, o Papa Vitório (193-203) ameaçou de excomunhão as comunidades quartodecimanas. Eusébio narra a intervenção pacificadora de diversos bispos e, em particular, de Ireneu de Lião, discípulo de São Policarpo de Esmirna. Este, por sua vez, discípulo do apóstolo João. Mesmo que algumas afirmações de Ireneu sejam interpretadas de forma diferente por vários autores, podemos assumir – conforme a interpretação mais difusa – o pensamento do santo nestes termos: o bispo de Lião recorda ao pontífice de Roma que, mais ou menos uns quarenta anos antes, Policarpo tinha estado em Roma para tratar do mesmo argumento com o Papa Aniceto (155-166), chegando ambos ao acordo de respeitarem as respectivas tradições. O Papa Vitório, ao que parece, não deu continuidade à sua ameaça de excomunhão.

Como foi afirmado acima, algumas das palavras de Ireneu transmitidas por Eusébio de Cesareia podem ser interpretadas de formas diversas. Citamos a passagem mais controvertida:

> Porém, mesmo que as coisas estivessem nesse pé, eles permaneceram na comunhão entre si, e Aniceto cedeu a Policarpo a honra de [celebrar] a Eucaristia na sua Igreja, separando-se em paz. Todos estavam em paz na Igreja, seja aqueles que observavam, seja os que não observavam.[12]

---

[11] Os israelitas seguiam um mês lunar. Uma vez que as lunações duram 29 dias, 12 horas e uma fração, os meses lunares tinham alternadamente 29 e 30 dias. Após o uso de diversas terminologias, Israel acabou adotando a nomenclatura babilonesa, lugar em que o primeiro mês era chamado Nissan (correspondente ao período que vai atualmente de meados de março a meados de abril). Na Bíblia, Nissan aparece somente após o exílio na Babilônia.

[12] Eusébio de Cesareia, *História Eclesiástica* 5,24,27.

Certamente a referência "àqueles que observavam" significa aqueles que observavam a Páscoa em sua data tradicional. Mais difícil é estabelecer o significado "daqueles que não observavam". Diz respeito àqueles que não observavam a Páscoa em sua data tradicional, ou simplesmente aqueles que não a observavam em nenhuma outra data? Se este último significado é o verdadeiro, isto significaria que em Roma o ciclo litúrgico semanal era, na época, a única articulação litúrgica do calendário e que não existia nenhuma festa anual que distinguisse um domingo do outro até o ano de 166. Nesse ano foi estabelecida a festa da Páscoa anual pelo Papa Sotero, que sucedeu o Papa Aniceto, morto nesse mesmo ano de 166. Esta explicação poderia trazer notável luz sobre o silêncio, da mesma forma inexplicável, de Justino sobre a celebração cristã da Páscoa.

A controvérsia não consiste no dilema de que a Páscoa recorda a morte ou, ao contrário, a ressurreição de Cristo, mas sim de que a Páscoa deva ser celebrada no dia da morte ou no dia da ressurreição de Cristo. A primeira perspectiva sublinha a continuidade da Páscoa cristã nos confrontos da Páscoa judaica; a outra, a sua novidade. A maior parte dos estudiosos hodiernos assinala certo grau de prioridade histórica à Páscoa quartodecimana e, consequentemente, admite que a Páscoa anual celebrada no domingo representa uma adaptação deste uso introduzida independentemente.[13] A tradição ligou justamente a Páscoa quartodecimana a João. A tradição que une a Páscoa dominical a Pedro e a Paulo é mais nebulosa. Entre as numerosas explicações que se dão desta diversidade de tradições, o conhecido liturgista A. Baumstark tentou uma via psicológica. João, que foi o único a assistir à morte de Jesus Cristo, acolheu amorosamente o seu insondável mistério. Diante de seus olhos, a morte permanece o momento decisivo de todo o acontecimento Jesus Cristo e de sua mensagem. Em contrapartida, Pedro e os demais apóstolos não estavam presentes no momento da morte do Mestre. Daquele momento de suas vidas restou um penoso remorso. Para eles, como mais tarde para Pau-

---

[13] "A Páscoa dominical, justamente pelo conteúdo centrado no fato da ressurreição, não ligado a uma tipologia precisa do Antigo Testamento, exige provavelmente um período mais longo de incubação. O que não acontece com a Páscoa de 14 Nissan, continuadora direta da cronologia e da tipologia (a imolação do cordeiro), que remonta ao Êxodo" (R. Cantalamessa, *La Pasqua della nostra salvezza*, cit., 131).

A celebração da Páscoa anual nos primeiros quatro séculos

lo, a visão do Ressuscitado é o fato central da fé, do qual decorre o posterior anúncio cristão.[14]

Deve-se notar que a data dominical da Páscoa impõe-se no decurso do século III. Por isso o decreto pascal do Concílio de Niceia, de 325, não mais diz respeito à controvérsia com os quartodecimanos, então desaparecidos, e sim com a diversidade de técnicas utilizadas para o cômputo da Páscoa nas diversas Igrejas. Algumas destas, com efeito, seguiam o novo cálculo, por sinal bastante defeituoso, que os judeus tinham havia pouco adotado. O novo cálculo judaico não respeitava a antiga regra do equinócio. Conforme esta regra a Páscoa devia cair no primeiro plenilúnio após o equinócio da primavera.[15] Niceia deliberou que todos adotassem a mesma praxe dos romanos e dos alexandrinos.[16] Do seu lado, Roma reconhecia a capacidade dos alexandrinos para determinar a data do equinócio da primavera. Nesse contexto nasce em Alexandria o gênero literário das *cartas festivas*, celebrizadas por Santo Atanásio. Com estas cartas, a cada ano, o bispo de Alexandria anunciava aos próprios fiéis a data da Páscoa.

Ainda hoje a Igreja celebra a Páscoa no primeiro plenilúnio que vem após o equinócio da primavera (portanto, as datas-limite são 22 de março e 25 de abril). As divergências que ainda persistem entre as diversas confissões cristãs sobre a data da Páscoa são devidas a outras causas. Entre elas está o fato de o patriarca Jeremias II de Constantinopla não ter aceitado a reforma do calendário efetuada pelo Papa Gregório XIII, em 1582, justamente em nome da fidelidade às decisões de Niceia. Como já ilustramos no capítulo correspondente, nesse ano passou-se do antigo calendário juliano ao calendário justamente chamado gregoriano. Dessa forma, 4 de outubro tornou-se 15 de outubro de 1582.

---

[14] A. Baumstark, *Liturgie comparée*, Chevetogne 1953[3], 192-193.

[15] *Equinócio*: instante no qual o sol, movendo sobre a eclítica, encontra-se exatamente sobre o equador, isto é, em um dos dois nós da sua órbita com relação ao equador celeste (a primavera: 21 de março e o outono: 21 de setembro). É quando os dias são iguais às noites = equador. O cômputo judaico comportava, no século IV, uma antecipação de quatro dias da Páscoa. Dessa forma, a primavera não mais se iniciava no dia 21 de março, mas no dia 16. Os cristãos que seguiam o cômputo judaico, sem se preocupar com sua exatidão, eram chamados *protopasquistas*, porque antecipavam a data da Páscoa.

[16] "Nós vos damos o alegre anúncio da unidade que foi restabelecida ao redor da festa da Páscoa. Todos os irmãos do Oriente, que antes celebravam a Páscoa com os hebreus, de agora em diante a celebrarão com os romanos, conosco e com todos os outros que sempre a celebravam conosco" (COED, 19).

ANO LITÚRGICO

3. A ESTRUTURA CELEBRATIVA

Os mais antigos documentos dos séculos II-III fornecem escassas notícias sobre a estrutura celebrativa da Páscoa, exceto pela mesma Vigília. A maior parte das informações são veiculadas pela Ásia Menor (século II) e pela Síria (século III). Essencialmente a Páscoa se apresenta como um jejum rigoroso, com uma duração diversa nas várias Igrejas (um, dois ou mais dias), seguida por uma vigília noturna de orações e leituras, concluída pela celebração da Eucaristia.[17] No Ocidente, no início do século III, encontramos referências ao Batismo celebrado no decurso da noite pascal. Para se ter um quadro mais particularizado das celebrações pascais, não somente da vigília, é preciso esperar pela *Didascália Siríaca*, datada da primeira metade do século III, e para Jerusalém, do *Itinerarium Egeriae*, do final do século IV.

Pelo que diz respeito ao jejum pascal, notamos que já o *Mishnah*[18] prescrevia o jejum de qualquer tipo de alimentação desde o início da oferta do sacrifício noturno que precedia o sacrifício dos cordeiros para a Páscoa. Esse jejum, ainda que modesto em sua extensão, foi o germe do jejum pascal cristão. Para os cristãos, contudo, foi-se alongando progressivamente. Em geral se pensa que a prática quartodecimana normal tivesse estendido o jejum durante todo o dia do 14 Nissan até o canto do galo de 15 Nissan. A *Didascália Siríaca* (5,18) atesta a extensão do jejum pascal durante toda a semana que precede a Vigília Pascal. Em Roma, no século III, o jejum pascal era constituído unicamente de dois dias antes da Páscoa. Contudo, a *Tradição Apostólica* estabelece que os doentes o observem somente por um dia, no sábado. No final do século IV, também em Jerusalém, segundo o *Itinerarium Egeriae*, o grande dia do jejum é o sábado santo. Aliás, este é o único sábado durante o ano que se jejua.

Já no final do século II, a Páscoa é uma festa que perdura por cinquenta dias. Com efeito, para os antigos cristãos, Pentecostes é o período inteiro de cinquenta dias, com certa acentuação do quinquagésimo dia pelo seu caráter

---

[17] Também a Páscoa judaica era uma celebração noturna, que devia, porém, terminar à meia-noite. Já a Páscoa cristã se estendia pela noite toda, até o canto do galo, de manhã muito cedo.

[18] *Mishnah* = ensinamento. A tentativa de conservar a Lei de Deus também nas minúcias e o respeito e nos confrontos da tradição levaram à coleta de *normas*. Da Sagrada Escritura deriva o *Midrash* (= comentário), enquanto da presumível tradição oral brota o *mishnah*.

conclusivo de todo o período. Tertuliano, por exemplo, fala dele "como se fosse um só dia de festa",[19] que "goza da mesma solenidade e alegria" que caracterizam o dia de Páscoa.[20]

Conforme dissemos antes, os mais antigos testemunhos da celebração anual da Páscoa provêm, prevalentemente, da região da Ásia Menor. Eis alguns textos, entre outros: a *Epístola dos Apóstolos*, apócrifo escrito originariamente em grego, por volta do ano 150, mas conservado por inteiro somente na versão copta; a *Homilia sobre a Páscoa* de Melitão de Sardes, texto poético e acadêmico, provavelmente do ano 165; a *Homilia sobre a santa Páscoa* de um anônimo quartodecimano do final do século II; mais outros textos dos séculos III e IV.

A *Epístola dos Apóstolos* refere-se a At 12, quando, sob forma de predição profética, coloca na boca de Cristo:

> [...] "Após o meu retorno junto do Pai, celebrai a memória da minha morte. Então, por causa do meu nome, quando for celebrada a Páscoa, um de vós será lançado na prisão e estará na tristeza e na ansiedade, pois vós celebrais a Páscoa, enquanto ele se encontra no cárcere e longe de vós. Ele chorará, pois não celebra a Páscoa convosco. Então eu enviarei o meu poder na figura do Anjo Gabriel e as portas da prisão se abrirão. Ele sairá e irá até vós e fará convosco uma noite de vigília, permanecendo convosco até a celebração do ágape. De novo ele será lançado no cárcere como testemunho até que saia dali para pregar aquilo que vos transmiti". Nós lhe dissemos: "Senhor, é necessário que tomemos de novo o cálice para bebê-lo?". Ele disse: "Sim, é necessário, até o dia em que eu retornar com aqueles que foram mortos em meu nome".[21]

Aqui a Páscoa é a comemoração da morte de Jesus durante uma vigília (até o cantar do galo), que culmina na celebração da Eucaristia.

A homilia de Melitão de Sardes nos assegura que, no âmbito desta Vigília, a narração da Páscoa, tirada do livro do Êxodo, tinha papel importante. Porém, à parte esta referência a Ex 12 (que narra a instituição da Páscoa e a imolação do cordeiro), a *Homilia sobre a Páscoa* de Melitão não revela nada so-

---

[19] Tertuliano, *Sobre o batismo* 19,2.

[20] Tertuliano, *Sobre a oração* 23,2.

[21] *Epístola dos Apóstolos* 15.

Ano Litúrgico

bre a celebração da vigília. Também a homilia do Anônimo quartodecimano é fundamentada sobre a exegese tipológica de Ex 12. Porém, este último texto abre-se com um belo exórdio sobre o tema da luz, inspirado no momento de vigília da celebração, e insere claramente a Eucaristia no pleno desenvolvimento da celebração do mistério pascal.

Na Síria, na primeira metade do século III, a *Didascália* oferece uma descrição da Vigília Pascal ligeiramente mais detalhada. Após ter prescrito o jejum completo na sexta e no sábado em sinal de luto pela morte do Senhor, o texto prossegue:

> Durante toda a noite, ficai reunidos juntos, acordados e em vigília suplicando e rezando, lendo os Profetas, o Evangelho e os Salmos, com temor e tremor, e com assídua súplica até a terceira hora da noite [isto é, ao canto do galo]. Passado o sábado, terminai então o vosso jejum [...]. Portanto oferecei os vossos sacrifícios, e então comei e alegrai-vos, regozijai-vos e exultai, pois Cristo ressuscitou, ele que é o penhor da nossa ressurreição [...][22]

Tertuliano, na primeira parte do século III, num texto não muito claro da obra *Sobre o Batismo*,[23] e Hipólito, no *Comentário a Daniel*,[24] apresentam a Páscoa como dia apropriado para o Batismo, e assim é interpretada também a vigília batismal descrita pela *Tradição Apostólica*.[25] Os testemunhos desta praxe se multiplicam no início do século IV, no decurso do qual ela se torna de uso comum. No âmbito dos Orientais, são mais tardios os testemunhos a esse respeito. A esse Batismo na Páscoa, propunha-se sua concorrência do dia 6 de janeiro, a Epifania, dia batismal por excelência para os gregos, enquanto comemoração do Batismo de Jesus no Jordão.

Em síntese, individuamos alguns elementos estruturais da celebração pascal: jejum pascal de diversa duração (Tertuliano o vê como sinal de tristeza pelo desaparecimento do esposo [cf. Lc 5,35]; assim também a *Didascália* e

---

[22] *Didascália Siríaca* 5,19.

[23] "A Páscoa é o dia mais conveniente para o Batismo, por que nela se completou a Paixão do Senhor, na qual somos batizados" (Tertuliano, *Sobre o Batismo* 19,1).

[24] Cf. Hipólito, *Comentário a Daniel* 1,16.

[25] Cf. *Tradição Apostólica* 21.

outras fontes antigas); vigília noturna com leituras (do Antigo e do Novo Testamento) e orações; homilia; Batismo; Eucaristia; continuação da festa por cinquenta dias (Pentecostes). Notamos que a homilia não é mencionada nas fontes siríacas, enquanto ela tem grande importância na Ásia Menor.

4. O QUADRO TEOLÓGICO

Não é possível resumir todos os temas da catequese pascal da Igreja antiga. Contudo, existem nela alguns pontos nodais os quais devemos desatar, se quisermos colher o sentido da Páscoa primitiva. A Páscoa é memorial do quê? Ela é esperança do quê? De que forma a Páscoa de Jesus se torna Páscoa da Igreja?[26]

Nas duas homilias pascais do século II, já citadas antes, a Páscoa é vista como celebração da morte redentora de Cristo em um quadro teológico cuja característica principal é a globalidade, enquanto o mistério pascal de Cristo é considerado momento culminante que recolhe em si os grandes momentos da história salvífica.

O argumento central da *Homilia sobre a Páscoa* é a paixão de Cristo, que é considerada em suas diversas perspectivas. Antes de tudo, Melitão coloca em relevo o valor salvífico da Páscoa. Depois demonstra que a obra divina da salvação é vantajosa para toda a humanidade pecadora; por fim, explica que o povo de Israel, ao qual fora confiado o rito que prefigurava a Páscoa cristã, foi castigado por Deus devido a sua ingratidão. O antigo simbolismo não vale mais, pois a verdadeira Páscoa foi realizada perfeitamente por Jesus Cristo, vitorioso sobre o pecado e sobre a morte. Portanto, o conteúdo da celebração pascal é a morte vitoriosa de Cristo como momento culminante de toda a obra da redenção. Na apoteose do Redentor com a qual conclui a homilia, lê-se, entre outras afirmações:

> Quem é o meu contraditor? Sou eu – diz – o Cristo. Sou eu que destruí a morte, que triunfei do inimigo, que esmaguei o Ades, que atei o forte, que raptei o ser humano até à sumidade dos céus. Sou eu – diz – o Cristo. Pois bem, vinde todos

---

[26] Cf. o que foi dito no capítulo 3.

que formais as estirpes humanas, vós que estais imersos nos pecados. Recebei a remissão dos pecados. Com efeito, sou eu a vossa remissão. Sou eu a Páscoa da salvação, eu o cordeiro imolado por vós.[27]

A *Homilia sobre a Santa Páscoa* do Anônimo quartodecimano tem um conteúdo muito semelhante. O texto se abre com um hino a Cristo Luz-Vida. Segue uma primeira parte sobre a Páscoa judaica, e uma segunda sobre a Páscoa cristã. Todo o texto se conclui com uma exaltação lírica de Cristo-Páscoa. A Páscoa é aí chamada de "mística *choregia*", termo técnico para indicar, no mundo clássico, o financiamento de uma festa pública por parte do *coregòs*, geralmente um cidadão muito abastado e influente. A Páscoa é, pois, a festa de todo o mundo que Cristo pagou com seu sangue.

Nestes textos homiléticos opera-se uma dilatação da ideia pascal, inicialmente ligada à imolação do cordeiro (1Cor 5,7), de modo que a expressão "mistério da Páscoa", que aparece pela primeira vez nestes autores, chega a abranger o plano todo de Deus e a coincidir com o "mistério de Cristo" de que fala São Paulo (Cl 4,3; Ef 3,4). A celebração pascal comemora todo o mistério de Cristo que culmina no acontecimento salvífico da cruz. Porém, é preciso notar, conforme já falamos no capítulo correspondente, que a globalidade do mistério celebrado pela Páscoa conhece diversas acentuações nas diversas Igrejas.

Qual a relação entre o mistério celebrado no domingo e o celebrado na Páscoa anual?

A teoria da preeminência da celebração do 14 Nissan ajuda a explicar o fato de que o ponto central da Páscoa anual nas fontes mais antigas, não somente nas quartodecimanas, era Cristo, o cordeiro pascal sacrificado por nós (1Cor 5,7), antes mesmo que a ressurreição. Conforme ilustramos no capítulo 3, no final do século II, notamos que em Alexandria se começa a dar mais atenção à passagem da morte para a vida, e menos à "paixão". Nessa mudança de compreensão da Páscoa anual está provavelmente a influência exercida

---

[27] Melitão de Sardes, *Sobre a Páscoa* 102-103.

A CELEBRAÇÃO DA PÁSCOA ANUAL NOS PRIMEIROS QUATRO SÉCULOS

pelo dia da semana na qual então acontecia a festa. O domingo era normalmente associado à ressurreição de Cristo, à nova vida, antes que à sua morte.[28]

5. O PROCESSO DE EXPANSÃO DA PÁSCOA NO DECURSO DO SÉCULO IV

No final do século IV, sobretudo pelo influxo da comunidade de Jerusalém,[29] começa a prevalecer o critério da fragmentação da Páscoa, que tende a distribuir os diversos acontecimentos que constituem o mistério pascal em outras tantas distintas celebrações. Esse processo não é uniforme nas diversas Igrejas, e, em todo caso, é mais lento no Ocidente que no Oriente. Como foi dito no início da obra, contra o parecer de Gregory Dix e outros autores, Thomas J. Talley não crê que este fenômeno seja atribuído a uma nova consciência histórica conseguida pela Igreja no decurso do século IV. Esta consciência teria transformado, ou até mesmo removido, uma disposição escatológica original. A comemoração histórica e a esperança escatológica caminham lado a lado e foi assim desde a espiritualidade pascal do século I. Por esta razão prefere-se falar da "fragmentação" do mistério da redenção em uma série de comemorações de "momentos históricos distintos".

O processo de expansão da Páscoa desenvolve-se por círculos concêntricos sempre mais amplos. A Vigília pascal inicial, precedida de um ou poucos dias de jejum – conforme já se falou acima –, dilata-se para cinquenta dias vividos como um único dia festivo jubiloso. Depois, da Vigília passa-se à celebração do Tríduo Pascal (sexta, sábado e domingo). Deles já se encontra sinal nas homilias de Ambrósio e Agostinho. Eles interpretam esses dias como memória da morte, sepultura e ressurreição do Senhor, bem como da Semana Santa ou maior.[30] Enquanto se formam estas liturgias da Semana Santa, cresce o

---

[28] Cf. P. F. Bradshaw, *Alle origini del culto cristiano. Fonti e metodi per lo studio della liturgia dei primi secoli* (MSIL 46), Libreria Editrice Vaticana, Città del Vaticano 2007, 209.

[29] A esse respeito é fundamental o testemunho da Peregrinação de Egéria [trad. brasileira em Fontes da Catequese da Editora Vozes]. Os textos que interessam podem ser consultados na obra citada acima, aos cuidados de R. Cantalamessa, *La Pasqua nella Chiesa antica*, nn. 116-116b, p. 171-181.

[30] P. F. Bradshaw, *Alle origini del culto cristiano*, cit., 209), considera um texto de Orígenes († 253) como possível primeiro testemunho do Tríduo Sagrado. Esse texto, comentando Os 6,2, afirma: "*Resuscitabir nos Deus post Triduum, et in die tertia resurgemus [...] Prima dies nobis passio Salvatoris est, et secunda qua descendit*

número das leituras bíblicas, sobretudo evangélicas. Elas ilustram o desenvolvimento do evento da paixão e são colocadas durante todo o arco da semana.

A seguir, prolonga-se o jejum pela duração de quarenta dias, estruturando-se assim a Quaresma, da qual temos uma clara atestação da *Carta Festiva* de Santo Atanásio de 334. No interior de Pentecostes, como unidade festiva, emergem, sempre no decurso do século IV, o cinquentésimo e o quadragésimo dia. Surge também a oitava da Páscoa, durante a qual os Bispos completam a mistagogia dos neófitos.

A história destes e de outros desenvolvimentos, que passo a passo dão vulto ao Ano Litúrgico, serão estudados no enquadramento da liturgia romana. Este será o tema do próximo capítulo.

---

in infernum, tertia autem resurrectionis est dies" (*Hom. in Ex.*, 5,2, in *PG* 12,327). Notemos que, no fundo, o Tríduo corresponde ao anúncio de Paulo: "Por primeiro, eu lhes transmiti aquilo que eu mesmo recebi, isto é: Cristo morreu por nossos pecados, conforme as Escrituras; foi sepultado, ressuscitou ao terceiro dia, conforme as Escrituras" (1Cor 15,3-4).

Capítulo VII. A celebração pascal do século IV ao século XVI

Os testemunhos sobre a celebração pascal em Roma, nos quatro primeiros séculos, são muito escassos. Em seguida, ao contrário, nos séculos V-VIII, as fontes são mais ricas de dados. Nesse período, de particular interesse documental são os *Sermões* de São Leão Magno (440-461) e os primeiros *Sacramentários* romanos com as correspondentes *Ordens* e *Lecionários*. Observamos que, seguindo um processo de crescente "fragmentação", colocam-se no centro da atenção os acontecimentos singulares do evento redentor, ao mesmo tempo que parece esmaecer lentamente a visão global do mistério salvífico. Tal processo, iniciado já no decorrer do século IV, consolida-se definitivamente nos séculos V-VII. Destarte, passa-se da antiga celebração global da Noite Pascal ao Tríduo Sagrado e à Semana Santa. Pentecostes ou Cinquentena pascal não é mais uma celebração unitária. A ideia de Pentecostes vem sempre mais designando uma celebração pontual, isto é, a do quinquagésimo dia depois da Páscoa. Finalmente, organiza-se a preparação para a Páscoa que dá origem à Quaresma.

A história das celebrações pascais se desenvolverá seguindo as etapas fundamentais da história da liturgia, que serão recordadas brevemente. No decurso da segunda parte do século VII e na primeira metade do século VIII, realiza-se ao norte dos Alpes um amplo processo de fusão da liturgia romana com usos do território galo-franco. Depois, com o influxo decisivo do PRG do século X, os livros litúrgicos romanos modificados retornarão à Roma, que deles se apropriará. Após a codificação dos livros plenários pela Cúria Romana dos séculos XII-XIII, chega-se aos livros da reforma tridentina do século XVI. Nesse longo processo, a celebração do ciclo pascal conhece novos e definitivos desenvolvimentos. Dentre os principais, deve-se levar em consideração a Quinta-feira Santa, originariamente último dia da Quaresma, que passa a fazer parte do Tríduo sagrado. Cita-se ainda a antecipação da Vigília Pascal para o Sábado Santo. Dessa forma, o Tríduo Sagrado não será mais o da "morte-sepultura-ressurreição" de Cristo, mas se tornará simplesmente o Tríduo da "(paixão) morte". A separação da paixão-morte de Cristo da sua ressurreição será de tal forma evidente que ao "Tríduo da Morte" se seguirá uma espécie de segundo "Tríduo da Ressurreição", compreendendo domingo, segunda e terça-feira de Páscoa.[1]

1. O TRÍDUO SAGRADO E A SEMANA SANTA

Se cada celebração litúrgica é anamnese do mistério pascal, nestes dias celebra-se segundo o mistério da mimese, que é a imitação da realidade. A Semana Santa celebra, dia após dia, a memória da ceia de Betânia, da ressurreição de Lázaro e do ingresso de Jesus em Jerusalém, as santas mulheres junto ao sepulcro vazio e a Ceia de Emaús. No Tríduo, contudo, a memória imitativa vai além do dia e volta às horas.[2]

---

[1] Dentre a abundante literatura sobre este período histórico, citamos os seguintes títulos: P. Jounel, *Les Vêpres de Pâques*, in LMD n. 49 (1957) 96-111; H. A. P. Schmidt, *Hebdomada Sancta*, vol. 2: *Fontes historici, commentarius historicus*, Herder, Roma 1957; A. Chavasse, *Le Sacramentaire Gélasien* (*Vaticanus Reginensis 316*), *Sacramentaire Présbytéral en usage dans les titres romains au VIIe siècle* (Bibliothèque de Théologie, Série IV: Histoire de la Théologie 1), Desclée & Cie, Tournai 1958; I. Pineli, *La benedicció del ciri pasqual i els seus textos*, in Aa.Vv., *Liturgica* 2 (Scripta et Documenta 10), Montserrat 1958, 1-119; P. Jounel, *La nuit pascal.* 2: *La tradition de l'Église*, in LMD n. 67 (1961) 123-144; Id., *Le dimance et le temps de Pâques.* 2: *La tradition de l'Église*, in LMD n. 67 (1961) 163-182; Id., *La liturgie du mystère Pascal.* 2: *Le dimanche des Rameaux*, in LMD n. 68 (1961) 45-63; R. Cabié, *La Pentecôte. L'évolution de la Cinquantaine pascale aux cours des cinq premiers siècles* (Bibliothèque de Liturgie), Desclée & Cie, Tournai 1965; S. Marsili, *Il "Triduum sacrum" e il "Giovedì santo"*, in RL 55 (1968) 21-37; S. J. P. Van Dilk, *The Medieval Easter Vesper of Roman Clergy*, in SE 19 (1969/1970) 361-363; P. F. Beatrice, *La lavanda dei piedi. Contributo alla storia delle antiche liturgie cristiane* (Bibliotheca "Ephemerides Liturgicae", "Subsidia" 28), Edizioni Liturgiche, Roma 1983; K. Stevenson, *The Ceremonies of Leight. Their Shape and Function in the Paschal Vigil Liturgy*, in EL 99 (1985) 170-185; A. Nocent, *Il Triduo pasquale et la Settimana santa. Il Tempo pasquale. La Quaresima*, in *Anàmnesis* 6, 93-173; H. Auf Der Maur, *Le celebrazioni nel ritmo del tempo. – 1. Feste del Signore nella settimana e nell'anno* (La Liturgia della Chiesa. Manuale di Scienza Liturgica 5). Elle Di Ci, Leumann (Torino) 1990, 133-230; L. Scicolone (ed.), *La celebrazione del Triduo Pasquale. Anámnesis e Mimesis. Atti del III Congresso Internazionale di Liturgia* (Studia Anselmiana 102 – Analecta Liturgica 14) Roma 1990; G. Fuchs; H. M. Weikmann, *Das Exultet. Geschichte, Theologie und Gestaltung der österlichen Lichtdanksagung*, F. Pustet, Regensburg 1992; M. Augé, *Gli sviluppi delle celebrazioni pasquali del secolo IV ao secolo XVI*, in Sc.Lit. 5, 212-221; A. Bergamini, *Quaresima*, in *Liturgia*, 1577-1586; Id., *Triduo pasquale*, in ivi, 2028-2037; Id., *L'Anno Liturgico. Cristo festa della Chiesa: storia, celebrazione, teologia, spiritualità, pastorale*, San Paolo, Cinisello Balsamo 2002[5],179-317.

[2] Cf. C. Valenziano, *"Mimesis Anamnesis" spazio temporale per il Triduo Pasquale*, in I. Scicolone, *La celebrazione del Triduo pasquale*, cit., 13-54.

Na metade do século IV, a celebração da única noite de Páscoa começa a se expandir, dando origem à celebração do Tríduo e, posteriormente, da Semana Santa. Esse fenômeno está também relacionado aos dias de jejum (geralmente dois dias) que precedem a Vigília. No capítulo anterior, acenamos à opinião de P. F. Bradshaw, segundo a qual os primeiros sinais de um *Triduum* já se encontram no século III. Contudo, temos testemunhas mais dignas de fé a partir do século IV.

No final do século IV, no ano de 386, Ambrósio, em uma carta sobre a celebração da Páscoa, endereçada aos bispos da Emília, usa a expressão *"Triduum Sacrum"* para indicar os dias nos quais Cristo sofreu, foi colocado no sepulcro e ressuscitou: *"et passus est, et quievit et resurrexit"*.[3] Alguns anos mais tarde, Agostinho, em uma carta na qual responde a algumas perguntas que lhe foram dirigidas por um senhor chamado Januário (*Januarius*), utiliza, ao contrário, a expressão *"Sacratissimum Triduum crucifixi, sepulti, suscitati"*.[4]

No que diz respeito à celebração do Tríduo Sagrado em Roma, por volta do ano 416, numa carta do Papa Inocêncio I (402-417) endereçada ao bispo Decêncio de Gúbio, embora não fale de "Tríduo", menciona uma celebração especial da paixão na sexta-feira e da ressurreição no domingo, bem como do jejum na sexta-feira e no sábado. O Tríduo é considerado por Inocêncio I uma celebração única, a tal ponto que ele não comporta uma outra Eucaristia para os três dias, senão aquela do domingo.[5]

1.1. *A quinta-feira antes da Páscoa*

A quinta-feira antes da Páscoa é a expressão utilizada por Inocêncio I na carta supracitada: *"quinta feria ante Pascha"*. Originariamente esta quinta-feira

---

[3] Ambrósio, *Epístula* 23,12-13; in *PL* 16,1073-1074.

[4] Agostinho, *Epístula* 55,12-13; in *PL* 33,215. Agostinho conhece, contrariamente a Ambrósio, uma celebração especial em memória da morte de Jesus na sexta-feira, antes da Páscoa: "Com solenidade se lê, com solenidade se celebra a paixão daquele cujo sangue cancelou os nossos pecados, a fim de que, com a devota ocorrência anual, se renove a lembrança com mais alegria e também, pela maior afluência de pessoas a nossa fé, seja mais claramente iluminada..." (*Serm.* 218,1; NBA). Agostinho conhece também a celebração da quinta-feira antes da Páscoa, mas a considera distinta do Tríduo (cf. *Epist.* 54,4,5-7.9; NBA). Cf. B. Studer, *Zum Triduum Sacrum bei Augustinus von Hippo*, in I. Scicolone (ed.), *La celebrazione del Triduo Pasquale, cit.*, 273-286.

[5] Cf. Inocêncio I, *Epístula* 25,4,7; in *PL* 20,555-556.

Ano Litúrgico

não tinha uma relação especial com o Tríduo sagrado. A expressão *"Feria V in Coena Domini"*, encontramo-la em GrH, no n. 328. Sabemos que em Roma, no final do século IV, como conclusão da Quaresma, na manhã desse dia acontecia a reconciliação dos penitentes.[6] Inocêncio I, na carta a Decêncio, fala deste dia como uma *consuetudo* da Igreja de Roma. Na segunda parte do século V, Leão Magno ainda conhece esta única celebração de reconciliação.

Nos séculos VII/VIII, tendo o testemunho dos antigos Sacramentários, este dia adquire grande importância celebrativa. Em um primeiro momento, em Latrão, ao meio-dia, em comemoração à Ceia do Senhor, o Papa celebra uma única Eucaristia, sem liturgia da Palavra, no decurso da qual abençoa os Óleos (GrH, nn. 328-337), enquanto nos Títulos aparecem três celebrações eucarísticas: para a reconciliação dos penitentes (GeV, nn. 349-363), para a bênção dos Óleos (GeV, nn. 375-390)[7] e para comemorar a instituição da Eucaristia. Esta última missa se inicia no ofertório e tem como tema a dupla *"traditio"*: a traição de Judas e a instituição, ou melhor, a entrega (*"traditio"*) aos discípulos da Eucaristia (GeV, nn. 391-394). O prefácio (GeV, n. 392) fala de Judas, o traidor (*"traditoris"*), e de Cristo que se entrega (*"se [...] traditurum"*).

O PRG do século X conhece somente a missa crismal e a da tarde, agora antecipada para a hora terceira (PRG, XCIX, 222 e 252), e coloca a reconciliação dos penitentes antes da missa crismal (PRG, XCIX, 224). Os livros litúrgicos do século XIII e o MR 1570 têm somente o formulário correspondente à missa que recorda a instituição eucarística. A confecção da Crisma e a bênção dos Óleos acontecem nas Catedrais e são trazidas pelos *Pontificais* (assim o PR 1596). No século XVI, a única missa de Quinta-feira Santa era, então, antecipada para a parte da manhã.[8]

---

[6] Cf. Jerônimo, *Epístula* 77,4; in *PL* 22, 692.

[7] Originariamente esta segunda missa estava destinada à bênção dos Óleos dos enfermos e dos catecúmenos e podia ser celebrada por um simples presbítero, enquanto um relator franco-galicano acrescentou a ela a bênção do Óleo do Crisma (*"Item olei exorcizati confectio"*: GeV, nn. 389-390).

[8] A Tradição Apostólica coloca a bênção do Crisma e do Óleo dos catecúmenos imediatamente antes da celebração do Batismo. O primeiro Concílio de Toledo (ano 400) estabelece que o bispo possa confeccionar o Crisma em todo tempo. Em seguida, prevalece o uso de fazê-lo na última missa celebrada antes da Vigília Pascal, na qual se devia utilizar o Crisma para os batismos e as confirmações. Como foi dito acima, em Roma o Papa o fazia por ocasião da única missa celebrada na Igreja de Latrão, na quinta-feira, em memória da Ceia do Senhor. Pela manhã, os presbíteros dos Títulos celebravam uma missa particular para abençoar o Óleo dos catecúmenos e o dos enfermos.

A CELEBRAÇÃO PASCAL DO SÉCULO IV AO SÉCULO XVI

O uso de conservar a Eucaristia para o dia seguinte é antigo. O GeV, no n. 390, no final da missa crismal, diz que se deve conservar uma parte dos dons eucarísticos para o dia seguinte: *"et reservant de ipso sacrificio in crastinum unde communicent"*. Mais ou menos no ano 800, OR XXVIII,24, estabelece: *"et servet de Sanctum usque in crastinum"*. O PRG do século X diz somente: *"... in sacrarium vel ubi positum fuerit corpus Domini quod pridie remansit"* (XCIX, 335). É claro que nestes textos não se dá um relevo particular ao lugar onde é conservada a Eucaristia. As primeiras manifestações de particular atenção à reposição e adoração do Santíssimo Sacramento na Quinta-feira Santa são dos séculos XII-XIII. Recordemos que, pelo final do século XII, introduz-se a elevação da hóstia e do cálice após as palavras consagradoras, e que no ano de 1264 o Papa Urbano introduz a festa do *Corpo de Cristo*. A sacristia solenemente ornada era, no princípio, o lugar de conservação da Eucaristia. O MR 1570 exige, ao contrário, que se conserve no recinto da Igreja, sobre um altar ou em um lugar devidamente preparado, e que o seu translado se realize processionalmente. A centralidade adquirida pela adoração das espécies eucarísticas, conservadas em uma píxide, considerada pela piedade popular o "sepulcro" de Cristo, é o elemento decisivo que fará da Quinta-feira Santa um dia do Tríduo sagrado.[9] Notemos, porém, que o simbolismo do sepulcro já se encontra no século IX.[10] Como se verá mais adiante, trata-se de uma terminologia que deve ser evitada, e que é, em todo caso, ambígua.[11]

O lava-pés, como sinal de hospitalidade, já é conhecido no Antigo Testamento (foi assim que Abraão recebeu os três homens na visão de Mamre: cf. Gn 18,40), bem como nos três primeiros séculos cristãos. Sobretudo as comunidades monásticas cultivaram este gesto. João Cassiano fala dele como um

---

[9] Após a introdução da festa do *Corpus Christi*, o lugar da reposição do sacramento não é mais o simples tabernáculo, mas um lugar magnificamente ornado, e a reposição vem, pouco a pouco, adquirindo um aspecto de sepultura: falar-se-á de *"capsa"*, caixa fechada à chave. Algum ritual tenta evitar a impressão de sepultura, notando explicitamente que não se devem colocar chaves no *cofre*. Alguma vez esta *capsa* é chamada de *monumentum*, isto é, sepulcro. O *Missal Ambrosiano* de 1669 diz explicitamente que a reposição é *"pro sepultura repraesentanda"*.

[10] Cf. Amalario, *Liber de ecclesiasticis officiis* 1,12; in *PL* 105,1011-1024.

[11] Não falta quem proponha uma leitura simbólico-eucarística dos "sepulcros" e reavalie, portanto, a sua terminologia; cf. I. Schinella, *Il valore simbolico-eucaristico dei "sepolcri" del giovedì santo: spunti per l'adorazione*, in RL 94 (2007) 913-922.

dos serviços que os irmãos fazem, por sua vez, uns aos outros.[12] O capítulo 53 da Regra de *São Bento*, que trata da acolhida reservada aos hóspedes, afirma: "O abade dê a água nas mãos dos hóspedes; depois ele e toda a comunidade lavem os pés a todos os hóspedes...". No ano de 694, o cânon 3 do XVII Concílio de Toledo coloca o lava-pés na Quinta-feira Santa: *"De ablutione pedum in Coena Domini facenda"*; contudo, considera-a como uma função não estritamente litúrgica em relação ao fato evangélico, e tornada obrigatória para todos os bispos e presbíteros nos confrontos de seus dependentes. Muito cedo, a ação ritual foi acompanhada pelo hino *Ubi Caritas*. O lava-pés como elemento da liturgia da Quinta-feira Santa chega a Roma com o PRG (XCIX, 287-294). Conforme esta orientação, o rito deveria ser feito após as Vésperas. Também o MR 1570 o prescreve após a Vésperas e o desnudamento dos altares: *"hora competenti [...] conveniunt clerici ad faciendum mandatum"*. Note-se que, na história da Igreja, o lava-pés foi fundamentalmente interpretado de dois modos: como sinal batismal ou de purificação (Milão, Espanha[13]) e como exemplo dado por Cristo, antecipando o gesto da cruz (Roma, Norte da África).

O desnudamento dos altares após a missa *in Coena Domini* (gesto que na antiguidade, até os séculos VII-VIII, era de uso cotidiano após cada celebração eucarística) tornou-se logo simbolismo do desnudamento de Cristo na cruz. No século XIII, durante a *desnudatio*, recitava-se o Sl 21, assim também no MR 1570. O v. 19 do Sl 21 exprime-se assim: "Dividem-se as minhas vestes, e lançam sorte sobre a minha túnica". Jesus agonizante retoma o versículo 2 do mesmo salmo, que recita: "Meu Deus, meu Deus, por que me abandonaste?" (Mt 27,46).

1.2. A Sexta-feira Santa

A Sexta-feira Santa é chamada pelo GeV *"Feria sexta in Passione Domini"*: o GrH fala da *"Sexta Feria maiore"*; o MR 1570 a designa como *"Feria VI in Paras-*

---

[12] Cf. G. Cassiano, *Le istituzioni cenobitiche* IV 19,2: edizioni a cura di G. Dattrino (Scritti Monastici 13), Abbazi

[13] No início do século IV, o cânon 48 do concílio de Elvira proíbe esta prática.

ceve",[14] expressão já presente há alguns séculos antes na OR. É o dia alitúrgico (sem celebração da Eucaristia) por excelência, observado com uma praxe unânime seja no Oriente, seja no Ocidente.

Os três elementos tradicionais da antiga liturgia da Sexta-feira Santa são: a liturgia da Palavra, a adoração da cruz e a comunhão, contudo, nem sempre ligadas da mesma forma. Nos Títulos de Roma, no século VII, acontece uma adoração da cruz (GeV, n. 418), mas não na liturgia papal do mesmo século; segundo o GrH (nn. 338-355), o Papa preside uma liturgia da Palavra na Santa Cruz, em Jerusalém, e o Sacramentário traz somente o texto das *"Orationes quae dicendae sunt VI feria maiore in Hierusalem"*. Como atestam os mais antigos lecionários, a leitura evangélica é a narração da paixão segundo Jo 18–19. Na primeira parte do século VIII, a liturgia papal registra, então, a adoração da cruz e a celebração da comunhão para o povo. Dela o Papa não participa: *"Attamen apostolicus ibi non communicat nec diaconi. Qui vero comunicare voluerit, communicat de capsis de sacrificio quod V feria servatum est. Et qui noluerit ibi comunicare, vadit per alias aecclesias Romae seu per titulos et communicat"* (OR XXIII, 22).

Portanto, na mesma época, nas celebrações presbiterais dos Títulos, a liturgia da Palavra está ligada à adoração da cruz e à comunhão de todos (GeV, nn. 395-418). Em seguida, nos livros litúrgicos do século XIII, está prescrita a comunhão somente do Pontífice: *"communicat autem solus pontifex sine ministris"* (PR XIII, XLIII, 15). Começará, destarte, a prática da comunhão reservada somente ao presidente da celebração, norma que passará ao MR 1570 e estará em vigor até a reforma de Pio XII, em 1956. Notamos que o extrato mais antigo da liturgia romana não conhece a comunhão neste dia, conforme dá testemunho a carta de Inocêncio I a Decêncio de Gúbio, tantas vezes citada: *"… isto biduo* (sexta e sábado) *sacramenta penitus non celebrari"*.

Na França setentrional, no século IX, encontramos pela primeira vez, conforme testemunha OR XXXI, o uso de levar na igreja uma cruz encoberta,

---

[14] Do grego *paraskeué*, termo que encontramos no Novo Testamento para indicar o dia que precede um sábado ou a festa da Páscoa (Mt 27,62; Mc 15,42; Jo 19 *passim*); portanto, é "dia de preparação". No contexto teológico, indica tensão para a ação salvífica de Deus em benefício do ser humano.

que é descoberta durante o canto do *Ecce lignum crucis*. Posteriormente, o rito entrará no MR 1570.

No século X aparece um rito específico da sepultura de Cristo. Situado entre a adoração da cruz e a comunhão, o rito é estruturado de modos diversos. Assim, por exemplo, na Inglaterra, desenvolve-se do seguinte modo: envolvimento da cruz em um pano branco, procissão à tumba que se encontra ao lado do altar, deposição da cruz no sepulcro, vigília até a celebração da Vigília pascal. Ainda no século X, junto com a *depositio crucis* encontra-se a *depositio hostiae*. Os livros romanos jamais acolheram este rito.

1.3. O Sábado Santo

Originariamente, o Sábado Santo foi um dia alitúrgico, isto é, dedicado à oração, à penitência e ao jejum. É um dia de espera. Alguém o chamou de "celebração do tempo suspenso". Assim como o Criador repousou no sétimo dia, assim também no sétimo dia Cristo terminou sua obra de salvação, repousando no sepulcro. Segundo o GeV (nn. 419-424), na manhã do Sábado Santo tem-se a última celebração preparatória para o Batismo, compreendendo um exorcismo, o rito do *effetà* completo, com a saliva sobre o nariz e os ouvidos do batizado, o toque no peito e das espáduas com o óleo exorcizado, a renúncia a Satanás e a entrega e consequente restituição do Símbolo; a imposição da mão e o envio dos candidatos conclui a celebração. No final da Idade Média, a liturgia da noite pascal é antecipada para a manhã do sábado (no MR 1570 começa a *dicta nonta*), perdendo, portanto, o seu sentido originário.

1.4. A Vigília Pascal

A Vigília Pascal é o momento culminante do Tríduo Sagrado e de toda a Semana Santa. Nessa vigília celebra-se, como nos recordam os sermões de Leão Magno, *"totum paschale sacramentum"*. Em 385, o Papa Siríaco nos informa que a Vigília Pascal é a grande noite do Batismo,[15] e Leão Magno afirma

---

[15] Sirício, *Epistula* 1,2; PL 13,1134-1135. O Pontífice fala de Páscoa e Pentecostes como dias tradicionais para a celebração do batismo.

que são numerosos os candidatos que a ela se preparam durante a Quaresma.[16] No século VII, encontramos uma rica estrutura ritual da Vigília Pascal posicionada sobre três elementos principais: celebração da Palavra, celebração do Batismo, celebração eucarística (para a liturgia papal: GrH, nn. 362-382; para a liturgia dos Títulos: GeV, nn. 425-462).

Nos Títulos de Roma a Vigília inicia-se com o rito solene da luz, que provém, provavelmente, do acendimento das velas necessárias para a celebração nas horas vespertinas. No GeV, no n. 425, encontra-se a seguinte rubrica a respeito: "... *Deinde veniet archidiaconus ante altare, accipiens de lumine quod VI feria absconsum fuit, faciens crucem super cereum et inluminans eum, et completur ab ipso benedictio caerei*".

No GrH, que espelha a liturgia papal, ainda não existe nada disso. De toda forma, entre os séculos V e o VI, o rito do acendimento do círio e o canto de uma *benedictio* ou *laus cerei* eram uma praxe já consolidada em todas as Igrejas do Ocidente. No tempo de Jerônimo e de Agostinho, na África e no Norte da Itália, a oferta da luz a Deus, feita pelo diácono em uma ampla ação de graças, aclarava a Vigília Pascal. No século X aparecem os grãos de incenso: "*Deinde faciant crucem de incenso in cereo*".[17] O PRG não conhece ainda esta cerimônia. Mas a partir do século XI ela se espalha por toda a Europa.

Diante do uso romano de acender o círio pascal (os círios pascais) no lume conservado da Sexta-Feira Santa (cf. a rubrica de GeV, citada acima), fora de Roma, desde o final do século VIII, a luz é tomada de outro fogo. Para a bênção do novo fogo não se encontra nenhum formulário oficial antes do PR do século XII. Nos séculos XII/XIII, os livros da Cúria Romana acolhem a bênção do novo fogo e do círio, bem como dos cinco grãos de incenso, a procissão com as aclamações do *Lumen Christi* e o texto do *Exsultet*; encontramo-los no Missal da Cúria de Inocêncio III e, em seguida, no MR 1570.

---

[16] Leão Magno, *Tractatus* 40 (*De ieiunio quadragesimae*), 2; CCL 138,225.

[17] Enviamos à explicação dada a respeito por R. Amiet, *La Veillée Pascale dans l'Église latine*, vol. 1, Cerf, Paris 1999, 185. O autor nota que em alguns códigos na interpretação de "*incensum*", passou-se do círio iluminado ao incenso. O "*benedicere incensum*" e a "*Benedictio incensi*" (como sinônimo de "*cerei*") é mal-entendido e referido ao incenso. Assim nos séculos XII/XIII durante a benção do círio são abençoados cinco grãos de incenso e fixados no círio pascal. Sobre a *laus cerei*, cf. E. Bergellini, *L'Exultet, sollene benedizione a Dio sul cero pasquale*, in Aa.Vv., *Celebrare l'unità del Triduo Pasquale*, vol. 3: *Una Veglia illuminata dall'Assente*, Elle Di Ci, Leumann (Torino) 1998, 65-88.

Sobre as leituras bíblicas, notamos que a antiga liturgia romana conhecia dois esquemas de leituras que, no âmbito da liturgia mista romano-franca, foram enriquecidos por um terceiro esquema, que passará depois ao MR 1570. Indicamos, sinteticamente, as características dos três esquemas:[18]

- Sistema gregoriano: 4 leituras do Antigo Testamento e 2 do Novo Testamento.
- Sistema gelasiano antigo: 10 leituras do Antigo Testamento e 2 do Novo Testamento.
- Sistema galicanizado: 12 leituras do Antigo Testamento e 2 do Novo Testamento. Este sistema corresponde ao Gelasiano antigo com o aumento de duas perícopes.

TRADIÇÃO GREGORIANA	TRADIÇÃO GELASIANA ANTIGA	TRADIÇÃO GALICANA – MR 1570
Gn 1	Gn 1	Gn 1
Ex 14	Gn 5	Gn 5
Is 4	Gn 22	Gn 22
	Ex 14	Ex 14
Is 54 (ou Dt 31)	Is 54	Is 54
	Ez 37	Br 3
	Is 4	Ez 37
	Ex 12	Is 4
	Dt 31	Ex 12
	Dn 3	Gn 3
		Dn 31
		Dn 3
Cl 3,1-4	Cl 3,1-4	Cl 3,1-4
Mt 28,1-7	Mt 28,1-7	Mt 28,1-7

---

[18] Para mais detalhes, cf. H. Auf Der Maur, *Le celebrazioni nel ritmo del tempo*, cit., 146-148.

A CELEBRAÇÃO PASCAL DO SÉCULO IV AO SÉCULO XVI

Até o século V, a Vigília Pascal foi essencialmente noturna. Em Roma, na primavera, o alvorecer começa por volta das 4 horas e as primeiras estrelas aparecem lá pelas 19 horas. Já no século VI a Vigília Pascal tende a antecipar-se para as primeiras horas da tarde de sábado. Esta tendência se evidencia mais nos séculos sucessivos. Por volta do ano 500, a carta de João, o Diácono, a Senário dá a entender que a maioria dos batizandos é criança.[19] Este fato levará, pouco a pouco, a antecipar a hora da Vigília. Segundo o OR XI (século VII), somente a missa é nas horas noturnas. O restante é celebrado antes, começando nas horas da tarde. Outra causa da antecipação da Vigília foi o rigor do jejum pascal, que terminava somente com a celebração vigiliar. Carlos Magno o recorda na *capitular* 280 e afirma que, exceto as crianças, anciãos e doentes, todos devem observar tal jejum. No século XIV, na praxe da liturgia pontifícia em Avinhão, tem-se o costume de terminar a Vigília (e, portanto, também o jejum) às 12 horas do meio-dia de sábado, para sentar-se à mesa às 15 horas. Finalmente Pio V, com a *Bula Sanctissimus* (29.03.1566), proíbe as celebrações das missas depois das horas do meio-dia, e, assim, a missa vigiliar é deslocada para a parte da manhã de sábado.[20]

1.5. A missa do Domingo de Páscoa

Não parece que a missa do Domingo de Páscoa tenha aparecido muito cedo em Roma. Leão Magno se contenta em pregar durante a Noite Santa. A celebração do Domingo de Páscoa ganha destaque com a tendência crescente de antecipar a Vigília Pascal para a tarde de sábado. No início do século VI, a Eucaristia que conclui a Vigília Pascal é considerada por João, o Diácono, como uma celebração pertencente ao sábado. No GeV se encontra, logo depois, o formulário *Orationes et preces in missam in nocte* (nn. 453-462), uma segunda missa de Páscoa com o título *Dominicum Paschae* (nn. 463-467), cujos textos sublinham o acontecimento da ressurreição do Senhor. De modo semelhante, exprime-se o formulário *In dominica sancta ad missam* do GrH (nn. 383-391),

---

[19] Cf. João o Diácono, *Epistula ad Senarium virum illustrem*. in PL 59,399-408.

[20] Sobre a decisão de Pio V, cf. R. Amiet, *La Veillée Pascale*, cit., 74-75. Para quem celebrava a missa nas horas da tarde, existia mesmo a suspensão "a divinis".

acolhido posteriormente pelo MR 1570. Contudo, no GeV a missa da noite faz parte do domingo; com efeito, a oitava de Páscoa é o domingo seguinte a ela: *Octabas Paschae die dominico* (GeV nn. 499-503). No GrH, ao contrário, o dia da oitava de Páscoa cai no sábado, antes do domingo chamado *post albas* (GrH nn. 435-439). O domingo de Páscoa, em outras fontes, é chamado *dies resurrectionis dominicae* (OR I,15; PRG, XCIX, 405; MR 1570). Note-se a progressiva mudança de mentalidade: o acontecimento da Ressurreição é celebrado como aspecto parcial do único mistério pascal. A sequência *Victimae paschali laudes* é posterior à época dos Sacramentários. É atribuída a Wipo (morto por volta de 1050), capelão da corte de Conrado II e Henrique III.[21]

No século VII são introduzidas as Vésperas Pascais de notável caráter batismal. O GrH (nn. 389-391) fornece suas orações, e o OR XXVII, 67-79, do século VIII, faz dela uma descrição particularizada. A celebração se desenvolve em três tempos: começa na Basílica de Latrão, há um momento culminante na procissão e parada no batistério, e se conclui no antigo oratório da Santa Cruz. Neste oratório, no século V, o Papa Hilário tinha deposto a relíquia constantiniana da Cruz e nele também se conferia a *consignatio* aos neófitos na Vigília Pascal. Estas vésperas foram comentadas por Amalario.[22] No século IX, as Vésperas Pascais propagam-se no Ocidente. Enquanto elas desaparecem em Roma no decurso do século XIII, em outras Igrejas ocidentais permaneceram em vigor até quase nossos dias.

1.6. A Semana Santa

A Semana Santa não se desenvolve como uma unidade em si, mas como resultado de diversas tradições, em particular das que provêm de Jerusalém, que fazia memória dos últimos acontecimentos da vida de Jesus segundo a cronologia do Evangelho de Mateus.

---

[21] Cf. A. Bergamini, *Le Sequenze nella Liturdia della Parola dei principali tempi e sollenità dell'anno liturgico. Breve studio storico, liturgico, teologico, spirituale* (Parola e Liturgia 42), San Paolo, Cinisello Balsamo 2004, 49-62.

[22] Cf. Amalario, *Liber de ordine Antiphonaii 52: de glorioso officio quod fit circa vespertinales terminos in paschali hebdomada in Romana Ecclesia*, PL 105,1295-1296.

A CELEBRAÇÃO PASCAL DO SÉCULO IV AO SÉCULO XVI

O domingo antes da Páscoa, no formulário de GeV (nn. 329-333), é chamado de *Dominica in Palmas de Passione Domini*. Porém, a referência às palmas está ausente de todos os *Epistolários* e *Evangeliários* romanos dos séculos VII e VIII.[23] Provavelmente o título original não mencionava as palmas, cujo rito chega a Roma somente no final do século X. O título de Domingo da Paixão é o que melhor exprime o conteúdo do formulário gelasiano deste dia.[24] A procissão dos ramos torna-se um costume somente com o *Ordo de die palmarum* do PRG (XCIX, 162-206), que teve um influxo decisivo sobre a liturgia romana do século XIII. De agora em diante, a liturgia do Domingo de Ramos combinará com a antiga liturgia romana da paixão, com a memória do ingresso de Jesus em Jerusalém.[25] No MR 1570, o título deste domingo é *In die Palmarum*.

Leão Magno atesta, nos seus sermões de *Passione Domini*, a leitura da paixão do Senhor no domingo, na quarta-feira, na sexta-feira e também na noite de Páscoa.

Estas e outras características rituais que, a seguir, serão encontradas na semana anterior à Páscoa demonstram que, o que hoje chamamos de Semana Santa, tem sua própria personalidade celebrativa nos séculos VI e VII. O núcleo central é a paixão do Senhor.

2. OS CINQUENTA DIAS PASCAIS

O Pentecostes judaico é um dia fixo com relação à Páscoa: o quinquagésimo dia. Ao contrário, o Pentecostes cristão surgiu como uma unidade festiva de cinquenta dias: o quinquagésimo pascal.[26] Conforme se ilustrou acima, é uma estrutura celebrativa anterior ao Tríduo Sagrado e à Semana Santa, atestada pela primeira vez em diversas regiões no final do século II... Porém, a orga-

---

[23] Cf. A. Chavasse, *Le Sacramentaire Gélasien*, cit., 234.

[24] Cf. P. Jounel, *La liturgie du mystère pascal. 2: Le Dimanche des Rameaux*, cit., 52-57.

[25] O primeiro documento que atesta o rito dos ramos é o cap. 31 do *Itinerarium Egeriae*. Ele tem esta estrutura: reunião no monte das Oliveiras; leitura do trecho evangélico correspondente; procissão com ramos de palma ou oliveira; o povo (citam-se as crianças) canta "Bendito o que vem em nome do Senhor"; atravessa-se a cidade e se chega a Anastasi ou Basílica da Ressurreição.

[26] O texto grego dos Atos fala do dia de Pentecostes no singular (At 2,1). O texto latim, ao contrário, tributário do uso eclesiástico do século IV, fá-lo no plural: *"cum complerentur dies Pentecostes"*. O Pentecostes cristão é considerado como um grande domingo, uma semana de semanas.

153

nização dos domingos do Tempo Pascal já apresenta nas mais antigas fontes da liturgia romana os lineamentos de um Pentecostes (= cinquenta dias) que se separa em favor de celebrações pontuais de diversos acontecimentos do mistério pascal. Alguns escritos romanos do final do século IV atestam que a palavra "Pentecostes" vem progressivamente designando o quinquagésimo dia, e não mais o inteiro período dos cinquenta dias pascais. Destarte, vemos que o acontecimento da descida do Espírito Santo sobre os apóstolos, para Leão Magno, é o conteúdo principal do dia de Pentecostes.[27] Pela primeira vez, o mesmo São Leão Magno testemunha em Roma a celebração da Ascensão no quadragésimo dia depois da Páscoa.[28] Em todo caso, adverte R. Cantalamessa:

> Em nenhum momento durante seu desenvolvimento, Pentecostes teve somente o significado "estendido", assim como em nenhum momento teve somente o significado "restrito" [...]. Por outro lado, no século V, a prevalência do significado "restrito" não fez desaparecer totalmente o antigo significado "estendido" [...].[29]

Para Agostinho, Pentecostes permanece ainda "aqueles cinquenta dias" nos quais se canta o Aleluia e nos quais "não se dobra o joelho".[30] Todavia, para ele Pentecostes indica habitualmente o quinquagésimo dia. O mesmo discurso pode-se fazer a respeito do desenvolvimento teológico de Pentecostes. Passa-se do significado cristológico dos cinquenta dias ao pneumatológico do 50º dia.

A oitava da Páscoa e a de Pentecostes não existiam nos tempos de Leão Magno. Os textos da oitava da Páscoa são encontrados na passagem dos séculos VI e VII: no GeV (nn. 468-503) e no GrH (nn. 392-439). Em seguida, esta primeira semana dos cinquenta dias parece ter tirado progressivamente do conjunto do Tempo Pascal a sua característica de prolongamento da festa. Com efeito, os domingos que seguem à oitava de Páscoa são chamados no

---

[27] Cf. Leão Magno, *Tractatus de Pentecosten*, CCL 138,465-505.

[28] Cf. Leão Magno, *Tractatus de Ascensione Domini*, CCL 138,450-461.

[29] R. Cantalamessa, *La Pasqua nella Chiesa antica*, cit., XXIX-XXX.

[30] Agostinho, *Epístula* 55,32; NBA.

GeV: primeiro, segundo, terceiro etc., *post clausum Paschae*. No GeV encontramos também dois formulários para a Vigília de Pentecostes (nn. 624-636) e as *Orationes ad vesperos infra octabas Pentecosten* (nn. 646-651), bem como um formulário *In dominica octavorum Pentecosten* (nn. 676-682). Com a introdução da oitava, o domingo de Pentecostes vai se tornar uma festa autônoma e perderá a sua característica originária de fechamento do Tempo Pascal. Ao mesmo tempo, porém, o domingo de Pentecostes se torna uma espécie de réplica da solenidade pascal com a celebração dos sacramentos da iniciação cristã. Completado esse processo de transformação, ele foi recebido pelo MR 1570.

Retornando à oitava pascal, notamos que, tendo perdido o seu sentido originário de semana dos neófitos, tender-se-á a sublinhar os três primeiros dias de domingo, segunda e terça-feira. Os primeiros sinais desta abreviação são perceptíveis nos séculos VII/VIII com o OR I, que prevê nesta semana somente três liturgias estacionais: domingo, segunda e terça-feira (OR I, 15-18).

No MR pós-tridentino (segunda edição de Urbano VIII [1623-1644]), os dias da oitava, a partir de quarta-feira, são de ordem inferior aos dias de segunda e terça-feira. Não era assim na edição de 1570, quando todos os dias da semana tinham a mesma categoria.

3. A QUARESMA

Ainda que as origens da Quaresma não sejam claras, ela aparece como um tempo de preparação que precede o jejum pascal da sexta e do sábado anteriores à Páscoa. Entre o final do século III e o início do IV, no Egito se faz um jejum de quarenta dias. Parece que nesse jejum, cujo início se dava um dia depois de 6 de janeiro, se celebrava o Batismo de Jesus na Igreja de Alexandria. O escopo desse jejum não era tanto a preparação da Páscoa, mas o de celebrar o jejum de Jesus no deserto nas semanas sucessivas ao seu Batismo. Muito cedo, porém, esse jejum tomou a forma de uma preparação penitencial para a Páscoa.[31] Em 325, o cân. 5 do Concílio de Niceia fala, como coisa normal e conhecida por todos, da *quadragesima paschae*, isto é, de um tempo de quaren-

---

[31] Cf. Ch. Renoux, *Le quarantaine prépascale au 3ᵉ siècle à Jerusalem*, in LMD n. 196 (1993) 111-129.

Ano Litúrgico

ta dias que precede ou prepara a Páscoa.[32] Em uma carta a Marcela, provavelmente de 384, Jerônimo é o primeiro a testemunhar, em Roma, a existência da Quaresma (*Quadragesima*), cuja característica principal é o jejum.[33] Ele trata outras vezes da Quaresma, em particular nas suas cartas. Assim, por exemplo, a propósito dos monges cenobitas, afirma que o seu jejum é igual durante todo o ano, exceto durante a Quaresma, quando é mais rigoroso.[34] Alguns decênios depois, os sermões quaresmais de Leão Magno têm um claro conteúdo ascético-moral, centralizado sobre o jejum e sobre a prática das virtudes.

Sobre a duração do tempo quaresmal, notamos que em Roma, no século IV, segundo o testemunho do historiador Sócrates, o Escolástico († por volta de 450), o tempo de preparação para a Páscoa era de três semanas de jejum.[35] Um indício desta prática pode-se encontrar nos OR XXVI, 1 e XXVIII, 1 que chamam o domingo V da Quaresma de *Dominica in mediana*, fazendo referência a uma situação mais arcaica na qual a preparação para a Páscoa contava três domingos (correspondentes ao IV, V e Domingo de Ramos). Somente neste caso o domingo V podia ser denominado de *dominica in mediana*. Nestes três domingos as leituras formavam um todo coerente. Neles se liam os Evangelhos joaninos da Samaritana, do Cego de nascença e de Lázaro.[36] Entre 354 e 384, os dias de jejum foram elevados a 40 (*Quadragesima*). A tipologia bíblica do número 40 influiu na formação da Quaresma mediante a concordância entre a cifra e os acontecimentos histórico-salvíficos das várias "quaresmas" bíblicas (os dias do dilúvio, os dias de Moisés no Sinai, os anos da travessia do deserto, os dias da peregrinação de Elias ao Oreb, os dias da penitência dos Ninivitas, os dias do jejum e da prece de Cristo no deserto).[37] Os dias de jejum quaresmal, porém, são computados diversamente nas várias Igrejas. A contagem de

---

[32] "Os Sínodos sejam celebrados um antes da Quaresma, porque, superado todo dissenso, possa ser oferecido a Deus um dom puríssimo, e outro no outono" (COED, 8). Antes de Niceia não há nenhuma referência a um jejum pré-pascal de quarenta dias.

[33] Cf. Jerônimo, *Epistula* 24,4; *PL* 22,428.

[34] Cf. Jerônimo, *Epistula* 22,35; *PL* 22,420.

[35] Cf. Sócrates, *Historia Ecclesiastica* 5,22; *PG* 67,633.

[36] Cf. A. Chavasse, *La structure de Carême e les lectures des messes quadragésimales dans la liturgie romaine*, in LMD n. 31 (1952) 76-119. Depois estas leituras de João passarão para os dias feriais.

[37] Cf. J. Daniélou, *Le symbolisme des Quarante Jours*, in LMD n. 31 (1952) 19-33.

A CELEBRAÇÃO PASCAL DO SÉCULO IV AO SÉCULO XVI

quarenta dias de jejum é diversa, conforme se considera o sábado como dia ferial (como faz o rito romano) ou semifestivo (como é o caso do rito bizantino e ambrosiano) e se no cálculo se computam ou não também os domingos. Em 383, Egéria fala de uma Quaresma de oito semanas em Jerusalém (não são calculados sábado e domingo, dias nos quais não se jejuava).[38]

A Quaresma mais antiga tinha em Roma como dias litúrgicos, dias nos quais a comunidade se reunia – "fazia estação"[39] cada dia em uma igreja diversa –, somente as quartas e sextas-feiras. Mais tarde, nos tempos de Leão Magno, acrescentaram-se a estes dias a segunda-feira, e mais tarde ainda também as terças-feiras e os sábados. Por último, no século VIII, durante o pontificado de Gregório II (715-731), a semana foi completada, assegurando a celebração também às quintas-feiras.

A Quaresma primitiva foi a moldura apropriada para a última preparação ao Batismo, na Vigília Pascal, dos catecúmenos ou "iluminandos". Destarte, vemos como a liturgia quaresmal testemunhada pelo GeV é fortemente influenciada por termos catecumenais. Progressivamente esta perspectiva deixará de funcionar pela falta de um verdadeiro catecumenato. O tempo quaresmal era também tempo de penitência para aqueles que deviam submeter-se à penitência pública. Com o passar do tempo, toda a comunidade cristã associou-se aos grupos de catecúmenos e de penitentes para se preparar para a Páscoa: com a escuta mais frequente da Palavra de Deus, a oração mais intensa e prolongada e a prática constante da penitência – em particular do jejum –, em um quadro litúrgico quaresmal mais organizado. Os estudiosos, a partir das importantes pesquisas concluídas por A. Chavasse, procuram individuar os diversos estágios ou etapas do desenvolvimento da liturgia quaresmal em Roma.[40]

---

[38] Uma vez que é difícil conciliar o testemunho de Egéria com outras provas (num período sucessivo Jerusalém tem um total de somente sete semanas), alguns estudiosos descartaram o testemunho de Egéria como se fosse um erro de sua parte, ou então consideraram como uma experiência local de curta duração (cf. P. F. Bradshaw, *Alle origini del culto cristiano*, cit., 213-214).

[39] A *Statio* (= lugar de parada) é uma ação litúrgica consistente, com uma procissão de uma igreja (que era chamada de *collecta*, isto é, de recolha) a uma outra, junto da qual se parava (= igreja estacional) para celebrar a Eucaristia.

[40] Além dos estudos citados acima, cf. A. Chavasse, *Les messes quadragésimales du sacramentaire gélasien* (Vat. Reg. 316), in EL 63 (1949) 257-275; Id., *Temps de préparation à la Pâque, d'après quelques livres liturgiques romains*, in RSR 37 (1950) 125-145.

O início da Quaresma, fixado no domingo VI antes da Páscoa, será posteriormente antecipado à quarta-feira imediatamente precedente (chamada já no GeV, n. 83: *Caput Quadragesimae*), provavelmente para obter um efetivo número de 40 dias de jejum, uma vez que não se jejuava no domingo. Na contagem dos quarenta dias são agora incluídos a sexta-feira e o sábado antes da Páscoa. Nessa quarta-feira, os pecadores públicos, vestindo um hábito penitencial e cobertos de cinzas, eram afastados das assembleias e obrigados à penitência pública. Conforme vimos antes, no início do século V, segundo o testemunho de Inocêncio I, em Roma, os penitentes eram reconciliados na quinta-feira anterior à Páscoa. Isto será, mais tarde, confirmado pelos formulários de GeV (nn. 349-363).

Nos séculos VI e VII, o tempo quaresmal alargou-se de certa forma com a introdução dos domingos chamados, com um cálculo aproximativo, de Septuagésimo, Sexagésimo, Quinquagésimo, que são prepostos à Quaresma. Os respectivos formulários dominicais que estão presentes no GeV (nn. 69-72, 73-77, 84-88) seriam uma interpolação mais recente. A origem desta pré-quaresma é desconhecida. Talvez se tenha desejado acentuar a índole penitencial da Quaresma em detrimento da pascal. Nesse período, as repetidas invasões dos Godos e Longobardos determinavam uma particular disposição a práticas suplementares de orações e de penitências. Ou talvez se trate de uma prática de origem monástica da Gália.[41] O MR 1570 incorporará, posteriormente, estes domingos.

Somente na metade do século XI, uma vez desaparecido o instituto da penitência pública, é documentada em Roma a distribuição das cinzas a todos os fiéis na quarta-feira que precede o domingo I da Quaresma. O Sínodo de Benevento (1091), presidido por Urbano II, prescreve o rito para os clérigos e para os leigos no decurso de uma liturgia penitencial com procissão.[42] Em todo caso, a denominação de Quarta-feira de Cinzas (*Feria IV Cinerum*) não aparece nos Missais romanos até a segunda metade do século XV. O MR 1570 se apropria desse uso e o coloca antes da celebração eucarística.

---

[41] Cf. Ph. Rouillard, *Septuagesime*, in *Catholicisme. Hier, Aujourd'hui, demain*, vol. 13 (Paris 1993) 116s.
[42] Cf. Mansi, 20,739.

O uso de cobrir os crucifixos e as imagens no Domingo da Paixão relaciona-se, segundo alguns autores, ao "pano de fome" ou "véu de jejum" com o qual o povo era impedido de ver o altar no início do tempo de jejum do século XI.[43] Durand di Mende interpreta esta situação de maneira alegórica, referindo-se a Jo 8,59: "Então pegaram algumas pedras para lançar contra ele; mas Jesus escondeu-se e saiu do templo". Em todo caso, a disposição de cobrir as cruzes e as imagens encontra-se oficialmente somente no *Cerimoniale Episcoporum* da primeira metade do século XVII.

---

[43] Cf. W. Heim, *Die Revitalisierung des Hungertuches. Ein alter Kinchenbrauch in neuer Bedeutung*, in ALW 23 (1981) 30-56; Righetti II, 175.

Capítulo VIII. As celebrações pascais após o Concílio Vaticano II

Desde a publicação do MR 1570 até o século XX e, em particular, até a reforma promovida pelo Vaticano II, não aconteceram mudanças importantes nas estruturas das celebrações pascais. O resultado mais relevante nesse período é a retomada da Vigília Pascal por obra de Pio XII em 1951. Essa retomada foi acolhida posteriormente no novo ordenamento de toda a Semana Santa, o *Ordo Hebdomadae Sanctae instauratus* de 1956. O *Ordo* foi, em seguida, inserido no MR 1962. A seguir, estas reformas foram retomadas e aperfeiçoadas após o Vaticano II, razão pela qual se ocupará somente da liturgia atual.[1]

Os critérios de fundo que conduzem o atual ordenamento das celebrações pascais encontram-se expostos nas Normas Gerais do Calendário (NGALC, nn. 18-31). O Tríduo Pascal "da paixão e da ressurreição do Senhor" é o vértice das celebrações pascais e de todo o Ano Litúrgico. No seu interior, a Vigília pascal é considerada como a "mãe de todas as vigílias". O Tempo de Páscoa ou Cinquenta dias pascais é celebrado como um só dia de festa, ou melhor,

---

[1] Além dos estudos citados no capítulo anterior, cf. A. Bugnini; C. Braga, *Ordo Hebdomadae Sanctae instauratus: commentarium*, in EL 70 (1957) 81-228; J. Bellavista, *La actual Cincuentena Pascual*, in Phase 11 (1971) 223-271; H. Vorgrimler, *Zum theologischen Gehalt der Neuen Osternachtfeier*, in *Liturgisches Jahrbuch* 21 (1971) 32-37; D. Mosso, *Per celebrare il Triduo Pasquale: la proposta del Messale Romano*, in RL 61 (1974) 222-235; A. Heinz, *Die Sonstagsformulare der Osterzeit im Missale Romanum Pius V und Paulus VI*, in *Liturgisches Jahrbuch* 28 (1978) 86-111; J. Bellavista, *Los temas mayores de la Cincuentena Pascual*, in Phase 19 (1979) 125-135; Aa.Vv., *Il Messale Romano del Vaticano II. Orazionale e Lezionario*, vol. I: *La celebrazione del mistero di Cristo nell'anno liturgico* (Quaderni di Rivista Liturgica, n.s. 6), Elle Di Ci, Leumann (Torino) 1984, 177-484; J. M. Bernal, *Iniciación al año litúrgico* (Academia Christiana 24), Ediciones Cristiandad, Madrid 1984; G. Cavagnoli, *La celebrazione pasquale nella rinnovata liturgia romana: analisi della struttura rituale*, in RL 77 (1990) 18-36; A. Catela; G. Remondi (edd.), *Celebrare l'unità del Triduo Pasquale. 1 – Il Triduo oggi e il Prologo del Giovedì Santo* (Quaderni di Rivista Liturgica, n.s. 9/1), Elle Di Ci, Leumann (Torino) 1984; Id., *Celebrare l'unità del Triduo Pasquale. 2 – Venerdì Santo:la Luce del Traffito e il Perdono del Messia* (Quaderni di Rivista Liturgica, n.s. 9/2), Elle Di Ci, Leumann (Torino) 1995; id., *Celebrare l'unità del Triduo Pasquale. 3 – La Veglia illuminata dall'Assente* (Quaderni di Rivista Liturgica, n.s. 9/3), Elle Di Ci, Leumann (Torino) 1998; M. Augé, *Le celebrazioni pasquali dopo la Riforma del Concilio Vaticano II*, in ScLit 5,221-230; id., *Quaresima Pasqua Pentecoste. Tempo di rinnovamento nello Spirito* (Alle fonti della Liturgia), San Paolo, Cinisello Balsamo 2002.

como o "grande domingo". O tempo de Quaresma é preparação para a Páscoa por meio da "lembrança do Batismo e da Penitência". A Semana Santa tem por finalidade "a veneração da paixão de Cristo e do seu ingresso messiânico em Jerusalém". As reformas do século XX, em particular a que foi promovida pelo Concílio Vaticano II, representam uma recuperação dos melhores elementos da tradição romana, antiga e medieval, e se inspiram em uma visão unitária da celebração pascal.

1. O TRÍDUO PASCAL: CELEBRAÇÃO E TEOLOGIA

Os atuais livros litúrgicos, para indicar o período que se inicia pela missa vespertina *"in Cena Domini"* da Quinta-feira Santa, têm seu ponto alto na Vigília Pascal e terminam com as Vésperas do domingo da ressurreição, e usam a expressão moderna *"Sacrum Triduum Paschale"*, posterior a 1930. Conforme afirmam os NGALC, no n. 18, "o Tríduo da Paixão e da Ressurreição do Senhor resplende no ponto mais alto do Ano Litúrgico". O Tríduo Pascal, globalmente tomado, comemora o mistério da morte e ressurreição de Cristo, na sua unidade e nas suas fases sucessivas.[2] Esquematicamente podemos reassumir as celebrações dos diversos dias do Tríduo Pascal da seguinte forma:

Proêmio (tarde de Quinta-feira Santa)

A Ceia	A Páscoa ritual	A missa *"in Cena Domini"*)

Verdadeiro e próprio Tríduo Pascal (sexta-feira, sábado e domingo)

A cruz	A imolação de Cristo	A celebração da paixão
O sepulcro	O repouso de Cristo	O ofício de oração
O sepulcro vazio	A ressurreição de Cristo	A vigília pascal

---

[2]   No MR 1962 não existe um título que identifique o Tríduo sagrado enquanto tal.

De alguma forma, foi recuperado o antigo Tríduo do Cristo morto, sepultado e ressuscitado. A liturgia de cada um dos dias do Tríduo, embora concentre sua atenção em uma das fases do mistério pascal, coloca sempre em evidência a globalidade e unicidade do mistério.[3]

O prólogo "sacramental" do Tríduo Pascal é a celebração vespertina da Quinta-feira Santa, não o dia todo. Esta celebração entra no cômputo dos dias do Tríduo, que compreende, por inteiro, a sexta-feira, o sábado e o domingo. Notamos que, na atual oração inicial da celebração vespertina da Sexta-Feira Santa, afirma-se que o "Cristo inaugurou com o seu sangue o mistério pascal". Podemos afirmar que, enquanto o Tríduo nos apresenta a realidade do mistério pascal dando particular relevo à dimensão histórica, a celebração noturna da Quinta-feira Santa no-lo transmite em sua dimensão ritual. É o momento "sacramental" do único mistério pascal. Dessa forma, a Quinta-Feira Santa nos une ao Tríduo, ainda que historicamente não faça parte dele. Da unidade de visão do mistério pascal depende também o sentido unitário da celebração do Tríduo Pascal. Este Tríduo é a mesma realidade da Páscoa do Senhor celebrada ritualmente em três dias. Cada dia do Tríduo depende do outro e se abre sobre o outro. O centro de gravitação dos três dias é a Vigília Pascal com a celebração da Eucaristia.

Foi retomado também, ao menos em parte, o jejum pascal, conforme prescreve o número 110 da Constituição *Sacrossantum Concilium*. "Na Sexta-feira da Paixão do Senhor e, conforme a oportunidade, também no Sábado Santo até a Vigília Pascal, celebra-se o jejum pascal" (NGALC, n. 20).

Por sua vez, o número 26 do OICA convida os "eleitos" a observar o jejum do Sábado Santo.

---

[3] Sob o ponto de vista pastoral, alguns creem que a celebração pascal desenvolvida (em três dias) possa ser realizada somente com extrema dificuldade, quando não for totalmente impossível. Portanto, pergunta-se se em tais situações não se poderia ter como perspectiva a celebração da Páscoa conforme o modelo do cristianismo primitivo: celebração do mistério global em uma única liturgia noturna.

1.1. A Quinta-feira da Semana Santa

As celebrações principais deste dia são duas: a missa do Crisma, na parte da manhã,[4] e a missa vespertina *In Cena Domini*, com a qual se abre o Tríduo Pascal.

A rubrica do MR 1970 apresenta a missa do Crisma com estas palavras:

> Esta missa, que o bispo concelebra com o seu presbitério e na qual se abençoam os Óleos sagrados, deve ser a manifestação da comunhão dos presbíteros com o seu bispo. Portanto, convém que todos os presbíteros, na medida do possível, dela participem e nela recebam a comunhão sob as duas espécies [...].

O desvio clerical desta rubrica é acrescentado pela inserção no decurso da celebração da "Renovação das promessas sacerdotais". Notamos, porém, que o prefácio da missa faz uma leitura mais ampla quando afirma, entre outras coisas: "Ele (Cristo) não somente comunica o sacerdócio real a todo o povo dos remidos, mas com afeto de predileção escolhe alguns entre os irmãos e, mediante a imposição das mãos, torna-os participantes do seu ministério de salvação".

Portanto, a missa do Crisma deveria ser vista quase como a Epifania da Igreja, corpo de Cristo organicamente estruturado, que exprime nos vários ministérios e carismas, pela graça do Espírito Santo, os dons nupciais de Cristo à sua Esposa peregrina no mundo. Trata-se não somente da festa dos presbíteros, mas de todo o povo sacerdotal.[5]

A missa vespertina *in Cena Domini* tem um caráter festivo, unitário e comunitário. Ela celebra a instituição da Eucaristia que olha para a cruz e a ressurreição. Isto corresponde à forma com a qual Cristo nos deu a Eucaristia. Na última ceia Jesus antecipa no rito eucarístico a sua oblação em perspectiva de

---

[4] Mesmo que, por tradição, aconteça na parte da manhã de Quinta-Feira Santa, a bênção dos óleos sagrados pode ser antecipada para outros dias, caso se apresentassem notáveis dificuldades, mas sempre nas proximidades da Páscoa e com o formulário da missa própria.

[5] A missa crismal, justamente porque dirigida à consagração do Crisma, celebra o estatuto crístico-pneumático do povo de Deus, a sua articulação carismático-ministerial. Todos os batizados, não excluindo nenhum, devem adquirir consciência e traduzir operativamente o sinal da unção, expressão redundante de sua pertença ao corpo crismado de Cristo, à sua Igreja" (C. Militello, *La Chiesa, "il Corpo crismato". Trattato di ecclesiologia* [Corso di teologia sistematica 7], Dehoniane, Bologna 2003, 722).

vitória. Os momentos fundamentais da celebração vespertina da Quinta-Feira Santa são: a liturgia da Palavra (Ex 12,1-8.11-14; 1Cor 11,23-26; Jo 13,1-15); o lava-pés, à escolha; a liturgia eucarística; a reposição do Santíssimo Sacramento; o desnudamento do altar (feito em silêncio após a celebração). Com relação à reforma de 1956, a novidade mais importante é a proclamação do trecho de Ex 12[6] como primeira leitura. Este texto traz a prescrição da ceia pascal hebraica e o salmo responsorial retirado do Sl 115, com o refrão: "O teu cálice, Senhor, é dom de salvação". Dessa forma, é sublinhado o caráter da Ceia do Senhor como memorial da Páscoa.

Uma rubrica do Missal prescreve que, na homilia, se expliquem aos fiéis os principais mistérios celebrados nesta missa. São eles: a instituição da Eucaristia e do sacerdócio ministerial, bem como o mandamento do Senhor sobre a exigência do amor fraterno. Note-se, a respeito, que o sacerdócio ministerial e a caridade constituem os componentes irrenunciáveis de toda celebração eucarística. Cristo nos deu a sua Páscoa no rito eucarístico que exige, de nossa parte, o serviço e a caridade fraterna (neste contexto poder-se-ia incluir o rito do lava-pés). Dada a multiplicidade de elementos que confluem nesta celebração, é importante fazer dela uma leitura unitária. Pelo que diz respeito à instituição da Eucaristia, ela deve ser lida – à luz da antiga tradição romana – como a entrega (*traditio*) aos discípulos que o Senhor fez dos mistérios cultuais do seu corpo e do seu sangue, a fim de que os celebrassem. O *Hanc igitur* próprio no MR 1970 exprime-se desta forma: "*tradidit discipulis suis* [confiou aos seus discípulos]... *Corporis et Sanguinis sui mysteria celebranda*". A celebração noturna da Quinta-Feira Santa é recordação do momento no qual, antes de entregar-se à morte, Jesus confiou para sempre à sua Igreja o novo e eterno sacrifício, banquete nupcial do seu amor, a fim de que esta o perpetuasse em sua memória.[7]

---

[6] No MR de Pio V existiam somente duas leituras (1Cor 11,23-32; Jo 13,1-15). Ex 12 (a morte do cordeiro) estava fixado para a Sexta-feira Santa. Na liturgia antiga, ao contrário, em particular na quartodecimana, Ex 12 era lido na Vigília Pascal. Na atual liturgia romana do Tríduo, a morte do cordeiro não é mais considerada como tipo da morte de Cristo, mas como tipo da ceia! Note-se que a Sexta-feira Santa, no MR 1570, colocava Ex 12 em referência direta à paixão segundo João, especialmente Jo 19,36: "... Não lhe será quebrado nenhum osso" (que faz referência justamente a Ex 12,46).

[7] A respeito, é significativo o que afirma a *Peregrinação de Egéria* (35,2) a propósito da missa da quinta-feira antes de Páscoa: é a única vez no decurso do ano no qual a Eucaristia é celebrada no santuário "atrás da

Notamos, porém, que a verdadeira Eucaristia da Páscoa é a da Vigília Pascal. Portanto, é justo o que afirma o n. 87 da Instrução *Redemptionis sacramentum*: "É pouco apropriado administrar (a Primeira Comunhão) na Quinta-Feira Santa". No que diz respeito à reposição do Santíssimo Sacramento, são sábios os critérios dados pelo n. 141 do *Diretório sobre a piedade popular e liturgia*, quando, entre outras coisas, afirma: "Em referência ao lugar da reposição, evite-se o termo "sepulcro", e na sua preparação não se lhe dê um aspecto de sepultura; com efeito, o tabernáculo não deve ter a forma de um sepulcro ou de uma urna funerária...".

Sobre o desnudamento do altar, o atual MR diz somente no final da celebração: "Segue-se o desnudamento do altar". Portanto, não existe mais a recitação do Sl 21.

1.2. A Sexta-Feira Santa "in Passione Domini"

Nesta sexta-feira a Igreja não faz um funeral, mas celebra a morte vitoriosa do Senhor, o primeiro ato da Páscoa, a *"Pascha crucifixionis"*, como a chamavam os Padres. Ademais, a reforma realizada pelo Concílio Vaticano II evidenciou este aspecto: os paramentos pretos foram substituídos pela cor vermelha. A celebração da tarde da Sexta-Feira Santa em honra da paixão do Senhor está dividida em três partes: liturgia da Palavra (Is 52,11–53,12; Hb 4,14-16; Jo 18,1–19,42);[8] adoração da cruz; comunhão eucarística. A reforma de 1956 tinha reintroduzido a comunhão dos fiéis, que foi conservada mesmo depois do Vaticano II. Essa conservação não deixou de criar – segundo o parecer de diversos autores – alguns problemas, conforme se verá a seguir. Em todo caso, foi vista nessa estrutura, fruto de diversas tradições, uma síntese linear:

- Proclamação da Paixão (liturgia da Palavra);
- Invocação da Paixão (orações solenes);

---

cruz", no Calvário. É importante fazer emergir esta compreensão tradicional da missa *"in Cena Domini"*: "A perda e a prática esquecida do 'tema' originário ligado à ambivalência da *traditio* fez-se sentir de modo forte. Uma chave de compreensão tipológica é substituída por uma 'historicizante' e, posteriormente, pela alegorizante; estas últimas parecem sobreviver junto com um discurso teológico mais refinado" (A. Catela; G. Remondi, *Alcune valutazioni e proposte sul Giovedì santo*, in A. Catela; G. Remondi [edd.], *Celebrare l'unità del Triduo pasquale*. 1. *cit.*, 129).

[8] As leituras do MR 1962 são as seguintes: Os 6,1-6; Ex 12,1-11; Jo 18,1-40; 19,1-42.

As celebrações pascais após o Concílio Vaticano II

- Veneração da Paixão (adoração da Cruz);
- Comunhão da Paixão (comunhão eucarística).[9]

Contudo, o problema não reside na maior ou menor harmonia da estrutura da celebração em si, mas na maior ou menor harmonia desta celebração no conjunto e em relação com as outras celebrações do Tríduo Pascal. Com efeito, tudo está orientado para a celebração eucarística do Tríduo Pascal. Existe o risco de desviar o objetivo do ponto culminante do Tríduo: a participação da Eucaristia na Vigília Pascal.[10] Se temos presente que na Sexta-Feira Santa e no Sábado Santo "se celebra o jejum pascal", como dizem as NGALC, ao n. 28,[11] a problemática da comunhão da Sexta-Feira Santa é ainda mais clara. Jejum e celebração da paixão e morte de Cristo se integram e, por si, exigem também o jejum eucarístico. No capítulo anterior fizemos alusão ao fato histórico complexo da comunhão nesse dia. Contudo, o problema não é histórico nem muito menos arqueológico. É, sim, teológico. Não é inútil recordar que, além da presença eucarística, existem outras expressões da presença real de Cristo (cf. SC, n. 7) que precisam ser adequadamente revalorizadas. Deve-se, pois, acentuar que o simbolismo da Sexta-Feira Santa, e não somente do momento celebrativo, é o da cruz gloriosa. É também verdadeiro que o rito da comunhão é visto em estreita relação com o mistério da cruz gloriosa. As duas preces com as quais se conclui o rito dirigem-se ao Pai e fazem referência "à gloriosa morte e ressurreição de Cristo" (oração após a comunhão), e "à morte do teu Filho na esperança de ressuscitar com ele" (oração sobre o povo).

Com relação à reforma de 1956, a novidade importante na liturgia da Palavra da Sexta-Feira Santa é a escolha das duas primeiras leituras. Foi notado em particular que, à luz da primeira leitura, tirada dos cantos do Servo de Javé do Dêutero-Isaías, é colocada em foco a imagem do Cristo sofredor. Tenha-se

---

[9] Assim J. Castelano Cervera, *L'Anno liturgico. Memoriale di Cristo e mistagogia della Chiesa con Maria Madre di Gesù. Corso di Spiritualità liturgica*, Centro di Cultura Mariana "Mater Ecclesiae", Roma 1987, 91.

[10] Congregação para o Culto Divino, Carta circular *De festis paschalibus praeparandis et celebrandis* (16.01.88). Os números 91-92 desta carta tratam da comunhão eucarística da Vigília como do "momento da plena participação no mistério celebrado" e quer que ela se exprima na plenitude do sinal eucarístico, isto é, com a comunhão sob as duas espécies.

[11] A carta circular, acima citada, fala do jejum pascal dos dois primeiros dias do Tríduo como preparação à glória do domingo da Ressurreição (n. 39).

ANO LITÚRGICO

presente, contudo, entre outras coisas, que é conservada a proclamação da paixão segundo João, para quem a morte de Cristo não é um fracasso, mas um triunfo. É uma "elevação" no duplo sentido da palavra: sobre a Cruz e à glória. O canto ao Evangelho (Fl 2,8-9) coloca-se na ótica de João, quando anuncia a exaltação de Cristo feito obediente até à morte. Além disso, numerosas variações nos textos eucológicos configuram toda a celebração como memória do sacrifício "pascal" de Cristo. A paixão/morte de Cristo é celebrada, antes de tudo, na sua valência soteriológica, que culmina no convite: "Portanto, aproximemo-nos do trono da graça com plena confiança, a fim de alcançarmos misericórdia,[12] encontrarmos graça e sermos ajudados no momento oportuno" (Hb 4,16 – segunda leitura).

Se as três leituras bíblicas exprimem melhor a eficácia salvífica da morte redentora de Cristo, o rito da elevação e adoração da Cruz recorda-nos, na antífona inicial, que "do lenho da cruz veio a alegria em todo o mundo". Além disso, o hino com o qual se conclui este rito começa com estas palavras: "Ó cruz de nossa salvação...". A eucologia e, em particular, a prece universal reconduzem continuamente o mistério da cruz gloriosa à vida dos crentes.

As grandes intercessões foram reelaboradas. Nelas é colocada em evidência, sobretudo, a nova formulação da prece pelos hebreus[13] e pela unidade da Igreja. Pelo que diz respeito aos *Impropérios* (o Missal italiano traduziu impropriamente "Lamentos do Senhor"), são verdadeiras repreensões que o Senhor, elevado sobre a cruz, dirige ao seu povo. Neles se percorre de novo as primei-

---

[12] A oração inicial da celebração exprime-se assim: "Recorda-te, Pai, da tua misericórdia...". E no encerramento da celebração, a oração depois da comunhão, dirige-se a Deus com esta súplica: "... conserva em nós a obra da tua misericórdia...".

[13] No MR 1970 reza-se pelos hebreus *"ut, ad quos prius locutus Dominus Deus noster, eis tribuat in sui nominis amore et in sui foederis fidelitate proficere"* ["O Senhor Deus, que os escolheu antes de todos os seres humanos para acolher a sua palavra, os ajude a progredir sempre no amor do seu nome e na fidelidade à sua aliança"]. No MR 1962, reza-se pelos hebreus *"ut Deus et Dominus noster auferat velamen de cordibus eorum; ut et ipsi agnoscant Iesum Christum, Dominum nostrum"*. Com as mudanças introduzidas pela Congregação dos Ritos de 7 de março de 1965, reza-se pelos hebreus *"ut Deus et Dominus noster faciem suam super eos illuminare dignetur; ut et ipsi agnoscant omnium Redemptorem, Jesum Christum Dominum nostrum"*. No novo texto publicado no dia 6 de fevereiro de 2008, para aqueles que seguem a chamada forma extraordinária do Rito romano, reza-se pelos hebreus *"ut Deus et Dominus noster illuminet et corda eorum, ut agoscant Iesum Christum Salvatores omnium hominum"*. Sobre esta problemática, cf. W. Homolka; E. Zenger (edd.), *"...danut sie Jesus Christus erkennen". Die neue Karfreitagsfüebitte für die Juden* (Theologie Kontrovers), Herder, Freiburg – Basel – Wien 2008).

ras etapas da história de Israel e nas quais Deus se manifesta como salvador; estes acontecimentos são colocados agora em confronto com a conduta reprovável do povo nos fatos da paixão. Na Idade Média os *Impropérios* foram, algumas vezes, interpretados em chave antijudaica. Ao contrário, eles devem ser compreendidos como expressão da contínua recusa da comunidade, quer judaica, quer cristã, de que Deus opera a salvação.

A *Liturgia das Horas*, nos seus elementos constituintes, salmos e leituras, se apresenta como uma ampla releitura do mistério da cruz. As antífonas que acompanham a récita dos salmos de Terça, Sexta, Nona e as três antífonas das Vésperas de Sexta-Feira Santa conduzem-nos a percorrer novamente, passo a passo, os diversos momentos históricos do drama da cruz. Da antífona da hora Terça, que recorda que foi justamente nessa hora "que Cristo foi colocado na cruz", até a última antífona das Vésperas, que relembra os momentos derradeiros do drama: "Jesus, tendo provado o vinagre, disse: 'Tudo está consumado'. E, inclinando a cabeça, expirou". O trecho patrístico do Ofício das Leituras é extraído das *Catequeses* de São João Crisóstomo. Nelas o santo bispo ilustra a força do sangue de Cristo. Em particular, explica o simbolismo da água e do sangue que jorraram do lado aberto de Cristo (Jo 19,34). Uma (a água), símbolo do Batismo. O outro (o sangue), símbolo da Eucaristia. Portanto, conclui Crisóstomo: "É do seu lado aberto que Cristo formou a Igreja, como do lado de Adão foi formada Eva".

1.3. O Sábado Santo

Com a reforma de Pio XII, retomada fundamentalmente pela sucessiva reforma elaborada após o Concílio Vaticano II, o Sábado Santo adquiriu o seu aspecto originário: é o dia do Cristo sepultado e da sua descida à mansão dos mortos. É um dia sem uma liturgia própria, com exceção da *Liturgia das Horas*, particularmente rica nesta ocorrência. A Igreja, neste dia, faz própria e prolonga a atitude das piedosas mulheres. Estas, com efeito, na tarde da sexta-feira, após Cristo ter sido sepultado, estavam ali, "sentadas diante da tumba" (Mt 27,61). Estão recomendados o jejum e a parada diante do sepulcro, na espera da ressurreição do Senhor, porque, como afirma a segunda antífona do Ofício

Ano Litúrgico

das Leituras, colocando as palavras na boca de Cristo, "a minha carne repousa na esperança".

Tema específico do Sábado Santo, além do repouso de Cristo no sepulcro, é a sua "descida à mansão dos mortos".[14] Dessa descida de Cristo, trata longamente a belíssima homilia de um autor anônimo do século IV; texto lido no Ofício das Leituras. Depois o tema reaparece em forma de oração, na oração do dia e nas invocações das *Laudes*. Aparece ainda algumas outras vezes nos textos dos Cinquenta dias pascais. Trata-se de um artigo de fé que a liturgia romana proclama no Símbolo dos Apóstolos, aliás, pouco utilizado (o texto é do século V), e na Anamnese da Prece eucarística IV: "Neste memorial de nossa redenção celebramos, ó Pai, a morte de Cristo, a sua descida aos infernos, proclamamos a sua ressurreição e ascensão aos céus...".[15]

Talvez esta verdade seja estranha para a sensibilidade moderna e de alguma forma negligenciada pela consciência crente. Contudo, ela é fundamental para colher o sentido profundo, cristológico e soteriológico da Páscoa. A homilia, da qual falamos antes, após ter afirmado: "Deus morreu na carne e desceu para sacudir o reino dos infernos", ilustra com imagens sugestivas o encontro de Cristo com Adão e os outros justos que "permaneciam nas trevas e na sombra da morte". A eles o Redentor leva o anúncio da salvação e os conduz à morada eterna do Reino dos céus.[16]

Na sobredita homilia encontram-se ilustrados dois aspectos desse mistério: o cristológico e o soteriológico. A descida de Cristo aos infernos exprime, antes de tudo, a realidade-verdade da morte de Cristo. Não somente ele morreu, mas permaneceu também no estado da morte, entrou no reino dos mor-

---

[14] Geralmente, os autores citam duas passagens do Novo Testamento como fundamento bíblico desta crença: Ef 4,9-10 e 1Pd 3,19-21. No primeiro, uma referência à descida aos infernos é duvidosa, e em todo caso não aparece com um teologúmeno autônomo. O segundo texto afirma a universalidade da salvação operada por Cristo. O seu anúncio chega também aos mortos (cf. 4,6). No ambiente judaico, os contemporâneos de Noé eram considerados os protótipos dos não crentes e, como tal, excluídos da salvação. Mas Cristo morreu para reconduzir a Deus os injustos, também aqueles do passado.

[15] O antigo cânon romano não faz referência à descida de Cristo aos infernos, mas usa a fórmula da "ressurreição dos infernos": "... *ab inferis resurrectionis*" (GeV, n.1250); de modo análogo a do *Exsultet* (texto do século V): "*Christus ab inferis victor ascendit* [...] *Christus ab inferis resurrexit*".

[16] O Oriente cristão foi particularmente sensível ao ícone da descida do Senhor aos infernos e que rompe as portas da morte e toma Adão pela mão. No Ocidente, este tema aparece pela primeira vez na iconografia em um afresco do século VIII, que se encontra na basílica inferior de São Clemente, em Roma.

As celebrações pascais após o Concílio Vaticano II

tos, chamado pela Escritura de "inferiores", *shéol* ou *ade* (cf. Fl 2,10; At 2,24; Ap 1,18; Ef 4,9). Na sua morte, Jesus abraçou sem restrições o trágico destino do ser humano. Mas a solidariedade de Cristo com os humanos não é somente *dentro* da morte, mas também *além* da morte. Ele venceu a morte e abriu aos seres humanos de todos os tempos, desde Adão e a seguir, a via da esperança e da salvação. Esta é a doutrina expressa por uma das invocações das *Laudes* matutinas, quando fala de Cristo e o apresenta como "novo Adão, que desceu ao reino dos mortos para libertar as almas dos justos que estavam prisioneiras desde a origem do mundo".

O tema reaparece posteriormente no hino das Laudes matutinas do tempo de Páscoa: "Dos abismos da morte / Cristo sobe vitorioso / junto com os antigos pais". A vitória pascal de Cristo aparece, destarte, com toda amplitude das suas dimensões universais e cósmicas. A descida de Cristo aos infernos tem, pois, uma dimensão eclesial-sacramental. A oração do dia fala dela. Esta oração, após ter recordado que o Filho de Deus desceu "às vísceras da terra", formula a seguinte súplica: "Faze que, sepultados com ele no Batismo, ressurjamos com ele na glória da ressurreição". No sacramento do Batismo, o ser humano entra concretamente naquele itinerário de solidariedade *dentro* e *além* da morte de Cristo e se torna, por isso, membro da comunidade dos redimidos, como ilustra São Paulo em Rm 6,4-5, texto no qual se inspira a última invocação das *Laudes*: "Cristo, Filho de Deus, que mediante o Batismo nos tornas unidos misticamente a ti na morte e na sepultura, faze que, configurados à tua ressurreição, vivamos uma vida nova".

Porém, o Sábado Santo, como todos os demais dias do Tríduo, não se esquece de propor o mistério pascal em sua inteireza. Na interpretação que a Igreja faz dele, os três Salmos do Ofício das Leituras propõem o mistério da Páscoa nos três momentos de morte, sepultura e ressurreição. O Sl 4 celebra o Cristo morto que repousa seguro em Deus: "Em paz também me deitarei e dormirei, porque só tu, Senhor, me fazes habitar em segurança" (v. 9). O Sl 15 celebra a espera confiante da ressurreição do Cristo sepultado: "Pois não deixarás a minha alma no inferno, nem permitirás que o teu Santo veja corrupção" (v. 10). Finalmente o Sl 23 celebra a plena glorificação de Cristo que ultrapassa as portas do céu para ser entronizado à direita do Pai: "Levantai, ó portas, os vossos frontais, levantai-vos, ó portas eternas, e entrará o Rei da Glória" (v. 9). Assim também os dois salmos e o cântico das *Laudes* matutinas (Sl 63, Is 38, Sl 150), lidos à luz das respectivas antífonas, dirigem nossas atenções para os três momentos: de morte ("... o Senhor, inocente, foi morto"); de repouso na esperança ("liberta, ó Senhor, a minha alma do poder das trevas") e de glorificação ("estava morto, eis que agora vivo nos séculos"). Os salmos das outras Horas do Ofício e os outros elementos, como as leituras bíblicas, as invocações e as intercessões, sublinham ora um, ora outro momento do mistério pascal.

1.4. O Domingo de Páscoa "in resurrectione Domini" – Vigília Pascal na noite santa

No MR 1970, a Vigília Pascal é colocada em relação com o Domingo de Páscoa sob o título comum: Domingo de Páscoa *"in resurrectione Domini"*. Nesta noite "a Igreja espera, vigiando, a Ressurreição de Cristo e a celebra nos sacramentos" (NGALC, n. 21). É "a mãe de todas as santas vigílias", como a chamava Santo Agostinho.

Portanto, a Vigília Pascal é a primeira celebração do Domingo de Páscoa. O simbolismo fundamental desta Vigília é o de ser uma "noite iluminada", ou melhor, "uma noite vestida de dia", demonstrando mediante os sinais rituais que a vida da graça brotou da morte de Cristo. Por isso a Vigília, enquanto pascal, é noturna por sua natureza. A razão verdadeira do caráter noturno desta celebração está essencialmente na realidade pascal que ela é chamada a significar, isto é, "a passagem". Portanto, a espera típica da vigilância deve se referir à vinda final do Senhor como explicitamente anota a rubrica do MR no início da celebração:

> Por antiquíssima tradição, esta é a noite de vigília em honra do Senhor. Os fiéis trazem na mão – segundo a advertência do Evangelho (Lc 22,35ss) – a lâmpada acesa, assemelhando às pessoas que esperam o Senhor em seu retorno, de forma que, quando ele vier, as encontre vigiando e as faça sentar à sua mesa.[17]

---

[17] Nos textos do judaísmo (*I Targum*), a teologia da Páscoa acentua também o aspecto escatológico. No *Poema das Quatro Noites*, a descrição da "quarta noite" autoriza aquela tradição, que se fora desenvolvendo

A estrutura da Vigília é idêntica à do *Ordo* de 1951. Porém, há uma novidade importante: a celebração do Batismo não interrompe mais a liturgia da Palavra, sendo colocada no final desta. Além disso, a liturgia da Palavra sofreu algumas importantes mudanças.

A celebração vigiliar introduz os participantes na contemplação da Páscoa em todas as suas dimensões: a liturgia da luz ou lucernário (bênção do novo fogo, acendimento do círio pascal e canto do *Exsultet* ou anúncio pascal) celebra a *Páscoa cósmica*, que assinala a passagem das trevas para a luz; a liturgia da Palavra, com sete leituras do Antigo Testamento, mais duas do Novo), celebra a *Páscoa histórica*, evocando os principais momentos da História da Salvação; a liturgia batismal celebra a *Páscoa da Igreja*, povo novo suscitado pela fonte batismal; a liturgia eucarística celebra a *Páscoa perene e escatológica* com a participação no banquete eucarístico, imagem da vida nova e do Reino prometido. Esta estrutura recebeu algumas críticas: teria sido melhor imitar o modelo "beneventano", que coloca o acendimento do círio e a sua bênção após as leituras bíblicas.[18]

Os diversos momentos celebrativos da Vigília possuem um fio condutor: a unidade do desígnio salvífico de Deus, que se realiza para nós na Páscoa de Cristo (assim no anúncio pascal e assim nas leituras bíblicas). O antigo texto do anúncio pascal é percorrido por uma profunda consciência teológica de tipo sapiencial e contemplativo, que se nutre de estupor e de adoração, de louvor e de agradecimento, e que se exprime em tal linguagem. Parte-se da contemplação da história das obras salvíficas realizadas por Deus, cujo primeiro ato é a criação do cosmos e do ser humano, para chegar à nova criação do ser humano em Cristo morto e ressuscitado: "O santo mistério dessa noite derrota o mal, lava as culpas, restitui a inocência aos pecadores, a alegria aos aflitos".

---

bastante no judaísmo pós-exílio e era muito viva nos tempos do Novo Testamento. Segundo ela, a aparição do Messias e a inauguração do mundo novo aconteceriam durante uma noite de Páscoa. Da memória das *"mirabilia Dei"* do Êxodo, passava-se então a olhar em direção da futura redenção que aconteceria com a vinda do Messias (cf. R. Le Déaut, *La nuit paschale*, Institut Biblique Pontifical, Roma 1963, 237-251).

[18] Na atual Vigília Romana nem tudo foi um sucesso. A recaída ritual após o lucernário, com o apagar das velas (duas vezes: após o precônio e após o rito batismal), e o duplo anúncio da ressurreição, no *Exsultet* e no Evangelho, evidenciam sequências celebrativas (para frente/para trás, para cima/para baixo) difíceis de serem acompanhadas em seu processo e progressão (S. Rosso, *Il segno del tempo nella liturgia. L'Anno liturgico e Litugia delle Ore*, Elle Di Ci, Leumann [Torino] 2002, 259).

Ano Litúrgico

Notemos que falta alguma referência ao Espírito Santo. Aquilo que o anúncio pascal proclama com acenos líricos, é retomado a seguir pelas leituras bíblicas. De forma progressiva, elas introduzem os participantes na contemplação dos principais mistérios salvíficos: a criação (Gn 1,1–2,2), o sacrifício de Abraão (Gn 22,1-18), a passagem do Mar Vermelho (Ex 14,15–15,1) [leitura que jamais pode ser omitida];[19] a fidelidade de Deus Criador e Redentor (Is 54,5-14); a chamada a uma aliança eterna (Is 55,1-11); a guia resplendente da luz do Senhor (Br 3,9-15.32,4-4); a promessa de um coração novo (Ez 36,16-28); o Batismo, mistério pascal (Rm 6,3-11); o anúncio da Ressurreição (Mt 28,1-10 [A] – a única leitura evangélica no *Ordo* de Pio XII; Mc 16,1-8 [B]; Lc 24,1-12 [C]).

As orações que se recitam após cada uma das leituras do Antigo Testamento interpretam estes textos em chave cristológica, eclesial e sacramentária. Trata-se de preces que provêm quase todas do GeV e foram compostas, provavelmente, por Leão Magno. Após as leituras segue-se a liturgia batismal, que nos imerge na morte de Jesus para uma vida nova no Espírito. A oração de bênção da água é notavelmente modificada com relação ao texto precedente. Dela foram retirados todos os gestos que eram realizados a cargo da água (salva a imersão do círio pascal, à escolha). Finalmente, a celebração eucarística, momento culminante da Vigília, sendo em modo pleno o sacramento da Páscoa, isto é, memória do sacrifício da Cruz e presença do Cristo ressuscitado, complemento da iniciação cristã, pregustação da Páscoa eterna.

A audição prolongada da Palavra de Deus constitui o elemento originário, caracterizante e imprescindível do ato de fazer vigília para o Senhor. Note-se que a liturgia da Palavra sofreu mudanças fundamentais. O conjunto dos textos proclamados convida-nos a percorrer todas as etapas da História da Salvação que gravita sobre a Páscoa do Senhor. Esta Páscoa do Senhor torna-se Páscoa da Igreja, conforme proclama Rm 6,3-11 (por meio do Batismo, parti-

---

[19] A ausência da leitura de Ex 12 na atual Vigília pascal foi criticada: "Sem dúvida, é o ato mais deplorável e mais irregular que se produziu no curso das recentes reformas pascais. Se o inconveniente não for logo reparado, estas reformas terão diminuído, em vez de acrescido, o nosso direito de nos chamarmos herdeiros da Páscoa da Igreja primitiva, ao menos nesse ponto das leituras bíblicas" (R. Cantalamessa, *La Pasqua della nostra salvezza*, cit., 155; cf. também pp. 145-155).

cipamos da morte e da ressurreição de Cristo). Portanto, a Páscoa é também um convite para viver efetivamente a própria escolha batismal.

1.5. O Domingo de Páscoa "in resurrectione Domini": missa do dia

Esta missa celebra o acontecimento pascal como "dia de Cristo Senhor". As leituras bíblicas contêm o querigma pascal e a chamada para os empenhos da vida nova em Cristo ressuscitado.[20] Conforme afirma o atual texto da coleta (a mesma do GeV, n. 463, com o significativo acréscimo da função do Espírito Santo), celebrar a Páscoa significa afirmar "ser renovados no teu Espírito para renascer na luz do Senhor ressuscitado". O número 213 do IGLH prescreve que se conserve a tradição das "Vésperas batismais", no lugar em que ela ainda estiver em vigor. Por sua vez, o número 98 da Carta Circular *De festis paschalibus praeparandis et celebrandis* pede a sua eventual retomada.

De tudo o que foi afirmado, deduz-se que a Páscoa, se de um lado faz referência a um evento, acontecido uma vez por todas, de outro, em virtude da sua atualização celebrativa, é atualizado na vivência eclesial. Porém, a liturgia do Tríduo é de tal forma tomada pela contemplação do acontecimento que não concede espaço relevante ao tema parenético.

Note-se que todo o significado do Tríduo Pascal está no seu dinamismo interno de "passagem", de ponto de partida e início de um novo estado de coisas, de uma nova situação que se instaura justamente em razão dos acontecimentos comemorados nos dias do Tríduo. Essa nova situação é a que, posteriormente, é celebrada e ilustrada pela liturgia do Tempo de Páscoa como uma festa única e ininterrupta.

2. O TEMPO DE PÁSCOA: ESTRUTURA CELEBRATIVA

O Tempo de Páscoa é o período de cinquenta dias no qual, "a partir do Tríduo Pascal, como sua fonte de luz" (CIC, n. 1168), celebra-se, "como se fosse um só dia" (NGALC, n. 22), a Páscoa do Senhor. Este tempo se conclui

---

[20] Cf., em particular, a segunda leitura da missa: Cl 3,1-4: "Procurai as coisas do alto, onde está Cristo" – ou então 1Cor 5,6b-8: "Tirai o velho fermento, para se tornar massa nova".

com Pentecostes. Em homenagem à recuperada unidade deste Tempo como "cinquentena pascal", os domingos são chamados de domingos *de* Páscoa (não mais *depois* da Páscoa) e foi suprimida a oitava de Pentecostes. O Missal atual suprimiu também o título de *"Tempus Ascensionis"*, que estava ainda presente no MR 1962 no início da festa homônima. A Ascensão do Senhor celebra-se no quadragésimo dia, mas com a possibilidade de ser transferida para o domingo seguinte. O círio pascal é apagado não mais após a proclamação do Evangelho, mas sim após as Completas do dia de Pentecostes, como conclusão do Tempo Pascal. A coleta da missa vespertina na vigília do dia de Pentecostes afirma que a celebração da Páscoa é encerrada no "tempo sagrado de cinquenta dias", e o prefácio da missa do dia de Pentecostes afirma explicitamente que neste dia tem-se "cumprimento o mistério pascal". A oitava de Páscoa é conservada pelo seu liame histórico com a semana "mistagógica" ou de iniciação aos sacramentos dos batizados na Vigília Pascal. Os oito dias são unidos ao domingo de Páscoa e são celebrados como "solenidade do Senhor" (NGALC, n. 24). No desejo de sublinhar a unidade do mistério de Cristo e do Espírito, os textos eucológicos colocam em realce que todo o tempo de Páscoa é sempre tempo do Espírito. Em suma, o mistério pascal é celebrado como um todo unitário (morte, ressurreição, ascensão do Senhor e vinda do Espírito Santo). Ainda que seja um detalhe menor, alguns acreditam que seria provavelmente mais significativo que no domingo de Pentecostes, encerramento do Tempo Pascal, a cor litúrgica não fosse mais o vermelho, mas sim a cor branca dos demais dias da Cinquentena.[21]

No Tempo Pascal, a organização das leituras bíblicas foi profundamente renovada com relação ao MR 1570. Na fidelidade à tradição, atestada no Oriente por João Crisóstomo e no Ocidente por Agostinho, durante a Cinquentena pascal se leem os Atos dos Apóstolos (tomam o lugar das leituras do Antigo Testamento),[22] que testemunham a experiência vivida pela primeira

---

[21] Na terceira edição típica do MR, o segundo domingo de Páscoa é chamado "Domingo de Páscoa ou da Divina misericórdia". O *Diretório sobre a piedade popular e liturgia*, no n. 154, quer que "se eduquem os fiéis para que compreendam tal devoção à luz das celebrações litúrgicas destes dias de Páscoa".

[22] A falta das leituras do Antigo Testamento durante este tempo central do Ano Litúrgico causa certa perplexidade. Se o mistério pascal está no centro da História da Salvação, ele está também no centro de unidade dos dois Testamentos.

geração cristã guiada pelos Apóstolos. Assim também são lidos o Evangelho de João, bem como a primeira Carta de Pedro, as Cartas de João e o Apocalipse. Os textos estão bem de acordo com aquele sentido de fé jubilosa e de firme esperança, próprios do Tempo Pascal. Nos formulários dominicais, cada uma das perícopes é quase sempre harmonizada com o Evangelho. Os traços essenciais das temáticas das leituras bíblicas podem ser sintetizados assim: os acontecimentos pascais são para nós, a fim de que sejamos participantes da vida do Ressuscitado. Isto acontece por obra do Espírito Santo, de modo especial na celebração eucarística, que é a nossa Páscoa. Destarte, é acentuado o valor eclesial-sacramental das celebrações pascais. No que diz respeito à eucologia do Tempo Pascal, notavelmente renovada, deve-se notar um considerável aumento da temática pneumatológica, particularmente na última semana, com forte acentuação da vida pascal como "vida segundo o Espírito", na esperança da Páscoa escatológica.

A Igreja nasce no ato do sacrifício de Cristo, mas, somente cinquenta dias após a Ressurreição, o Espírito Santo é dado à primeira comunidade cristã. Este tempo é de fundamental importância para os Apóstolos, chamados a ser o fundamento da Igreja. Para responder a esta vocação, eles tiveram que percorrer um itinerário de vida de fé para adquirir plena consciência do novo modo de presença de Jesus ressuscitado em meio a eles. Nestes cinquenta dias, Jesus ressuscitado educa os Apóstolos mediante várias aparições, a fim de que compreendessem os novos sinais da sua presença e ação no mundo. Os Apóstolos experimentam novas práticas no exercício da fé, sempre tentados pela incredulidade, até o dia no qual serão investidos pela força do Espírito Santo.

3. O TEMPO DE PÁSCOA: TEOLOGIA

Podemos distinguir quatro dimensões da Páscoa: *cristológica, pneumatológica, eclesial-sacramental* e *escatológica*. Todas estas quatro dimensões devem ser consideradas complementares.

3.1. O Tempo Pascal é tempo de Cristo

A Páscoa tem, antes de tudo, uma dimensão cristológica, pelo simples motivo de ser "Cristo nossa Páscoa" (1Cor 5,7), conforme proclama a aclama-

Ano Litúrgico

ção ao Evangelho do domingo de Páscoa (missa do dia). A nova e verdadeira Páscoa é Cristo imolado e ressuscitado.

3.1.1. *Cristo é o "verdadeiro Cordeiro" no qual se realizam as figuras antigas*

A leitura patrística da segunda-feira dentro da oitava da Páscoa propõe um trecho extraído da antiquíssima homilia *Sobre a Páscoa* de Melitão de Sardes. Conforme esta homilia, a Páscoa é a celebração total da nossa redenção. Em primeiro lugar, contudo, ela é comemorativa da paixão vitoriosa de Cristo e tem como ponto de referência a tipologia da imolação do Cordeiro pascal (cf. Ex 12). A Eucaristia é o rito central dessa visão da Páscoa, pois nela se anuncia "a morte do Senhor até que ele venha" (1Cor 11,26). Esta antiga interpretação da Páscoa ocupa um lugar relevante na liturgia romana atual. Cada dia, até a Ascensão do Senhor, o hino das Vésperas ecoando 1Cor 5,6-8 se exprime nestes termos: "O Cristo nossa Páscoa / morreu como um Cordeiro. / Seu Corpo é nossa oferta, / pão vivo e verdadeiro". Assim também o Prefácio pascal I, que provém do Sacramentário GeV (n. 458), inspirando-se em Jo 1,29, diz: "É ele o verdadeiro Cordeiro que tirou os pecados do mundo; é ele que, morrendo, destruiu a morte e, ressurgindo, deu-nos a nova vida".

Cristo é o "verdadeiro Cordeiro", pois nele se completaram as figuras antigas, como recorda o Prefácio V: "oferecendo o seu corpo sobre a Cruz, deu cumprimento aos sacrifícios antigos" (cf. Hb 10). "Cordeiro de Deus" é um dos títulos cristológicos tipicamente joaninos.

Conforme foi dito acima, os escritos joaninos estão abundantemente presentes nos *Lecionários* do Tempo de Páscoa. Antes e após a Ressurreição, João não cessa de voltar o seu olhar ao "corpo" do Verbo da vida (cf. 1Jo 1,1). É este corpo que foi perfurado pela lança (cf. Jo 19,34) e é a fonte aberta da qual, após a Ressurreição, brotarão rios de água viva (cf. Jo 19,34; 7,38). É este corpo que o apóstolo Tomé deseja tocar na forma mais audaz e realista, pondo o seu dedo lá onde estivera o cravo e a mão, na ferida aberta pela lança (Jo 20,19-31: Evangelho do domingo II); é este corpo, enfim, que na glória permanece como um "cordeiro degolado" e como tal é aclamado por miríades de anjos: "O Cordeiro que foi imolado é digno de receber poder e riqueza, sa-

As celebrações pascais após o Concílio Vaticano II

bedoria e força, honra, glória e bênção" (Ap 5,12: segunda leitura do domingo III [C]). Cristo permanece para sempre o Cordeiro imolado, a vítima santa do eterno sacrifício, o Cordeiro da eterna Páscoa.

3.1.2. Em Cristo o universo ressuscita e se renova, e o ser humano retorna às fontes da vida

Outra clássica visão da Páscoa é encontrada no prefácio pascal IV, que provém originariamente do GeV (n. 487). O texto ilustra brevemente a restauração do universo por meio do mistério pascal: "Nele, vencedor do pecado e da morte, o universo ressurge e se renova e o ser humano retorna às fontes da vida". É o mesmo tema que se encontra na oração após a primeira leitura da Vigília Pascal. Nela se afirma que, se foi grande a criação do mundo, "bem maior foi a obra da nossa redenção na plenitude dos tempos". No mistério de Cristo pascal, criação e redenção são entrelaçadas reciprocamente. A experiência pascal é um salto qualitativo na história. Ela coenvolve, no seu dinamismo de vida, o ser humano e o universo inteiro. Em um trecho de São Gregório de Nissa, proposto pelo Ofício das Leituras da segunda-feira V, Cristo ressuscitado é apresentado como "Primogênito da nova criação". A Páscoa assinala o princípio de uma nova criação, que encontra eterna confirmação em Cristo. Essa criação é libertada para sempre da morte e da caducidade. A nova criação, reconciliada em Cristo, recebe a plenitude que a nova não possuía. Portanto, ele é o "Primogênito entre muitos irmãos", como ilustra o abade Isaque della Stella, em um dos seus sermões, lido na sexta-feira da V semana. Esse trecho é comentado pelo correspondente responsório com as seguintes palavras, tiradas do famoso hino cristológico de São Paulo: "Ele [...] é o primeiro daqueles que ressuscitam dos mortos, para em tudo ter a primazia" (Cl 1,18). Na sua ressurreição, Cristo garante a dos outros. Eis por que obtém o primado sobre todas as coisas. Na Páscoa o mundo reencontra a sua inocência batismal e com ela o esplendor, a juventude, a alegria da sua criação: "Exulte sempre o teu povo, ó Pai, pela renovada juventude do Espírito" (coleta do domingo III).

3.1.3. *O acontecimento da glorificação de Cristo inaugura um novo e eterno sacerdócio*

O prefácio pascal III fala da perene presença e mediação do Ressuscitado: "Ele continua a oferecer-se por nós e intercede como nosso advogado...". O sacrifício de Jesus atinge sua eficácia redentora somente com o seu ingresso no santuário celeste: Ele é "o mediador de uma aliança nova" (Hb 9,15), pois entrou "no mesmo céu para se apresentar na presença de Deus em nosso favor" (Hb 9,24). O Ofício das Leituras da quarta-feira II propõe um trecho de Leão Magno, no qual o grande Papa ilustra como Cristo seja sempre vivente e operante em favor de sua Igreja. E um anônimo autor africano do século VI diz: "O Espírito não abandonou a sua Esposa" (Ofício das Leituras do Sábado VII). O Senhor Ressuscitado vive e opera na sua Igreja. O Tempo Pascal celebra a presença de Cristo em meio aos discípulos, a sua dinâmica manifestação nos sinais que se tornarão, após a sua Ascensão, o prolongamento do seu corpo glorioso: a palavra, os sacramentos, em particular a Eucaristia (cf. SC, nn. 5-6, trecho lido no Ofício das Leituras do Sábado II).

3.2. O Tempo Pascal é tempo do Espírito

Suprimida a oitava de Pentecostes e recuperada a unidade da Cinquentena, a liturgia do Tempo Pascal, em particular na *Liturgia das Horas*, dá amplo espaço ao Espírito Santo, seja nos formulários dominicais, seja nos feriais. Acenamos anteriormente à antiga coleta do domingo de Páscoa. A ela foi acrescentada uma referência à missão do Espírito Santo na nossa participação à vida nova no Cristo Ressuscitado. Encontramos outros numerosos textos pneumatológicos, em particular na semana VII que precede a solenidade de Pentecostes. A maior parte das orações do *Missal* e todas as leituras patrísticas da *Liturgia das Horas* desta última semana fazem referência ao Espírito.

3.2.1. *Cristo ressuscitado por obra do Espírito*

No Ofício das Leituras do domingo VII, encontramos um trecho de Gregório de Nissa no qual se afirma que a natureza humana de Cristo foi glorificada

As celebrações pascais após o Concílio Vaticano II

pela intervenção do Espírito. Assim como Jesus foi gerado por obra do Espírito, assim também o Pai o ressuscita por obra do mesmo Espírito. É a mesma doutrina de São Paulo em um trecho lido na Vigília Pascal e retomado como leitura breve da Hora Nona em todos os domingos da Cinquentena: "Cristo foi ressuscitado dos mortos por meio da glória do Pai" (Rm 6,4). Glória e Espírito estão estreitamente aparentados no pensamento de Paulo e também no de João, de tal forma que são, muitas vezes, identificados. Portanto, pode-se afirmar que Cristo foi ressuscitado pelo Pai por meio da glória do Pai, que é o Espírito. Gregório de Nissa, no texto citado antes, no qual comenta Jo 17,22, di-lo explicitamente: "Ninguém pode negar que o Espírito Santo seja chamado 'glória'".

3.2.2. Cristo Ressuscitado fonte do Espírito

Merecem uma particular atenção a leitura evangélica do domingo II e a do domingo de Pentecostes (missa do dia, no ano A). Este Evangelho recorda a especial efusão do Espírito Santo dada por Jesus aos discípulos por ocasião da sua aparição no mesmo dia da ressurreição (Jo 20,19-23). Cristo, ressuscitado por obra do Espírito, torna-se fonte do Espírito. O dom do Espírito Santo é a meta para a qual tendia todo o acontecimento terreno de Jesus. A sua vida-morte-ressurreição eram finalizados principalmente para este fim. Pois é somente com o dom do Espírito Santo que é radicalmente superado no ser humano o regime da "carne" e se instaura o regime novo do "Espírito" (Rm 7,5-6), no qual se torna possível "caminhar numa vida nova" (Rm 6,4). Esta última é uma dinâmica para a qual os textos pascais dão amplo espaço.

3.3. O Tempo Pascal é tempo da Igreja

A Páscoa é a festa da Igreja, novo povo de Deus (cf. Ex 19,5-6). Todo o mistério da Igreja tem sua origem na Páscoa e encontra nela a sua força. Como falamos acima, a Igreja nasce do coração aberto de Cristo (cf. também as intercessões das Primeiras Vésperas dos domingos II, IV, VI). Com efeito, com o seu sacrifício pascal, Cristo reúne as pessoas que estavam dispersas e faz delas uma só família, guardada no amor e animada pelo Espírito. É a Igreja à qual pertencem pessoas "de todas as nações, tribos, povo e língua" (Ap 7,9; segunda leitura do domingo IV [C]) que escutaram a sua voz, seguiram-no e abeberaram-se nas fontes da sua vida.

A imagem de Igreja que emerge dos textos litúrgicos deste período do ano é a de profunda sintonia com a ação do Espírito. A escolha do livro dos Atos como primeira leitura dos domingos de Páscoa do Tempo Pascal é significativa a respeito; com efeito, os Atos são a descrição mais genuína da Igreja que vive sob a ação do Espírito de Pentecostes. A Igreja, embora não seja Pentecostes completo, é o Pentecostes já começado.

3.3.1. *O Espírito, princípio de unidade da Igreja*

O Espírito, que o Ressuscitado difundiu sobre a Igreja, desenvolve em seu seio uma função de unificação no amor que é semelhante ao que é exercitado no seio da Trindade. Uma série de textos, a maior parte pertencentes à última semana do Tempo Pascal, fala do Espírito como princípio de unidade na caridade. Assim, por exemplo, a primeira coleta da missa vespertina na vigília e o prefácio do domingo de Pentecostes, textos que chegam no *Missal* atual diretamente de GeV (nn. 637 e 634 + 641), evocam o Espírito que reúne as linguagens da família humana na profissão da única fé (cf. Gn 11,1-9; At 2,7-13). No sábado VII, o Ofício das leituras propõe um trecho retirado dos *Discursos* de um autor africano anônimo do século VI, acima citado, no qual se ilustra o mistério da Igreja que, reunida por obra do Espírito Santo, exprime a sua unidade em todas as línguas. De outra perspectiva, é muito significativo o conteúdo da oração após a comunhão da Vigília Pascal, um texto tradicional que, com alguma variação, encontra-se no Ve (n. 1049), no GeV (n. 1330), no MR 1570 e no de Paulo VI de 1970. A oração em questão exprime-se nestes termos: "Infunde em nós, ó Pai, o Espírito da tua caridade, para que, nutridos com os sacramentos pascais, vivamos concordes no sacramento do teu amor".

O texto não fala propriamente do Espírito como Pessoa, mas dos dons que Deus nos comunica por meio do seu Espírito: a caridade que é graça específica dos "sacramentos pascais". Na mesma linha se move Cirilo de Alexandria, no seu *Comentário ao Evangelho de São João*, lido na quarta-feira VI: "O poder da santa humanidade de Cristo torna *concorporais* as pessoas nas quais esse poder se encontra. Da mesma forma, creio, o único e indivisível Espírito de Deus que habita em todos conduz a todos à unidade espiritual".

3.3.2. O Espírito introduz a Igreja no mistério de Cristo

Entre outras funções, missão precípua do Espírito é a de introduzir a Igreja na compreensão do mistério realizado *em* e *por* Cristo. A maior parte das antífonas para a comunhão das férias da semana VII, tomadas todas do Evangelho de João, fazem referência a esta função do Espírito: terça-feira (Jo 14,26); quarta-feira (Jo 15,26-27); sexta-feira (Jo 16,13); sábado (Jo 16,14). Assim também um trecho do *Tratado sobre o Espírito Santo* de São Basílio, lido na terça-feira VII: o Espírito "oferece a si próprio a toda criatura racional e junto consigo [oferece] luz e auxílio para a busca da verdade". O Prefácio da missa do dia de Pentecostes dá graças ao Senhor porque, com a efusão do Espírito Santo, "nos albores da Igreja nascente revelou a todos os povos o mistério escondido nos séculos". O Espírito não é testemunha de uma verdade abstrata, e sim da Verdade que é Cristo e a sua obra de salvação.

3.4. O Tempo Pascal é anúncio do tempo escatológico

A dimensão escatológica da Páscoa foi expressa desde o início na espera real da vinda de Cristo (= parúsia), no decurso da celebração pascal. Essa espera era ainda viva no século IV, como testemunham Jerônimo e outros escritores eclesiásticos. A seguir, a trépida espera da parúsia se transformará, exprimindo-se como tensão para a Páscoa celeste e como imagem e penhor da vida eterna. Na primeira parte do século III, Orígenes, servindo-se da tipologia em três estágios (sombra-imagem-verdade), fala de uma "terceira Páscoa", a celeste, a única verdadeira e definitiva. A seguir Agostinho, em um trecho dos *Comentários aos Salmos* (148,1-2), lido no sábado V, afirma: "A ressurreição e a glorificação do Senhor são o anúncio da vida que nos será doada". Como sugere a leitura do Apocalipse neste tempo, a Páscoa é antecipação da vida nova e espera da sua realização definitiva em Cristo.

Ano Litúrgico

A coleta da missa do dia de Páscoa, várias vezes citada, afirma que a vitória de Cristo sobre a morte "nos abriu a passagem para a vida eterna". Os textos eucológicos da Cinquentena retomam frequentemente este tema: partindo da realidade da participação nos sacramentos pascais e do dom do Espírito Santo, orientam a Igreja para a plenitude da Páscoa eterna. Em particular, a tensão escatológica está presente nas orações após a comunhão que veem a participação na Eucaristia pascal como penhor da participação "na glória da ressurreição" (dia de Páscoa), "à glória incorruptível da ressurreição" (domingo III), às "pastagens eternas do céu" (domingo IV), ou como estímulo "à esperança eterna" (domingo VI). Doutrinalmente, de forma mais rica, exprime-se a oração após a comunhão do domingo de Pentecostes: "... guarda em nós o teu dom, para que neste alimento espiritual com o qual nos nutres para a vida eterna, esteja sempre operante em nós o poder do teu Espírito".

Em parte, o texto é inspirado no Ve (n. 491). A Eucaristia, assim como todo o mundo sacramental, está destinada a se anular na presença definitiva do Senhor. Nele a morte será de tal forma absorvida em vitória que não haverá mais necessidade de uma representação histórica da morte de Cristo.

4. O TEMPO DE PÁSCOA: PARÊNESE

Os acontecimentos da Páscoa de Cristo são celebrados pela Igreja como eventos que têm um sentido *para nós*, a fim de que nos tornemos participantes da vida nova do Senhor ressuscitado. Portanto, é tarefa da parênese ilustrar o evento pascal como acontecimento eclesial-sacramental, como exigência de renovação e de testemunho, como ponto de referência do crescimento e da missão da Igreja. Conforme diz o autor africano do século VI, de quem se lê um trecho no Ofício das Leituras do sábado VII: "Não celebrareis inutilmente se vos tornareis o que celebrais".

4.1. Mortos e ressuscitados com Cristo

A liturgia do Tempo Pascal, em particular a dos dias da oitava de Páscoa, retoma e desenvolve a temática emersa já na celebração do Tríduo, em particular na grande Vigília, na qual Cristo ressuscitado confirma em nós "a esperança de participar de sua vitória sobre a morte e de viver com ele em Deus Pai" (monição inicial). Como foi falado antes, a oitava de Páscoa conserva o seu liame histórico com a semana "mistagógica", na qual as pessoas que tinham sido batizadas na Noite Santa eram introduzidas progressivamente na compreensão dos sacramentos em uma experiência de vida cristã em harmonia com eles. Não se trata da conservação de um repertório da história passada. A celebração da história pascal pode ser agora o espaço adequado para tomar consciência e renovar a graça do sacramento com o qual fomos iniciados à vida cristã. No encerramento da oitava, a coleta do domingo II exprime-se nestes termos: "... acresce em nós a graça que nos deste, a fim de que compreendamos a inestimável riqueza do Batismo que nos purificou, do Espírito que nos regenerou, do sangue que nos remiu".

A água, o Espírito e o sangue são os sinais que materializam o dom extremo da vida que sai do corpo de Cristo ao morrer. Por trás destes sinais estão o Batismo, a Confirmação e a Eucaristia. Os verbos realçam os efeitos dos três sacramentos: a purificação, a regeneração (ou renascimento), a redenção (ou libertação).

Nos dias da oitava, o Ofício das Leituras propõe alguns trechos extraídos das antigas catequeses mistagógicas dos Padres, que ilustram com uma linguagem delicadamente bíblica a realidade salvífica do mistério pascal participado nos sacramentos, e ao mesmo tempo convidam quem escuta a sintonizar a sua vida com os dons recebidos. Uma das antigas *Catequeses Mistagógicas* de Cirilo de Jerusalém, lida na quinta-feira, afirma que os acontecimentos da paixão-morte-ressurreição de Jesus foram para nós "dom de graça. Destarte, com efeito, partícipes de sua paixão mediante a representação sacramental, possamos realmente obter a salvação".

O texto bíblico fundamental sobre o qual se baseia esta doutrina é um trecho várias vezes proclamado na liturgia da oitava: "Pelo Batismo fomos sepultados com ele na morte, para que, assim como Cristo foi ressuscitado dos mortos por meio da glória do Pai, assim também nós possamos caminhar numa vida nova" (Rm 6,4).

O domingo da oitava de Páscoa propõe um trecho de Santo Agostinho no qual o Batismo é chamado de "sacramento da nova vida". No sábado da oitava lemos, ao contrário, uma outra das antigas *Catequeses Mistagógicas* de São Cirilo de Jerusalém, que desenvolve a dimensão salvífica da Eucaristia, cume da iniciação cristã.

Os textos eucológicos da oitava de Páscoa explicitam majoritariamente essa dimensão vital da Páscoa. A coleta da segunda-feira, procedente do GeV (n. 624), augura que os fiéis saibam "exprimir na vida o sacramento que receberam na fé" (cf. também a coleta de sexta-feira). Concretamente, as invocações das *Laudes* e as intercessões das Vésperas descrevem a Páscoa como "vitória sobre o mal", "libertação do domínio da morte", "libertação do pecado e da morte", "passagem da escravidão do pecado à liberdade das filhas e filhos de Deus", "consecução do bem da perfeita liberdade", "experiência da vida nova". Em cada dia da oitava, a antífona da Hora Nona retoma o convite de São Paulo: "Vós ressuscitastes com Cristo, buscai as coisas do alto, aleluia" (cf. Cl 3,1; segundo domingo de Páscoa). A expressão "procurai as coisas do alto" orienta para o mundo divino, o da ressurreição. Definitivamente o Apóstolo afirma a necessidade de uma radical transformação em Cristo, que o cristão obtém com a ressurreição.

4.2. Fiéis à solicitação do Espírito

Conforme já se tratou na parte teológica, a última semana pascal é particularmente atenta à temática pneumatológica. Durante esta semana, que precede imediatamente à solenidade de Pentecostes, a parênese devia concentrar-se sobre as exigências que brotam da presença e da ação do Espírito.

4.2.1. Cooperar com a ação do Espírito

Cristo ressuscitado, com a força do seu Espírito, renova a Igreja. O Espírito, coenvolvendo-se definitivamente no acontecimento de Cristo morto e ressuscitado, insere-nos como protagonistas no momento culminante da história da salvação e, portanto, nos ensina a levar uma vida segundo o Espírito do Ressuscitado. Desde o momento que possuímos o Espírito, afirma Cirilo de Alexandria, podemos praticar com facilidade qualquer virtude e ser, além disso, fortes e invencíveis contra as insídias do diabo e os ataques das pessoas (cf. Ofício das Leituras de quinta-feira VII). Com a glorificação de Cristo e a efusão do Espírito, Deus torna manifesta e operante em nós toda a riqueza do mistério pascal, de forma que, feitos "participantes de tão grandes dons, possamos crescer na fé e nos empenhar sempre mais no serviço divino" (coleta da sexta-feira VII). O Espírito nos torna capazes de "aderir plenamente à vontade do Pai" (coleta da segunda-feira VII) e "cria em nós um coração novo para que possamos agradar" a ele "e conformar-nos à [sua] vontade" (coleta da quinta-feira VII). Porém, Santo Hilário adverte, em um trecho lido na sexta-feira VII, que o Espírito "nos é concedido na medida na qual queremos acolhê-lo. Habitará em nós à medida que cada pessoa quiser merecê-lo".

4.2.2. Com uma vida fundada sobre a dinâmica da liberdade do amor filial

Um tema pneumatológico e batismal, que tem lugar de relevo na Liturgia do Tempo de Páscoa, em particular na última semana, é o da "filiação divina". Na coleta da segunda-feira VII suplicamos que "venha sobre nós [...] a força do Espírito Santo para que adiramos plenamente à vontade [do Senhor]" e o testemunhemos "com amor de filhas e filhos". No mesmo dia a leitura breve das Vésperas propõe Rm 8,14-17. Este texto será lido novamente no seu contexto mais amplo, no Ofício das Leituras do domingo de Pentecostes. O v. 14 afirma: "Todos aqueles que são guiados pelo Espírito de Deus, estes são filhos de Deus". Os cristãos são "filhos de Deus" não por seu esforço, ascese ou pela própria vontade de mudança, mas pela ação própria do Espírito que os conduz. Basílio Magno, em um trecho das *Catequeses sobre o Espírito Santo*, acentua este dado. Este trecho é lido no ofício da mesma segunda-feira: "Por meio do Espírito [...] retornamos ao estado de adoção de filhos". E o beato Isaque, em um dos seus *Discursos*, lido na quinta-feira V, acrescenta: "... Segundo este Espírito 'deu-lhes o poder de se tornar filhas e filhos de Deus' (Jo 1,12), a fim de que, um a um, sejamos ensinados por aquele que é o primogênito de muitos irmãos, a dizer: 'Pai nosso, que estais nos céus'...".

Na invocação das *Laudes* da Quarta-feira VII, a comunidade orante toma consciência desta verdade, quando reza: "Tu, que nos tornastes participantes de tua condição filial no Espírito Santo, une-nos a ti, mediante o Espírito, no louvor ao Pai".

Leão Magno explica, em um dos seus *Sermões* sobre a paixão, como a nossa condição filial tem raízes no Batismo por obra do Espírito:

> [O Filho de Deus], como nasceu de uma Virgem-mãe por obra do Espírito Santo, assim torna fecunda a Igreja, sua Esposa ilibada com o sopro vital do seu Espírito, para que, mediante o renascimento do Batismo, seja gerada uma multidão inumerável de filhas e filhos de Deus (Ofício das Leituras da quarta-feira II).

Por sua vez, Fulgêncio de Ruspe, num trecho lido na terça-feira II, no Ofício das Leituras, coloca em relevo a dimensão eclesial da filiação divina: "O Espírito Santo, que é único do Pai e do Filho, dando a graça da adoção divina, opera os mesmos efeitos descritos pelos Atos dos Apóstolos para as pessoas que recebiam o Espírito Santo: 'A multidão de crentes tinha um só coração e uma só alma' (At 4,37)".

O tema da filiação divina é fundamental para uma reta condução da ética especificamente cristã: as relações do cristão com Deus não são fundadas sobre a lei nem sobre o temor; é característica do cristão, diante de Deus, ter um comportamento de filho. Porém, ser filho não é algo que é dado definitivamente. Manifesta-se e cresce em nós à medida que nossas relações com Deus são verdadeiramente fundadas sobre a dinâmica da liberdade do amor filial (cf. Gl 4,7).

4.3. Na vida e na missão da Igreja

A participação nos sacramentos pascais comporta a inserção ativa e responsável na comunhão, no serviço e na missão eclesial. Existe íntima relação entre a Igreja que se manifesta e se realiza ao redor da Eucaristia, sacramento do sacrifício pascal de Cristo, e a Igreja que anuncia este mistério ao mundo. Seja a Igreja que celebra a Eucaristia, seja a Igreja que evangeliza, têm a missão de colocar as pessoas em comunhão com o mistério da própria salvação realizado na Páscoa de morte e de ressurreição de Jesus Cristo. A oração sobre as ofertas da missa do dia de Páscoa, proveniente do GeV (n. 470), se exprime nestes termos: "... nós te oferecemos, Senhor, este sacrifício, no qual admiravelmente nasce e se edifica sempre a tua Igreja".

A Igreja é o povo que crê em Cristo, que é batizado no nome de Cristo, que vive do Corpo eucarístico de Cristo e que, no Batismo e na celebração eucarística, se torna este mesmo corpo de Cristo. Em uma oração após a comunhão, repetida várias vezes durante o Tempo Pascal, rezamos: "... o memorial da Páscoa, que Cristo teu Filho nos mandou celebrar, edifique-nos sempre no vínculo do teu amor" (sábados II, IV e VI; sexta-feira III e V; terça-feira VII).

A oração provém do Ve (n. 596), em que, porém, o fruto que se espera da Eucaristia é descrito como um genérico "auxílio à nossa fraqueza". Ao contrário, o texto do atual *Missal* coloca em relevo que o fruto específico da Eucaristia é revigorar e edificar a Igreja no vínculo da caridade divina. A participação eucarística faz entrar naquela totalidade de amor que culmina na Páscoa de Jesus, amor infinito do Pai que oferece o seu Filho à humanidade e amor imenso do Filho encarnado que se oferece sem reticências ao Pai para a salvação dos seus irmãos. O trecho citado antes do bispo Fulgêncio de Ruspe, lido no Ofício das Leituras de terça-feira II, fala da Eucaristia como "sacramento de unidade e de caridade". O trecho, que oferece diversos elementos parenéticos, conclui-se com estas palavras: "Possa ela [a Igreja] receber sempre a mesma graça da caridade espiritual e, dessa forma, se apresentar sempre como hóstia viva, santa, agradável a Deus".

Ao Senhor Jesus, que anunciou às piedosas mulheres e aos apóstolos a alegria da ressurreição, pedimos na invocação das Laudes do Tempo de Páscoa (terça-feira I, III, V): "Faze-nos anunciadores da tua vitória". Isto a Igreja o realiza em cada celebração eucarística porque, conforme diz São Paulo: "Todas as vezes que vocês comem deste pão e bebem deste cálice, estão anunciando a morte do Senhor, até que ele venha" (1Cor 11,26). Portanto, o Apóstolo afirma que o anúncio da morte (vitoriosa) de Cristo se realiza na mesma celebração da Eucaristia. No memorial eucarístico, a Igreja retorna à fonte, à origem e ao modelo da própria missão. Isto é, ela celebra a missão do Filho que se

Ano Litúrgico

encarna, vive e se oferece como vítima de salvação por todas as pessoas. Ele, após a ressurreição, manda seus discípulos pregar o Evangelho a todos (cf. Mc 16,15; Evangelho da Ascensão [B]). Nesta função o Espírito tem uma missão importante. Com efeito, ele, "nos albores da Igreja nascente, revelou a todos os povos o mistério escondido nos séculos" (prefácio da missa do dia de Pentecostes). Este não é outro mistério senão o desígnio salvífico de Deus que se realiza em Cristo morto e ressuscitado.

5. O TEMPO DE QUARESMA: ESTRUTURA CELEBRATIVA

Conforme afirma a segunda oração de Bênção da Quarta-feira de Cinzas do MR 1970, celebrar a Páscoa significa chegar, mediante o empenho do exercício quaresmal, "a uma vida renovada à imagem do Senhor que ressuscita". Portanto, a Quaresma é um tempo de preparação para a Páscoa. Isto é confirmado por diversos documentos: "A liturgia quaresmal conduz à celebração do mistério pascal, seja os catecúmenos, através dos diversos graus da iniciação cristã, seja os fiéis, por meio da memória do Batismo e da Penitência" (NGALC, n. 27; cf. SC, n. 109).

A Quaresma vai da Quarta-feira de Cinzas até a missa *"in Cena Domini"* da Quinta-Feira Santa, excluída (cf. NGALC, n. 28). Dessa forma, o tempo quaresmal é claramente distinto do Tríduo Pascal. Além disso, desapareceram os domingos de Septuagésima, Sexagésima e de Quinquagésima, já presentes nos antigos sacramentários romanos.

O rito da bênção e da distribuição das cinzas, com os quais se inicia o tempo penitencial pascal, foi simplificado e já não se realiza mais, como se fazia ainda no MR 1962, no início da missa. Ele foi inserido no final da Liturgia da Palavra. As três leituras propostas são: o apelo de Joel a um ato comunitário de Penitência (Jl 2,12-18); o convite de Paulo a deixar-se reconciliar com Deus (2Cor 5,20–6,2); o ensinamento de Jesus sobre a forma como os discípulos devem dar esmola, rezar e jejuar (Mt 6,1-6.16-18). Para a imposição das cinzas se propõe uma nova fórmula extraída de Mc 1,15: "Convertei-vos e crede no Evangelho", com a possibilidade de utilizar a antiga fórmula tirada de Gn 3,19: "Recorda-te que és pó, e em pó te tornarás".

O rito da bênção e imposição das cinzas pode ser realizado também como liturgia da Palavra, fora da missa.

6. O TEMPO DE QUARESMA: TEOLOGIA

A Quaresma deve ser considerada não somente como uma preparação para a Páscoa, mas como uma verdadeira e própria iniciação sacramental para ela, isto é, um caminho de fé fundado na escuta da Palavra de Deus e nos sinais sacramentais realizados na assembleia litúrgica, que se articula em etapas (ou graus) de penetração e de aprofundamento progressivo do mistério celebrado. Na tradição romana, além da Eucaristia, também o Batismo é sacramento pascal por excelência. Se o Tríduo Pascal e todo o tempo de Páscoa têm um caráter excelentemente sacramental, que tem como ápice a Eucaristia, a Quaresma tem esse mesmo caráter sacramental que tem como linha de chegada não somente a Eucaristia mas também as promessas batismais renovadas na Vigília Pascal. É o que relembra a exortação que precede a renovação das promessas batismais na Vigília Pascal: "... por meio do Batismo tornamo-nos participantes do mistério pascal de Cristo. Fomos sepultados junto com ele na morte, para ressuscitar com ele para a vida nova. Ora, no final do caminho penitencial da Quaresma, renovamos as promessas do nosso Batismo...".

Portanto, o caminho quaresmal desemboca na celebração da Páscoa. Conforme afirmamos atrás, a leitura apostólica da Vigília Pascal não é mais, como antes, Cl 3,1-4, trecho este lido agora na missa do dia do Domingo de Páscoa, mas Rm 6,3-11. Este último trecho é uma passagem na qual a tradição eclesial viu o texto quase normativo para a sua doutrina eclesial. Nesta perícope o apóstolo apresenta o acontecimento batismal como real participação ao destino da morte e ressurreição de Cristo. A morte (ao pecado) não é somente dom gratuito de Cristo, mas exige conversão e ativa participação existencial. A ressurreição não é somente presente participação à vida nova de Cristo, mas tensão (escatológica e ética) em direção a uma plenitude, em direção Àquele que deve vir, conforme sublinha o texto de Cl 3,1-4, citado antes.

Por isso, podemos afirmar que a Quaresma tem algumas dimensões fundamentais: uma primeira dimensão de introdução ao mistério pascal; uma segunda dimensão sacramental-batismal; uma terceira dimensão de tensão ética e de conversão; enfim, uma dimensão cristológico-pascal, que está na base das demais dimensões citadas.

Em suma, o tempo quaresmal tem forte caráter cristocêntrico.

O *Lecionário* das missas dominicais da Quaresma nos conduz ao aprofundamento destas temáticas. Nos três ciclos de leituras (A, B, C), os trechos evangélicos dos primeiros dois domingos narram os episódios clássicos da tentação de Jesus no deserto e da transfiguração na montanha, respectivamente segundo Mateus, Marcos e Lucas. Nestes dois episódios emblemáticos, lidos já no século V, no tempo de Leão Magno, encontra-se a dupla face da participação ao mistério pascal de morte e ressurreição. Nos outros três domingos que precedem ao que é chamado de Palmas ou da Paixão, o *Lecionário* oferece três itinerários diversos e ao mesmo tempo complementares que nos conduzem na direção da celebração da Páscoa. Notemos que as leituras de cada domingo estão em harmonia temática entre elas. Portanto, a perícope evangélica, sobre a qual se deterá, deve ser lida no contexto das outras duas leituras.

6.1. A Quaresma é introdução ao mistério pascal de morte e ressurreição

O prefácio do domingo II (A) exprime-se nestes termos: "Ele, após ter dado aos discípulos o anúncio da sua morte, sobre o santo monte manifestou a sua glória e, chamando como testemunhas a lei e os profetas, indicou aos apóstolos que somente através da paixão podemos chegar ao triunfo da ressurreição".

Os Padres da Igreja sublinham essa dupla dimensão do mistério pascal, do qual, para nossa salvação, o Cristo foi, antes de tudo, o protagonista. Assim, por exemplo, afirma Leão Magno: "Com efeito, morrendo, sofreu a lei do túmulo, mas ressuscitando, superou-a e venceu a lei perpétua da morte, transformando-a de eterna em temporal. Pois, 'como todos morrem em Adão, todos receberão a vida em Cristo' (1Cor 15,22)" (Ofício das Leituras de terça-feira V).

E São Basílio repropõe à nossa imitação esse dinamismo pascal: "... os sofrimentos, a cruz, a sepultura, a ressurreição são para a salvação do ser humano, a fim de que tenha, de novo, mediante a imitação de Cristo, a adoção filial da qual fora dotado desde o início" (Ofício das Leituras de Terça-Feira Santa).

Portanto, o dinamismo pascal está presente no simbolismo bíblico do número quarenta. Com efeito, o jejum quaresmal se prolonga por quarenta dias, número que a Bíblia associa a períodos de espera, de humilhação, de esforço, de penitência e luta. Somente no final deste tempo há o encontro, o prêmio, o dom, a vitória. Portanto, configura-se um itinerário que, de um empenho e um esforço, passa através de um evento resolutório e é conduzido, destarte, a uma condição nova. A Quaresma está estruturada sobre os quarenta dias de Moisés no Sinai, os quarenta anos de Israel no deserto, os quarenta dias de Jesus jejuando antes de iniciar o seu ministério público. Conforme vimos nos capítulos precedentes, São Jerônimo já coloca em relação a duração do jejum quaresmal com os quarenta dias do jejum de Jesus no deserto e os quarenta anos de Israel peregrinando no deserto a caminho da Terra prometida. O hino do Ofício das Leituras faz referência a esta peregrinação, quando diz: "A lei e os profetas anunciaram / o mistério dos quarenta dias; / Jesus consagrou no deserto / este tempo de graça".

Também o Domingo de Ramos e da Paixão do Senhor realça a dinâmica do mistério pascal de Cristo: Servo e Rei. Com efeito, somos conduzidos da festiva procissão com os ramos de oliveira, que leva o Messias ao seu triunfo, às leituras da missa que ressoam os fortes acentos dos sofrimentos do Servo de Deus. O canto do Evangelho, inspirando-se em Fl 2,8-9, afirma: "Humilhou-se a si mesmo, tornando-se obediente até a morte, e morte de Cruz! Por isso, Deus o exaltou grandemente, e lhe deu o Nome que está acima de qualquer outro nome".

6.2. A Quaresma é um itinerário sacramental-batismal

O ciclo A nos introduz na realidade mistérica da nossa iniciação cristã. Os domingos III, IV e V proclamam os trechos joaninos, ligados antigamente aos escrutínios (exorcismos) batismais (no MR 1570 eram lidos nos dias feriais): a Samaritana (Jo 4,5-42); a cura do cego de nascença (Jo 9,1-41); a ressurreição de Lázaro (Jo 11,1-45). Nestes episódios ressoa a revelação pessoal de Jesus

Ano Litúrgico

("água viva", "luz do mundo", ressurreição e vida") ao homem e à mulher e é prefigurada a realidade batismal. As leituras do ciclo A podem ser retomadas todo ano, conforme as exigências de cada comunidade singular. Os formulários da missa preveem prefácios específicos, que assumem o tema da perícope evangélica do dia. No terceiro e quarto domingos fazem referência ao dom da fé batismal. Ao contrário, no quinto domingo se recorda que "o Senhor nos faz passar da morte para a vida" com os seus sacramentos.

6.3. A Quaresma é um itinerário cristocêntrico-pascal

O ciclo B chama nossa atenção para a Páscoa de Jesus. Os domingos III, IV e V propõem alguns trechos de João nos quais podemos contemplar a antecipação do mistério pascal. Jesus é templo vivo na sua encarnação, destruído pelos humanos na paixão, reedificado para sempre pelo Pai na ressurreição (Jo 2,13-25). Cristo, na sua exaltação dolorosa e gloriosa, é cumprimento da tipologia da serpente elevada por Moisés no deserto (Jo 3,14-21); Jesus é o grão de trigo que foi sepultado na terra para uma superabundante colheita de vida eterna (Jo 12,20-33).

Melitão de Sardes, em sua *Homilia sobre a Páscoa*, percorre de novo a história da salvação e, fazendo memória destes antigos acontecimentos, afirma que no Cristo pascal se realizam as coisas que foram preditas pelos profetas (cf. Ofício das Leituras de Quinta-feira Santa). Conforme relembra o n. 10 da Constituição *Gaudium et Spes* do Vaticano II, a Igreja acredita "encontrar no seu Senhor e Mestre a chave, o centro e o fim de toda a história humana" (Ofício das Leituras do sábado I).

6.4. A Quaresma é um itinerário penitencial

O ciclo C configura-se como uma catequese sobre a reconciliação, tema que encontra seu vértice na celebração da Páscoa, sinal supremo de nossa reconciliação com o Pai. Nos domingos terceiro, quarto e quinto, são proclamados textos de Lucas nos quais se exalta a misericórdia de Deus: a parábola da figueira sem frutos (Lc 13,1-9); a parábola do filho pródigo (Lc 15,1-3.11-32);

o episódio da adúltera perdoada (Jo 8,1-11). Essa narração, segundo os estudiosos, faz parte da tradição lucana. O Ofício das Leituras de quarta-feira IV propõe-nos um texto das *Cartas* de Máximo, o Confessor, sobre a misericórdia de Deus para com aqueles que se arrependem de seus pecados. Nesta carta lemos, entre outras passagens: "Deus é aquele Pai afetuoso, que acolhe o filho pródigo, inclina-se sobre ele, é sensível ao seu arrependimento, abraça-o, reveste-o de novo com os ornamentos da sua paterna glória e não o repreende por nada que tenha cometido de mal".

João Fisher, comentando o Sl 129, recorda-nos, com 1Jo 2,1, que, se alguém pecou, temos em Cristo Senhor um advogado junto do Pai (Ofício das Leituras da segunda-feira V).

Trata-se de três itinerários complementares, que permitem percorrer de novo, através das páginas do Antigo e do Novo Testamento, as grandes etapas daquela história da salvação por meio da qual Deus chama o ser humano à fé, à vida, à aliança e lhe concede o Espírito. Nestes itinerários, Batismo e Penitência aparecem como as duas constantes sobre as quais está baseado todo o caminho quaresmal em vista da plena reconciliação do ser humano com Deus. A coleta do primeiro domingo de Quaresma, proveniente do GeV (n. 104), fala da celebração quaresmal como "sinal sacramental da nossa conversão".

7. O TEMPO DE QUARESMA: PARÊNESE

Missão principal da parênese quaresmal é a introdução dos crentes em um consciente e frutuoso exercício das tradicionais práticas quaresmais, a fim de que cheguem "renovadas às festas pascais" (coleta da quinta-feira IV). As práticas quaresmais são coerentes e têm pleno sentido se brotam de um profundo conhecimento/experiência do mistério pascal de Cristo, como recorda a coleta do domingo I, acima citada. Esta oração já está presente no GeV (n.104), já no início da Quaresma: "... concede a nós, teus fiéis, crescer no conhecimento do mistério de Cristo para testemunhá-lo em uma digna conduta de vida".

Por outro lado, se é verdade que a novidade de vida em Cristo é um dom recebido no sacramento, é também verdade que esta vida nova, que desabrocha no Batismo, não é um fato automático; é algo que deve ser construído

Ano Litúrgico

dia a dia com esforço e com espírito de fé. No Sermão Quaresmal 6 de Leão Magno, retomado pelo Ofício das Leituras de quinta-feira depois das Cinzas, afirma-se claramente: "Não obstante seja o lavacro de regeneração que torna as pessoas novas [...], é necessário que todos se esforcem, a fim de que, no dia da redenção, ninguém seja encontrado nos vícios do velho homem".

Portanto, a penitência quaresmal tem um duplo fundamento: cristológico e sacramental. Consequentemente, a parênese quaresmal deve brotar da consciência/experiência dos três itinerários anteriormente citados.

7.1. A Quaresma é tempo de luta contra o mal e contra o pecado

No início da Quaresma, a coleta da Quarta-feira de Cinzas, proveniente da antiga coleção de Ve (n. 207), apresenta o tempo quaresmal como um caminho de conversão no qual os cristãos são chamados a encarar "com as armas da penitência o combate contra o espírito do mal". O protótipo deste combate é o mesmo Cristo que resiste às insídias do tentador no deserto, episódio que cada ano é lido no Evangelho do domingo I. No Ofício das Leituras deste mesmo dia, Agostinho comenta: "Líamos agora no Evangelho que o Senhor Jesus era tentado pelo diabo no deserto. Precisamente Cristo foi tentado pelo diabo, mas no Cristo tu também eras tentado...".

Desde a Quarta-feira de Cinzas até o sábado anterior ao Domingo de Ramos, o tema do combate espiritual, cada dia, é recordado discretamente na antífona da Hora Nona, na qual se reza assim: "Sejamos firmes na prova: nossa força é a justiça de Deus". A justiça, da qual fala este texto, tem ressonâncias bíblicas, sem dúvida. Afirmar que Deus é justo significa dizer que é digno de confiança (cf. Is 26,4), atém-se ao pacto e, portanto, concede a graça para combater os inimigos da salvação (cf. Is 10,22). Esta justiça prometida para os tempos messiânicos manifestou-se em Jesus Cristo (Rm 3,21).

A graça do Batismo não liberta a nossa natureza da sua fraqueza, nem da inclinação ao pecado chamada de concupiscência pela "tradição". Ela permanece em nós mesmo após o Batismo, a fim de que estejamos em condições de sustentar as provas cotidianas no combate da vida cristã, auxiliados pela graça de Cristo. "Esta situação dramática do mundo, que 'inteiro está sob o poder do Maligno' (1Jo 5,19), faz da vida do homem um combate" (CIC, n. 409).

Na invocação das *Laudes* matutinas da Quarta-feira de Cinzas, o itinerário quaresmal é apresentado como um tempo para "recuperar plenamente o sentido batismal e penitencial da vida cristã". Este itinerário é feito de um "morrer" e de um "ressuscitar". A este propósito, Leão Magno afirma: "Através da fadiga se passa ao repouso e através da morte se chega à vida" (Ofício das Leituras do domingo II). Trata-se, conforme se disse antes, de um "caminho de conversão". "Converter-se" é uma escolha que comporta uma mudança radical no modo de pensar e de viver. Isto é, trata-se de adquirir um modo de pensar e de viver segundo o Evangelho, conforme nos recordam as palavras com as quais foi imposta a cinza sobre cada um de nós no início da Quaresma: "Convertei-vos e crede no Evangelho" (Mc 1,15). Neste itinerário de luta e de conversão, a tradição eclesial oferece como "remédio da alma" o exercício das práticas penitenciais (cf. coleta da segunda-feira II, proveniente dos textos quaresmais do GeV, n. 173).

No seu caminho quaresmal, a comunidade cristã é chamada a tomar consciência da realidade e das exigências do próprio Batismo, a realizar obras de misericórdia e de serviço, e a celebrar cada dia o seu ser em Cristo na Eucaristia. É nela que a experiência batismal (cf. Rm 8,14-17; Gl 4,4-5) atinge sua plena manifestação.

7.2. A Quaresma é tempo de jejum, de esmola e de oração

Vimos que, nos primeiros testemunhos da existência da Quaresma, a descrevem simplesmente como um jejum preparatório para a Páscoa. Porém, nos escritos dos Padres, aos quais largamente se inspiram as orações da Quaresma, a concepção do jejum ultrapassa largamente aquilo que a palavra e a própria praxe do jejum diz às pessoas de hoje. Leão Magno retoma com frequência nos seus *Sermões quaresmais* o significado desta prática. Assim, por exemplo, no *Sermão* 6, do qual se lê um trecho na Quinta-feira após as Cinzas, o santo doutor afirma: o jejum quaresmal se observa "não só com a parcimônia do alimento, mas sobretudo com a abstenção do pecado". A este santo jejum, acrescenta o pontífice romano, "nenhuma outra obra se associa com maior utilidade como a esmola, que, sob o único nome de misericórdia, explica-se em muitas ações louváveis".

Segundo Leão Magno, se a celebração do mistério pascal é instituída fundamentalmente para o perdão dos pecados, é preciso que o cristão imite aquilo que celebra (cf. *Sermão quaresmal* 12,3.1). Como Cristo na sua Páscoa destruiu a nossa iniquidade, assim também devemos preparar os nossos "sacrifícios da misericórdia", oferecendo às demais pessoas o que Deus nos ofereceu. Eis então as repetidas exortações do santo pontífice para a prática da misericórdia para com os subalternos e para o perdão recíproco. Isso também é retomado – como a esmola – nas obras de piedade características da Quaresma. O primado é sempre da caridade que cobre a multidão dos pecados (cf. *Sermão quaresmal* 10,4,1-2 – lido no Ofício das Leituras de terça-feira IV).

Seguindo a doutrina dos Padres, a liturgia quaresmal acrescenta, ao jejum e à esmola, também a oração. Na Quarta-feira de Cinzas é lido o trecho evangélico de Mt 6,1-6.16-18, no qual Jesus fala da nova justiça superior à antiga e ilustra as suas características aplicando-as às três práticas fundamentais da piedade judaica: a esmola, a oração e o jejum. No Ofício das Leituras de terça-feira III, lê-se um trecho de Pedro Crisólogo, no qual o santo bispo de Ravena ilustra a relação entre oração, jejum e esmola (= misericórdia): "Aquele para o qual a oração bate, o jejum é obtido, a misericórdia é recebida".

O Ofício das Leituras das férias quaresmais propõe três textos patrísticos sobre a oração: um texto de João Crisóstomo, no qual o santo bispo convida para uma oração que "brote do coração" e que não seja "circunscrita a determinados tempos e horas", mas "floresça continuamente, noite e dia" (sexta-feira depois das Cinzas); um trecho sobre o Pai-Nosso de Cipriano de Cartago (terça-feira I) e um trecho de Tertuliano sobre a oração como "sacrifício espiritual" (quinta-feira III). Detendo-nos um pouco sobre este último texto, vê-se que Tertuliano, após ter ilustrado como a oração é um sacrifício espiritual que cancelou os antigos sacrifícios, ilustra a eficácia da oração, entre outras: "Lava os pecados, afasta as tentações, acaba com as perseguições, conforta os pusilânimes, encoraja os generosos, guia os peregrinos…, eleva os caídos, sustém os fracos, revigora os fortes…".

A Eucologia do MR retoma frequentemente as sobreditas práticas quaresmais. O prefácio quaresmal IV ilustra os frutos do jejum; o III exalta a vitória sobre o egoísmo que se exprime na prática da esmola; o I fala da assiduidade "na oração e na caridade operosa". A coleta do domingo III, proveniente dos textos quaresmais do GeV (n. 249), abre-se com estas palavras: "Ó Deus misericordioso, fonte de toda bondade, tu nos propuseste, como remédio do pecado, o jejum, a oração e as obras da caridade...".

A prática quaresmal é vista sempre como instrumento de renovação interior. Isto vem sublinhado de forma particular pelos textos que vão da Quarta-feira de Cinzas ao sábado seguinte: a oração após a comunhão da quarta-feira fala do jejum "eficaz para a cura do nosso espírito"; e a coleta da sexta-feira deseja que "a observância exterior corresponda a uma profunda renovação do espírito".

7.3. A Quaresma é tempo de escuta da Palavra de Deus

Foram citadas anteriormente as palavras que acompanham o gesto da imposição das cinzas no início da Quaresma: "Convertei-vos, e crede no Evangelho" (Mc 1,15). Portanto, o caminho quaresmal é uma via de fé que não pode ser feita sem uma referência à Palavra de Deus, que a Igreja distribui com abundância neste tempo santo. Os dois primeiros domingos se abrem no sinal da escuta da Palavra e propõem a Palavra que sai da boca de Deus como alimento. No Domingo da Transfiguração escuta-se a voz do Pai que revela a sua Palavra: "Escutai-o".

Eis, portanto, que as práticas quaresmais devem ser acompanhadas pela escuta assídua da Palavra de Deus, como deseja a coleta da quarta-feira III: "Concede, Senhor, que os teus fiéis, formados no empenho das boas obras e na escuta da tua palavra, te sirvam com dedicação, livres de todo egoísmo e, na comum oração dirigida a ti, reconheçam-se irmãs e irmãos".

Com este texto, que é novo no MR, é recordada a disposição da *Constituição sobre a Liturgia* do Vaticano II. Ela deseja que os fiéis se preparem para a celebração do mistério pascal "com a escuta mais frequente da Palavra de Deus" (SC, n. 109). O tema da Palavra de Deus reaparece frequentemente na *Liturgia das Horas*, sobretudo nos textos das duas primeiras semanas quaresmais. Assim, por exemplo, nas intercessões das segundas vésperas do II domingo, a Igreja reza ao Senhor para que transforme o coração dos pecadores com a misteriosa força da sua palavra. E uma invocação das *Laudes* matutinas da terça-feira II traça o programa quaresmal com o seguinte augúrio: "Faze que vivamos a Quaresma na escuta constante da tua Palavra, para celebrar dignamente o Cristo, nossa Páscoa".

A Quaresma é uma contínua simbiose de escuta da Palavra na fé e de celebração do sacramento.

ESTRUTURA DO CICLO PASCAL

Missale Romanum 1570	Missale Romanum 1962	Missale Romanum 1970
	Tempus Quadragesimae	Tempus Quadragesimae
Feria Quarta Cinerum	Feria Quarta Cinerum	Feria IV Cinerum
Dominica prima in Quadragesima	Dominica I in Quadragesima	Dominica I in Quadragesima
Dominica secunda in Quadragesima	Dominica II in Quadragesima	Dominica II in Quadragesima
Dominica tertia in Quadragesima	Dominica III in Quadragesima	Dominica III in Quadragesima
Dominica IIII in Quadragesima	Dominica IV in Quadragesima	Dominica IV in Quadragesima

Missale Romanum 1570	Missale Romanum 1962	Missale Romanum 1970
	Tempus Passionis	
Dominica de Passionis	Dominica I Passionis	Dominica V in Quadragesima
	Hebdomada Sancta	Hebdomada Sancta
Dominica in Palmis	Dominica II Passionis seu in Palmis	Dominica in Palmis de Passione Domini
Feria Quinta in Cena Domini	Feria Quinta in Cena Domini De Missa Chrismatis De Missa solemni vespertina in Cena Domini	Feria V: Ad Missam Chrismatis Sacrum Triduum Paschale Missa Vespertina in Cena Domini
Feria VI in Parasceve	Feria sexta in Passione et Morte Domini	Feria sexta in Passione Domini: Celebratio passionis Domini
Sabbato Sancto	Sabbato Sancto: De Vigilia Paschali	Sabbato Sancto

	Tempus Paschalis	Tempus Paschae
	De Missa solemni Vigiliae Paschalis	*Dominica Paschae in Resurrectione Domini In nocte sancta: Vigilia Paschalis*
Dominica Resurrectionis Domini	*Dominica Resurrectionis*	*Dominica Paschae in Resurrectione Domini Ad missam die*
Dominica in octava Paschae	*Dominica in albis in octava Pascahe*	*Dominica II Paschae*
Dominica secunda post Pascha	*Dominica secunda post Pascha*	*Dominica III Paschae*
Dominica tertia post Pascha	*Dominica tertia post Pascha*	*Dominica IV Paschae*
Dominica quarta post Pascha	*Dominica quarta post Pascha*	*Dominica V Paschae*
Dominica quinta post Pascha	*Dominica quinta post Pascha*	*Dominica VI Paschae*

In Vigilia Ascensionis	*In Vigilia Ascensionis*	
	Tempus Ascensionis	
In die Ascensionis	*In Ascensione Domini*	*In Ascensione Domini*
Dominica infra octavam Ascensionis	*Dominica post Ascensionem*	*Dominica VII Paschae*
In die Pentecostis [Ferie "infra octavam Pentecostes"]	*Dominica Pentecostes [Ferie "infra octavam Pentecostes"]*	*Dominica Pentecostes Ad Missam Vigiliae Ad Missam in die*

Capítulo IX. O tempo da manifestação do Senhor

Ao lado do processo de expansão da celebração anual da Páscoa, conforme ilustramos no capítulo anterior, desenvolveram-se no século IV outras festas que seguem o calendário solar e, por isso mesmo, têm uma data fixa no calendário litúrgico. No início, estas celebrações surgiram como festas singulares, independentes entre si e sem relação direta com a celebração da Páscoa. Mais tarde, nas Igrejas Ocidentais, elas foram unidas, formando o Tempo do Natal (Epifania), precedido em seguida pelo Tempo do Advento. Juntas, constituem o segundo polo do Ano Litúrgico.[1] Na ordenação atual do Calendário, o Tempo do Natal inicia-se com as Primeiras Vésperas de Natal e termina no domingo após a Epifania, isto é, o domingo que cai após 6 de janeiro (NGALC, n. 33). Não existe mais um tempo específico da Epifania, como encontramos ainda no MR 1962, que no início da festa de 6 de janeiro trazia o

---

[1] Cf. B. Botte, *Les origines de la Noël et de l'Épiphanie. Étude historique* (Textes et Études liturgiques 1), Abbaye de Mont César, Louvain 1932; J. A. Jungmann, *Advent und Vordadvent. Überreste des gallischens Advents in der römischen Liturgie*, in Id., *Gewordene Liturgie. Studien und Durchblicte*. Innsbruck 1941, 232-294; H. Engberding, *Der 25. Dezember als Tag der Feier der Gebut des Herrn*, in ALW 2 (1952) 25-43; H. Frank, *Frügeschichte und Ursprung des römischen Weinactsfesten im Lichte neurer Forschung*, in ivi 1-24; A. Chavasse, *L'Avent romain, du VIe au VIIIe siècle*, in EL 67 (1953) 297-308; W. Croce, *Die Adventsliturgie im Lichte ihrer geschichtlichen Entwicklung*, in *Zeitschrif für Katholische Theologie* 76 (1954) 257-296; J. Lemarié, *La manifestation du Seigneur. La Liturgie de Noël et de l'Épiphanie* (Lex Orandi 23), Paris, Du Cerf 1957 [*La manifestazione del Signore. La Liturgia del Natale e dell'Epifania*, Paoline, Milano 1960]; Aa.Vv., *Avent, Noël, Épiphanie*, in LMD 59 (1959); O. Cullmann, *Die Ursprung des Weinachtsfestes*, Zurich/Stuttgart 1960[2]; Ch. Mohrmann, in Id., *Études sur le latin des chrétiens. I: Le latin des chrétiens*. Edizioni di Storia e Letteratura, Roma, 1961[2], 245-275; Aa.V.v., *Noël, Epiphanie, Retour du Christ*. Semaine Liturgique de l'Institut Saint Serge (Lex Orandi 40), Paris 1967; Righetti II, 48-120; Aa.Vv., *Avvento-Natale-Epifania: Celebrazioni della manifestazione del Signore*, in RL 59, fascicolo n. 5; P. Raffin, La fête de Noël, fête de l'événement ou fête d'idée?, in A.M. Triacca; A. Pistoia (edd.), Le Christ dans la Liturgie. Conférences de Saint Serge – *XVIIe Semaine d'Études Liturgiques* (Bibliotheca "Ephemerides Liturgicae" "Subsidia" 20), C.L.V., Edizioni Liturgiche, Roma 1981, 169-178; Aa.Vv., *Il Messale Romano del Vaticano II. Orazionale e Lezionario*, vol. I, cit., 37-175; P. Jounel, *Il tempo del Natale*, in A. G. Martimort, *La Chiesa in preghiera*, cit., 99-119; A. Nocent, *Il tempo della manifestazione del Signore*, in ScLit 5, 230-242; A. Bergamini, *Avvento*, in *Liturgia*, 178-182; Id., *Natale/Epifania*, in ivi, 1301-1398; M. Augé, *Avvento, Natale, Epifania. Tempo della manifestazione del Signore* (Alle fonti della Liturgia), San Paolo, Cinisello Balsamo 2002; A. Bergamini, *L'Anno Liturgico. Cristo festa della Chiesa*, cit., 129-177.

título de *"Tempus Epiphaniae"*. Na linha das indicações litúrgicas da reforma do Vaticano II, são reagrupadas com o título único de "Manifestação do Senhor" Advento-Natal(-Epifania): "Após a comemoração anual do Mistério Pascal, a celebração do Natal do Senhor e as suas primeiras manifestações são o que há de mais sagrado na Igreja. Ela realiza tais celebrações com o Tempo do Natal" (NGALC, n. 32).

Dadas as características que estas celebrações apresentam na sua origem, elas serão estudadas separadamente, conforme a ordem de sua aparição na liturgia romana.

A origem deste período do Ano Litúrgico é relativamente tardia. O seu ulterior primeiro desenvolvimento é bastante complexo. Em alguns pontos ainda não há completa definição. Recorde-se, com efeito, que as primeiras gerações de cristãos não tinham o nascimento de Jesus como o núcleo de sua fé. O ponto de atração era a sua morte e ressurreição, ou seja, o mistério pascal que formava uma unidade: paixão, morte, ressurreição, ascensão e dom do Espírito Santo. A descoberta gradual do dia do nascimento de Jesus constituiu para estas primeiras gerações um caminho ao contrário: do fim – morte, ressurreição e ascensão – para o início em Belém. Este foi também o caminho realizado pelos evangelistas que haviam começado a escrever a vida de Jesus a partir do acontecimento pascal.

1. ORIGEM DO NATAL

O testemunho documentado mais antigo da celebração do Natal é de origem romana. O documento em questão é o *Cronógrafo de Fúrio Dionísio Filocalo*, de quem já tratamos no capítulo 4. Trata-se de um documento de 354, que contém numerosas indicações de ordem civil. Além disso há duas listas de dados de sepultamento: uma dos bispos romanos e outra dos mártires. Em ambos os casos havia também a indicação dos cemitérios.[2] Ambas as listas de sepultura estão dispostas em ordem de calendário e não em ordem histórica.

---

[2]   O texto que interessa pode ser encontrado em C. Kirch; L. Ueding (edd.), *Enchiridion fontium historiae ecclesiasticae antiquae*, Herder, Barcelona 1965⁹, nn. 543-544.

A primeira data assinalada à *Depositio Martyrum* é 25 de dezembro. Está escrito assim: *"VIII Kal. Januarii natus Christus in Bethleem Judeae"*.

Na *Depositium Episcoporum*, a primeira data é 27 de dezembro, dia do sepultamento do Papa Dionísio († 268). A lista prossegue pelos vários meses do ano, até a notícia do sepultamento de Eutiquiano no dia 8 de dezembro. Ela é seguida pelo sepultamento de outros dois papas não mártires: Marcos († 336) e Júlio († 352). Estas duas notícias encontram-se fora da ordem do calendário e estão em ordem histórica. Isto permite afirmar que o texto mais antigo do calendário filocaliano é de 336. Portanto, podemos concluir afirmando que a celebração do Natal em Roma começa por volta do ano 330. Parece que no início ela era celebrada somente na Basílica de São Pedro, construída mais ou menos naquele tempo.[3]

Pode-se perguntar o porquê do dia 25 de dezembro para a celebração do Natal. Várias hipóteses foram aventadas a este respeito. Deve-se prestar atenção a três ordens de fatores intimamente conexos: todo o sistema de cálculos feitos com base nos dados bíblicos e extrabíblicos para determinar a data do nascimento de Jesus; a pressão determinada, no interior da Igreja, pelo debate cristológico, na urgência de individuar e excluir as doutrinas heterodoxas; o influxo do contexto pagão, seja sob o ponto de vista de um perigo para a fé das comunidades, seja pela oportunidade de inculturação.

Conforme uma primeira opinião, o Natal teria surgido para celebrar o aniversário do nascimento de Jesus. Ainda que a verdadeira data do seu nascimento seja desconhecida, a de 25 de dezembro é indicada como uma antiga tradição segundo a qual Jesus teria sido concebido no mesmo dia e mês no qual seria, posteriormente, morto, isto é, 25 de março. Os primeiros cristãos estavam convencidos de que Jesus tinha vivido sobre a terra um número exato de anos. Portanto, a data na qual foi morto é a mesma da sua concepção.[4]

---

[3] Alguns autores supuseram que a celebração do Natal poderia ser datada pelos anos 300 ou mesmo antes. Ademais, o local de origem da celebração seria o Norte da África, mais que Roma (cf. Th. J. Talley, *Le origini dell'Anno liturgico*, Queriniana, Brescia 1991, 88-89).

[4] O principal defensor desta hipótese foi L. Duchesne, *Origines du culte chrétien. Étude de la liturgie latine avant Charlemagne*, E. de Boccard, Paris 1925[2], 271-281. Recentemente esta hipótese foi retomada por Th. J. Talley, *Le origini dell'Anno liturgico*, cit., 93-101; A. Ammassari (*Alle origini del calendario natalizio*, in *Euntes Docete* 45[1952], 11-16) afirma que o Natal de Jesus no 9º mês e a sua indicação no dia 25 de dezembro seriam a volta de uma tradição judaico-cristã registrada implicitamente por Lucas.

Ano Litúrgico

Acredita-se, contudo, que esta tradição não tenha determinado a origem da festa, mas antes se tenha tornado somente uma tentativa de explicação da mesma festa. Com efeito, as tentativas de datação do nascimento de Jesus na Igreja antiga são muito diferentes e nada uniformes.

Dois séculos após a instituição da festa do Natal, por volta de 525 d.C., Dionísio, o Exíguo (*Dionysius Exiguus*), um sábio monge da Cítia Menor, que vivia em Roma na primeira metade do século VI, recebeu do chanceler papal o encargo de aperfeiçoar as contas para a data da Páscoa. Esta era uma das decisões tomadas pelo concílio de Niceia. Ele decidiu calcular os anos não mais a partir da proclamação de Diocleciano como imperador em 283 d.C., como até então se usava em seu tempo. Seu ponto de partida foi o nascimento de Jesus Cristo (*"anno Domini"*), o qual colocou no ano 753 da fundação de Roma. Destarte, o monge euroasiático tornou-se o fundador da era cristã.

Uma segunda hipótese da origem do Natal, inspirada na apologética e na história das religiões, afirma que a Igreja romana teria contraposto o Natal de Cristo, verdadeiro "sol da justiça" (Mt 3,20) à festa pagã do *"Natalis (Solis) Invicti"*, que fora criada em 274 pelo imperador Aureliano no solstício de inverno. Cristo, com efeito, "é um sol que surge do alto para iluminar as pessoas que estão nas trevas e na sombra da morte" (Lc 1,78-79).[5] Note-se que a instituição de tal festa estaria em sintonia com a concepção sincretista de Constantino. Foi sob seu governo que, em 321, também o dia do Senhor ou dia do sol se torna dia civil de repouso. Em favor desta hipótese cita-se um mosaico cristão da metade do século III, o do mausoléu dos Júlios no cemitério do Vaticano, que representa Cristo como Hélio sobre o seu carro triunfal. A estudiosa Christine Mohrmann sustentou a mesma opinião com argumentos tomados da filologia. Segundo ela, há muito tempo os cristãos utilizavam a palavra *"natalis"* com significado do dia da morte. Somente um renovado contato com o uso corrente da linguagem profana poderia fazer surgir um *"natalis"* – dia do nascimento – ao lado do *"natalis"* cristão – dia da morte.[6]

---

[5] Esta hipótese é sustentada com autoridade por B. Botte, *Les origines de la Noël*, cit., 61-67. No seu seguimento vieram outros numerosos estudiosos. Contudo, veja-se o que recentemente escreveu S. Roll, *Botte revisited. A Turning Point in the Research on the Origins of Christmas and Epiphany*, in QL 74 (1993) 153-170.

[6] Cf. Ch. Mohrmann, *Epiphania*, in id., *Études*, cit., 267.

Uma terceira hipótese, mais que esclarecer as origens do Natal, explica a extraordinária rapidez com a qual a festa, nascida em Roma, estendeu-se a toda a cristandade. A luta contra a heresia ariana colocou fortemente em relevo a pessoa do Homem-Deus. Uma festa do nascimento de Jesus podia fornecer uma conveniente expressão litúrgica à profissão de fé de Niceia, que havia condenado o arianismo em 325. Mais tarde, na metade do século V, tudo isto foi confirmado pelos dez sermões natalícios de São Leão Magno, o testemunho mais abalizado do sentido originário do Natal na liturgia romana. Ademais, Leão Magno foi o autor de alguns dos textos natalícios do *Sacramentário Veronense*.

2. DESENVOLVIMENTOS DA CELEBRAÇÃO DO NATAL ATÉ HOJE

Falando a verdade, quase nada se sabe sobre o modo como era celebrado o Natal antes dos *Sacramentários*. Conhece-se algo sobre o conteúdo da festa. No início do século V, Santo Agostinho afirma que a celebração do Natal é um simples aniversário, uma memória. Ao contrário, a Páscoa é considerada como um *"sacramentum"*:

O dia da Natividade do Senhor não se celebra como um rito sacramental. Celebra--se somente a recordação do seu nascimento. Destarte, era suficiente indicar com uma solenidade religiosa o dia do ano em que ocorre o aniversário do mesmo acontecimento. Ao contrário, tem-se um rito sacramental em uma celebração quando não somente se comemora um acontecimento, mas este é celebrado de forma que se entenda o significado daquilo que deve ser recebido santamente. É desta forma que nós celebramos a Páscoa. Busca-se realçar não somente o fato acontecido, isto é, a morte e a ressurreição de Cristo. Nós celebramos a Páscoa sem deixar de lado nenhum dos outros elementos que atestam a relação que eles têm com Cristo, isto é, o significado dos ritos sagrados celebrados. Na realidade, como diz o Apóstolo: *Cristo morreu pelos nossos pecados e ressuscitou para a nossa justificação*. Portanto, na paixão e ressurreição do Senhor está ínsita a significação espiritual da passagem da morte para a vida".[7]

---

[7]   Agostinho, *Epistula* 55,1; NBA; PL 33,205.

Concentrado sobre o único mistério da Páscoa, no qual se atua – nos sacramentos pascais – a nossa passagem da morte para a vida, dir-se-ia que Agostinho não leva em consideração que o Mistério do Natal contenha os mesmos elementos constitutivos do *sacramentum*. Portanto, nos inícios, a celebração do Natal era considerada uma simples *memória*, na mesma linha daquelas que constituem o santoral. Não era mais que uma celebração anual de um mistério da economia salvífica.

Alguns decênios depois, Leão Magno, nos seus *Sermões sobre o Natal do Senhor*, coloca em evidência o fato de também o Natal ser um *sacramentum*. Ele não é distinto nem independente da Páscoa, mas é o seu início. O específico do Natal é a renovação dos primórdios da salvação. Na celebração anual do mistério da salvação, cujo vértice e plenitude são constituídos pela Páscoa, a celebração do Natal evidencia o aspecto de novo nascimento que comporta a redenção.

> Caríssimos, exultemos no Senhor. Deixemos que a alegria interior tome o nosso ser. Surgiu o dia luminoso da nova redenção, dia da espera antiga, dia da felicidade eterna. Com efeito, com o ciclo litúrgico anual, torna-se presente o mistério da nossa salvação (*Reparatur enim nobis salutis nostrae annua revolutione sacramentum*).[8]
>
> O nascimento do Senhor, "no qual o Verbo se fez carne", nós o celebramos não tanto como um acontecimento do passado. Antes, intuímos que fazer-se presente [...] o Espírito cuja ação realiza o nascimento de Jesus no seio da mãe ilibada. Este é o mesmo Espírito que permite que do seio da Santa Mãe Igreja renasçam os cristãos. [...] É o dia da nossa salvação: exultemos, pois.[9]

Para São Leão Magno, bem como para o conjunto da tradição patrística e litúrgica, há um só *sacramentum salutis*, único em si mesmo, mas celebrado nos seus diversos aspectos no decurso do Ano Litúrgico.[10]

Os mais antigos textos litúrgicos da celebração do Natal em Roma são encontrados no Ve, no final da coleta (nn. 1239-1272). Trata-se de um conjunto de formulários de missa, um ou dois para a vigília e os outros para a festa. A doutrina de Leão Magno perpassa os textos. Com efeito, é Leão Magno um

---

[8] Leão Magno, *Sermão* 2,1; BP 3,89.

[9] Leão Magno, *Sermão* 9,1 e 3; BP 31,195 e 199.

[10] Sobre tudo isto, cf. J. Gallard, *Noël, memoria ou mystère?*, in LMD, n. 59 (1959) 37-59.

dos prováveis autores dos mesmos. A comunidade faz memória do mistério de Belém. Cristo, a luz do mundo, resplandece nas trevas. Neste mistério realiza-se uma admirável renovação da pessoa: recupera a sua imagem em Cristo, é recriada e regenerada em Cristo. Diversas destas fórmulas litúrgicas fazem parte importante, até agora, da eucologia do Natal do MR 1970.

Os formulários das três missas natalícias são atestados, em um primeiro momento, pelo GrH (nn. 36-40, 41-48, 49-53), no qual estas missas estão assinaladas a três estações papais: Santa Maria Maior (à meia-noite), Santa Anastásia (ao amanhecer) e São Pedro (de dia). Inicialmente, todos os ofícios de Natal eram celebrados na Basílica de São Pedro. Com Sisto III (432-440), em homenagem à definição de Éfeso (431), ter-se-ia iniciado a celebração de uma missa à meia-noite, no famoso oratório *ad praesepe* da Basílica de Santa Maria Maior. Depois, por volta da metade do século VI, o Papa celebrava uma segunda missa, na metade da aurora do dia de Natal, na Igreja titular de Santa Anastácia, mártir de Sírmio, em honra da santa degolada no dia 25 de dezembro.[11] O GeV (nn. 5-23) retoma o uso das três missas. Contudo, elas não são mais assinaladas a três estações diversas. O MR 1970 conserva a possibilidade para cada sacerdote de celebrar três missas, não, porém, seguidamente, mas distanciadas conforme o horário diferente. O GeV oferece um formulário próprio para a oitava: *In octabas Domini* (nn. 48-53). Aqui existiriam os traços da primeira festa mariana da liturgia romana em 1º de janeiro ou *Natale Sanctae Mariae*, desaparecida logo em seguida, com o surgimento de outras festas marianas.[12] Em todo caso, a marca mariana da festa de início do ano foi prevalente na liturgia medieval.[13] No MR 1570, o título da festa de 1º de janeiro é: *In circumcisione Domini et octava Nativitatis*. A reforma promovida pelo Vaticano II retomou o caráter mariano deste dia, chamado no MR 1570: *In Octava Nativitatis Domini: Solemnitas Sanctae Dei Genitricis Mariae*. Os NGCAL (n. 35) recordam que neste dia se comemora também a imposição do Santíssimo

---

[11] Para maiores detalhes, cf. Righetti II, 72-80.

[12] Cf. B. Botte, *La première fête mariale de la liturgie romaine*, in EL 47 (1933) 435-430; A. Chavasse, *Le Sacramentaire Gélasien*, cit.,381-388; 651-656.

[13] Cf. Bernoldo de Constança, *Micrologus 39*, PL 51,1007.

Nome de Jesus. Em seguida, o MR 2002 recuperou essa comemoração como memória facultativa e a colocou no dia 3 de janeiro.

Entre o dia do Natal e a celebração da sua oitava, estão uma série de festas de santos. Esta série está de tal modo ligada ao Natal que quase forma um corpo único com ele. Imediatamente após as missas natalícias, o Ve apresenta dois formulários *In Natale Sancti Johannis Evangeliste* (nn. 1273-1283), e outros dois *In Natale Innocentium* (nn. 1284-1293). O *Lecionário de Würzburg* indica as festividades de Santo Estêvão, São João Evangelista, Santos Inocentes e São Silvestre. Assim também o GrH (nn. 62-66, 67-74, 75-78, 79-81). No GeV falta a festa de São Silvestre.[14] Os livros posteriores contêm um formulário também para o domingo depois do Natal. O MR 1570 contempla as seguintes celebrações: Santo Estêvão, São João Evangelista, Santos Inocentes, domingo *infra octavam*, Santo Tomás de Canterbury, VI dia *infra octavam*, São Silvestre. O MR 1970 conserva as mesmas festividades, mas as dos santos são colocadas no Próprio dos Santos; o domingo dentro da oitava é chamado "Festa da Sagrada Família de Jesus, Maria e José". Além disso, os dias feriais 29, 30 e 31 de dezembro têm formulários próprios de missa. Tais formulários não existiam anteriormente.

O OLM, na solenidade do Natal e na sua oitava, oferece maior riqueza e variedade de perícopes do que no passado. Do conjunto dos textos, eucológicos e bíblicos, fica claro que o Natal é celebrado como festa da redenção, na fidelidade à mais antiga tradição romana, que traz a marca do Papa Leão Magno. Isto já está dito na coleta da missa vespertina na Vigília (texto presente no GeV, n. 1156, no GrH, n. 33, no MR 1570 e no atual): "*Deus, qui nos redemptionis nostrae annua expectatione laetificas…*"

3. A CELEBRAÇÃO DO NATAL: TEOLOGIA

Sabe-se que a liturgia não tem como tarefa oferecer uma doutrina completa e sistemática do mistério celebrado. Apesar de tudo, ela é expressão viva e tradicional da fé da Igreja. Tal fato é particularmente verdadeiro na liturgia na-

---

[14] A Idade Média via nestes santos o cortejo de honra do Menino Jesus, e os chamou de "*Comites Christi*". Cf. G. Durand, na sua obra mística, alegória e moral *Rationale Divinorum Officiorum* I,7, c.42.

talícia que se formou no contexto do aprofundamento doutrinal do mistério da Encarnação, que foi realizado pelos grandes Concílios dos séculos IV e V.

3.1. O Natal celebra os inícios da nossa redenção

Como já mencionado antes, o Natal, como a Páscoa, torna presente a nossa passagem com Cristo da morte para a vida. Pode-se, pois, afirmar que o objeto da festa do Natal é a nossa redenção, que tem na Páscoa o seu momento culminante. Note-se, contudo, que aqui se trata somente do ponto de partida da obra da salvação para nosso resgate. No Natal esta obra encontra-se em estado germinal. Como diz a coleta da quinta-feira antes da Epifania: Deus, no nascimento do seu Filho, "deu um admirável começo da nossa redenção". A verdade da redenção depende da mesma verdade da encarnação.[15] O Natal é, de alguma forma, uma Páscoa antecipada.

As preces, as leituras bíblicas e os outros textos da atual liturgia do Natal, que se encontram no MR e na *Liturgia das Horas*, sublinham essa dimensão salvífica do Natal. Já às portas da festa do Natal, o refrão do salmo responsorial (Sl 24) de 23 de dezembro convida a repetir: "Levantemos a cabeça, pois a nossa salvação está próxima". Para ilustrar essa temática, deter-se-á de modo particular sobre dois formulários natalícios do MR: o da missa vespertina na Vigília e o da missa da noite. A coleta da missa vespertina do Natal, citada antes, convida a acolher Cristo "como Redentor". A antífona de ingresso da mesma missa, inspirando-se em Ex 16,6-7, exclama: "Hoje sabeis que o Senhor vem salvar-nos, amanhã vereis a sua glória". Assim também o canto do Evangelho: "Amanhã será destruído o pecado da terra e sobre nós reinará o Salvador do mundo". A oração sobre as ofertas acentua e fala do "grande dia que deu início à nossa redenção". A missa da noite de Natal é aquela que desenvolve com maior riqueza de textos o tema da salvação/redenção. A antífona de entrada convida a alegrar-se "porque o Salvador nasceu no mundo". O refrão do salmo responsorial (Sl 95) insiste: "Hoje o Salvador nasceu para nós". A segunda leitura, tirada de Tt 2,11-14, inicia-se recordando que "apare-

---

[15] Cf. Leão Magno, *Sermão* 4; BP 31,126-139.

ceu para nós a graça de Deus, que traz a salvação para todos os seres humanos". O canto do Evangelho retoma o versículo central da leitura evangélica: "Eu vos anuncio uma grande alegria: hoje nasceu para vós o Salvador, Cristo Senhor" (cf. Lc 2,10-11). A antífona para a comunhão repropõe, com ligeiras variações, as mesmas palavras. Finalmente, a oração após a comunhão despede a assembleia recordando-lhe que foi convocada para "celebrar o nascimento do Redentor com muita alegria". No que diz respeito à *Liturgia das Horas*, basta citar o segundo responsorial do Ofício das Leituras do Natal: "O dia de uma nova redenção resplandece para nós, o dia que fora preparado durante séculos, alegria sem fim".

Portanto, eis que já no início do ciclo anual das celebrações litúrgicas é recordado que o conjunto do Ano Litúrgico deve ser interpretado em chave unitária. O seu centro dinâmico é o mistério pascal de morte e ressurreição. A celebração do Natal de Jesus está orientada para o momento culminante da sua Páscoa. A Eucaristia não é somente memória da paixão de Jesus, mas também do seu nascimento, da sua ressurreição, da sua ascensão, enfim, do seu retorno no final dos tempos. Ela não é uma estéril lembrança, mas uma viva presença de todo o mistério de Cristo. Por essa razão, mesmo quando cada mistério em particular é comemorado no decurso do Ano Litúrgico, a Igreja os celebra com a Eucaristia.

3.2. O Natal celebra a manifestação da glória de Deus em Cristo

Tanto no Antigo como no Novo Testamento, a "glória" indica o mesmo Deus e a manifestação da sua presença, sobretudo quando se deixa conhecer por um ato de salvação. No Novo Testamento, em particular, a redenção consiste, em definitivo, no fato de que o ser humano e a criação participam da presença e do modo de ser de Deus. Portanto, essa glória se manifesta na história da salvação e, sobretudo, em Cristo e na sua obra redentora. Eis por que a presença da glória pessoal de Deus que se manifesta em Cristo significa que a salvação está presente: "E a Palavra se fez homem e habitou entre nós. E nós contemplamos a sua glória: glória do Filho único do Pai, cheio de amor e fidelidade" (Jo 1,14).

Este versículo faz parte do Prólogo do Evangelho de São João (Jo 1,1-18), proclamado na missa do dia de Natal, bem como na missa do segundo domingo após o Natal. Além disso, ele inspira a antífona da comunhão das missas natalícias da noite e do dia. Mas já nas Primeiras Vésperas do Natal se fala do "Rei da paz que vem na sua glória" (1ª antífona). Anuncia-se também que "com o novo dia vereis a sua glória" (responso breve). Contudo, este não se trata de um tema circunscrito à liturgia do dia de Natal e do tempo da manifestação. É um tema eminentemente pascal: o esplendor da glória do Pai reflete-se plenamente no Cristo Ressuscitado (cf. Jo 17,5). Não se deve, pois, surpreender-se se a liturgia bizantina lê o Prólogo de São João na mesma noite de Páscoa. Por outro lado, importado do Ocidente, a Igreja bizantina celebra no Natal não tanto a humildade do Filho de Deus que se encarna, mas principalmente a glória do Verbo que, qual sol divino que se faz homem, vai ao encontro do meio-dia da teofania: a teofania ou "festa das luzes" (epifania), para a liturgia bizantina, é o vértice do ciclo natalício.

A temática da glória se encontra, como profecia, nas férias do Advento. Com efeito, elas têm todos os dias, como responsório breve das *Laudes* matutinas, um só e mesmo texto. Inspirando-se em Is 6,1, o responsório exprime-se assim: "Jerusalém, cidade de Deus, sobre ti aparecerá o Senhor. Em ti surgirá a sua glória". Em alguns domingos do Advento, a primeira leitura profética repropõe trechos de teor semelhante. Assim: Is 31,1-6.8 (terceiro domingo A); Is 40,1-5.9-11 (segundo domingo B); Bar 1,5-9 (segundo domingo C). Nas intercessões das Vésperas da segunda sexta-feira do Advento e do dia 23 de dezembro, a Assembleia dirige-se a Cristo com a súplica: "Senhor, que todos os povos vejam a tua glória". Em uma belíssima oração, procedente do *Rolo de Ravena* (n. 1350) e retomada como coleta do segundo sábado do Advento, pede-se: "Brilhe em nós, Senhor, Deus onipotente, o esplendor da tua glória, Cristo teu único Filho; a sua chegada vença as trevas do mal e nos revele ao mundo como filhos e filhas da luz".

As imagens deste texto litúrgico são eminentemente bíblicas. Na Bíblia a luz é símbolo de vida, de felicidade e de alegria; as trevas são símbolo da morte, de desventuras e de lágrimas. Portanto, a luz da libertação e da salvação messiânicas opõe-se às trevas da prisão. O texto de Isaías, proposto como primeira leitura da noite de Natal, principia com estas palavras: "O povo que caminhava nas trevas viu uma grande luz; sobre as pessoas que habitavam na terra tenebrosa refulgiu uma grande luz" (Is 9,1). Por essa razão, aos remidos é dado o nome de "filhos da luz" (1Ts 5,5). O "esplendor da glória de Deus" é revelado no acontecimento da encarnação. Destarte, também a pessoa iluminada se torna, ela própria, revelação da glória de Deus para o mundo. De modo semelhante, ainda que de forma mais genérica, a coleta do domingo II do Natal, que provém de GH (n. 94), exprime-se nestes termos: "Ó Deus onipotente e eterno, luz dos crentes, enche da tua glória o mundo inteiro, revelando-te a todos os povos no esplendor da tua verdade".

A encarnação redentora não é somente manifestação, mas também oferta desta glória aos crentes.

Como se depreende claramente dos textos citados antes, a liturgia natalícia sublinha a atualidade salvífica do acontecimento celebrado. O "hoje" ressona de modo insistente, sobretudo na Liturgia das Horas. Esta afirmação indica que os fatos, dos quais a liturgia celebra a memória, uma vez realizados, jamais se tornarão um "ontem". Estes fatos acontecidos não se perderam. Ao contrário, foram plantados definitivamente na história da humanidade como um dom de salvação oferecido a todos: "Hoje Cristo nasceu; apareceu o Salvador. Hoje os anjos cantam na terra, alegram-se os arcanjos. Hoje os justos se rejubilam aclamando: Glória a Deus no alto dos céus, aleluia" (Antífona do *Magnificat* das Segundas Vésperas do Natal).

Este "hoje" que aparece com frequência nos textos litúrgicos, quer da missa, quer da Liturgia das Horas das diversas festividades do Ano Litúrgico, é a afirmação da real presença da totalidade e da plenitude do acontecimento salvífico na ação memorial da liturgia.

3.3. O Natal celebra o esponsalício do Filho de Deus com a humanidade

O tema de Cristo esposo da humanidade e da Igreja foi preparado pelos profetas e anunciado por João Batista (cf. Jo 3,29). O mesmo Senhor definiu-se como o "Esposo" (Mc 2,19). Com este nome nupcial, Jesus revela o íntimo do seu ser. Ele não é árida solidão de uma perfeição humano-divina, mas a grande alegria do amor esponsal oferecido sem limites. Antes de tudo o Filho de Deus realiza a união esponsal com a sua humanidade, assumida no mistério da encarnação. Santo Agostinho o diz explicitamente no comentário ao Sl 18: "Ele, como Esposo, quando o Verbo se fez carne, encontrou o seu tálamo no seio da Virgem Maria. Dele, unindo-se à natureza humana, saiu como de um castíssimo leito, humilde entre todos pela misericórdia e mais forte de todos pela majestade".[16]

Encontra-se a mesma doutrina em um dos discursos de Fausto de Riez, lido no Ofício das Leituras de 12 de janeiro: "Como esposo que sai do quarto nupcial (cf. Sl 18,6), Cristo desceu sobre a terra para unir-se à Igreja mediante a sua encarnação".

Por sua vez, também a Igreja é chamada esposa de Cristo, enquanto representa o termo mais íntimo do seu amor salvífico, que São Paulo interpreta com imagens de amor conjugal (cf. Ef 5,25-33). A imagem conjugal é justamente uma das mais tocantes com as quais a Liturgia ilustra o mistério natalício.

As invocações das *Laudes* e as intercessões das Vésperas do Advento começam não raro com estas palavras: "Unamo-nos à santa Igreja, que aguarda com fé o Cristo, seu esposo..." (domingo II e IV; segunda quarta-feira e dias 18 e 21 de dezembro). Nas invocações das *Laudes* de 5 de janeiro, Cristo é chamado de "Divino Esposo da Igreja". Retomando o pensamento de Santo Agostinho, citado acima, uma das intercessões das Vésperas de 7 de janeiro exprime-se nestes termos: "No seio da Virgem Maria, uniste em místicas núpcias a humanidade e a divindade". Aplicando as palavras do Sl 18,6 a Cristo, a antífona ao *Magnificat* das Vésperas de 2 de janeiro, retoma o mesmo pensamento: "... saíste do seio de Maria como o esposo sai do quarto nupcial". A imagem esponsal encontra-se subentendida em algumas preces do Advento, que convidam a estar prontos "a correr com as lâmpadas acesas (cf. Mt 25,1-13) ao encontro do teu Filho que vem" (oração depois da comunhão do dia 23 de dezembro). Na solenidade do Natal, a antífona do *Magnificat* das Primeiras Vésperas assim se exprime: "Quando surgir o sol, vereis o Rei dos reis; como

---

[16] Agostinho, *Exposição sobre os salmos* 18, II,6; NBA.

o esposo do quarto nupcial, ele procede do Pai". A segunda antífona do Ofício das Leituras exprime-se de modo semelhante, quando diz: "O Senhor sai do quarto nupcial como um esposo". Esta antífona acompanha a récita da primeira parte do Sl 18, citado várias vezes. Nele o salmista ouve a voz misteriosa e eloquente dos céus e do firmamento e proclama a glória de Deus, celebrando a obra de suas mãos. Nos confins do céu ele contempla "o sol que sai como esposo do quarto nupcial..." (v. 6). Conforme se ilustrou antes, os Padres da Igreja (como Santo Agostinho e Fausto de Riez), bem como a liturgia, interpretaram este salmo em sentido cristológico: Cristo é o sol da justiça que vem salvar a humanidade: "Deus vem salvar-nos como sol que surge e como esposo que sai do quarto nupcial" (Hino do Ofício das Leituras depois de 16 de dezembro).

3.4. O Natal é a festa da nossa "divinização"

A "divinização" deve ser entendida aqui como participação às qualidades e aos direitos da natureza divina. A única passagem do Novo Testamento que trata da participação do crente na natureza divina é 2Pd 1,4; trecho que se lê como leitura breve nas Vésperas de 30 de dezembro: "... ele nos deu os bens extraordinários e preciosos que tinham sido prometidos, e com esses vocês se tornassem participantes da natureza divina".

Esta passagem é um dos pilares da doutrina patrística da "divinização" ou "deificação" (entre os gregos *theosis*) dos crentes. É, sobretudo, partindo deste texto que os Padres, em particular os gregos, refletiram sobre a união da natureza divina com a natureza humana. Ela foi realizada de modo único mediante a encarnação do Filho, que permitiu a divinização dos fiéis. Tornou-se célebre a máxima de Santo Atanásio no seu tratado *Sobre a Encarnação do Verbo* 54: "O Verbo fez-se homem para que nós fôssemos deificados".

A doutrina da "divinização" está presente de modo abundante nos textos da liturgia natalina. A segunda leitura do Ofício das Leituras do dia de Natal retoma um trecho do primeiro *Sermão* natalício de São Leão: "Reconhece, ó cristão, a tua dignidade. Tu te tornaste participante da natureza divina. Não queiras recair na antiga abjeção mediante uma vida indigna".

A coleta da missa do dia de Natal, que repropõe a oração da primeira missa natalícia de Ve (n. 1239), exprime-se nestes termos: "Ó Deus, que de modo admirável nos criaste à tua imagem, e de modo mais admirável nos renovaste e remiste, faze que possamos condividir a vida divina do teu Filho, que hoje quis assumir a nossa natureza humana".

Cristo, assumindo a natureza humana, torna possível a nossa participação na sua natureza divina. O ser humano, recriado e regenerado no Verbo, recupera a sua verdadeira imagem em Cristo: "O Salvador do mundo, que hoje nasceu e nos regenerou como teus filhos e filhas, nos comunique os dons da sua vida imortal" (oração após a comunhão da missa do dia de Natal).

O tema reaparece nas preces das missas feriais do tempo natalício compreendido entre 2 de janeiro até o sábado que precede o Batismo do Senhor. Encontra-se uma variante da mesma doutrina em um trecho de São Paulo, proposto como leitura breve das Primeiras Vésperas de Natal: "Quando, porém, chegou a plenitude do tempo, Deus enviou o seu Filho. Ele nasceu de uma mulher, submetido à Lei para resgatar aqueles que estavam submetidos à Lei, a fim de que fôssemos adotados como filhos" (Gl 4,4-5).

O escravo libertado é adotado como filho, não somente pelo acesso legal à herança, mas como dom real da vida divina. Se não se trata de uma simples metáfora, ser filhos e filhas de Deus significa ser transformados nele. A solenidade do Natal é a festa da dignidade do ser humano em Cristo. Conforme afirma Santo Irineu: "A natureza humana trazia o Verbo de Deus, mas era o Verbo que sustentava a natureza humana" (segunda leitura do Ofício das Leituras da segunda sexta-feira do Advento). O acontecimento da encarnação manifesta e torna possível a nova identidade que o ser humano adquire com a fé e o Batismo, a transcendência da sua existência e do seu destino. Em um *Discurso sobre a Epifania*, atribuído a Santo Hipólito, mas provavelmente posterior a ele, retomado pela *Liturgia das Horas* como leitura patrística do Ofício das leituras de 8 de janeiro, afirma-se que o "ser humano torna-se deus através da regeneração do Batismo".

A doutrina da "divinização" é ilustrada também através da imagem do "maravilhoso intercâmbio" entre Deus e o ser humano. O prefácio III do Natal fala do "misterioso intercâmbio que nos remiu". Também aqui a liturgia faz eco à doutrina dos Padres da Igreja. São Gregório Nazianzeno, embora não utilizasse imagem, ilustra o seu conteúdo em um dos seus discursos lidos no Ofício das Leituras da segunda terça-feira do Advento. Santo Agostinho é mais explícito. No Discurso 13 afirma: "Deus fez-se homem, a fim de que o ser humano se tornasse Deus" (cf. segunda leitura do Ofício das Leituras de 7 de janeiro). A primeira antífona das Segundas Vésperas de 1º de janeiro sintetiza de forma magistral esta doutrina: "Ó admirável intercâmbio. O Criador tomou uma alma e um corpo, nasceu de uma Virgem. Tornando-se homem sem a ação do homem, dá-nos sua divindade".

Nas orações sobre as ofertas da missa da meia-noite, encontramos um pensamento semelhante aplicado à Eucaristia. Na realidade, o efeito da participação na Eucaristia é a nossa divinização, que se tornou possível no momento em que o Filho de Deus assumiu a natureza humana. Como Deus na humanidade, que assumiu verdadeiramente o ser humano, a pessoa humana é Deus no dom que este fez de si mesmo.

No *Decreto sobre a atividade missionária da Igreja*, o Vaticano II retoma esta doutrina. Logo no primeiro capítulo traça os princípios doutrinais sobre os quais se apoia esta atividade missionária: "O Filho de Deus percorreu os caminhos de uma real encarnação a fim de tornar os seres humanos participantes da natureza divina" (*Ad Gentes*, n. 3).

A Encarnação é a união de Deus e do ser humano na Pessoa do Verbo Encarnado. Os dois mundos permanecem distintos, porém não estão mais separados. Antes, eles se tocam e se unem na unidade de uma só Pessoa.

3.5. O Natal é a festa da "nova criação"

Na celebração anual do mistério da salvação, cujo vértice e plenitude se encontra na Páscoa, a celebração do Natal coloca em evidência o aspecto do novo nascimento que comporta a redenção. Como através do Verbo desabrochava-se a "primeira criação", assim também por obra do mesmo Verbo acontece "a nova criação". A criatura humana acede à condição de filha de Deus e pode realizar, em plenitude, a sua missão segundo o desígnio que Deus tem sobre ela desde a criação do mundo.

Na coleta de 4 de janeiro pede-se que sejamos "libertos do contágio do antigo mal" para que "também nós possamos fazer parte da nova criação, iniciada em Cristo". Toda a realidade criada participa desta nova criação. O prefácio II do Natal, assumindo as palavras de São Leão Magno, exprime de forma admirável esta doutrina: "Ele, Verbo invisível, no mistério adorável do Natal apareceu visivelmente em nossa carne, a fim de assumir em si todo o criado e elevá-lo da sua queda".

Segundo Jürgen Moltmann, a "nova Criação" vem qualificada por uma nova presença de Deus. Nela o Criador não se coloca diante do criado, mas nele habita e nele encontra a sua quietude. O mesmo prefácio, citado acima, ilustra esta doutrina com outra imagem. A finalidade da Encarnação é "reintegrar o universo" no desígnio do Pai. Integrar quer dizer tornar completa uma coisa, acrescentando nela aquilo que falta. Segundo o desígnio do Pai, o que falta na criação é reconduzi-la e submetê-la a Cristo. É a doutrina paulina da recapitulação em Cristo de todas as coisas: "Reconduzir a Cristo, única cabeça, todas as coisas" (Ef 1,10). O verbo grego utilizado por São Paulo (*anakephalaiosasthai*) significa "compendiar", "unificar". Cristo é visto como princípio de unidade, de coesão e de significado de todas as coisas. A recapitulação em Cristo indica, antes de tudo, a unificação do universo que supera todas as suas divisões e lacerações. Posteriormente significa a sua colocação sob a soberania efetiva de Cristo, o Senhor, o *Pantokrator*. Santo Irineu ilustra esta doutrina em um trecho do tratado *Contra as Heresias*, que é retomada pelo Ofício das Leituras da segunda sexta-feira do Advento.

3.6. O Natal faz memória da maternidade virginal de Maria, "filha de Sião"

A expressão "filha de Sião", no Antigo Testamento, é uma personificação do povo de Deus. Ou melhor, é expressão do "resto de Israel" portador da esperança messiânica. A expressão encontra-se também no Novo Testamento (Mt 21,5; Jo 12,15; ambos citam Zc 9,9) por ocasião da entrada de Jesus na

Cidade Santa. A expressão em questão aparece duas vezes nos textos da liturgia natalícia. A antífona da comunhão da missa da aurora de Natal inspira-se em Zc 9,9, fazendo do texto uma interpretação eclesiológica: "Exulta, Filha de Sião [...]. Eis que vem a ti o teu Rei, o Santo, o Salvador do mundo". A imagem reaparece no Hino do Ofício das Leituras de 1º de janeiro, solenidade de *Maria Santíssima, Mãe de Deus*. Neste caso, a expressão é aplicada a Maria: "Maria, filha de Sião, fecunda e sempre Virgem, deu à luz o Senhor". Este título mariano é encontrado ainda na coleta alternativa do primeiro formulário para o tempo de Advento das *Missas da Beata Virgem Maria*, publicadas em 1987. O formulário intitulado "Maria, Virgem Filha eleita da estirpe de Israel", apresenta Maria como aquela em quem "Deus realizou a promessa feita outrora aos Pais". O texto litúrgico, de recente composição, inspira-se em um pensamento de *Lumen Gentium* 55, a Constituição dogmática sobre a Igreja, que diz: "Com ela, a Filha de Sião por excelência, após longa espera, realizaram-se os tempos da promessa e foi instaurada a nova economia...".

Podemos também afirmar que em Maria, filha de Sião, realiza-se a promessa do nascimento de um povo novo, sendo Cristo a cabeça e os cristãos, os membros. Portanto, Maria não é somente Mãe de Cristo, mas também dos seus membros (cf. LG, n. 33). A oração após a comunhão de 1º de janeiro afirma que em Maria veneramos "a Mãe de Cristo e de toda a Igreja".

4. A CELEBRAÇÃO DO NATAL: PARÊNESE

A parênese quer individuar os grandes temas da liturgia natalícia e ilustrar as suas conexões com o mistério celebrado e as consequências que estes temas trazem para a vida cotidiana do crente. A seguir é dado um possível esquema temático, desenvolvido de forma suficiente para não recair em repetições.

4.1. O Natal é um acontecimento de salvação

A liturgia do Natal coloca em evidência o fato de a pessoa humana renovar-se e nascer para a vida divina, entrando, destarte, no único mistério da salvação, que é o pascal. O Natal é o início desse mistério. Por essa razão, a festa do Natal deve ser projetada como uma passagem salvífica. É um tempo privilegiado para acolher o Salvador e conhecer a sua obra. Não pode ser reduzido a poesias e romantismos infantis, como acontece frequentemente.

4.2. O Natal é mistério de luz

Toda a história da humanidade é um caminho fadigoso nas trevas, sempre em busca de luz, de verdade e de salvação. O Natal é uma festa de luz que aclara as noites de nossas trevas, as noites das nossas incompreensões, as noites desumanas das nossas angústias e desesperos. No Natal chegou para as pessoas a luz edificante e santificante que é o Verbo. Graças a ele os seres humanos se tornaram "filhos e filhas de Deus" (Jo 1,12), "filhos e filhas da luz" (Jo 12,36). A coleta da missa da noite de Natal fala dessa santíssima noite "iluminada com o esplendor de Cristo, verdadeira luz do mundo". O prefácio I coloca em relação Cristo luz, a sua revelação e a luz da fé.

4.3. O Natal é mistério de fraqueza

A doutrina paulina da auto-humilhação de Cristo que "esvaziou-se a si mesmo" (Fl 2,7) no mistério da encarnação, ecoa na 3ª antífona das Primeiras Vésperas do Natal: "Hoje o Verbo eterno, gerado pelo Pai antes dos séculos, humilhou-se a si mesmo, tornando-se homem mortal por nós". O nascimento de Jesus só pode desconcertar os grandes, os sábios e os fariseus de todos os tempos. Contudo, ele se revela com toda a sua importância aos simples. Estes, com efeito, tais como os pastores de Belém que conseguem discernir a voz do Espírito pelo simples fato de estar disponíveis e generosos na sua fraqueza. A descoberta em nós de uma necessidade de salvação conduz-nos a lutar contra as nossas autossuficiências. Só Cristo consegue preencher os vazios da nossa existência! Como diz o prefácio III do Natal: "A nossa fraqueza é assumida pelo Verbo".

4.4. O Natal é mensagem de paz

Os Anjos de Belém cantam: "Glória a Deus no mais alto dos céus, e paz na terra aos homens e mulheres por ele amados" (Lc 2,14). Assim também a

Igreja canta na antífona de entrada da missa da aurora do Natal: "Hoje brilhará a luz sobre nós, pois o Senhor nasceu para nós. O seu nome será Deus onipotente, Príncipe da paz, Pai da eternidade: o seu Reino não terá fim" (cf. Is 9,2.6; Lc 1,33).

Jesus, "Príncipe da paz", aparece na história da humanidade como sinal de reconciliação com Deus e com os homens. Com Cristo começa o tempo da nova e eterna aliança entre os seres humanos e Deus. É um tempo – agora definitivo – de paz, de intimidade e de familiaridade dos seres humanos e Deus. No tempo de Natal, uma pequena iniciativa seria tornar mais alegre o gesto da paz com o qual exprimimos o amor mútuo antes de participar do único pão eucarístico.

4.5. O Natal é convite à alegria

A chegada do Salvador cria um clima de alegria que São Lucas, mais que os outros evangelistas, tornou perceptível. Ainda antes que as pessoas se alegrassem pelo seu nascimento, João Batista exulta de contentamento no seio da mãe (Lc 1,41.44). E no dia do nascimento de Jesus, o Anjo revela aos pastores: "Não tenham medo! Eu anuncio para vocês a Boa Notícia, que será uma grande alegria para todo o povo: hoje, na cidade de Davi, nasceu para vocês um Salvador, que é o Messias, o Senhor" (Lc 2,10-11).

Grande alegria porque se completou a longa espera do povo de Israel e de toda a humanidade. Revive-se hoje, nos corações, a exultação dos patriarcas, dos profetas, de Maria, de João Batista e dos pastores. A alegria natalícia exprime confiança na história, pois ela foi permeada pela salvação. A Palavra de Deus que se faz carne é também Palavra de Deus que se faz história.

4.6. O Natal é convite para a solidariedade

Cristo que nasce faz-se solidário com o ser humano em seu tempo e em seu ambiente. A manjedoura da gruta de Belém é o símbolo da pobreza de todos os tempos. Juntamente com a cruz, é também vértice da carreira invertida de Deus, que não encontra abrigo na terra. Contudo, o presépio é ainda símbolo da nossa recusa: "Veio para os seus e os seus não o acolheram" (Jo 1,11). Rezamos nas intercessões das Primeiras Vésperas do Natal: "Nasceste na humildade do presépio; olha os pobres deste mundo e concede a todos eles a prosperidade e a paz". O Natal exige de todos o empenho para uma solidariedade concreta, feita de obras e de sinais visíveis. Com efeito, a descoberta do dom de Deus conduz a um humilde aprimoramento dos dons que cada um de nós recebeu para os outros; é um convite a sair de si mesmo a fim de superar o próprio egoísmo e o desinteresse pelos demais. No clima natalino poder-se-ia dar mais relevo à procissão do ofertório, pela qual conduzimos os dons ao altar para serem divididos com os mais pobres.

4.7. O Natal é manifestação do mistério de Cristo

A necessidade da salvação obriga a pessoa a abrir-se para um conhecimento mais pleno da pessoa de Jesus: a sua mensagem, a sua palavra, as suas ações, o seu modo de ser diante da vida. A liturgia natalina apresenta toda a profundidade do mistério de Jesus Cristo, todos os aspectos da sua personalidade e da sua missão, e permite entrever o brilho glorioso da sua Páscoa. O mistério natalino coloca diante de cada um a pergunta que Jesus dirigiu aos Apóstolos: "O que o povo diz ser o Filho do Homem?... E vós, que dizeis que eu seja". A parênese deveria ajudar as pessoas que participam do santo mistério do Natal a "confessar" com convicção e com alegria: "Tu és o Cristo, o Filho do Deus vivo" (Mt 16,13-16).

4.8. O Natal é revelação do mistério do ser humano

Conforme afirma o Concílio Vaticano II na Constituição Pastoral *sobre a Igreja no mundo contemporâneo*, "o mistério do ser humano só encontra verdadeira luz no mistério do Verbo encarnado" (GS, n. 22). O Natal é memória atualizada do acontecimento da salvação para quem acolheu e conheceu Cristo. Por esta razão ele é um mistério que continua, pois Cristo deseja renascer hoje nas casas das pessoas, em seus corações, em suas vidas. "O Verbo de Deus deseja ardentemente nascer segundo o Espírito nas pessoas que o aceitam e se tornar criança que cresce com o crescimento da sua virtude" (trecho de São Máximo, o Confessor, lido no Ofício das Leituras de 4 de janeiro).

Na coleta após a Epifania da terça-feira das férias, pede-se para "ser interiormente renovados à imagem" do Filho de Deus que "manifestou-se em nossa carne mortal". O Natal é a festa da criatura humana nova, do ser humano que renasce e é renovado, que pode se tornar filho e herdeiro de Deus e, portanto, participante do seu futuro.

5. ORIGEM DA EPIFANIA

É possível afirmar uma anterioridade cronológica da festa da Epifania com relação à do Natal. A festa da Epifania do Senhor, conforme sugere o nome (*epipháneia* = manifestação ou aparição), é de origem oriental. Os seus traços mais antigos conduzem a Alexandria do Egito, onde, já no século II, os basilidianos, uma seita gnóstica, comemoravam o Batismo de Jesus, momento no qual, conforme a sua opinião, o Logos tomou posse do Homem Jesus, tornando-se então Filho de Deus e Messias. Sendo assim, o Batismo é geração e nascimento de Cristo.[17] Não está claro como e quando esta celebração gnóstica do Batismo de Jesus torna-se a festa da Epifania da Igreja do Egito.

Alguns autores acreditam que a ocasião para o surgimento da festa da Epifania no Oriente não seria muito diferente das razões pelas quais tenha surgido a festa do Natal no Ocidente. Segundo o testemunho de Epifânio de Salamina (305-403), em diversas cidades do Egito e da Arábia, os pagãos celebravam uma festa da vitória da luz em honra ao nascimento do deus-sol Aïon, gerado da virgem Kore. Isto acontecia no momento culminante do solstício de inverno, mais ou menos duas semanas após o dia 25 de dezembro, isto é, na noite entre 5 e 6 de janeiro. Nessa ocasião, com um cerimonial solene, retirava-se, para conservar, a água do Nilo.[18] Esta seria a origem particular da

---

[17] Cf. Clemente de Alexandria, *Stromata* 1,21; *PG* 8,887.

[18] Cf. Epifânio de Salamina, *Adversus Haereses* 51,22-30; PG 41,927-943. Leia-se, porém, as reservas levantadas por R.-G. *Coquin, Les origines de l'Épiphanie in Égypte*, in Aa.Vv., *Noël – Éphiphanie – Retour du Christ*, cit., 139-170.

festa da Epifania no Oriente. Além do mais, ela é celebrada juntamente com a comemoração do Batismo de Jesus Cristo.

Embora muitos autores tenham aceitado a teoria de uma origem pagã para a data da festa de 6 de janeiro, entre as hipóteses que sustentam a matriz genuinamente eclesial da Epifania podemos mencionar a que a faz derivar do calendário das leituras bíblicas em uso na liturgia de várias igrejas. Com base nessa afirmação, poder-se-ia explicar os diferentes acenos da festa nas diversas regiões. Assumindo janeiro como início da leitura contínua dos Evangelhos, cada Igreja local teria colorido a festa da Epifania com as tintas do Evangelho a qual estava particularmente ligada. Na Ásia Menor, por exemplo, a utilização do Evangelho de João podia conduzir a festa para uma plena convergência entre nascimento e Batismo de Cristo. Em Jerusalém, a preferência por Mateus conduzia naturalmente a identificar o início do Evangelho com o nascimento em Belém. A preferência de Alexandria pelo Evangelho de Marcos levava a focalizar o Batismo de Jesus como o início de tudo. Permanecia em todos algum elemento unificador que era a manifestação de Deus no homem.[19]

Já no final do século IV a celebração da festa da Epifania no dia 6 de janeiro acontecia em diversas Igrejas orientais e ocidentais, com grande variedade de conteúdos: o Batismo de Jesus, o seu nascimento, a adoração dos Magos, o milagre de Caná etc. Após a introdução do Natal no Oriente, a celebração da Epifania nestas Igrejas celebrará principalmente o Batismo de Cristo. A primeira notícia certa da celebração da Epifania em Roma data da metade do século V e é encontrada numa série de *Oito sermões sobre a Epifania* pronunciados por São Leão Magno. Segundo estes sermões, o objeto desta festividade é a adoração dos Magos, tema que prevalece na maior parte das Igrejas ocidentais.

6. OS DESDOBRAMENTOS DA CELEBRAÇÃO DA EPIFANIA ATÉ OS DIAS DE HOJE

Os mais antigos formulários das missas são encontrados nos *Sacramentários* dos séculos VII/VIII. São eles: *In Theophania in die* (GeV nn. 61-68); *Epi-*

---

[19] Cf. Th. J. Talley, *Le origini dell'anno liturgico*, cit., 131-146.

phania ad Sanctum Petrum (GrH nn. 87-91). No extrato mais recente de GeV existe também uma missa para a vigília (nn.57-60). Somente nos gelasianos do século VIII se encontra um formulário para o dia das oitavas. Os livros litúrgicos da Cúria Romana do século XIII e, a seguir, o MR 1570 recebem todos estes desenvolvimentos e, para a festa, utilizam o formulário do GrH. O *Codex Rubricarum* de 1960 cancelará definitivamente a vigília e a oitava. O MR 1970 mantém o formulário da missa para o dia da Epifania que já era usado pelo MR 1570.

Adriano Nocent oferece um quadro sinótico dos textos bíblicos proclamados no dia da Epifania, no decorrer da história. Neles se pode constatar uma tradição bastante constante na escolha das perícopes até o atual OLM, inclusive.[20] Conforme os *Antifonários* mais antigos, todos os cantos são retirados do Sl 71[72], ainda hoje utilizado como salmo responsorial. Portanto, podemos concluir que tanto os textos eucológicos quanto os textos bíblicos da festa da Epifania permaneceram praticamente invariáveis na liturgia romana. Este fato permite uma reflexão de conjunto sobre o conteúdo da festividade.

Os Magos que vão visitar Jesus (Mt 2,1-12) são considerados "primícias dos gentios" aos quais ele se manifesta como Senhor de toda a terra. A partir do pano de fundo deste tema, o embolismo do prefácio do MR 1970, que se encontra em toda a tradução textual – a partir da missa da vigília do GeV (n. 59) –, exprime sinteticamente o mistério celebrado com estas palavras: "Hoje, em Cristo luz do mundo tu revelaste aos povos o mistério da salvação. Nele, que apareceu em nossa carne mortal, tu nos renovaste com a glória da imortalidade divina" (*"Quia ipsum salutis nostrae mysterium, hodie ad lumen gentium revelasti, et, cum in substantia nostrae mortalitatis apparuit, novo nos immortalitatis eius gloria reparasti"*).

O motivo de fundo deste texto é a nossa renovação em virtude da luz de Cristo que aclara as trevas do ser humano. A Epifania celebra o mesmo mistério do Natal, mas o faz colocando em realce a manifestação da glória infinita do Filho unigênito do Pai e a convocação universal para a salvação em Cristo de todos os povos. Portanto, também a Epifania é uma festa da redenção.

---

[20] Cf. A. Nocent, *Il tempo della manifestazione*, in *Anámnesis* 6,187.

A antífona ao *Benedictus* das *Laudes* e a do *Magnificat* das Vésperas fala dos três prodígios celebrados nesse dia: Magos, Batismo de Jesus e Caná. Note-se que a liturgia romana, nos dois primeiros domingos do Tempo Ordinário, celebra respectivamente a Festa do Batismo de Jesus Cristo e a memória do milagre de Caná (leitura evangélica do ano C).

No Oriente encontra-se o uso plural do título da festa (*tà Epipháneia*). Com efeito, a antiga liturgia oriental, de onde proveio a Epifania, via condensada nesta festa várias manifestações da vida de Jesus: o seu nascimento, a adoração dos Magos, o seu Batismo, o milagre das bodas de Caná, mediante o qual Jesus "manifestou a sua glória". Assim também a antiga liturgia galicana, que acrescenta o milagre da multiplicação dos pães. Cada uma destas manifestações, tornando-se independente das demais, assumirá, em seguida, uma individualidade, encontrando uma colocação própria no calendário litúrgico.

7. A CELEBRAÇÃO DA EPIFANIA: TEOLOGIA

Nos textos da liturgia romana emerge uma dupla dimensão teológica da solenidade da Epifania.

7.1. A Epifania celebra a manifestação do Filho de Deus a todos os povos

Conforme já se tratou antes, em Roma, no século V, segundo os sermões de São Leão Magno, o único objeto da Epifania é a adoração dos Magos, nos quais é contemplada a "chamada para a fé de todos os povos" (2ª leitura do Ofício das Leituras). A atual liturgia romana conserva como objeto prioritário da Epifania a chegada dos Magos, tema presente, sobretudo, na celebração eucarística do dia e nas missas feriais que vão da Epifania até a festa do Batismo do Senhor. A *Liturgia das Horas*, ao contrário, faz memória também dos outros acontecimentos epifânicos do Batismo e de Caná, assim como o hino das Primeiras Vésperas, a antífona ao *Benedictus* das *Laudes* e a do *Magnificat* das Segundas Vésperas, que reza: "Celebramos nesse dia três prodígios. Hoje a estrela conduziu os Magos ao presépio; hoje, nas núpcias, a água foi transformada em vinho. Hoje, para a nossa salvação, Jesus foi batizado no Jordão por João".

Nos dias feriais que vão de 7 a 12 de janeiro, os textos da *Liturgia das Horas* retomam diversas vezes estes três mistérios da vida de Jesus, sobretudo nas leituras patrísticas do Ofício. O discurso de São Pedro Crisólogo, que se lê no dia 7 de janeiro, recorda e comenta todos os três mistérios: "... Hoje, os Magos que o procuravam cheio de esplendor nas estrelas, encontram-no vagindo no berço... Hoje Jesus desceu no leito do Jordão para lavar os pecados do mundo... Hoje Jesus dá início aos celestes portentos, transformando a água em vinho...".

A Epifania celebra o mistério do Natal que se manifesta além dos confins de Belém.

A simbologia da luz, já presente na liturgia natalina, é encontrada na Liturgia da Epifania com uma acentuação particularmente epifânica que se projeta sobre o mundo inteiro: "Hoje, em Cristo luz do mundo, tu revelaste aos povos o mistério da salvação...". Estas palavras do prefácio convidam a interpretar em sentido cristológico a luz da qual fala a primeira leitura (Is 60,1-10 – no Ofício das Leituras se lê Is 60,1-22) e o trecho evangélico (Mt 2,1-12). Assim se deve interpretar também o hino das Primeiras Vésperas, quando diz: "Os Magos vão a Belém e a estrela os guia. Na sua luz amiga buscam a verdadeira luz". A luz é o símbolo da presença e da revelação de Deus à humanidade que se realiza plenamente em Jesus Cristo. Na prece após a comunhão suplicamos a Deus para que esta sua luz "acompanhe-nos sempre em todos os lugares...". E nas invocações das *Laudes* matutinas invocamos: "Cristo, luz do Pai, ilumina o mundo".

A atual liturgia romana no primeiro domingo depois da Epifania, em coincidência com o início do Tempo Ordinário, celebra o Batismo do Senhor e, no domingo seguinte, no ano C, lê-se o texto das bodas de Caná (Jo 2,1-12). Neste contexto, a Epifania aos Magos aparece como o primeiro ato de uma sequência de epifanias-manifestações que são o tecido da toda a existência terrena de Jesus Cristo. A Páscoa é o realizar-se da total Epifania de Deus finalmente atuada. Por isso, toda a história da Igreja se encontra na luz da Epifania:

na luz da constante manifestação do Cristo Senhor que a faz participante de sua Páscoa e lhe revela, desta forma, a Face de Deus, o seu amor e a sua ternura, a sua misericórdia e a sua graça. Como diz São Paulo: "Foi-nos concedida em Jesus Cristo desde a eternidade, mas foi-nos revelada somente agora com a aparição do nosso Salvador Jesus Cristo" (2Tm 1,9-10: leitura breve das Primeiras Vésperas da Epifania). Na Solenidade da Epifania, o *Missal Romano italiano* introduziu um elemento particularmente significativo a respeito, que tem precedentes no PR 1596 (Parte 3,1). Após a leitura do Evangelho, pode-se dar o anúncio do dia da Páscoa. O texto oferecido pelo *Missal* começa com estas palavras: "Irmãs e irmãos caríssimos: manifestou-se a glória do Senhor e ela sempre se manifestará em meio a nós, até que ele retorne...". Neste amplo quadro epifânico e escatológico estão colocados todos os mistérios do Senhor celebrados no decurso do Ano Litúrgico.

7.2. *A Epifania celebra o encontro de todos os povos com o Senhor*

A Epifania romana celebra a manifestação do Rei-Messias que é também revelação da salvação destinada a todos: "Os povos são chamados, em Cristo Jesus, a partilhar a mesma herança e formar o mesmo corpo, e a ser participantes da mesma promessa por meio do Evangelho" (Ef 3,2-3.5-6: segunda leitura da missa).

A Epifania é a festa por excelência da manifestação e revelação da salvação e do Salvador às pessoas, além da própria nacionalidade, aos "pagãos", isto é, a todos os povos e pessoas como um todo. São Leão Magno aplica a esta festividade as palavras do Sl 85,9: "Ó Senhor, todos os povos que criaste virão e se prostrarão diante de ti, para dar glória ao teu nome" (segunda leitura do Ofício das Leituras).

Portanto, nesta segunda festa do Natal há um elemento que não se evidencia com a mesma força na primeira: não somente Deus veio a nós, mas, em virtude de tal iniciativa divina, as próprias pessoas se colocam em movimento e se dirigem àquele que veio até elas. Isaías já havia sonhado com tempos nos quais Jerusalém se tornaria o centro do encontro de todos os povos com o Senhor (Is 60,1-6: primeira leitura da missa). Os Magos, dos quais fala Mateus

ANO LITÚRGICO

(2,1-12), são as primícias e o símbolo destes povos, representam as primeiras pessoas que vieram de longe em busca do seu Senhor, enfrentando muitíssimos perigos e um longo caminho. Eles são conduzidos pela estrela e atravessam os desertos, e, superando a indiferença e os jogos políticos, conseguem reencontrar a estrada que os conduz aos pés do "menino, com Maria, sua Mãe. Prostram-se e o adoram". Neles se contemplam as pessoas de todos os tempos que procuram Deus na peregrinação da própria vida; é o ser humano que encontra Deus após tê-lo procurado.

A Epifania se apresenta como a festa da realeza de Cristo. Já no início da missa o tema é apresentado na antífona de entrada com o texto inspirado em Ml 3,1 e 1Cr 19,12: "Chegou o nosso Senhor: em suas mãos estão o reino, o poder e a glória". O salmo responsorial da missa é um salmo de realeza, o Sl 71, retomado por inteiro como primeiro salmo do Ofícios das Leituras. Este salmo delineia a figura do rei ideal que encarna o tipo do rei divino. O tema da primeira leitura da missa (Is 60,1-6) encontra-se nos vv. 10-11 do nosso salmo: "Todos os reis se prostrem diante dele, e todos os povos o sirvam". Um outro salmo real, o Sl 109, é recitado nas Segundas Vésperas. Este salmo é o mais citado nos Evangelhos. Desde o judaísmo, é o salmo clássico do messianismo. A liturgia romana o atribui a Cristo, rei da paz, cuja glória resplandece sobre todos os reis da terra (cf. a antífona do salmo).

8. A CELEBRAÇÃO DA EPIFANIA: PARÊNESE

A parênese pode retomar os dois temas da teologia que foram explicados anteriormente e ilustrar as suas conexões com o itinerário de fé que cada pessoa é chamada a realizar e com a missão da Igreja.

8.1. *A Epifania é um convite a renovar a fé naquele que se revela como nosso Salvador*

A coleta da missa fala do Filho de Deus que "conhecemos pela fé" e na oração após a comunhão pedimos a Deus que a sua luz nos acompanhe sempre, "a fim de que contemplemos com pureza de fé [...] o mistério do qual participamos". Na invocação das *Laudes* matutinas pedimos a Cristo que renove a fé de todos. São Leão Magno, em seu primeiro *Sermão* sobre a Epifania, afirma que os Magos "dão testemunho com os dons o que acreditam com o coração".[21] A interpretação que São Leão Magno faz destes dons é a tradicional: com o incenso se reconhece a divindade de Jesus; com a mirra, a sua humanidade, com o ouro, a sua realeza. A segunda leitura do Ofício das Leituras de 7 de janeiro propõe um trecho de São Pedro Crisólogo, que contém uma doutrina semelhante. A liturgia romana retoma frequentemente estes dons e o seu simbolismo, seja nos textos do *Missal*, seja nos da *Liturgia das Horas*, da solenidade da Epifania e dos dias feriais de 7, 8, 10 e 12 de janeiro. De modo particular, nota-se interpretação original da oração sobre as ofertas da solenidade da Epifania, na qual se afirma que a Igreja "não oferece o ouro, o incenso ou a mirra, mas aquele que é significado, imolado e recebido nestes dons".

8.2. O contínuo discernimento destes sinais dos tempos

Os modos utilizados por Deus para chamar cada pessoa à fé são surpreendentes e próprios. O Concílio Vaticano II, na *Constituição pastoral sobre a Igreja no mundo contemporâneo*, convida a discernir nos acontecimentos do mundo os verdadeiros sinais da presença e do desígnio de Deus (cf. GS, nn. 4 e 11). A atenção aos sinais dos tempos, isto é, ao desvelamento do divino no presente, é indispensável para percorrer um caminho de fé. Estes sinais são multíplices: Deus manifesta-se na natureza, nos acontecimentos do tempo, no coração dos seres humanos e, sobretudo, nas Palavras da Escritura. Os Magos são incansáveis buscadores de Deus. Interrogam os astros, as pessoas e os documentos. Dóceis aos sinais e à Palavra de Deus, eles descobrem na Escritura a luz que os conduz ao lugar onde se encontra o Menino, luz esta que faz brotar do coração a oferta da própria fé. Cultura, pesquisa, desejo da verdade servem de orientação aos Magos na direção daquele que buscavam, mas todas estas instâncias demonstram-se insuficientes. Os Magos precisam aprender com a Escritura o plano salvífico de Deus. A oração que é rezada na Sexta-Feira Santa

---

[21] Leão Magno, *Sermão* 1,2: BP 31,229.

Ano Litúrgico

por aqueles que, embora não acreditem em Deus, vivem com bondade e retidão de coração, compendia o sentido profundo desta busca de Deus: "… faze que, além de todo obstáculo, todos reconheçam os sinais da tua bondade e, estimulados pelo testemunho da nossa vida, tenham a alegria de crer em ti, único Deus verdadeiro e Pai de todos os seres humanos".

8.3. Em uma Igreja missionária a serviço do Reino

O sentido dinâmico da fé consiste na chamada para dar testemunho, para anunciar a salvação experimentada a todas as pessoas, como, segundo a tradição, fizeram os Magos após a sua volta de Belém. A atividade missionária da Igreja, através das suas multíplices etapas através dos séculos, encontra no mistério da Epifania o seu início e o seu respiro universal. O Reino de Cristo não está fechado em si mesmo; os seus confins devem dilatar-se a fim de acolher reis e nações de toda a terra. "Todos os povos da terra haverão de te adorar, Senhor" (refrão do salmo responsorial: Sl 71). A Epifania dá início a um tempo epifânico no qual, enquanto Deus continua a revelar a si mesmo, a Igreja é convocada a revelá-lo ao mundo, com o anúncio e com o testemunho. São Leão Magno, no *Terceiro Sermão sobre a Epifania*, retomado pelo Ofício das Leituras, desenvolve o motivo da estrela, aproveitando para exortar a se tornar para os outros, mediante a santidade de vida, luz que mostra o caminho. São Paulo acentua na carta aos Efésios (cf. segunda leitura: cf. Ef 3,2-3.5-6) que todos os povos são chamados a participar da mesma herança em Cristo Jesus. Tal plano divino, revelado por meio do Espírito, é chamado de "mistério" pelo Apóstolo. Desse mistério ele se proclama o "ministro", isto é, o servo. A Epifania atesta que aos cristãos não somente é dada esta revelação por meio do Espírito, mas também é confiada a sua realização. Cada cristão deve se considerar a serviço desse plano de Deus. Na primeira invocação das *Laudes*, a doutrina paulina torna-se oração: "Adoremos o nosso Salvador que, revelando a sua glória aos pobres e aos pagãos, manifestou o mistério escondido nos séculos".

A Epifania manifesta o sentido profundo da missão universal da Igreja, chamada a irradiar a luz de Cristo. O que, no início, era dom para Israel – a aliança e a comunhão com Deus –, agora é oferecido a todos. A intercessão das Vésperas de 11 de janeiro traduz em oração de toda a assembleia essa dimensão universal e missionária da Igreja: "Espalha a Igreja em toda parte da terra, a fim de que seja revelada a todas as pessoas a glória do teu Filho. [...] Envia operários para a tua messe, a fim de que evangelizem os pobres e anunciem o tempo da graça".

9. A ORIGEM DO TEMPO DO ADVENTO

O termo latino *adventus* (tradução do grego *parousía* ou também *epiphaneia*), na linguagem cultual pagã, significava a vinda anual da divindade no seu templo para visitar os seus fiéis. O *Cronógrafo* romano de 354 utiliza a fórmula *Adventus Divi* para designar o dia de aniversário da ascensão ao trono de Constantino. Nos autores cristãos dos séculos III-IV, entre outras coisas, *adventus* é um dos termos clássicos para indicar a vinda do Filho de Deus em meio aos humanos, a sua manifestação no templo da sua carne.[22] Nos antigos *Sacramentários* romanos é utilizado para indicar tanto a vinda do Filho de Deus na carne, o *adventus secundum carnem*, quanto o seu retorno no final dos tempos: *in secundo cum veneris in maiestate sua* (GrH, n. 813). Se *Advento, Natal* e *Epifania* exprimem a mesma realidade fundamental, interroga-se como *Adventus* passou a designar o período litúrgico que prepara o Natal.

No final do século IV, encontram-se nas Gálias e na Espanha os primeiros traços de um tempo de preparação para a Epifania. O testemunho mais antigo seria um texto atribuído a Santo Hilário de Poitiers († 367), no qual se fala de três semanas preparatórias para a Epifania.[23] O cânon 4 do I Concílio de Saragoça, celebrado no ano de 380, convida os fiéis a frequentar a Assembleia durante as três semanas que precedem a festa da Epifania.[24] É um período que tem caráter vagamente ascético, sem específicas expressões litúrgicas. Parece

---

[22] Cf. Ciprianus, *Testimoniorum adversus Judaeos* 2,13; *PL* 4,735; Hilarius, *Tractatus super psalmos* 118,16,15; *PL* 9,612.

[23] Sobre este texto e a sua autenticidade, cf. A. Wilmart, *Le prétendu "Liber officiorum" de Saint Hilaire et l'Avent liturgique*, in *Révue Bénédictine* 27 (1910) 500-513.

[24] Cf. J. Vives (ed.), *Concilios Visigóticos e hispano-romanos*, Barcelona-Madrid 1963,17.

ANO LITÚRGICO

tratar-se de um tempo de preparação para o Batismo. Segundo o uso oriental, este sacramento era conferido no dia da Epifania nas Igrejas hispano-visigóticas. No século V encontram-se informações mais precisas na Gália. A notícia mais importante é a ordenação do jejum de Perpétuo de Tours († 490). Trata-se de um jejum durante três dias da semana. Ele vai da festa de São Martinho (11 de novembro) até o Natal. J. A. Jungmann crê que esta disposição funda-se sobre uma originária "Quaresma de São Martinho".[25]

Na Igreja de Roma, na qual jamais esteve em vigor o Batismo na Epifania, não se tem notícia de uma preparação para o Natal antes do século VI. Contudo, a Epifania é uma específica instituição litúrgica desde a sua origem. Os mais antigos documentos a respeito são os textos litúrgicos do GeV e, em seguida, os do GrH. Os formulários das Têmporas do mês de dezembro tiveram um significado independente da preparação do Natal.

10. DESDOBRAMENTOS DA CELEBRAÇÃO DO ADVENTO ATÉ OS DIAS DE HOJE

No GeV (nn.1120-1156) e no GrH (nn. 778-813) encontramos uma série de fórmulas que foram recolhidas, do final do livro, sob o título *Orationes de Adventu Domini*. Não parece que tais formulas estejam ligadas diretamente ao Natal, cujos textos se encontram no início do livro. Provavelmente, mais tarde, o avizinhamento da festa do Natal termina por impregnar do seu conteúdo também estes textos. Em todo caso, nestas antigas fórmulas existe uma superposição temática tal que é difícil afirmar quando elas falam de uma preparação para a parúsia ou para o Natal. Os textos bíblicos indicados pelos primeiros *Lecionários* romanos mostram que o antigo Advento romano dizia respeito quer à vinda do Senhor na carne, quer ao seu retorno no final dos tempos.[26] A. Chavasse individuou nos antigos formulários do Advento duas tradições textuais diferentes.[27] A forma primitiva, a presbiteral de GeV, con-

---

[25] Cf. J. A. Jungmann, *Advent und Foradvent*, cit., 237-249.

[26] Cf. a tabela de leitura apresentada por A. Nocent, *Il tempo della manifestazione*, in *Anàmnesis* 6,195.

[27] Cf. A. Chavasse, *Le Sacramentaire Gélasien*, cit., 412-426. Nem todos os autores estão de acordo com esta interpretação (cf. H. Auf der Maur, *Le celebrazioni nel ritmo del tempo*, cit., 270-274).

sistiria em seis semanas antes do Natal, e a segunda, a da liturgia papal de Gregório Magno de GrH, seria somente de quatro semanas. Por pouco tempo coexistiram em Roma as duas tradições: um Advento de seis semanas nos Títulos em um Advento de quatro semanas nas liturgias papais. Somente nos livros litúrgicos do século XII/XIII impõe-se definitivamente o uso das quatro semanas do Advento.

Após o encontro da liturgia romana com a da Gália, no período carolíngio e ainda mais tarde, adverte-se a introdução de elementos ascético-penitenciais no Advento romano, próprios da tradição galicana. Contudo, o Advento romano não sofreu de imediato modificações em sua forma e estrutura.

Na alta Idade Média, o significado do Advento romano pode ser ilustrado com a escolha feita pelos antigos *Lecionários* para a leitura evangélica do Domingo I do Advento: o trecho do ingresso de Jesus em Jerusalém (Mt 21,1-9).[28] Este texto não foi aceito pelo MR 1570. As perícopes, que inauguravam também a Semana Santa, mostram o Senhor "que vem" na humildade e na glória, como servidor e como rei, como homem e como Deus. Este episódio era proposto pela liturgia como imagem de todo o mistério do Advento do Senhor pela sua primeira vinda. Nesta se realiza a grande espera messiânica do Antigo Povo eleito, até o seu retorno glorioso que realizará a esperança da Igreja.

Mesmo se levando em consideração a grande complexidade das origens do Advento, este tempo litúrgico chegou a formar uma unidade com o do Natal(-Epifania), do qual é preparação. A reforma realizada após o Concílio Vaticano II quis precisar melhor o seu sentido de preparação para o Natal e, ao mesmo tempo, de tempo de espera da última vinda de Cristo.

> O tempo do Advento possui uma dupla característica: é tempo de preparação para a solenidade do Natal e no qual se recorda a primeira vinda do Filho de Deus em meio à humanidade. Contemporaneamente é o tempo no qual, através de tal recordação, o espírito é conduzido para a espera da segunda vinda de Cristo no final dos tempos (NGALC, n. 39).

---

[28] Assim o *Evangeliário de Würzbrg* na sua segunda fase (cf. a tabela de A. Nocent, in *Anàmnesis* 6,195).

Portanto, o Advento não é, num primeiro momento, um tempo penitencial na perspectiva do retorno do Senhor para o juízo, e sim celebração da Encarnação. Somente a partir disso, é também espera da parúsia. A celebração do nascimento de Jesus prepara para o encontro definitivo com ele (cf. a coleta de 21 de dezembro). A primeira vinda de Jesus inicia o processo que a segunda e definitiva vinda consumará. A presença conjunta destes dois aspectos do mistério de Cristo explica como nos textos as duas vindas se entrelaçam e se sobrepõem. Por outro lado, em cada celebração, que é histórica e escatológica ao mesmo tempo, emerge a globalidade do mistério pascal que, iniciado com a Encarnação, encontrará o seu aperfeiçoamento na parúsia.

No atual ordenamento do Ano Litúrgico, o Advento começa nas Primeiras Vésperas do domingo, que cai no dia 30 de novembro ou o mais próximo desta data, e termina antes das Primeiras Vésperas do Natal (NGALC, n. 40).

No MR 1970 as férias que vão do dia 17 ao dia 24 de dezembro receberam um formulário próprio de missas, que não havia anteriormente. As férias até o dia 16 de dezembro receberam somente a coleta e as leituras bíblicas próprias. Percebe-se uma entoação mais forte da espera escatológica nos textos bíblicos e eucológicos das duas primeiras semanas e uma atenção particular à preparação do Natal nas semanas restantes, especialmente a partir de 17 de dezembro.[29]

11. A CELEBRAÇÃO DO ADVENTO: TEOLOGIA

Conforme já foi acenado antes e será ilustrado adiante, o objeto da festa natalina são os inícios do mistério da redenção, cujo ponto culminante é o mistério da Páscoa. Portanto, o Advento não é simplesmente preparação para a celebração do aniversário do nascimento de Jesus, mas é espera do cumprimento do mistério da redenção. É significativo que, conforme já foi afirmado,

---

[29] No que diz respeito ao ordenamento das leituras bíblicas, cf. A. Carideo, Il lezionario del tempo di Avvento. *Nella attesa della tua venuta*, in Il Messale Romano del Vaticano II. Orazionale e Lezionario, vol. I, cit., 39-70. Para a eucologia, cf. M. Augé, *Le collette di Avvento-Natale-Epifania nel Messale Romano*, in RL 59 (1972) 614-627; B. Baroffio, *Le orazioni dopo la communione del Tempo di Avvento*, in Il Messale Romano del Vaticano II. Orazionale e Lezionario, vol. I, cit., 97-136; G. Francesconi, *Per una lettura teologico-liturgica dei Prefazi di Avvento-Natale-Epifania del Messale Romano*, in RL 59 (1972) 628-648.

na alta Idade Média a leitura evangélica do primeiro domingo do Advento fosse a da entrada triunfal de Jesus em Jerusalém (Mt 21,1-17). Este é um evento que mostra o Senhor que vem na humildade e na glória, como servo e como rei, como homem e como Deus. Desse modo, pode-se entrever todas as dimensões do mistério do Advento, que é, ao mesmo tempo, anúncio, promessa e realização misteriosa. A coleta de 21 de dezembro reza assim: "... na espera do teu Filho que vem na humildade de condição humana, a nossa alegria se realize no final dos tempos, quando ele vier na glória".

A primeira vinda do Senhor realiza a grande esperança messiânica do povo eleito. O seu retorno glorioso deve completar a esperança da humanidade redimida com o sangue de Cristo no mistério da sua Páscoa.

11.1. O advento celebra o "já" e o "ainda não" da salvação

Na mesma palavra Advento (do latim *adventus* = chegada, vinda, mas com nuances de presença) exprime-se um singular entrelaçamento de presente e de futuro, de posse e de espera. Assim também nos textos litúrgicos deste período do Ano eclesiástico, o presente e o futuro da salvação se entrelaçam um com o outro.

No MR 1970, além da coleta de 21 de dezembro, anteriormente citada, também o prefácio I do Advento relaciona significativamente a primeira vinda de Cristo "na humildade da nossa natureza humana" com a sua segunda vinda "no esplendor da sua glória". A leitura patrística do Ofício das Leituras do primeiro domingo propõe um trecho extraído das *Catequeses* de São Cirilo de Jerusalém, no qual a primeira vinda de Cristo é vista como ordenada à segunda. Cirilo afirma, então: "Não fiquemos somente na meditação da primeira vinda, mas vivamos na espera da segunda". Com efeito, os dois acontecimentos estão em estreita relação entre si, buscam-se e se completam mutuamente. Antes, podemos mesmo afirmar que os dois acontecimentos são, de alguma forma, um mesmo evento. No quadro da unidade e unicidade do plano salvífico de Deus, a encarnação no tempo do Filho de Deus realizar-se-á definitivamente como acontecimento salvífico no final dos tempos, quando o Filho virá no esplendor da sua glória e chamará "para junto de si a fim de tomar posse do Reino dos céus" (coleta do primeiro domingo). Justamente porque a encarnação do Filho de Deus é a "realização das Escrituras" (= *entelechía*), conforme recorda a segunda antífona das Primeiras vésperas de 1º de janeiro, ela é inseparável da parúsia, da vinda de Cristo na glória, quando o que já se realizou em Jesus Cristo deverá realizar-se também em cada pessoa e no cosmo inteiro.

O Advento celebra as três misteriosas etapas da história da salvação: a antiga espera dos patriarcas relativa à vinda do Messias, que se encerra com a encarnação, morte e ressurreição do Filho de Deus; o presente da salvação em Cristo, já realizada no mundo, mas ainda não terminada; o futuro da salvação que se desvelará na transformação do mundo no final dos tempos. São Bernardo resume estas três etapas, ou, conforme ele mesmo diz, as três vindas do Senhor, desta forma: "Portanto, na primeira vinda ele apareceu na fraqueza da carne. Na vinda intermédia, ele apareceu no poder do Espírito. Na última, aparecerá na majestade da glória" (segunda leitura do Ofício das Leituras da primeira quarta-feira).

A liturgia do Advento, percorrendo de novo as etapas da história da salvação, coloca a existência cristã em estado de tensão entre os inícios e a conclusão desta história sempre em ato. Deus já se revelou em totalidade em Cristo e tudo já foi salvo nele. Contudo, revelação e salvação devem completar-se para nós. A história está projetada dinamicamente para o futuro, para uma plenitude que fará finalmente Deus "ser tudo em todos" (1Cor 15,28). Portanto, o futuro absoluto é constituído pela realização do Reino de Deus, quando Deus será tudo em todos aqueles que o acolherem no conhecimento crente e no amor obediente. Afirma São Cipriano: "Nós não desejamos a glória presente, e sim a futura. É isto que admoesta o Apóstolo São Paulo: 'Nós já estamos salvos na esperança'..." (segunda leitura do Ofício das Leituras do primeiro sábado).

As leituras proféticas da missa e da *Liturgia das Horas* do Advento assinalam, com a história de Israel, também a nossa história. Elas traçam a continuidade e a grandeza do desígnio de Deus na obra da salvação. Ela não exige da comunidade cristã nenhum esforço de simulação. Os fiéis de hoje, como os de ontem e de amanhã, podem em totalidade condividir a esperança de Israel, em um encontro comum com Deus, na posse de sua visão definitiva.

11.2. O Advento como alegre esperança da realização definitiva da salvação

Entre o "já" e o "ainda não" da salvação está o tempo da espera. O Advento se apresenta como o tempo da espera da realização da salvação. Na alegre esperança da festa do Natal, é-se orientado para o retorno glorioso do Senhor no final dos tempos. Então "ele transfigurará o nosso corpo mortal na imagem do seu corpo glorioso" (antífona da comunhão da quinta-feira das três primeiras semanas: cf. Fl 3,20-21). A segunda vinda de Cristo, tema que aparece com frequência, sobretudo, nas primeiras semanas do Advento, está em estreita relação com a primeira vinda. A certeza da primeira vinda de Cristo na carne renova o coração à espera da última chegada gloriosa, na qual as promessas messiânicas terão sua realização total e definitiva. O cristão está voltado para o futuro porque é sustentado pela certeza de que o Senhor, que já veio para dar início à renovação do mundo, continua e continuará a vir até que o mundo e o ser humano sejam renovados pela vinda de Deus em Cristo.

Espera e alegria não caminham juntas aparentemente, pois são situações que se excluem mutuamente. A pessoa que vive na alegria, portanto, tranquila e satisfeita, não pode estar, ao mesmo tempo, à espera de alguma coisa. Contudo, a espera do cristão é vivida na esperança da realização daquilo que "já está", de alguma forma, realmente possuído. A alegria da espera é do cristão é pela certeza da presença. Por isso, na espera do Senhor que vem para salvar, o terceiro domingo do Advento é um convite à alegria: "Alegrai-vos sempre no Senhor: repito-vos, alegrai-vos. O Senhor está chegando" (Antífona de entrada: Fl 4,4.5). Mas o apelo à esperança jubilosa já ressoa no início do Advento, nas intercessões das Primeiras Vésperas do primeiro domingo: "A Cristo, fonte de verdadeira alegria para todos os que o esperam, elevemos as nossas preces". O nosso tempo não é mais um tempo não remido. Ele não é mais a repetição de momentos que passam e terminam no vazio. O nosso tempo está redimido pela intervenção de Deus que, ao encarnar-se, se inseriu no fluir da história das pessoas, a fim de fazer dela uma história de salvação. Portanto, o Advento torna-se um apelo para acolher a "qualidade" salvífica que plenifica o nosso presente. Essa qualidade está convocada a se consolidar sempre mais até à plenitude final: "... a nossa alegria se realize até o final dos tempos, quando Cristo virá na glória" (coleta de 21 de dezembro). O Advento da glória de Deus assinala o final do tempo e o início da eternidade.

A espera exige que algo seja aguardado, que alguém finalmente venha. Neste sentido, o fato de aguardar se transforma num caminhar ao encontro daquele que vem. Portanto, trata-se de uma espera dinâmica e operosa que coloca a pessoa na caminhada em direção da meta, indo ao encontro de Cristo: "Ó Deus, nosso Pai, suscita em nós a vontade de ir ao encontro do teu Cristo que vem, com as boas obras..." (coleta do primeiro domingo).

As sete antífonas ao *Magnificat* das Vésperas dos dias 17 a 23 de dezembro, chamadas de "antífonas maiores" e atribuídas a São Gregório Magno, ilustram a personalidade daquele cuja chegada é aguardada e no qual se realizam as expectativas de Israel e de toda a humanidade. Reapropriando-se das antigas imagens bíblicas, estas antífonas enumeram os títulos divinos do Verbo encarnado. O seu insistente "vem" exprime toda a esperança da Igreja. Ele é a "Sabedoria que a boca do Altíssimo profere" (cf. Eclo 24,3-9; Sb 7,28-30; 8,1). Ele é o "Senhor" (em hebraico *Adonai* e em grego *Kyrios*), o "Rebento de Jessé" (Is 11,1-2.10; Rm 15,12), a "Chave de Davi" (cf. Is 22,20-22; Ap 3,7), "Astro que surge (Oriente), esplendor da glória eterna, sol de justiça" (cf. Is 9,1; 42,6; Ml 3,19-20; Lc 1,78-79), "Rei dos povos, esperado por todas as nações, pedra angular que une os povos em um só" (cf. Is 28,16; Sl 118,22; Zc 14,9; Ap 15,3-4). "Emanuel" (cf. Is 7,14; Mt 1,22), a "esperança e salvação dos povos". Estas antífonas são posteriormente retomadas na celebração da missa dos mesmos dias, como versículos do Aleluia.[30]

O Sl 84, citado anteriormente, é típico do Advento. Além de estar presente em alguns dias feriais, é encontrado como salmo responsorial do segundo domingo (B). O v. 8 é o texto do canto do Evangelho do primeiro domingo (A, B, C). O texto do salmo ecoa na voz do profeta que anuncia a mensagem por parte de Deus: mensagem de paz, de misericórdia, de verdade e de justiça. Nesta mensagem, Deus promete retomar o seu lugar em meio ao povo,

---

[30] Cf. M. Gilbert, *La antifone maggiori dell'Avvento*, in *La Civiltà Cattolica* 2008 IV, 318-332. O estudo procura retirar das citações implícitas dos textos a profundidade que elas oferecem, sobretudo, nas citações do Antigo Testamento.

purificado pelo exílio e pelo sofrimento. A tradição cristã releu este canto do "retorno" de Israel para a sua terra e para o seu Deus, bem como do "retorno" de Deus em meio a Israel, sua esposa, como celebração do abraço perfeito em Cristo entre a natureza humana e a natureza divina. De Natal em Natal, a promessa do Senhor abre diante da Igreja a perspectiva da chegada final de Cristo. Nela, paz e justiça, amor e verdade haverão de recolher o céu e a terra em um único abraço.

A liturgia do Advento abre-se repropondo o comovente grito de Israel esperando o Messias: "Quem dera rasgasses o céu para descer! Diante de ti as montanhas se derreteriam" (Is 63,19: primeira leitura do primeiro domingo B). Portanto, o Advento é convite contínuo para nutrir viva a esperança do retorno do Esposo, Cristo. Por ela a Igreja, a Esposa, grita: "Vem, Senhor, Jesus" (Ap 22,20). Esta é a invocação que atravessa todo esse período do Ano Litúrgico. A *Liturgia das Horas* coloca-a frequentemente nos lábios dos fiéis com diversas variantes, em particular nas *Laudes* matutinas e nas Vésperas: "Vem, Senhor, Jesus!"; "Vem, Senhor, não tardes!"; "Vem, Senhor, e permanece conosco!"; "Vem, Senhor, e salva-nos!"; "Venha o teu Reino, Senhor!".

11.3. O Advento celebra a memória de Maria, ícone da esperança

Na Exortação Apostólica *Marialis Cultus*, Paulo VI declarou que o Advento era o tempo mariano por excelência do Ano Litúrgico. Com efeito, durante este período do ciclo anual, a Virgem Maria é recordada frequentemente. Mesmo que a solenidade da Imaculada Conceição de oito de dezembro tenha sido inserida por acaso no Advento. Com efeito, esta solenidade não é elemento originário desse tempo litúrgico nem foi aí colocada com referência a ele. Contudo, o seu conteúdo está em perfeita sintonia com o espírito do Advento. Como "preparação radical (cf. Is 11,1.10) à vinda do Salvador, é feliz exórdio da Igreja sem manchas e sem ruga".[31] Além disso, as atuais leituras bíblicas da missa (Gn 3,9-15.20; Ef 1.3-6.11-12; Lc 1,26-38) leem o mistério de Maria Imaculada na global perspectiva histórico-salvífica que é própria do Advento.

---

[31] Paulo VI, Exortação Apostólica *Marialis Cultus*, n. 3.

Ano Litúrgico

Ao contrário, as leituras do MR 1570; Pr 8,22-35; Lc 1,26-28) contemplavam o mistério da Imaculada, sobretudo, como privilégio pessoal da Mãe de Jesus.

Nos dias próximos do Natal, a liturgia das férias que vão de 17 a 24 de dezembro adquire um caráter eminentemente mariano. Nos dias 20, 21 e 22 de dezembro, são lidos os Evangelhos da Anunciação (Lc 1,26-38), da Visitação (Lc 1,39-45) e do *Magnificat* (Lc 1,46-55). As coletas dos dias 17, 19, 20 e 23 de dezembro, que provêm do antigo *Rolo de Ravena*, são de conteúdo mariano. Assim também, as antífonas para a comunhão dos dias 20, 21, 22 de dezembro realçam o componente mariano da celebração do advento de Cristo. No domingo que precede o Natal, são lidas as antigas profecias sobre a Virgem Mãe e sobre o Messias, bem como os episódios evangélicos relativos ao nascimento iminente de Cristo e do seu precursor. Enquanto a liturgia intensifica as súplicas para que "as nuvens façam chover o Justo" (cf. Is 45,8: primeira leitura e responsório do Ofício das Leituras de 17 de dezembro), delineia-se sempre mais nítida a figura da Virgem que, confiando-se à Palavra (coleta do dia 20 de dezembro), se coloca à espera de que se realize nela esta mesma Palavra. A liturgia apresenta a expectativa do Messias realizada em forma exemplar em Maria. O prefácio II do Advento relembra a amorosa expectativa de Maria com estes termos: "Ele foi anunciado por todos os profetas, a Virgem Maria o esperou e carregou em seu seio com inefável amor…".

Maria é o protótipo, a figura por excelência da espera do povo de Israel e da Igreja.

12. A CELEBRAÇÃO DO ADVENTO: PARÊNESE

A parênese deve ser ordenada em torno dos grandes temas da liturgia do Advento, os quais podem se tornar paradigmas de toda a existência cristã.

12.1. *O Advento é paradigma da condição peregrinante do cristão*

A imagem da vida cristã como peregrinação, como caminho, é encontrada já na coleta do primeiro domingo do Advento: "Ó Deus, nosso Pai, suscita em nós a vontade de ir ao encontro do teu Cristo que vem, com as boas obras…".

Também a coleta do segundo domingo exprime-se com imagens de caminho: "... faze que o nosso empenho no mundo não impeça caminhar em direção do teu Filho...". É uma estrada que deve ser retificada para o nosso caminhar, como um dia os que deixavam a Babilônia para reconstruir a cidade de Deus e assim reencontrar a própria liberdade e dignidade (cf. Br 5,1-9: primeira leitura do segundo domingo C). E assim pede a oração após a comunhão do primeiro domingo: "A participação neste sacramento, que revela para os que peregrinam nesta terra o sentido cristão da vida, sustente, Senhor, o nosso caminho e nos conduza para os bens eternos".

A Eucaristia é considerada aqui como o equipamento para a viagem, "pão da nossa caminhada" (CIC, n. 1392). Por sua vez, a segunda leitura do Ofício das Leituras da segunda terça-feira trata da Constituição Dogmática sobre a Igreja do Vaticano II. Ela ilustra a índole escatológica da Igreja peregrinante nestes termos: "... Enquanto não se estabelecem os novos céus e a nova terra em que habita a justiça, a Igreja peregrina, nos seus sacramentos e nas suas instituições, que pertencem à presente ordem temporal, leva a imagem passageira deste mundo..." (LG, n. 48).

A Igreja, no tempo do Advento, é chamada a se tornar sempre mais conscientemente povo de Deus peregrinante.

Nossa peregrinação não é um vagar pelas estradas do mundo, perdidos sem bússola e sem meta. Cristo é a luz que ilumina os nossos caminhos (cf. hino das *Laudes* matutinas depois de 16 de dezembro). Ele é a luz que nos ensina o caminho que conduz ao Pai (cf. intercessões das Vésperas da primeira segunda-feira). Por parte da criatura humana, contudo, exige-se vigilância para "ir ao encontro de Cristo com as lâmpadas acesas" (coleta da segunda sexta-feira). A vigilância é a atitude espiritual que melhor exprime a condição do peregrino. Com efeito, a vigilância mantém em perfeita harmonia a plena adesão à terra, o empenho no mundo e a espera da vinda do Senhor. Destarte, "o nosso empenho no mundo não seja obstáculo no caminho em direção ao Filho de Deus" (coleta do segundo domingo). Portanto, a condição de caminhante deve ensinar à pessoa humana a "avaliar com sabedoria os bens da terra, na contínua busca dos bens do céu" (oração após a comunhão do

Ano Litúrgico

segundo domingo). A pessoa é chamada a viver de forma consciente, lúcida e crítica a sua relação com o tempo, visando dar a ele um sentido como acontecimento de encontro com os valores que nos fazem pregustar, já aqui e agora, as realidades futuras. O Advento é metáfora da vida cristã como movimento, busca, ânsia. É um convite para superar aquelas dimensões que nos predem, tornando-nos vítimas, tais como a estagnação, a indiferença, a frieza.

No prefácio II do Advento pede-se ao Senhor para que a sua vinda nos encontre "vigilantes na oração". A prece é expressão da espera vigilante e confiante. A oração cristã é sempre abertura confiante para o futuro de Deus. Com efeito, ela torna a pessoa consciente do fato de que o Reino de Deus não foi ainda definitivamente instaurado: "A sua vinda assinale o início de um mundo novo e inaugure um reino de justiça e de paz" (invocação das *Laudes* matutinas da primeira segunda-feira). O desejo deste futuro é nutrido pela oração e vice-versa. Segundo Santo Agostinho: "O teu desejo é a tua prece" (segunda leitura do Ofício das Leituras da terceira sexta-feira).

A vigilância exige ascese, exige conversão. Esta, por sua vez, é ratificada com obras que lhe transmitem a autenticidade e a verdade. "Purifiquemos os nossos corações para caminhar na justiça ao encontro do Rei..." (terceira antífona do Ofício das Leituras do primeiro domingo). A antífona ao *Magnificat* das Primeiras Vésperas do segundo domingo sintetiza esta atitude com a súplica: "Vem visitar-nos, Senhor, na paz. Faremos festa para ti com um coração novo". Mas é sobretudo através da voz do profeta Isaías, unida com a de João Batista, que o Advento se faz um convite à conversão. Este período do Ano Litúrgico é um convite para dar esta resposta à fidelidade de Deus nas promessas que realiza para nós em Cristo. Portanto, não estão em destaque as ocorrências de infidelidade do ser humano, mas sim a ação da fidelidade de Deus: "O Senhor é fiel para sempre" (cf. salmo responsorial do terceiro domingo A [Sl 145] e o refrão do salmo responsorial do quarto domingo B).

12.2. O Advento é "sacramento" da esperança cristã entre empenho e esperança

Agora se caminha na obscuridade da fé. Um dia, porém, contemplaremos Cristo no esplendor da sua glória (cf. intercessões das Vésperas da segunda terça-feira). Esta é a esperança que sustenta a caminhada cristã. A esperança é o vento favorável que acompanha o sulcar constante da nave do peregrino. Na vida cristã a prioridade pertence à fé, mas o primado é dado à esperança, pois a fé não possui totalmente o objeto crido, mas está na expectativa esperançosa de possuí-lo.

A esperança do Advento abre-se sobre o horizonte das promessas messiânicas e sobre a confortante visão do Reino de justiça e de amor do Salvador. É uma esperança jubilosa, paciente, confiante. A fé cristã está fundada sobre o "alegre anúncio" semeado no terreno obscuro e tantas vezes inseguro da história. Em nossa vida não faltam despenhadeiros e montanhas íngremes, mas, contudo, temos uma meta fixa, o "dia de Jesus Cristo" (Fl 1,6: segunda leitura do terceiro domingo C) que dá sentido ao nosso caminhar, tantas vezes cansativo. Na expectativa da revelação deste dia deve-se "viver com sobriedade e amor neste mundo" (invocação das *Laudes* matutinas do segundo domingo). Como recorda São Cipriano, a nossa esperança deve ser paciente e perseverante: "Irmãs e irmãos caríssimos: é preciso ter paciência e perseverança, pois, admitidos à esperança da verdade e da liberdade, se possa, na verdade, chegar à verdade e à liberdade" (segunda leitura do Ofício de Leituras do primeiro sábado).

O Advento, como toda a vida cristã, é esperança da realização do acontecimento por excelência: a manifestação "daquele que é, que era e que vem" (Ap 1,18). O desejo da salvação do ser humano e de tudo o que o circunda não deve ser vivido na expectativa passiva e sem empenho. É mobilizando toda força que se tem que se está em condições de poder edificar um futuro do qual, quiçá, se pode entrever as primícias. A Igreja e toda a criação estão na direção da plena realização do desígnio salvífico. A esperança mantém em tensão a corda do empenho cristão e ilumina o futuro em direção do qual tende o presente. O futuro de Deus, contudo, já irrompeu na vida do ser humano. A Liturgia do Advento, em particular a partir do dia 17 de dezembro, já é celebração da presença de Deus na história. Aquele que a Virgem concebe e dá à luz é chamado de "Emanuel, 'Deus conosco'" (cf. Is 7,14; Mt 1,23: canto ao Evangelho do quarto domingo A, B, C). O Senhor Jesus não está distante da pessoa que o procura com o coração sincero (cf. as intercessões das Vésperas da primeira e terceira terça-feira). Desconhecido para o mundo, ele está presente em nosso meio (cf. as intercessões das *Laudes* matutinas da primeira e terceira quinta-feira). Deus está conosco, na cotidianidade da história e na face das irmãs e dos irmãos. Esta é uma presença exigente. Ela não quer somente confortar. Quer ser também um incentivo para o empenho, um convite para agir. O cristão é chamado a anunciar e a testemunhar esta presença no mundo (cf. invocações das *Laudes* matutinas da segunda segunda-feira). Eis, portanto, que a história se apresenta como uma trama contínua que Deus e os seres humanos constroem conjuntamente.

ESTRUTURA DO CICLO DA MANIFESTAÇÃO DO SENHOR

MISSALE ROMANUM 1570	MISSALE ROMANUM 1962	MISSALE ROMANUM 1970
	Tempus Adventus	**Tempus Adventus**
Dominica prima de Adventu	Dominica prima Adventus	Dominica prima Adventus
Dominica II de Adventu	Dominica secunda Adventus	Dominica secunda Adventus
Dominica III de Adventu	Dominica tertia Adventus	Dominica tertia Adventus
Dominica IIII de Adventu	Dominica quarta Adventus	Dominica quarta Adventus

MISSALE ROMANUM 1570	MISSALE ROMANUM 1962	MISSALE ROMANUM 1970
		Tempus Nativitatis
In Vigilia nativitatis Domini	In Vigilia nativitatis Domini	In Nativitate Domini
	Tempus Nativitatis	Ad Missam Vigiliae
In Nativitate Domini	In Nativitate Domini	
	Ad primam missam in nocte	Ad missam in nocte
in prima Missa	Ad secundam missam in aurora	Ad missam in aurora
in secunda Missa	Ad tertiam missam in die	Ad missam in die
in tertia missa	nativitatis Domini	

Missa de Dominica infra octavam Nativitatis Domini	Dominica infra octavam Nativitatis Domini	Dominica infra octavam Nativitatis Domini S. Familia Iesu, Mariae, Ioseph
In die Circumcisionis et in octava nativitatis domini	In octava nativitatis domini	In octava nativitatis domini Solemnitas Sanctae Dei Genitricis Mariae
	Dominica a die 2 ad diem 5 ianuarii occorrenti, vel, si haec defecerit, die 2 ianuarii SS.mi Nominis Iesu	Dominica II post Nativitatem
In Vigilia Epiphaniae		
	Tempus Epiphaniae	**Tempus Epiphaniae**
In Epiphania Domini	In Epiphania Domini	In Epiphania Domini
Dominica infra octavam Epiphaniae	Dominica I post Epiphaniam Sanctae Familiae Iesu, Mariae, Ioseph	Dominica post die 6 januarii occurrente In festo Baptismatis Domini

	Tempus per annum ante Septuagesimam	**Tempus "per annum"** Missae dominicales et quotidianae
Dominica secunda post Epiphaniam	Dominica secunda post Epiphaniam	
Dominica tertia post Epiphaniam	Dominica tertia post Epiphaniam	
Dominica IIII post Epiphaniam	Dominica quarta post Epiphaniam	

Capítulo X. O Tempo Ordinário "durante o ano"

Como se apresenta atualmente, a reflexão sobre o "Tempo Ordinário" ou "Tempo *durante o ano*" (*per annum*) não teve o interesse que merece. A sua abordagem aguarda ainda uma discussão aprofundada para explicar o seu verdadeiro caráter.[1] O título "Tempo Ordinário" dá a impressão de pouca importância, de ser um tempo fraco, de baixa definição.[2] Ao contrário, note-se que na atual estrutura do Ano Litúrgico, o Tempo Ordinário tem personalidade própria, um específico valor litúrgico, referido sempre – como acontece com os demais períodos do Ano Litúrgico – ao mistério de Cristo e à vida da Igreja. Trata-se de um tempo importante, pois sem ele a celebração do mistério de Cristo e a progressiva assimilação que a Igreja faz deste mistério correria o risco de reduzir-se a simples episódios isolados, não empenhando a existência de cada fiel, bem como de toda a comunidade eclesial.

---

[1] Cf. Aa.Vv., *Les dimanches verts*, in LMD , n. 46 (1956); A. Nocent, *Celebrare Gesù Cristo: L'Anno liturgico*, 5: *Tempo ordinario*, Cittadella, Assisi 1978; Aa.Vv., *Il Messale Romano del Vaticano II. Orazionale e Lezionario*, vol. I, cit., 485-587; J. Castellano, *L'Anno liturgico. Memoriale di Cristo e Mistagoria della Chiesa con Maria Madre di Gesù* (Serie pastorale e di studio 5), Centro di Cultura Mariana "Mater Ecclesiae", Roma 1987, 239-247; J. López Martín, *Tempo Ordinario*, in D. Sartore; A.M. Triacca (edd.)., *Nuevo Dicionário di Liturgia* (adaptó la edición española J.M. Canals), Ediciones Paulinas, Madrid 1987, 1967-1982; M. Sodi; G. Morante, *Anno Liturgico. Itinerario di fede e di vita. Orientamenti e proposte catechetico-pastorali* (Studi e ricerche di catechetica 11), Elle Di Ci, Leumann (Torino) 1988, 119-133; I. Scicolone, *Il tempo "per annum"*, in *Anámnesis* 6, 207-220; Aa. Vv., *El "Tiempo Ordinario" del Año Litúrgico*, in *Phase* 32 (1992) 179-254; J. Damián Gaitán, *La celebración del Tiempo Ordinario* (Biblioteca Litúrgica 2), Centro di Pastoral Litúrgica. Barcelona 1994; Aa.Vv., *Il Tempo Ordinario*, in Rivista di Pastorale Liturgica n. 4 (1995) 3-62; M. Augé, *Il Tempo ordinario "durante l'anno"*, in ScLit 5, 242-245; Aa.Vv., *Celebrare il mistero della salvezza*, 1: *L'Anno liturgico* (Biblioteca "Ephemerides Liturgicae" – Sussidi liturgico-pastorali 6), C.L.V. – Edizioni Liturgiche, Roma 1998, 431-468; A. Bergamin, *L'Anno liturgico. Cristo festa della Chiesa*, cit., 319-328; S. Rosso, *Il segno del tempo nella liturgia. Anno liturgico e liturgia delle ore*, Elledici, Leumann (Torino) 2002, 179-213.

[2] Inocêncio III, falando das quatro cores principais com as quais se diferenciavam as vestes litúrgicas conforme o específico dos dias, considera a cor verde, usada no Tempo Ordinário, uma cor não festiva, mas ferial: "*Restat ergo, quod in diebus ferialibus et communibus, viridibus sit indumentis utendum, quia viridis color melius est inter albedinem et nigredinem et ruborem*" (*De sacra altaris mysterio* I, 65: PL 217.802).

O Tempo Ordinário é o período mais longo do ciclo anual das celebrações, compreendendo trinta e três ou trinta e quatro semanas das cinquenta e duas:

> Além dos tempos que possuem características próprias, existem trinta e três ou trinta e quatro semanas durante o ciclo do ano que não são destinadas a celebrar um aspecto particular do mistério de Cristo, mas nos quais esse mistério é celebrado antes em sua globalidade, principalmente nos domingos. Este período chama-se Tempo Ordinário (NGALC, n. 43).

1. ORIGENS, EVOLUÇÃO E SIGNIFICADO DO TEMPO ORDINÁRIO

Os inícios do Tempo Ordinário devem ser buscados simplesmente na celebração do domingo, sem outras especificações. Isto significa considerar o domingo como celebração da Páscoa semanal. Com efeito, o ciclo dominical ordinário representa a mais antiga celebração da Páscoa do Senhor e está inserido na formação do ciclo "Quaresma-Páscoa-Pentecostes" e "Advento--Natal-Epifania". O número dos domingos (e semanas), nos primeiros séculos, foi-se reduzindo paulatinamente enquanto se desenvolvia a organização do Ano Litúrgico ao redor dos grandes mistérios da redenção. Nos primeiros documentos da liturgia romana, estes domingos não possuíam nenhum título específico. Foram denominados em relação a uma festa que os precedia ou seguia. Assim, por exemplo, o antigo *Sacramentário Gelasiano*, do século VII, contém dezesseis formulários de missas sob o título genérico *per dominicis diebus* (nn. 1178-1241). Um pouco mais tarde, nos *Gelasianos* do século VIII e em outras fontes próximas dele, encontram-se, ao contrário, 6 domingos *post Epiphaniam* e cerca 22 a 24 domingos *post Pentecostem*. No MR 1570, são de 3 a 6 domingos *post Epiphaniam* e 24 domingos *post Epiphaniam*.

Com a reforma promovida pelo Concílio Vaticano II, estes domingos, e as suas respectivas semanas, não mais chamadas *depois* da Epifania ou *depois* de Pentecostes, receberam unidade, continuidade e coesão interna, criando assim o que agora é chamado Tempo Ordinário. Ele tem início na segunda-feira após o domingo depois de 6 de janeiro e se prolonga até a terça-feira antes da Quaresma. Posteriormente, recomeça na segunda-feira após o domingo de Pentecostes, para se concluir antes das Primeiras Vésperas do I domingo do Advento. São, integralmente, 33 ou 34 semanas.

Portanto, não se devem opor os assim chamados "tempos fortes" (Advento-Natal-Epifania, Quaresma-Páscoa-Pentecostes) ao "tempo durante o ano", como se este fosse um tempo frágil ou inferior. Se os "tempos fortes" possuem uma sua característica teológica e pastoral, não se pode deixar de lado o período do ciclo cotidiano, pois este constitui o tecido concreto da existência de cada dia do cristão na sua vivência ferial. De certa forma, também o Tempo Ordinário deve ser considerado um "tempo forte", no qual se assimila o mistério de Cristo que se insere na vida do crente para assumi-la e torná-la plenamente "pascal". O tempo "durante o ano" anterior aos "tempos fortes" deve ser considerado como o "tempo primordial", ou seja, a primeira realidade na sucessão ininterrupta dos domingos no decurso do ano. São domingos "no estado puro". João Paulo II afirma: "Seguindo os tempos do Ano Litúrgico com a observância do domingo que o ritma inteiramente, o compromisso eclesial e espiritual do cristão radica-se profundamente em Cristo, em quem encontra a sua razão de ser e de quem recebe alimento e estímulo".[3]

O fato de, no atual ordenamento, o Tempo Ordinário constar de dois momentos ou etapas interrompidos pelo ciclo pascal, não impede a progressiva celebração do mistério de Cristo. Antes, o ciclo pascal oferece maravilhosa continuidade à evocação da vida de Cristo. A Quaresma tem seu início marcado pelos episódios da tentação e da transfiguração, momentos nos quais Jesus entra decididamente no caminho da Páscoa, destino e vértice da sua vida e, portanto, centro iluminador de todos os acontecimentos e palavras da sua existência.

No curso dos séculos, no Tempo Ordinário foram inseridas muitas celebrações do mistério de Maria, bem como numerosas comemorações dos santos. Aos poucos, alguns dias no decorrer da semana foram caracterizados ou com relação ao domingo, e neste sentido apareceram a sexta-feira como memória da paixão e o sábado como dia dedicado a Maria, ou relacionados

---

[3]   João Paulo II, *Carta Apostolica Dies Domini*, n. 73.

Ano Litúrgico

aos dias devocionais, com referência a alguns santos de particular afeição. O próprio domingo perderá o seu sentido primário de Páscoa semanal para se tornar, a partir da segunda metade do século IX, o dia da Santíssima Trindade. O Concílio Vaticano II devolveu ao domingo o seu caráter pascal (cf. SC, n. 106).

A estrutura atual do Calendário litúrgico, enquanto diminuiu as celebrações das memórias dos santos, deu um rico ordenamento ritual às férias do Tempo Ordinário. Evitou também assinalar alguns dias da semana com particulares características devocionais. Dessa forma, o tempo "durante o ano" assumiu uma particular fisionomia, que tem como centro a leitura contínua (ou semicontínua) dos livros da Escritura.

Eis por que os domingos e as férias do Tempo Ordinário recebem a sua caracterização, antes de tudo, das leituras bíblicas que lhes assinala o OLM. As perícopes bíblicas dos ciclos particularmente caracterizados liturgicamente são escolhidas com o critério da harmonização. Para as leituras do Tempo Ordinário vale o princípio da leitura semicontínua. As leituras são extraídas seguidamente de um livro bíblico, embora, por motivos pastorais, sejam deixadas de lado algumas partes.

O conteúdo das orações de coletas das missas dominicais deste período litúrgico é muito variado pelo modo global com o qual é considerado o mistério de Cristo. Alguns Missais nacionais acrescentaram uma série de coletas alternativas para os domingos, tematicamente harmonizadas com as leituras bíblicas. Ainda apresentam coletas, à escolha, para os dias feriais. No MR 1970 e nas suas sucessivas edições, encontramos uma série rica de novos prefácios dominicais que exprimem o significado do domingo como celebração semanal do mistério pascal, ou sua contemplação no quadro da história da salvação, que tem nele o seu *vértice* e *fonte*. O Missal atual oferece ainda uma maior oferta de prefácios para os dias feriais do Tempo Ordinário.

Durante o Tempo Ordinário, na *Liturgia das Horas* se utiliza o Saltério dividido em quatro semanas, com as suas leituras, responsórios, antífonas e intercessões. Os únicos textos próprios são o Ofício das Leituras de cada dia, que oferece a leitura semicontínua de alguns livros bíblicos acompanhados de uma rica proposta de textos dos Padres e escritores eclesiásticos, adaptados para favorecer a meditação sapiencial da Escritura e a proposta dos principais temas da fé e da existência cristã. Também as antífonas do *Benedictus* e do *Magnificat* são próprias, bem como as coletas dos domingos que se recitam nas *Laudes* matinais e nas Vésperas.

2. O *LECIONÁRIO* DO TEMPO ORDINÁRIO

O *Lecionário da missa* traz as leituras para os 34 domingos do Tempo Ordinário e relativas semanas, bem como indica os critérios que guiaram a escolha das diversas leituras. Provavelmente se trata de uma das mais importantes realizações da reforma litúrgica desejada pelo Concílio Vaticano II.

2.1. As três leituras dominicais

No que se refere às leituras dominicais, cf. OLM, n. 105-107. Para se compreender o caminho de fé oferecido pelos domingos do Tempo Ordinário, é preciso partir da leitura evangélica.

A leitura evangélica. A partir do III domingo, tem início a leitura semicontínua dos Evangelhos sinóticos. A leitura segue "o sucessivo desenvolver-se da vida e da pregação do Senhor, segundo a orientação doutrinal própria de cada Evangelho": ano A, o Evangelho de Mateus; ano B, o Evangelho de Marcos; ano C, o Evangelho de Lucas. No ano B, nos domingos XVII-XXI, são inseridas cinco leituras sobre o pão da vida, extraídas do Evangelho de João. Com uma distribuição assim concebida, obtém-se certa harmonia entre a apresentação narrativa de cada um dos três Evangelhos e o desenvolvimento do Ano Litúrgico.

A *Primeira Leitura* é retirada do Antigo Testamento. Ela foi escolhida tendo como referência a respectiva perícope do Evangelho, a fim de demonstrar "a unidade dos dois Testamentos". A relação entre as duas leituras é pontuada pela escolha acurada dos títulos propostos a cada uma das leituras.

Na *segunda leitura* ou "leitura do Apóstolo" faz-se a leitura semicontínua das cartas de Paulo e Tiago (as de Pedro e João são lidas no Tempo Pascal e no Tempo natalino). A primeira carta aos Coríntios, devido ao seu tamanho e a variedade de argumentos tratados, foi distribuída em todos os três ciclos, no

Ano Litúrgico

início do Tempo Ordinário. Assim também a Carta aos Hebreus foi dividida em duas partes: uma para o ano B e outra para o ano C.

2.2. As duas leituras feriais

Os critérios com os quais foi organizado o Lecionário ferial do Tempo Ordinário são indicados pelo OLM nos nn. 109-110. Estas férias não possuem um formulário próprio para a missa, salvo as leituras e o salmo responsorial. O Lecionário ferial do Tempo Ordinário é uma novidade na liturgia romana, que corresponde à disposição do Vaticano II para uma abertura mais abundante dos tesouros da Bíblia em favor do povo cristão. O Lecionário está dividido em dois anos: I, para os anos ímpares; II, para os anos pares.

O núcleo fundamental do Lecionário ferial é a leitura semicontínua dos três *Evangelhos* sinóticos – as mesmas perícopes nos dois anos: lê-se antes Marcos (semanas I-IX), depois Mateus (semanas X-XXI) e em seguida Lucas (semanas XXII-XXXIV). No final do Ano Litúrgico, lê-se o discurso escatológico na redação de Lucas, uma vez que no seu Evangelho está completo.

A primeira leitura tem dois esquemas completos para os dois anos diversos. Lê-se uma vez o Antigo Testamento e outra, o Novo (os escritos apostólicos). Os períodos de semanas são alternados, conforme o tamanho dos vários livros.

Os trechos lidos das cartas apostólicas do Novo Testamento são relativamente longos. Destarte, pode-se colher o seu contexto essencial. As passagens, cujos argumentos têm pouca utilidade pastoral para o nosso tempo, são deixadas de lado. Entram nesses trechos os temas sobre a glossolalia e a disciplina da Igreja Primitiva.

O Lecionário contempla quase todos os livros do Antigo Testamento. Somente os livros proféticos mais breves são deixados de lado (Abdias, Sofonias) e um livro poético (Cântico dos Cânticos). Entre os livros narrativos de caráter edificante, leem-se Tobias e Rute. Os outros (Ester e Judite) são deixados de lado. Contudo, algumas passagens destes livros são lidas nos domingos e nas férias de outros tempos litúrgicos.

O Tempo Ordinário "durante o ano"

No final do Ano Litúrgico são lidos os livros que correspondem ao caráter escatológico deste tempo, isto é, Daniel e Apocalipse. Estes temas estão em harmonia com as perícopes escatológicas do Evangelho de Lucas e se inserem nas perspectivas da festa de Cristo, Rei do universo (último domingo do Tempo Ordinário) e do domingo I do Advento.

As Premissas do OLM fazem emergir alguns princípios que o caracterizam: 1º oferecimento ao povo de Deus dos textos bíblicos de maior importância, a fim de que os fiéis possam escutar, em um adequado espaço de tempo, as partes mais importantes da Escritura; 2º a fidelidade à Palavra de Deus, à sua natureza, distribuindo-a e propondo-a no respeito às leis de leitura exigidas por ela (relação entre o Antigo e o Novo Testamento, leitura semicontínua etc.); 3º eficácia pastoral, que não pode ser confundida com o critério superficial da facilidade.

3. A LEITURA SEMICONTÍNUA DO EVANGELHO

A leitura semicontínua do Evangelho merece uma atenção especial. Ela permite contemplar cada episódio inserido na continuidade de uma trama, de um acontecimento, de um pensamento que se desenvolve. Para compreender a orientação doutrinal própria de cada Evangelho e percorrer melhor o caminho de fé traçado pela leitura semicontínua no decurso do Tempo Ordinário, indica-se a seguir as características principais dos Evangelhos sinóticos, bem como o de João.[4]

Mateus, embora esteja consciente de que o Evangelho é antes de tudo a pessoa de Jesus e a sua história, interessa-se de modo especial pela doutrina do Mestre. Os sermões de Jesus são mais numerosos e mais amplos que nos demais Evangelhos: o sermão da montanha (Mt 5–7); o sermão missionário (Mt 10); os sermões em parábolas (Mt 13,1-50); o sermão eclesial (Mt 18); o

---

[4] Cf. os volumes de Bruno Maggioni publicados pela Cittadella Editrice na coleção "Bibbia per tutti": *Il racconto di Matteo*, 20069; *Il racconto di Marco*, 2008; *Il racconto di Lucca*, 2006; *Il racconto di Giovanni*, 2006. Cf. ainda os comentários exegético-espirituais da Mario Galizzi publicados pela Elle Di Ci na coleção "Commenti al Nuovo Testamento – Nuova Serie": *Vangelo secondo Matteo*, 2003 (reimpressão); *Vangelo secondo Marco* (quarta reimpressão); *Vangelo secondo Lucca*, 2006 (terceira reimpressão); *Vangelo secondo Giovanni*, 2006 (terceira reimpressão).

Ano Litúrgico

sermão escatológico (Mt 24–25). Os cinco grandes sermões são precedidos pelo Evangelho da infância (Mt 1–2) e seguidos pela narração da paixão e ressurreição (Mt 26–28). Encontram-se ainda outras partes narrativas.

Em primeiro lugar, o Evangelho de Mateus é cristológico. Jesus é apresentado como aquele que realiza a história e a esperança de Israel. Portanto, o primeiro Evangelho é particularmente sensível ao mistério da Igreja. Pode-se então dizer que é um Evangelho eclesial. É o único que dá à comunidade o título honorífico de *ekklesía* (Mt 6,18; 18,17), que fora reservado até então à sinagoga. Mas é sobretudo eclesial porque os temas por ele tratados foram escolhidos com base nas exigências da comunidade. A comunidade em Mateus é a judaico-cristã, e o evangelista se preocupa em mostrar que a história de Jesus e da sua comunidade está profundamente em harmonia com as Escrituras. Ao ler Mateus, aprende-se a conhecer a Igreja, a sentir-se Igreja, a ser Igreja.

Marcos é o Evangelho mais breve dos quatro. As palavras e as ações de Jesus não estão ordenadas em sucessão cronológica, mas conforme um ponto de vista lógico: encontro introdutório com João Batista (Mc 1,2-11); atividade na Galileia (Mc 1,14–6,6); viagem a Jerusalém (Mc 6,7–10,52; paixão, morte, ressurreição e ascensão (Mc 11,1–16,20).

Mediante a descrição do mistério e da história de Jesus, o Evangelho de Marcos anuncia que Deus, por meio de Jesus, manifestou a sua vontade de salvar todos os seres humanos. Com a vinda de Jesus começou o tempo da salvação. Em nenhum dos outros Evangelhos existe um contínuo e tenso confronto com Jesus como em Marcos. Desde o início, Jesus é aquele que chama continuadores para sua obra. Mas ele não improvisa as suas testemunhas. Antes de tudo, quer educar longamente os chamados, não como procede um mestre que se limita a dar informações, mas como alguém que ensina a forma de viver. Jesus exige uma fé incondicionada. Requer de seus seguidores o altruísmo, a prontidão em servir e a coragem no sofrimento. A leitura do Evangelho de Marcos coloca-se diante do desafio crucial da vida: encontrar existencialmente Jesus, converter-se e crer no seu Evangelho para se tornar uma testemunha crível.

Marcos, mais que os demais evangelistas, apresenta Jesus em toda a sua humanidade. Ele come e bebe, cansa-se e dorme, observa ao redor para ver quem o toca, tem compaixão, enerva-se, acaricia as crianças, é tomado de medo mortal e morre soltando um grande grito.

Lucas começa com o Evangelho da infância (Lc 1,5–2,52) e com a pregação de João Batista (Lc 3,1-20). Ele descreve, pois, a atividade de Jesus na Galileia (Lc 4,14–9,50); na parte central, dá uma particular atenção à narrativa da viagem de Jesus para Jerusalém (Lc 9,5–19,28). Esta acentuação é tão marcante que alguns autores chamam "o Evangelho da Estrada". Por fim, narra como fato culminante a paixão, morte, ressurreição e ascensão de Jesus (Lc 19,29–24,53).

O Evangelho de Lucas sublinha que a ação de Jesus é conduzida pelo Espírito Santo, constantemente atuante em sua vida. Esta razão leva alguns autores a chamarem o texto de Lucas de "Evangelho do Espírito Santo". Jesus manifesta a sua benevolência e mansidão, sobretudo, com relação aos desprezados e abandonados, com os publicanos, como também com as prostitutas. Ele é particularmente sensível com os pobres. Segundo Lucas, Maria é a eleita e a grande crente. Por isso é proposta como modelo especial para os cristãos. A finalidade da Igreja é a de suscitar, plena do Espírito Santo, a fé no decurso da história, de exortar ao amor, à alegria plena de gratidão e à oração.

O Evangelho de Lucas é unanimemente considerado como a "pérola dos Evangelhos". A teologia específica de Lucas pode ser compreendida somente com base em um estudo global e paralelo do seu Evangelho e dos Atos dos Apóstolos.

João, como os sinóticos, coloca-se a serviço da fé. Contudo, com seu testemunho sobre Jesus, ele se distingue notavelmente destes por causa do seu modo carismático na exposição, no conteúdo e na linguagem. Em linhas gerais, pode-se dividir assim o Evangelho de João: prólogo (Jo 1,1-18); o livro dos sinais (Jo 1,19-12); o livro da paixão, morte e ressurreição (Jo 13–20); um apêndice eclesial (Jo 21).

A história de Jesus é um acontecimento passado, mas é narrado por João como uma história que continua a ser proposta e a provocar o leitor. As perso-

Ano Litúrgico

nagens, pois, são reduzidas a tipos de fé e de incredulidade. O leitor é obrigado a confrontar-se e a ver como progredir na fé ou na incredulidade.

São João fala por símbolos: a luz, a vida, o pão, a água, o pastor. São símbolos universais, presentes em toda cultura, e exprimem as esperanças de Israel. Jesus aplica todos estes símbolos a Cristo, que é a *verdadeira* luz, o *verdadeiro* pão. Esta concentração cristológica quer significar que Jesus é o único porto válido na busca do ser humano e das expectativas de Israel. Jesus é o Revelador definitivo do Pai. Ele coloca-se ao nosso lado em nosso caminho como aquele que sabe amar até o fim, até o dom total de si. O Evangelho de João é o mais amado pelos contemplativos.

4. TEOLOGIA E ESTRUTURA DO TEMPO ORDINÁRIO

O Tempo Ordinário deriva todo o seu sentido da celebração dominical, que o ritma e que renova cada semana a Páscoa do Senhor. Os domingos do tempo "durante o ano" podem ser considerados domingos no estado puro. O domingo é visto como *primeiro dia* e como *Páscoa hebdomadária*. Emergem ainda todos os outros dados no dia de domingo e que já foram tratados no capítulo correspondente. Uma específica teologia do domingo está presente no MR 1970 e nas sucessivas edições. Há unidade temática entre as leituras bíblicas e as coletas alternativas do Missal italiano. Falta, ao contrário, entre as leituras e as demais orações e cantos (salvo os cantos interlecionais). Contudo, há harmonização temática entre o trecho evangélico e a leitura do Antigo Testamento. A homilia e as monições têm como tarefa mostrar que a Palavra de Deus se insere na globalidade do mistério de Cristo e da Igreja, celebrado na Eucaristia. A oração universal ou dos fiéis deveria inspirar-se nas leituras proclamadas, em sintonia com a vida da comunidade. Outras confirmações e elementos complementares para uma teologia dos domingos durante o ano poderiam ser encontrados nos textos da *Liturgia das Horas*.

A leitura semicontínua do Evangelho está no centro da espiritualidade cristã, pois propõe a mesma vida de Jesus e as suas palavras não somente na celebração dos grandes mistérios da vida do Senhor, mas também na normalidade cotidiana dos seus gestos e dos seus ensinamentos. Assumir o mistério de Jesus Cristo no Tempo Ordinário significa levar a sério o discipulado, escutar e seguir o Mestre na vivência cotidiana. Isto representa não colocar entre parênteses a vida ordinária, mas sim acentuá-la como momento salvífico. A mesma leitura semicontínua de outros livros do Antigo e do Novo Testamento oferece a possibilidade de medir nosso discipulado de Jesus Cristo com as grandes esperanças do povo de Deus e com a fidelidade perseverante da primeira comunidade cristã. Querendo reassumir a mensagem das leituras bíblicas do Tempo Ordinário, pode-se afirmar que ele é um convite ao empenho moral, ao seguimento de Jesus e à constituição do Reino.

O tempo "durante o ano" é o tempo no qual se deve aprofundar a vida no Espírito Santo, concretizando-a. Destarte, os cristãos são conduzidos a viver de forma madura e consciente. É o tempo da assimilação dos dons do Espírito e do crescimento provocado por eles. Sobretudo o Evangelho de Lucas, lido nos domingos do Ano C, deixa aparecer com particular evidência o tema do seguimento, das condições essenciais e das atitudes fundamentais exigidas por Jesus daqueles que o querem seguir. Vêm então à tona os temas da renúncia, do destacar-se das riquezas, da humildade, da oração, do perdão fraterno etc. Não se trata somente de um empenho moral pessoal, mas de um empenho coletivo de todas as pessoas na comunidade para a construção do Reino. Com efeito, ele foi inaugurado por Jesus e vai se dilatando na história até que seja realizado no final dos tempos. Assim os temas da paz, da liberdade, da justiça, da solidariedade etc., como componentes do testemunho e da missão cristã suscitada e sustentada pelo Espírito e conferida pelo Ressuscitado a todos os discípulos, entram na liturgia do Tempo Ordinário. Eles apresentam, destarte, a mensagem cristã no seu significado de fecundo escândalo e de ruptura com a mentalidade e o costume do "mundo" distante de Deus e que se encontra submetido ao maligno (cf. Jo 17,15).

Se o Advento-Natal-Epifania é o "Tempo da manifestação", também os dois primeiros domingos do Tempo Ordinário prosseguem na mesma linha. A partir do III domingo começa a leitura semicontínua dos Evangelhos sinóticos, a qual segue o desenvolvimento sucessivo da vida e da pregação do Senhor.

Com uma distribuição assim concebida obtém-se também uma certa harmonia com a linha de cada Evangelho e o desenvolvimento do Ano Litúrgico. Com efeito, após a Epifania leem-se os inícios da pregação do Senhor, que se ligam muito bem com o Batismo e com as primeiras manifestações de Cristo (OLM, n. 105).

O Tempo Ordinário apresenta-se como um tema de crescimento e de maturação, um tempo no qual o mistério de Cristo é chamado a penetrar progressivamente na história até à recapitulação de tudo em Cristo. Este vértice está representado pela Solenidade de Cristo, Rei do universo, para quem toda a história se volta.

Os atuais livros romanos trazem no final do Tempo Ordinário uma série de solenidades do Senhor: Santíssima Trindade, Santíssimo Corpo e Sangue de Cristo, Sacratíssimo Coração de Jesus, Nosso Senhor Jesus Cristo, Rei do Universo. Estas solenidades (tratadas no capítulo seguinte), que apareceram no decurso do segundo milênio da era cristã, não têm como finalidade celebrar um aspecto particular do mistério de Cristo ou um seu conteúdo específico que já não esteja presente nas demais celebrações do Ano Litúrgico. Em todo caso, são festividades que podem ser interpretadas com celeridade no contexto teológico do Tempo Ordinário, ilustrado de modo esquemático.

As festas de Maria e dos santos, frequentes no Tempo Ordinário, devem ser colocadas na mesma ótica. "A lembrança dos santos, celebrada no espírito autêntico da liturgia, não obscurece a centralidade de Cristo. Ao contrário, ela a exalta, mostrando o poder da sua redenção".[5]

---

[5] João Paulo II, *Carta Apostolica Dies Domini*, n. 78.

Capítulo XI. As festas "de devoção"

As festas do Ano Litúrgico normalmente referem-se sempre à intervenção salvífica de Deus na história. Por sua natureza são "anamnéticas", isto é, fazem "memória" dos diversos acontecimentos/mistérios da obra salvífica do Senhor (cf. SC, n. 102). Contudo, no *Calendário romano* há uma série de festas que surgiram no decorrer do segundo milênio. Em suas origens existe uma determinada corrente "devocional" própria da época. Estas festividades têm como objeto certa verdade de fé ou uma particular visão teológica do mistério de Cristo. Elas receberam a denominação de festas "de ideias", "de devoção". A preferência, contudo, é chamá-las de festas "de devoção", uma vez que elas trazem na origem a piedade popular de determinado grupo humano que busca exprimir publicamente a sua devoção com uma festa especial. Trata-se de festividades que não são celebradas em uma data fixa. Além disso, por sua natureza e pelos motivos que determinaram sua origem, não estão ligadas em geral aos tempos "fortes" do Ano Litúrgico. A maior parte delas é celebrada no Tempo Ordinário. No atual ordenamento litúrgico, no final dos domingos "per annum", encontramos as "Solenidades do Senhor no tempo *per annum*": Santíssima Trindade, Santíssimo Corpo e Sangue de Cristo; Sacratíssimo Coração de Jesus, Nosso Senhor Jesus Cristo, Rei do universo. Ainda, no domingo depois do Natal, celebra-se a festa da Sagrada Família de Jesus, Maria e José. De alguma forma, todas estas festas (e outras que não serão objeto de estudo nesta obra) repropõem alguns aspectos do mistério de Cristo já celebrado no decorrer do Ano Litúrgico.[1]

---

[1] Cf. A. Hamon, *Histoire de la dévotion au Sacré-Coeur*, vol. 2: *L'Aube de la dévotion*, Beauchesne, Paris 1925; F. Cabrol, *Le culte de la Trinité dans la Liturgie et l'institution de la fête de la Trinité*, in EL 5 (1931) 270-278; P. Brown, *Zur Geschichte des Dreifalgkeitsfeste*, in ALW 1 (1950) 65-81; F. Callaey, *L'origine della festa del Corpus Domini*, (Piccola Biblioteca Teologica 3), Istituto Padovano di Arti grafiche, Rovigo 1958; Righetti II,

Virginio Sanson catalogou as festas do Ano Litúrgico, segundo sua origem, da seguinte forma:

Algumas festas celebram o conteúdo do *kerigma* (dia do Senhor e Páscoa anual com os cinquenta dias); outras, pois, nasceram da *catequese* neotestamentária (recordação da paixão, narração da ressurreição, tríduo pascal, semana de Páscoa, ascensão, envio do Espírito Santo), ou dos acontecimentos da vida do Senhor (infância, batismo no Jordão, transfiguração); outras ainda nasceram da *historicização* de elementos particulares (cruz, sangue, chagas, coração etc.); outras, enfim, de *reflexões* teológicas (mãe de Deus, Trindade, Cristo rei etc.), ou de correntes *devocionais*.[2]

1. SANTÍSSIMA TRINDADE (DOMINGO I DEPOIS DE PENTECOSTES)

A liturgia do Tempo dos Padres considerou a Trindade no contexto "oikonômico" da história da salvação e como realidade dinâmica em ato no momento celebrativo, conforme o conhecido esquema: "Do Pai pelo Filho no Espírito Santo". Com efeito, a liturgia "é obra da Santa Trindade" (CIC, n. 1077). A devoção à Santíssima Trindade, entendida como elaboração conceitual das escolas teológicas, chega aos séculos IX/X. Nesse contexto eclesial, são atribuídas ao monge irlandês Alcuíno († 804) uma série de missas votivas para cada dia da semana. Esta série assinala ao domingo a missa da Santíssima Trindade,

---

324-347; G. Zore, *Il Culto al Sacro Cuore di Gesù nella prospettiva del Concílio Vaticano II*, in *Vita Consacrata* 6 (1970) 671-691; J. Bellavista, *Sobre las solenidades del Señor en el Tiempo per annum*, in *Phase* 12 (1972) 353-354; A. Olivar, *Il Nuovo Calendario liturgico*, Elle Di Ci, Torino-Leumann, Torino 1974; A. Adam, *L'Anno Liturgico. Celebrazione del Mistero di Cristo: storia-teologia-pastorale*, Elle Di Ci, Leumann (Torino) 1984, 172-184; J. López Martín, *L'Anno liturgico. Storia e teologia* (Biblioteca di cultura cristiana 3), Edizioni Paoline, Cinisello Balsamo 1987, 206-215; M. Augé, *Le solenità del Signore nel Tempo per annum*, in *Anàmnesis* 6, 223-227; J. Aldazábal, *La Sagrada Familia en la liturgía actual*, in Aa.Vv., *La Sagrada Familia en los primeros dieciseis siglos de la Iglesia* (Actas del Primer Congreso sobre la Sagrada Familia), Hijos de la Sagrada Familia – Nazarenum, Barcelona 1991, 428-454; D. Menozi, *Da una liturgia "politica" a una liturgia evangelica: la festa di Cristo Re*, in E. Manicardi e F. Ruggiero (edd.), *Liturgia ed evangelizzazione nell'epoca dei Padri e nella Chiesa del Vaticano II. Studi in onore di Enzo Lodi* (Studi e Saggi della Sezione Seminario Regionale dello Studio Accademico Bolognese), Dehoniane, Bologna, 1996, 415-448; A. Bergamini, *L'Anno liturgico. Cristo festa della Chiesa*, cit., 329-335; M. Augé, *La celebración liturgica de la Sagrada Familia*, in EM 2008, 267-275.

[2] V. Sanson, *Per Gesù Cristo nostro Signore. Corso di liturgia fondamentale* (Studi e ricerche di Liturgia), Dehoniane, Bologna 1999, 253.

As festas "de devoção"

formulário que teve grande sucesso e difusão. Sucessivamente, nos primórdios do século XI, a missa da Trindade, em alguns ambientes monásticos, destacou-se da série de missas votivas e tomou corpo como festa autônoma depois de Pentecostes. Destarte, como exemplo, por volta de 1030, ela é encontrada em Cluny. Para Ruperto di Deutz († 1129), a festa da Santíssima Trindade já é uma realidade óbvia.[3] A festividade difundiu-se, sobretudo, na França e na Alemanha.

Em um primeiro momento, a festa da Santíssima Trindade não desfrutou de grandes prerrogativas em Roma. O Papa Alexandre III (1159-1181) explicava o motivo em uma carta ao bispo de Terdon: "... cada domingo, ou melhor, cada dia celebra a memória tanto da Trindade como de sua Unidade". Não obstante, a festa difundiu-se sempre mais. Finalmente, João XXII, no exílio em Avignon, em 1331, adotou a celebração, fixando-a como conclusão da então oitava de Pentecostes, estendendo-a para toda a Igreja latina. Em todo caso, ainda por vários anos, a festa não foi celebrada em todos os lugares. Somente com o MR 1570 é que foi recebida universal e definitivamente. Os orientais sempre ignoraram esta solenidade.

No formulário da missa da atual liturgia romana, renovada após o Concílio Vaticano II, foram introduzidas algumas mudanças modestas nos textos eucológicos e mais consistentes nas leituras bíblicas. A eucologia do MR 1970 exprime o significado tradicional da solenidade como louvor, adoração e confissão (*confiteri*) da Trindade divina. Note-se, contudo, que a parte inicial da coleta foi enriquecida com uma significativa referência à dimensão histórico-salvífica do mistério trinitário: "Ó Deus Pai, que enviaste ao mundo para revelar às pessoas o mistério da tua vida, o teu Filho, Palavra de verdade e o Espírito santificador...".

Ao contrário, permanece inalterado o texto do antiquíssimo prefácio que se encontra no GeV (n. 680), cuja temática se concentra na contemplação do mistério do Deus uno e trino com uma linguagem bastante técnica e escolástica:

---

[3] Cf. Ruperto Deutz, *De divinis officiis* 11,1; PL 170,293-295.

Ano Litúrgico

Com o teu único Filho e com o Espírito Santo sois um único Deus, um único Senhor, não na unidade de uma só pessoa, mas na Trindade de uma só substância [...]. E ao proclamar a ti, Deus verdadeiro e eterno, nós adoramos a Trindade das Pessoas, a unidade da natureza, igualmente a majestade divina.

O atual *Lecionário da Missa* oferece nove trechos da Escritura, distribuídos nos três anos A, B e C:

- *Ano A:* Ex 34,4-6.8-9; 2Cor 13,11-13; Jo 3,16-18. As três leituras traçam como que um itinerário de revelação progressiva aos seres humanos do mistério de Deus uno e trino. Este Deus se revela como "Deus misericordioso e piedoso, lento em irar e rico de amor e de fidelidade" (primeira leitura). Um Deus que salva: "Deus amou tanto o mundo que lhe deu o seu próprio Filho unigênito, a fim de que, quem nele crer, não se perca, mas tenha a vida eterna" (Evangelho); um Deus que permanece sempre conosco: "Vivei em paz e o Deus da paz e do amor estará convosco" (segunda leitura). Deus se revela no Pai como criador e Senhor do universo, princípio e fim de todas as coisas; no Filho encarnado como salvador e redentor, e no Espírito Santo, difundido em nossos corações, como força e presença santificante.

- *Ano B:* Dt 4,32-34.39-40; Rm 8,11-17; Mt 28,16-20. As leituras bíblicas convidam a aprofundar, em uma perspectiva de fé, os modos com os quais Deus se revela e se faz presente na história da salvação e na vida de cada dia do crente. A primeira leitura propõe um trecho do discurso feito por Moisés ao povo de Israel na saída do Egito e muito perto de entrar, definitivamente, na Terra Prometida. Moisés convida seus ouvintes a tomar consciência da benévola proximidade que Deus tem demonstrado para com eles. Na segunda leitura, o apóstolo Paulo exorta a abrir o coração à ação do Espírito. Transformados pelo amor do Espírito, as relações das pessoas devem ser filiais para com o Pai e fraternas para com o Cristo. No trecho evangélico, Jesus exorta a passar da comunhão interpessoal com Deus ao testemunho desta experiência.

- *Ano C:* Pr 8,22-31; Rm 5,1-5; Jo 16,12-15. Estas leituras bíblicas são um convite a não parar na introdução de um dogma, mas a contemplar a Trindade como mistério de comunhão, de vida e de amor. A leitura do livro dos Provérbios fala da Sabedoria como a primeira das obras de Deus e seu instrumento na criação do mundo. A tradição cristã interpretou este texto referido ao Verbo encarnado (cf. Jo 1). São Paulo (segunda leitura) afirma que a pessoa, justamente pela fé, está "em paz com Deus por meio do Senhor nosso Jesus Cristo". Finalmente o Evangelho repropõe as palavras de Jesus, que promete o Espírito Santo para levar à realização a sua obra nas pessoas.

Resumindo e concluindo, pode-se afirmar que a perspectiva destas perícopes é claramente histórico-salvífica, embora não faltem aspectos do mistério trinitário ditos imanentes. Os temas principais encontrados nas leituras são: o dom do amor do Pai; a vida no Espírito, a reconciliação do ser humano com Deus, a nossa realidade de filhas e filhos de Deus e coerdeiros da glória de Cristo ressuscitado. A recuperação destes temas faz da solenidade da Santíssima Trindade uma celebração quase "sintética" do mistério da salvação, um grato olhar retrospectivo sobre os mistérios celebrados nos ciclos natalícios e pascais.

Uma síntese do significado mais autêntico desta festividade, eco fiel das leituras bíblicas, encontra-se em um texto do Concílio Vaticano II, que se exprime nestes termos:

> Aprouve a Deus, na sua bondade e sabedoria, revelar-se a si mesmo e dar a conhecer o mistério da sua vontade, segundo o qual os homens, por meio de Cristo, Verbo encarnado, têm acesso ao Pai no Espírito Santo e se tornam participantes da natureza divina. Em virtude desta revelação, Deus invisível, na riqueza do seu amor, fala aos homens como amigos e convive com eles, para os convidar e admitir à comunhão com ele (DV 2).

2. SANTÍSSIMO CORPO E SANGUE DE CRISTO (QUINTA-FEIRA APÓS A SANTÍSSIMA TRINDADE)

A solenidade do Santíssimo Corpo e Sangue de Cristo, nascida no século XIII, por um lado constitui uma resposta de fé e culto a controvérsias e doutrinas heréticas sobre o mistério da presença real de Cristo na Eucaristia.

Ano Litúrgico

Por outro lado, foi a coroação de um movimento de ardente devoção para com o augusto sacramento do altar. Este movimento se manifesta, em um primeiro momento, ainda na ligação com a própria celebração eucarística (por exemplo, a introdução da elevação da hóstia e do cálice durante a narração da instituição), mas logo também independentemente desta (veneração do Santíssimo Sacramento conservado nas espécies do pão). Foram, porém, as revelações de Juliana de Cornillon, monja agostiniana de Liège, na Bélgica, que influenciaram decisivamente a introdução da festividade. Ela foi celebrada, pela primeira vez, em 1247, na diocese de Liège. Urbano IV, que fora arquidiácono em Liège e confessor de Juliana, institui-a na quinta-feira após a oitava de Pentecostes com a bula *Transiturus* de 8 de setembro de 1264. Esta bula é um documento que desenvolve satisfatoriamente uma apresentação unitária da Eucaristia como sacrifício e banquete. Trata-se da primeira solenidade instituída pela Sé Apostólica para toda a Igreja. Nos primeiros tempos, a festa teve diversas denominações. No MR 1570 era chamada "Festa do Corpo de Cristo" (*In festo Corporis Christi*). A celebração teve grande sucesso a partir do século XIV, devido também à popular celebração com o Santíssimo pelas ruas da cidade. A bula do Papa não faz explícita referência a esta procissão.

O motivo apostólico que determinou, ao menos em parte, o surgimento da festividade, constitui também o seu limite: a atenção preponderante à presença real considerada de forma muito independente da totalidade do mistério eucarístico. A teologia eucarística, nos inícios do segundo milênio, não se preocupa com a celebração eucarística enquanto tal, mas principalmente com a presença de Cristo no sacramento do pão e do vinho, esforçando-se por aprofundar a realidade e a natureza desta presença. O simbolismo característico da doutrina patrística que colocava a ação eucarística em relação memorial ou *anamnética* com o evento histórico-salvífico cede lugar agora à nova corrente do realismo coisificante, típica do pensamento germânico, que se concentra na realidade concreta e visível, naquilo que é sensível e disponível aos nossos sentidos. Tende-se a contemplar o acontecimento sacramental em si, esquecendo-se muitas vezes do mistério em relação explícita com o acontecimento da história da salvação, do qual ele é sinal salvífico eficaz. O que agora chama a atenção dos teólogos é o Corpo e o Sangue de Cristo. Eis por que a teologia eucarística se reduz, em geral, à teologia da presença real. O memorial não é plenamente compreendido porque a teologia da imagem não é valorizada de forma adequada. O acontecimento celebrativo é visto simplesmente como um processo ritual ordenado a produzir ou a causar a presença eucarística.

A reforma desejada pelo Vaticano II, com a denominação mais completa dada à solenidade (faz-se menção não somente ao Corpo, como também ao Sangue de Cristo) e com a riqueza maior dos textos eucológicos e, sobretudo, bíblicos, quis exprimir uma visão do mistério eucarístico que leve em consideração todos os seus aspectos. A nova denominação serve para esclarecer que esta solenidade inclui também o mistério do "preciosíssimo Sangue". Com efeito, Pio IX, no seu retorno do exílio, introduziu a homônima festa, datando-a no dia 1º de julho. Esta festividade encontra-se ainda presente no MR 1962, no grau de 1ª classe.

No que se refere à eucologia da missa, as três orações do MR 1570 permaneceram imutáveis no atual Missal. Elas têm uma perfeita unidade, e se não são obra do mesmo Tomás de Aquino, como querem alguns, certamente ecoam sua doutrina: a Eucaristia como memorial da paixão de Cristo, sacramento da unidade dos fiéis com Cristo e entre si; prefiguração da fruição da vida divina no banquete eterno. A novidade do MR 1970 é o prefácio da Eucaristia, dois à escolha. O primeiro da Quinta-feira Santa, proveniente de antiga fonte ambrosiana, e o segundo de nova composição. Trata-se de textos que reassumem bem os diversos aspectos do mistério eucarístico: o primeiro apresenta a Eucaristia como memorial do sacrifício de Cristo. O segundo, após ter sublinhado que a Eucaristia é o memorial da paixão do Senhor, fala da Eucaristia como vínculo de unidade e de perfeição.

O atual *Lecionário da Missa* oferece nove textos da Escritura, distribuídos pelos anos A, B e C:

- *Ano A:* Dt 8,2-3.14-16; 1Cor 10,16-17; Jo 6,51-59. As três leituras, assim como o Novo Testamento inteiro, colocam em evidência de modo particular a dimensão de dom e de alimento da Eucaristia. Os sinais do pão e do vinho exprimem, antes de tudo e sobretudo, o banquete. A primeira leitura faz referência aos dons concedidos por Deus ao seu povo no deserto, onde Israel experimentou a providência paterna do Senhor. Entre estes dons sobressai o maná, aquele alimento misterioso considerado depois por Jesus, no trecho do Evangelho da festa, como prefiguração ou antecipação do pão que ele mesmo dá a quem nele crer e que, contrariamente ao alimento do deserto, é alimento para a vida eterna. Este pão é o próprio Jesus. Na segunda leitura, São Paulo afirma que este alimento tem a força de construir a comunhão entre todas as pessoas que o comem: "Porque existe um só pão, nós que somos muitos, formamos um só corpo. Todos, com efeito, participamos de um único pão". A Eucaristia é verdadeiro alimento espiritual para as pessoas em particular e para toda a comunidade.

- *Ano B:* Ex 24,3-8; Hb 9,11-15; Mc 14,12-16.22-26. As três leituras convidam a refletir sobre o significado da Eucaristia como sacrifício da nova e eterna aliança entre Deus e os seres humanos. Deus, no sangue de Cristo, seu Filho, estreitou com os seres humanos uma nova aliança que realiza a antiga, firmada com Israel e com a mediação de Moisés (primeira leitura). A segunda leitura recorda que o Senhor Jesus se tornou o único sacerdote e mediador da nova aliança, "não mediante o sangue de cabritos e de touros, mas em virtude do próprio sangue". Neste ponto torna-se possível compreender o texto evangélico que traz a narração da última ceia. Quando Jesus oferece aos seus discípulos o cálice e diz: "Este é o meu sangue da aliança, que é derramado por muitos", não existe dúvida de que entende referir-se ao sangue no qual estava estipulada a aliança sinaítica. O sangue que Jesus verte sobre a cruz e oferece na Eucaristia é o sangue da nova aliança. Jesus, com o seu sacrifício, realiza contemporaneamente as duas dimensões da aliança: o empenho de Deus para com a humanidade e a obediência do ser humano a Deus.

- *Ano C:* Gn 14,18-20; 1Cor 11,23-26; Lc 9,11-17. As três leituras apresentam a Eucaristia como memorial e ação de graças. A primeira leitura fala da misteriosa figura de Melquisedeque, "rei de Salém" e "sacerdote do Deus altíssimo". Ele, como sinal de hospitalidade e amizade, "ofereceu pão e vinho" e "abençoou" Abraão que retornava de uma campanha militar vitoriosa. A segunda leitura, ao contrário, traz a mais antiga descrição da última ceia, narração caracterizada pela particular insistência sobre o mandato de Cristo: "Fazei isto em memória de mim", repetido duas vezes. O trecho evangélico narra a multiplicação dos pães e dos peixes. Nela Jesus realiza os mesmos gestos com os quais institui a Eucaristia: "Tomou os cinco pães e os dois peixes, elevou os olhos ao céu, recitou sobre eles a bênção, partiu-os e os deu aos discípulos para que os distribuíssem à multidão".

Em resumo, pode-se afirmar que os temas principais das leituras bíblicas são: a Eucaristia é alimento espiritual e comunhão com Cristo que nela está presente; a celebração eucarística é o lugar onde aparece evidente a comunhão eclesial; a Eucaristia é sinal da aliança que Deus estabeleceu com os seres humanos; a celebração eucarística é memorial da morte do Senhor.

Frei Ptolomeu de Lucca atribui a Santo Tomás de Aquino a sequência *Lauda Sion Salvatorem* e os textos da missa e do Ofício.[4] Estes textos foram passados adiante em diversas versões, e unificados pelo MR 1570. O seu conteúdo constitui uma afirmação, sobretudo, da verdade da transubstanciação e da presença completa de Cristo em cada espécie.

A solenidade do Santíssimo Corpo e Sangue de Cristo é, de alguma forma, uma cópia da Quinta-feira Santa. Trata-se, contudo, de uma festividade que tem profundas raízes na piedade do povo cristão e, como tal, deve ser reavaliada. A presença real-substancial de Cristo na Eucaristia, relembrada por esta solenidade, deve ser vista como originária *da* e *na* celebração da missa para prolongar mesmo depois, mas sem jamais perder as relações essenciais com o sacrifício.[5] João Paulo II, na Carta apostólica *Mane nobiscum Domine*, de 7 de outubro de 2004, afirma que é "importante que nenhuma dimensão deste sacramento seja deixada de lado" (n. 14) e, ao mesmo tempo, propõe a ordem "celebrar, adorar, contemplar" (nn. 17-18). Note-se a respeito que o *Diretório sobre a piedade popular e litúrgica*, nos nn. 160-163, dá algumas indicações úteis para uma adequada formação dos fiéis a uma autêntica piedade eucarística.

---

[4] Cf. Righetti II, 336-337.

[5] Cf. Congregação dos Ritos, Instrução *Eucharisticum mysterium*, n. 3.

3. SACRATÍSSIMO CORAÇÃO DE JESUS (SEXTA-FEIRA APÓS O II DOMINGO DEPOIS DE PENTECOSTES)

Na piedade dos séculos XII e XIII desenvolveu-se a devoção do coração de Cristo crucificado, transpassado pela lança. Entre os devotos do coração do Salvador, encontram-se São Bernardo († 1153), São Boaventura († 1274), a mística Santa Lutgarda († 1246), Santa Matilde de Magdeburgo († 1282), as Santas irmãs Matilde († 1299) e Gertrudes († 1302), do Mosteiro de Helfta, e Santa Catarina de Sena († 1380). Já no final do século XIII, esta devoção organizou-se distintamente da paixão, e no lugar do crucificado entrou a iconografia do coração destacado da pessoa de Cristo, ou então visível no peito aberto. Mais tarde, na segunda metade do século XV, a *devotio moderna*, no século XVI os jesuítas e no século XVII os Oratorianos assumem como devoção própria a do Coração de Jesus e favorecem o seu culto. Em 1672, o oratoriano João Eudes (1601-1680), depois fundador da Congregação de Jesus e Maria (hoje dos Padres Eudistas), é o primeiro a celebrar no seio da sua comunidade e com a permissão do bispo de Rennes uma festividade em honra ao Coração de Jesus. As aparições de Jesus em Paray-le-Monial, em 1673, vistas por Santa Margarida Maria Alacoque, da Ordem da Visitação, darão novo impulso ao culto do Sagrado Coração de Jesus. Em todo caso, a tentativa de introduzir a nova devoção na liturgia encontrou grandes resistências em Roma, sobretudo de natureza teológica. Tais resistências continuaram ainda durante os séculos sucessivos.

O primeiro reconhecimento oficial de Roma se deve a Clemente XIII, que, em 1765, concedeu a festividade do Coração de Jesus aos bispos poloneses e à arquiconfraria romana do Sagrado Coração. Pio IX, em 1856, introduziu-a no calendário da Igreja latina, fixando-a na terceira sexta-feira depois de Pentecostes. Leão XIII, com o decreto de 28 de junho de 1889, elevava a festa a rito de "primeira classe" e na Encíclica *Annum Sacrum*, de 25 de maio de 1899, ordenava a consagração do gênero humano ao Sacratíssimo Coração de Jesus. Com a Encíclica *Miserentissimus Redemptor*, de 8 de maio de 1928, Pio XI elevava a festa ao grau de "dupla primeira classe com oitava" e ordenava que nesta festividade se recitasse em todas as igrejas o ato de reparação ao Coração de Jesus. Além disso, em 1929, o mesmo pontífice, com a promulgação do formulário *Cogitationes*, chamado assim pelas primeiras palavras da antífona de ingresso, dava novo conteúdo aos textos litúrgicos desta festa. Na breve história da festividade sucederam-se diversos formulários para o ofício e para a missa, o que demonstra a flutuação doutrinal que acompanhou o conteúdo de tal celebração. O *Diretório sobre a piedade popular e litúrgica* oferece uma válida síntese doutrinal sobre o Coração de Jesus:

> Entendida à luz da Escritura, a expressão "Coração de Cristo" designa o mesmo mistério de Cristo, a totalidade do seu ser, a pessoa considerada no seu núcleo mais íntimo e essencial: Filho de Deus, sabedoria incriada, caridade infinita, princípio de salvação e de santificação para toda a humanidade. O "Coração de Cristo" é Cristo, Verbo encarnado e salvador, intrinsecamente voltado, no Espírito, com infinito amor divino-humano para o Pai e para os seres humanos, seus irmãos e irmãs.[6]

A eucologia menor do MR 1970 reproduz, em parte, os textos do formulário *Cogitationes*. Note-se, porém, a presença de uma nova coleta alternativa e o texto reelaborado da oração depois da comunhão. Fala-se de reparação e expiação dos pecados, conceitos que provêm do ambiente devocional em que nasceu a solenidade. Mas a nova coleta indica como objeto da celebração as grandes obras do amor do Filho de Deus pela humanidade. O texto eucológico mais denso é, sem dúvida, o novo prefácio que se distingue por uma particular inspiração escritural e patrística. Nele é proclamado o mistério da salvação visto na dimensão cristológica, eclesiológica e sacramental:

> Cristo [...], elevado sobre a cruz, no seu amor sem limite doou a vida por nós, e da ferida do seu lado saíram sangue e água, símbolo dos sacramentos da Igreja, para que todos os seres humanos, atraídos pelo coração do Salvador, bebessem com alegria das fontes perenes da salvação.

O atual *Lecionário da Missa* oferece nove trechos da Escritura, distribuídos pelos anos A, B e C:

---

[6] Congregação para o Culto Divino e a Disciplina dos Sacramentos, *Diretório sobre a piedade popular e liturgia*, n. 166.

- *Ano A:* Dt 7,6-11; 1Jo 4,7-16; Mt 11,25-30. No trecho evangélico, Jesus, voltado para o Pai, o bendiz por ter mandado revelar aos "pequenos" o que somente o Filho pode conhecer. Voltado para os seres humanos, ele os convida a vir procurar nele "o alívio". O amor de Deus se manifesta já na escolha e na redenção de Israel (primeira leitura). Este amor revelou-se, sobretudo, no fato de que "Deus enviou ao mundo o seu próprio Filho unigênito, a fim de que tivéssemos a vida por meio dele [...]. Deus é amor. Quem permanece no amor permanece em Deus e Deus permanece nele" (segunda leitura).
- *Ano B:* Os 11,1.3-4.8c-9; Ef 3,8-12.14-19; Jo 19,31-37. O tema predominante destas leituras é o amor revelado e doado em Cristo Jesus. O texto evangélico, tomado do respectivo formulário de 1962, narra como o lado do Redentor foi aberto pela lança do soldado. Na primeira leitura, Oseias recorre a imagens e expressões de um realismo e de uma audácia extraordinários: Deus é um pai, uma mãe, cujo coração se comove e freme de compaixão para com os seres humanos. A segunda leitura, também retirada do MR 1962, exalta "as impenetráveis riquezas de Cristo" e o seu amor que "supera todo conhecimento".
- *Ano C:* Ez 34,11-16; Rm 5,5b-11; Lc 15,3-7. O trecho evangélico descreve o amor do Senhor sob a figura do bom pastor, que procura e reconduz ao redil a ovelha perdida. Com esta figura, Cristo realiza a belíssima profecia de Ezequiel (primeira leitura). Também a segunda leitura é um canto de louvor ao amor misericordioso de Deus. Ele demonstrou tal amor, sobretudo, porque "quando ainda éramos pecadores, Cristo morreu por nós".

As leituras bíblicas escolhidas para esta solenidade garantem os aspectos mais autênticos da celebração e da consequente devoção ao Coração de Jesus.

As formas de devoção ao Coração de Jesus são numerosas. Algumas foram aprovadas e recomendadas pela Sé Apostólica, como a consagração ao Coração de Jesus, o ato de reparação, as Ladainhas do Coração de Jesus e a prática das nove primeiras sextas-feiras do mês. Entre as muitíssimas formas de devoção ao Coração de Jesus, recordem-se aquelas que se ligam "à reparação", conceito presente na segunda coleta da missa da solenidade. Para evitar

As FESTAS "DE DEVOÇÃO"

equívocos teológicos e distorções espirituais, é oportuno unir a reparação à ótica bíblica do amor: a Igreja e o crente, com sua resposta de amor ao amor de Cristo redentor (cf. CIC, n. 616), inserem-se ativamente no movimento de recondução do mundo pecador ao Pai e colocado em ação por Jesus.[7]

4. NOSSO SENHOR JESUS CRISTO, REI DO UNIVERSO (ÚLTIMO DOMINGO *PER ANNUM*)

A solenidade de Cristo Rei é muito recente. Foi instituída por Pio XI com a Encíclica *Quas primas*, de 11 de dezembro de 1925, e estabelecida para o último domingo de outubro. Na Encíclica, o Pontífice declara que, com esta festividade, quer afirmar a soberania de Cristo sobre as criaturas humanas e sobre as instituições, diante do progresso do laicismo na sociedade moderna. Alguns textos do Ofício deixam transparecer esta preocupação e a coleta da missa se exprimia em termos semelhantes: "... a grande família das nações, desagregada pela ferida do pecado, se submeta ao seu suavíssimo império".

Os precedentes próximos desta festividade, ou melhor, da mentalidade que a sustenta, podem ser individuados nas origens do Movimento litúrgico de oitocentos. Ele, com efeito, estabeleceu um estreito liame entre restauração de formas litúrgicas do passado, em particular da medieval, e reconstrução pela Igreja de uma sociedade cristã direta, como na Idade Média. O conhecido expoente do movimento litúrgico belga, L. Beauduin, em um opúsculo de 1914, intitulado a *Piedade litúrgica*, apresentava a difusão da oração litúrgica como um canal fundamental para combater a laicidade do Estado, bem como a secularização da sociedade. Durante o pontificado de Leão XIII (1878-1903) fizeram-se diversas tentativas para a introdução na liturgia de uma específica solenidade de Cristo Rei, mas que não encontraram acolhida em Roma. Note-se que Leão XIII, com a Encíclica *Annum sacrum*, citada antes, ordenava a todo o mundo católico, em vista do ano santo, uma solene cerimônia de consagração do gênero humano ao Sagrado Coração, como pública proclamação

---

[7] Cf. G. Iammarrone, *Riparazione*, in *Dizionario di Mistica*, Libreria Editrice Vaticana, Città del Vaticano 1998, 1072-1073.

da realeza de Cristo sobre a sociedade. Além disso, pode-se considerar um impulso exterior para a instituição da festa de Cristo Rei o fato de que naquele ano celebrou-se o 1600 aniversário do Concílio de Niceia. Com efeito, este Concílio ensinou a igualdade de natureza de Jesus Cristo com o Pai, que está na base de sua realeza.

A sobredita caracterização "sociopolítica" da solenidade de Cristo Rei fez com que o atual ordenamento litúrgico, originado pelo Concílio Vaticano II, desse uma reinterpretação de sentido mais espiritual e escatológico para esta celebração. O próprio novo título ("Jesus Cristo, *Rei do universo*) alarga a perspectiva do senhorio de Cristo no sentido de Cl 1,12-20. O deslocamento da solenidade para o último domingo do Ano Litúrgico coloca-a no contexto escatológico próprio deste domingo. Note-se que Pio XI mesmo, na Encíclica *Quas primas*, tinha motivado a data em uso até o MR 1962 (o último domingo de outubro), pelo fato de que, com este domingo, "quase se encerra o Ano Litúrgico. Acontecerá, assim, que os mistérios da vida de Jesus Cristo, comemorados no decurso do ano, terminem e quase recebam coroamento por esta solenidade de Cristo Rei…".

As *três orações* do MR 1970 retomam os textos anteriores com significativa mudança na coleta, na qual não se pede mais a "submissão dos povos ao suavíssimo império" de Cristo Rei, mas que "cada criatura, livre da escravidão do pecado, te sirva e te louve sem fim".

O *Lecionário da Missa* retoma as duas leituras do ordenamento litúrgico anterior e oferece outras sete, divididas nos costumeiros três ciclos anuais A, B e C:

* *Ano A:* Ez 34,11-12.15-17; 1Cor 15,20-26.28; Mt 25,31-46. Estas leituras recordam que o sentido do mundo e da vida do ser humano se decide na relação com Jesus Cristo. A relação com Jesus Cristo decide-se na relação com os irmãos. A primeira leitura contém um anúncio de esperança que Ezequiel faz chegar ao povo de Israel em um momento difícil da sua história. Diante da incapacidade de os chefes políticos e religiosos serem autênticos guias ao serviço do povo, é o próprio Deus quem promete cuidar de Israel: o Senhor "apascentará" diretamente seu rebanho, na esperança de

que esta responderá a sua bondade. Esta profecia encontra plena realização em Cristo. A segunda leitura contempla a história como um processo através do qual o mundo deve ser submetido à soberania redentora de Jesus. O projeto de Deus é o homem liberto da escravidão do pecado e reconduzido à plenitude da verdade e do amor, e este projeto foi realizado por Jesus Cristo. O trecho evangélico apresenta Cristo Senhor quando vier na sua glória para julgar o mundo. O critério com o qual Cristo julgará "todos os povos" será o de ter amado, servido, ajudado, consolado quem se encontrava em situação de miséria, de pobreza, de sofrimento, de doença, de injustiça. Jesus afirma que em cada uma destas situações ele estava presente. Portanto, cada gesto realizado em favor do irmão, na realidade, era dirigido a ele. Quem amou de fato o irmão, amou a Cristo.

- *Ano B:* Dn 7,13-14; Ap 1,5-8; Jo 18,33-37. Todos os poderes e reinos deste mundo estão destinados, cedo ou tarde, a falir, a desaparecer. O texto profético da primeira leitura, falando do futuro reino messiânico, descreve-o, ao contrário, como um "poder eterno que jamais acabará". Jesus é o soberano deste reino messiânico preanunciado pelos profetas. No trecho evangélico vê-se que Jesus, interrogado por Pilatos, declara ser rei. A fim de evitar equívocos, precisa imediatamente o sentido de sua realeza: "O meu reino não é deste mundo". O Reino de Cristo é diverso dos poderes mundanos. Coloca-se em outro plano. O Reino de Jesus não se constrói com a força que se impõe de fora. O seu Reino se realiza com a força interior da verdade que transforma o ser humano por dentro. No trecho evangélico, Jesus afirma que veio ao mundo "para dar testemunho da verdade". Este não é um conceito abstrato e um princípio filosófico, mas a revelação concreta de Deus e do seu amor. A verdade é que Deus amou de tal modo o mundo que lhe deu o seu Filho unigênito. Jesus deu testemunho dessa verdade, isto é, manifestou este amor de Deus com suas palavras e obras, com sua vida. Sobretudo, com a sua morte, que é o supremo testemunho em favor da verdade. Conforme afirma João no trecho do Apocalipse, proposto como segunda leitura, ele amou e libertou as pessoas do seu pecado com o seu sangue. O senhorio de Cristo significa que Deus não permite

Ano Litúrgico

que o mundo seja destruído, mas sim que seja levado definitivamente à salvação.

- *Ano C:* 2Sm 5,1-3; Cl 1,12-20; Lc 23,35-43. Estas leituras recordam que também na sua humilhação e no aniquilamento, Cristo permanece Rei e tem o poder real para introduzir os seres humanos na glória do paraíso. A primeira leitura narra a unção de Davi, consagrado rei de Israel. A figura de Davi prefigura a de Cristo, o Unigênito por excelência. A dimensão universal e cósmica da realeza de Cristo é celebrada de forma particular no hino da Carta aos Colossenses, proposto como segunda leitura: "Todas as coisas foram criadas por meio dele [Cristo] e em vista dele. Ele existe antes de todas as coisas e tudo subsiste nele". Entre o hino paulino e a descrição da crucifixão de Jesus, há um abismo, inconcebível à primeira vista. Com efeito, o trecho do Evangelho recorda que Jesus não exerce o seu domínio pela força, mas na fraqueza da cruz. O poder que Cristo reivindica sobre o ser humano não é de poder mundano, mas é uma proposta de poder libertador, para o qual pede uma adesão livre e pessoal, prometendo a quem o acolhe, como o bom ladrão do Evangelho, a participação no seu Reino: "Hoje estarás comigo no Paraíso".

O objeto da festa de Cristo Rei encontra expressão em outros momentos do Ano Litúrgico. Cada domingo, "dia do Senhor", proclama o soberano senhorio de Cristo. Vendo nesta ótica, pode-se afirmar que o último domingo do Ano Litúrgico pretende celebrar, de modo mais orgânico, o que constitui o núcleo de toda celebração dominical.

5. SANTA FAMÍLIA DE JESUS, MARIA E JOSÉ (DOMINGO ENTRE A OITAVA DE NATAL)

A Festa da Sagrada Família não entra no núcleo das festas do Tempo Ordinário, mas está inserida no Tempo de Natal. Contudo, é uma festa, como as outras das quais já se tratou, de origem devocional. Começou a difundir-se em alguns países da Europa durante os séculos XVI e XVII. Os jesuítas da França a introduziram no Canadá, onde encontrou fervorosos propagadores, em particular o primeiro bispo de Quebec, Dom Francisco Montmorency-Laval.

276

As festas "de devoção"

Numerosas congregações religiosas, tanto masculinas como femininas, fundadas nos séculos XIX e XX, foram intituladas à Sagrada Família. Leão XIII, tendo presente que o bem privado e público depende principalmente da instituição familiar, com o Breve *Neminem fugit*, de 14 de junho de 1892, instituiu em Roma a Associação da Sagrada Família, com a finalidade de unificar todas as Confraternizações constituídas sob o mesmo nome. No ano seguinte, o mesmo pontífice decretou que a festa da Sagrada Família fosse celebrada, onde tivesse recebido a permissão, no terceiro domingo após a Epifania. Por fim, Bento XV, em 1921, tornou obrigatória a festividade em toda a Igreja, fixando-a no domingo entre a oitava da Epifania. João XXIII colocou a festividade no primeiro domingo após a Epifania. Assim aparece no MR 1962.

No atual ordenamento litúrgico, a Festa da Sagrada Família de Jesus, Maria e José, é celebrada no domingo após o Natal ou, se não ocorrer, no dia 30 de dezembro. Dessa forma, a intenção é fazê-la passar de uma festa devocional, ou "dia de tema", a uma festa de caráter mais anamnético, mediante a nova posição no calendário e pelas leituras dos Evangelhos da infância.

A eucologia do MR 1970 relembra o mistério do nascimento de Jesus. A coleta, que é nova, propõe a Família de Nazaré como "verdadeiro modelo de vida". A prece sobre as ofertas é a mesma do Missal de 1962, com algum retoque. A prece após a comunhão é nova. Contudo, tem raízes na tradição eucológica da liturgia romana. Tema recorrente nas três orações é o exemplo da Santa Família, a fim de lembrar a originalidade e a unicidade da Família de Nazaré. No Ciclo de Natal, o mistério de Cristo obediente sublinha a sua inserção concreta em uma família, em uma tradição e em uma história, aspectos concretos do mistério da Encarnação. Note-se que a festa não possui um prefácio próprio.

O *Lecionário da Missa* contém nove leituras nos três ciclos A, B e C:

- *Ano A:* Sir 3,2-6.12-114; Cl 3,12-21; Mt 2,13-15.19-23. A palavra que poderia sintetizar o ensinamento destes trechos da Escritura não está na moda hoje: "obediência". A primeira leitura, reelaborando motivos de sabedoria popular, fala da relação entre pais e filhos. Na mesma linha se move a segunda leitura: os filhos devem honrar e obedecer aos pais, e eles não devem exasperar os seus filhos. Portanto, existe também uma obediência dos pais, que é obediência a Deus pelo bem dos filhos. É o que vemos na narração evangélica da fuga para o Egito, na qual José faz o que lhe manda Deus por meio do anjo, que o responsabiliza pela salvação do menino, pois tem receio do que lhe possa acontecer de mal. Portanto, José, nas suas escolhas, subordina tudo ao bem do menino Jesus, do qual é pai putativo. Estes textos recordam que paternidade, maternidade, filiação são todas realidades que têm origem em Deus. Quando as relações familiares são vividas na escuta da vontade de Deus, da sua Palavra, as várias funções familiares libertam-se dos mecanismos do egoísmo para ceder espaço ao verdadeiro amor. A família cristã deveria ser um evangelho vivente, uma boa-nova capaz de transmitir uma forte mensagem de esperança à humanidade.

- *Ano B:* Gn 15,1-6; 21,1-3; Hb 11,8.11-12.17-19; Lc 2,22-40. Nestes trechos fala-se de duas famílias, a de Abraão e Sara, na primeira e segunda leituras, e a de José e Maria, na leitura evangélica. Portanto, fala-se também dos seus respectivos filhos, concebidos de modo extraordinário: Isaac e Jesus. Nas duas narrações coloca-se em evidência a fé destas famílias: na primeira leitura diz-se que Abraão "acreditou no Senhor, que lhe deu como crédito esta justiça". E a carta aos Hebreus acrescenta que Sara "pela fé [...] recebeu a possibilidade de se tornar mãe". A leitura evangélica pode ser interpretada também com esta chave de leitura: José e Maria levam Jesus ao Templo de Jerusalém e realizam tudo o que a Lei manda a respeito de um filho primogênito. Isto é, consagram-no a Deus, reconhecendo desta forma que é Deus o Senhor, e não eles. Eles não estavam ali para fazer a própria vontade, mas sim a de Deus. Por essa razão, receberam a criança como dom do Senhor. Estas são atitudes de fé e de submissão à vontade de Deus.

- *Ano C:* 1Sm 1,20-22.24-28; 1Jo 3,1-2.21-24; Lc 2,41-52. Todas as três leituras bíblicas falam do nascimento do ser humano no interior da família. Todos os três trechos, contudo, afirmam que a criança é maior que a família na qual nasce. É isto que a primeira leitura afirma de Samuel, o Evangelho estabelece sobre Jesus e a segunda leitura aplica a cada pessoa, a cada batizado, verdadeiro filho de Deus. O destino do ser humano que vem a este mundo supera os limites da família na qual nasce, uma vez que a dimensão última da sua vida transcende as realidades deste mundo. Isto vale, antes de tudo, para Jesus. O Evangelho narra que Maria e José levam Jesus a Jerusalém por ocasião da Páscoa hebraica. E eis que, na volta, o menino permanece em Jerusalém sem que os pais dessem conta. Após três dias de angustiosas buscas, encontram-no sentado em meio aos doutores, no Templo. Maria não deixa de chamar a sua atenção de forma afetuosa, como faria qualquer mãe. "Por que fizeste isto. Teu pai e eu, cheios de angústia, te procurávamos!". Jesus responde: "Por que me procuráveis? Não sabíeis que eu devo ocupar-me das coisas do meu Pai?". É a primeira autorrevelação que Jesus faz do seu destino. O trecho evangélico acrescenta que Maria e José não compreenderam estas palavras. Afirma, contudo, que Maria "guardava todas estas coisas em seu coração". O breve parêntese da autorrevelação de Jesus no Templo de Jerusalém é prelúdio da sua Páscoa de morte e ressurreição. Os três dias de angustiosa busca por parte de Maria e José antecipam os três dias do seu drama final.

A segunda leitura do Ofício das leituras merece uma atenção particular. Ela foi retirada do discurso feito por Paulo VI em Nazaré, no dia 5 de janeiro de 1964: "O Exemplo de Nazaré". Este texto substitui a leitura do Breve *Neminem fugit* de Leão XIII do *Breviário Romano* anterior e contém uma mensagem seguramente mais em sintonia com a sensibilidade atual e com a problemática que aflige hoje a família. A passagem central exprime-se nestes termos: "Nazaré nos recorda o que é a família, o que é a comunhão de amor, a sua beleza austera e simples, o seu caráter sagrado e inviolável. Que nos faça ver como é doce e insubstituível a educação em família, nos ensine a sua função natural na ordem social".

Os textos bíblicos e eucológicos da festividade da Sagrada Família oferecem uma imagem rica, serena, equilibrada, como resumo da magnífica herança dos Padres da Igreja, da espiritualidade de muitas gerações cristãs e do permanente magistério eclesial. Esta festividade como memória litúrgica é, antes de tudo, celebração do mistério da Encarnação, o qual coloca em evidência a concretíssima realidade.

6. CONCLUSÃO

As festas "de devoção", ao menos na sua origem, não olham tanto um acontecimento salvífico que o Pai realizou na história do Filho por meio do Espírito Santo, mas antes de tudo detêm-se sobre uma ideia ou um apelo do mistério salvífico ou do dogma cristão. É verdade que, já na Igreja antiga, festas da história da salvação, principalmente o Natal, tornaram-se ocasião para reflexão sobre o dogma cristológico e trinitário. Elas recebiam sua expressão na homilia, na prece e nos cantos da liturgia. Porém, o objeto da celebração era claramente anamnético.

Além das festas das quais nos ocupamos, no curso do Ano Litúrgico encontram-se outras festividades cuja origem é devocional, sobretudo entre as celebrações marianas. Assim, por exemplo, a festa do Coração Imaculado de Maria. Note-se que João Eudes, de quem se falou antes, no início, nos seus projetos litúrgicos, não separava os dois corações de Jesus e de Maria. A partir do século XVII, a festa do Coração de Maria foi concedida a muitas dioceses e Institutos religiosos. Mas somente em 1944 foi introduzida no Calendário romano de Pio XII, dois anos depois que o mesmo pontífice tinha consagrado a Igreja e o gênero humano ao Coração Imaculado de Maria. A celebração foi assinalada para o dia 22 de agosto, no oitavo dia da solenidade da Assunção. O calendário atual reduz a festa à memória que deve ser celebrada no dia posterior à solenidade do Sagrado Coração de Jesus. No seguimento da homônima solenidade cristológica, trata-se de uma celebração completa da associação "cordial" da Mãe à obra salvífica do Filho.

Não faltaram nestes últimos anos, após a reforma desejada pelo Concílio Vaticano II, novos influxos devocionais no Calendário litúrgico da Igreja latina. Como se viu nos capítulos anteriores, o segundo domingo de Páscoa, na edição do MR 2002, foi intitulado *De Divina Misericordia*, seguindo as mensagens da santa polonesa Maria Faustina Kowalska.

Capítulo XII. Maria na celebração do mistério de Cristo

Os autores são concordes em afirmar que a proclamação do dogma da Maternidade divina de Maria em Éfeso, em 431, deu um notável impulso no desenvolvimento do culto mariano, tanto no Oriente como no Ocidente. É, contudo, evidente para todos que este culto já estava enraizado na mais antiga tradição, sobretudo na pregação eclesial e em múltiplas expressões da piedade e da veneração popular. O *sensus fidelium* precedeu a concreta "instituição" do culto litúrgico de Maria. Contudo, os estudiosos encontram-se muitas vezes discordantes quando se propõem individuar a entrada, que se poderia chamar "oficial" de Maria na celebração litúrgica. Para alguns, o culto mariano manifesta-se mesmo no século I e em Roma, no século II.[1] Contudo, a grande maioria dos autores coloca mais tardiamente as primeiras manifestações do culto mariano oficial e, em todos os casos, após a aparição do culto dos mártires.[2] Tais divergências provêm, entre outras razões, do fato de que a mesma noção de "culto mariano" não é sem ambiguidade.

Em qual terreno teológico germinou o culto de Maria? Tendo como ponto de partida os escritos neotestamentários e a antiga literatura cristã, notou-se que nos primeiros séculos do cristianismo Maria era considerada tanto tes-

---

[1] Cf. F. Solá, *La Santísima Virgen en las inscripciones, principalmente sepulcrales, en los primeros siglos del cristianismo*, in AA.VV., *De primordiis cultus mariani. Acta Congressus Mariologici-Mariani in Lusitania anno 1967 celebrati*, vol. 5, Roma 1970, 77. Do século I, o autor cita um grafite de Nazaré, e do século II as Catacumbas de Princila em Roma. Sobre tais testemunhos, cf. B. Baggati, *De beatae Mariae cultu in monumentis paleochristianis palaestinensibus*, in ivi, 1-20; J. Salgado, *Le culte rendu à la très Sainte Vierge durant les premiers siècles à la lumière des fresques de la Catacombe de Princille*, in ivi, 43-62; E. Testa, *Cultus marianus in testis nazarethanis primorum saeculorum*, in ivi 21-34. Trata-se de documentos que devem ser interpretados à luz da primitiva piedade mariana popular.

[2] Cf. G. M. Roschini, *Maria Santissima: il culto in Occidente*, in *Biblioteca Sanctorum*, vol. 8, Roma 1967, 896; R. Laurentin, *Court traité sur la Vierge Marie*, 5e édition, refondue à la suite du Concile, P. Lethielleux, Paris 1968, 52-54; M. Righetti II, 349; G. Philips, *Le sens chrétien de la foi et l'évolution du culte marial*, in Aa.Vv., *De primordiis cultus mariani*, cit., vol. 2, 112.

temunha privilegiada como protagonista importante da economia da salvação.[3] Como exemplo, ela é testemunha da realização das profecias do Antigo Testamento sobre a salvação messiânica (cf. Lc 1,46-55) e nela contribui de perto, mediante a sua total adesão à vontade de Deus (cf. Lc 1,38). Os dois títulos de "primeira entre as pessoas crentes", cuja fé superou todas as provas e obstáculos, e de "testemunha" privilegiada do mistério de Cristo podiam muito bem justificar o culto mariano em uma comunidade eclesial profundamente sensível a estas duas qualificações. Tais razões são demonstradas pelo antiquíssimo culto dos mártires, venerados justamente como campeões da fé e como testemunhas muito especiais do Senhor, sobretudo na sua paixão e morte, das quais eles participaram visivelmente.[4]

1. ORIGENS E DESENVOLVIMENTOS DO CULTO MARIANO

A veneração de Maria deriva de uma consideração aprofundada da parte desenvolvida por ela nos acontecimentos da história da salvação. Apresenta-se, então, como um desdobramento dos mistérios da encarnação e da redenção.

1.1. Maria na prece da Igreja antiga

Na primeira metade do século III, a prece eucarística e a profissão batismal transmitidas pela *Tradição Apostólica* contêm referências marianas.[5] A oração eucarística, na primeira parte dedicada à ação de graças a Deus por meio do Filho, faz referência à Virgem: "...teu Verbo [...] que enviaste do céu ao seio de uma Virgem; aí presente, cresceu e revelou-se teu Filho, nascido do Espírito Santo e da Virgem" (2.3).

---

[3] Cf. L. Gambero, *Culto*, in S. de Fiores; S. Meo (edd.), *Nuovo dizionario di Mariologia*, Paoline, Roma 1985, 429.

[4] Sobre a base bíblica do culto mariano, cf. F. L. Calabuig, *Il culto di Maria in Oriente e in Occidente*, in ScLit 5, 257-265.

[5] No original italiano, o autor cita a versão italiana sob os cuidados de R. Tateo, Ippolito di Roma, *La Tradizione Apostolica* (Letture cristiane delle origini – 2/Testi), Paoline, Milano 1995. Em português, há a tradução de Maucyr Gibin, *Tradição Apostólica de Hipólito de Roma*: Liturgia e Catequese em Roma no século III: Petrópolis, Vozes 2004. A tradução utilizada pelo tradutor está disponível em http://www.ecclesia.com.br/biblioteca/pais_da_igreja/tradicao_apostolica_hipolito_roma.html. A numeração é a desta tradução.

A menção da encarnação terá sucesso nas orações eucarísticas posteriores, até o ponto de se tornar uma das memórias mais importantes e constantes de Maria no mesmo cânon da celebração eucarística. De modo semelhante, a profissão de fé batismal, retirada do mesmo documento, afirma: "Credes em Jesus Cristo, Filho de Deus, que nasceu por meio do Espírito Santo da Virgem Maria..." (3.5).

Esta fórmula é encontrada em outras Igrejas da Itália e da África. Todas as antigas profissões de fé são cristológicas e mencionam a encarnação do Verbo. Além disso, a maior parte delas explicita a referência à concepção virginal.

Um outro texto antiquíssimo, o cânon romano, no *Communicantes* faz memória: "*in primis gloriosae semper virginis Mariae Genitricis Dei et Domini nostri Jesu Christi*" (GeV, n. 1246) ("antes de tudo da gloriosa sempre Virgem Maria, Mãe de Deus e do Senhor nosso Jesus Cristo").

A expressão "*Genetrix Dei*" é utilizada repetidas vezes pelos Padres latinos, sobretudo por Santo Ambrósio. A sua inclusão no Cânon romano é anterior a Leão Magno, e há indícios de que este texto seria mesmo anterior ao Concílio de Éfeso celebrado em 431.[6]

No século III, aparece a oração *Sub tuum praesidium*, considerada a mais antiga oração dirigida a Nossa Senhora. É uma invocação coletiva, de índole litúrgica, à beata Virgem Mãe de Deus. Foi redigida em língua grega, mas chegou até nós em papiro egípcio.[7] A importância deste texto deriva do fato de que o conceito de Maternidade divina aparece nele com o termo técnico "*Theotokos*". Esta venerável oração, considerada ainda como a mais antiga oração à Virgem, passou a fazer parte de quase todos os ritos, seja ocidentais, seja orientais.

O hino *Akáthistos* merece uma menção especial.[8] É um grande hino litúrgico da Igreja grega antiga, uma longa composição poética que celebra o

---

[6] Cf. G. Frenaud, *De intercessione B. V. Mariae in Canone Missae Romanae et in Anaphoiris liturgiarum orientalium ante VII seculum*, in Aa.Vv., *De primordiis cultus mariani*, cit., vol. 2, 459-462.

[7] Cf. G. Giamberardini, *Il "sub tuum praesidium" e il titolo "Theotokos" nella tradizione egiziana*, in *Marianum* 31 (1969) 324-362.

[8] Cf. E. Toniolo, *Akáthistos*, in S. de Fiores; S. Meo, *Nuovo Dizionario di Mariologia*, cit., 16-25.

mistério da Mãe de Deus. A sua data de composição oscila entre a segunda metade do século V e os primeiros anos do VI. O *Akáhistos* consta de 24 estrofes divididas em duas partes: a primeira (1-12), narrativa, segue a trama bíblica da infância de Jesus; a segunda (13-24) é dogmática. É uma pequena suma de mariologia. Este hino nos conduz às primeiras expressões de culto a Maria e é um dos mais belos hinos marianos de todos os tempos. Na liturgia bizantina ele tem um lugar especialmente privilegiado.

1.2. Origem e difusão das festividades marianas

O culto de Maria exprime-se em forma adequada nas festividades celebradas em sua honra. Quase todas as festividades marianas têm origem no Oriente. Posteriormente, por caminhos diversos, chegam ao Ocidente, alcançando Roma. Normalmente esta sede é a mais relutante e a que a recebe mais tardiamente.

1.2.1. No Oriente

O culto a Maria, no Oriente, é tributário, antes de tudo, das tradições que surgem e se desenvolvem em Jerusalém, nos séculos V-VI, em memória dos acontecimentos bíblicos, bem como dos lugares nos quais Maria esteve presente. Não se deve subestimar a importância crescente que teve o mistério da encarnação – e, neste contexto, a celebração do Natal – e a relação única que a mãe de Jesus possui neste mistério. Contudo, em todo caso, também os escritos apócrifos tiveram uma função importante e até mesmo decisiva.

O mistério cristológico da *Apresentação de Jesus ao Templo* tem uma relação especial com Maria. A peregrina Egéria atesta que, nos anos 381-384, em Jerusalém, celebrava-se este mistério com uma grande solenidade no quadragésimo dia após a Epifania.[9] O Natal ainda não tinha sido acolhido pela Igreja de Jerusalém. Mais tarde, quando isto aconteceu, a apresentação do Senhor seria celebrada no quadragésimo dia após o Natal, isto é, no dia 2 de fevereiro. Em

---

[9]   Cf. *Peregrinação de Egéria* 26: CCI 175,72.

534, a festa foi introduzida na Liturgia de Bizâncio. Aí se sublinha o aspecto do *encontro* (*ypapanté*) de Jesus com o seu povo, representado por Simeão e Ana.

Também a *Anunciação do Senhor*[10] é um mistério cristológico em estreita relação com a celebração do Natal e, portanto, com Maria. É provável que já no século IV, na Palestina, houvesse uma celebração da Anunciação. Com efeito, sabe-se que Santa Helena construiu uma basílica no local onde a tradição situava a casa de Maria. No século VI, Constantinopla terá uma função decisiva na afirmação e na difusão da festividade.

Pelo que diz respeito às festividades especificamente marianas, note-se que imediatamente após a solene proclamação da Maternidade divina em Éfeso – conforme alguns autores, mesmo antes – encontra-se em Jerusalém a celebração da *Memória de Santa Maria* no dia 15 de agosto. A festa da memória genérica da Maternidade divina torna-se em seguida celebração específica da passagem da Virgem (*koimesis*, em grego, *dormitio*, em latim), isto é, o seu verdadeiro *dies natalis*. Isto aconteceu provavelmente sob a influência de uma enraizada tradição hierosolimitana, sustentada por uma vasta literatura apócrifa sobre a passagem de Maria. Em todo caso, no final do século V, a Igreja de Jerusalém celebra a Dormição de Maria em uma basílica perto do Getsêmani, local onde se venera o túmulo de Maria.[11] No final do século VI, o Imperador Maurício tornou obrigatória para todo o império a festa de 15 de agosto, entendida como *dormitio* da Santa Mãe de Deus.[12]

A festividade da *Natividade de Maria*, no dia 8 de setembro,[13] surgiu provavelmente em Jerusalém no decurso do século V. O apócrifo *Protoevangelho de Tiago* coloca o nascimento de Maria em Jerusalém nos arredores da piscina probática, ao norte do recinto do Templo. Provavelmente a festividade nasceu neste local, cujas tradições se ligam com o atual santuário de Sant'Ana. No tempo do imperador Justiniano († 565), a festividade passou de Jerusalém

---

[10]   Cf. C. Maggioni, *Annunciazione. Storia, eucologia, teologia, liturgia* (Bibliotheca "Ephemerides Liturgicae" – "Subsidia" 56), C.L.V. – Edizioni Liturgiche, Roma 1991.

[11]   Cf. M. Jugie, *La mort et l'assomption de la Sainte Vierge. Étude historico-doctrinale* (Studi e Testi 114), Città del Vaticano 1944; B. Capelle, *L'Assunzione e la liturgia*, in *Marianum* 15 (1953) 241-276,

[12]   cf. Niceforo Callisto, *Historia Ecclesiastica* 17,28; PG 147,292.

[13]   Cf. G. Meaolo, *Natività di Maria*, in S. de Fiores; S. Meo, *Nuovo Dizionario di Mariologia*, cit., 1012-1017.

a Constantinopla e difundiu-se em todo o Oriente. A data de 8 de setembro poderia ser a da dedicação da Igreja ou – menos provável – estar em relação com o início do Ano Litúrgico bizantino (1º de setembro). Maria desenvolve-ria então a função de "proêmio" ou "início" da obra da salvação. Portanto, era mais apropriado celebrar a sua festa no início do ano eclesiástico.

Uma terceira festividade mariana de origem hierosolimitana é a da Apresentação de Maria ao Templo.[14] O *Protoevangelho de Tiago* fala deste acontecimento. Tal festividade parece derivada da dedicação da igreja de Santa Maria Nova (21 de novembro de 543). Esta igreja foi construída com a ajuda financeira do Imperador Justiniano I sobre as ruínas do Templo. Além da verdade mais ou menos histórica do acontecimento, a Igreja de Jerusalém queria celebrar a profunda dedicação de Maria ao Senhor; ela que era verdadeiro templo de Deus. No decurso do século VII, a festividade foi acolhida na liturgia bizantina.

Constantinopla é o segundo centro propulsor da piedade mariana nos séculos IV-VI. Além da festividade romana do Natal, no dia 25 de dezembro, difundir no Oriente, tornando-se a celebração do nascimento do Senhor, em Constantinopla, no decurso do século V, começou-se a celebrar a memória da Mãe de Deus no dia 26 de dezembro, com o nome de *Festividade das Congratulações a Mãe de Deus*.[15] No Oriente, visitar uma jovem mãe após o nascimento do seu filho, a fim de congratulá-la pelo feliz acontecimento, é um costume muito antigo. A Igreja não fez outra coisa senão transportar o uso popular para o plano do culto.

1.2.2. No Ocidente

Antes que as festividades da *Apresentação do Senhor, Anunciação, Dormição* e *Natividade de Maria* – todas de origem oriental – fossem acolhidas na liturgia romana no decurso do século VII, já na metade do século VI a oitava do Natal (1º de janeiro) era celebrada em Roma como memória de Maria, Mãe de Jesus.

---

[14] Cf. E. Bouvy, *Les origines de la fête de la Présentation*, in *Revue Augustinienne* 1 (1902) 581-594; S. Valhé, *La dédicace de Sainte Marie la Neuve. Origines de la fête de la Présentation*, in *Revue Augustinienne* 2 (1903) 136-140.

[15] Alguns consideram esta celebração como a mais antiga festividade mariana no Oriente (cf. M. Jugié, *La première fête mariale in Orient et Occident*, in *Echos d'Orient* 22 [1923] 153-181.

Em três antigos antifonários dos séculos VIII-IX, esta festa é chamada de *Natale Sanctae Mariae*.[16] No GrH (n. 82) já se encontra a coleta *"Deus qui salutis aeternae beatae Mariae..."* (Ó Deus, que na virgindade fecunda de Maria destes aos seres humanos os bens da salvação...". Este texto ainda se encontra em uso atualmente na solenidade de *Maria Santíssima, Mãe de Deus*, que foi retomada com a renovação promovida pelo Concílio Vaticano II. Em um segundo tempo, sob o influxo da liturgia galicana, a oitava do Natal assume sob a forma de acréscimo o caráter de festividade da Circuncisão do Senhor, para se tornar posteriormente no MR 1570 a festividade *In Circumcisione Domini et octava Nativitatis*, ainda que os textos próprios do dia conservem um tom explicitamente mariano. O *Calendário Romano* de 1969, renovando a antiga festividade mariana de 1º de janeiro, deixou cair a da Maternidade de Maria no dia 11 de outubro, instituída por Pio XI e presente no MR 1962.

Pela metade do século VII, conforme afirmado antes, quatro solenidades marianas de origem oriental entram na liturgia romana, provavelmente por obra dos monges orientais que emigraram em massa para o Ocidente nos primeiros decênios desse século.

A festividade da *Apresentação do Senhor* é chamada no GeV *In Purificatione sanctae Mariae* (título encontrado também no MR 1570). Contudo, os textos eucológicos do formulário da missa dizem respeito ao mistério da Apresentação de Jesus no Templo (cf. GeV, nn. 829-831). A reforma do Vaticano II retomou-a com o título cristológico da festa. A procissão de 2 de fevereiro é, provavelmente, uma cristianização da antiga procissão pagã que acontecia em Roma a cada cinco anos, no início de fevereiro, com caráter de purificação e expiação (os *Amburbalia*).

Algo semelhante aconteceu com a festividade da *Anunciação do Senhor* no dia 25 de março. Tal festa é chamada pelo GeV: *In Adnunciacione sanctae Mariae Matris Domini Nostri Iesu Christi* (GeV, nn. 847-853). Também neste caso, a reforma promovida pelo Concílio Vaticano II retomou o título cristológico original da solenidade.

---

[16] Cf. B. Botte, *La première fête mariale de la liturgie romaine*, in EL 47 (1933) 425-430; P. Bruylants, *Le origines du culte de la Sainte Vierge à Rome*, in QLP 23 (1938) 275-281.

Ano Litúrgico

A festividade da *Dormição*, que chega ao Ocidente por diversos caminhos, no formulário do GrH (nn. 661-664) já tem a denominação de *Adsumptio*, que a seguir impõe-se lentamente. O GeV (nn. 991-996) contém um formulário de missa intitulado *In Adsumprione Sanctae Mariae*, mas se trataria de uma interpolação galicana.

Finalmente a festividade da *Natividade de Maria* de 8 de setembro possui um formulário no GeV (nn. 1016-1019), cujo título é: *In Nativitate Sanctae Mariae*. Contudo, fora a coleta, trata-se de textos relativamente fora do específico evento celebrado. Mais ligados ao mistério celebrado são a coleta e a prece sobre as ofertas do GrH (nn. 681-682).

Não é fácil seguir e ilustrar os ulteriores desenvolvimentos do calendário mariano no Ocidente. Podemos, contudo, indicar as linhas gerais. A partir do século XI, a Igreja latina, embora permanecesse tributária do Oriente, desenvolve um culto e uma devoção a Maria com características próprias. O culto a Maria na antiguidade ocidental distinguia-se pela sobriedade. Já a Idade Média traz a multiplicação vistosa das festividades – na maioria das vezes, locais – e de outras manifestações de culto mariano. Uma visão subjetiva prevalece sempre mais sobre a histórico-bíblica e, portanto, cristológica, das origens. A teologia que dá suporte a esse desenvolvimento tende a considerar a pessoa de Maria de modo quase autônomo, exaltando suas virtudes, suas prerrogativas e privilégios. Chega-se até a compor formulários de missas e ofícios de oração para a veneração de relíquias sempre duvidosas e para celebrar cada uma das virtudes de Maria. São oficializadas devoções particulares junto com aparições e revelações privadas. Também em se tratando de Maria, surgem festividades chamadas de "ideias" ou de "devoções", nas quais a piedade supera a doutrina. Pode-se falar de um "ciclo mariano" quase independente do cristológico, compreendendo também os sábados e os meses dedicados a Maria, tais como maio, outubro... Jean Leclercq falou "de grandeza e miséria da devoção mariana na Idade Média".[17]

A maior parte das festividades romanas inseridas no Calendário romano do início da Idade Média até os nossos dias foi introduzida após o Concílio de

---

[17] J. Leclerq, *La liturgia e i paradossi cristiani*. Milano 1967, 186ss. Cf. também B. Capelle, *La liturgie mariale en Occident*, in H. Du Manoir (ed.), *Maria, Études sur la Sainte Vierge*, I, Paris 1949, 217-245.

Trento. Do século VIII ao século XIII, a Igreja não aumentou o número das festividades marianas. Pio V estendeu para toda a Igreja latina a *Dedicação de Santa Maria "ad Nives"* (ano 1568), anteriormente celebrada somente em Roma. A *Apresentação da Bem-aventurada Virgem Maria ao Templo* não foi acolhida no Calendário de 1568 por causa de sua origem apócrifa e da sua recente introdução no Ocidente. Em 1585, contudo, a festa seria reinserida no Calendário pelo Papa Sisto V. Outras festividades foram introduzidas entre os séculos XVII e XVIII, pelo influxo da piedade mariana de algumas Ordens religiosas. É o caso de *Maria do Monte Carmelo* (Carmelitanos), de *Nossa Senhora das Dores* (Servos de Maria) e de *Nossa Senhora das Mercês* (Mercedários). Nessa mesma época, aparece no Calendário Romano universal as festividades do *Santíssimo Nome da Bem-aventurada Virgem Maria* (ano 1683).

A festa da *Imaculada Conceição de Maria* merece um discurso à parte. No Oriente celebrava-se, por volta de 700, uma festa da *Concepção de Sant'Ana* no dia 9 de dezembro, portanto, nove meses antes do nascimento de Maria, no dia 8 de setembro. Esta festa chegou logo à Itália meridional, então bizantina, e, dali, à Inglaterra e à França. Contudo, nesses países o acento foi logo colocado na conceição imaculada de Maria. Até mesmo um grande devoto de Maria, como Bernardo de Claraval, colocou-se contra tal festa, pois, segundo ele, todos os seres humanos, e também Maria, deviam ser liberados do pecado original.[18] Somente quando, por volta de 1330, principalmente por obra do teólogo Duns Scoto, a imaculada conceição foi vista como "redenção preservante" de Maria, as objeções teológicas foram diminuindo. Sisto IV, com a Constituição *Cum praecelsa* de 1476, aprovou a missa e o ofício composto por Leonardo de Nogarola para a festa da *Conceição da Virgem Imaculada*, concedendo a todos os fiéis que a celebrassem as indulgências concedidas pelos seus predecessores para a festa do *Corpus Domini*. Porém, no MR 1570, no dia 8 de dezembro se afirma que, na *Conceição da Virgem Maria* (não aparece o adjetivo imaculada), deve-se utilizar o formulário de missa da Natividade de Maria, celebrada em setembro, mudando-se o nome de Natividade para o de Conceição. Clemente XI, em 1708, estendeu a festividade para toda a

---

[18] Bernardo de Claraval, *Epist.* 174; *PL* 182,332-336.

Igreja. No dia 8 de dezembro de 1854, com a Bula *Ineffabilis Deus*, proclamou o dogma da Imaculada Conceição. Em 1863 mandou compor a missa *Gaudens gaudebo* e o ofício da Imaculada, retomando quase literalmente a coleta de Nogarole, textos presentes posteriormente no MR 1962 e no respectivo *breviário*. O MR 1970 acrescentou um prefácio próprio e o OLM enriqueceu a festividade com novas leituras.

Finalmente no século XX são introduzidas quatro novas festividades marianas: *Beata Virgem Maria de Lurdes* (Pio X em 1907), *Maternidade da Beata Virgem Maria* (Pio XI em 1931), *Coração Imaculado da Beata Virgem Maria* (Pio XII em 1944) e a *Beata Virgem Maria Rainha* (Pio XII em 1954).[19]

2. MARIA NA LITURGIA RENOVADA APÓS O CONCÍLIO VATICANO II

2.1. As festividades marianas no Calendário

Em respeito a quanto diz SC, as festividades marianas se apresentam no atual ordenamento do Calendário romano como um reflexo das festividades do Senhor: "Na celebração deste ciclo anual dos mistérios de Cristo, a Santa Igreja venera com especial amor a beata Maria Mãe de Deus, unida indissoluvelmente à obra salvífica do seu Filho" (SC, n. 103).

Contudo, não existe um ciclo mariano dotado de consistência própria. A Igreja faz memória de Maria na celebração do ciclo dos mistérios de Cristo e em íntima relação com eles. Muitas vezes a colocação de cada uma das festividades de Nossa Senhora não corresponde ao seguimento das celebrações do ciclo cristológico. Com efeito, as festividades marianas não são fruto de um plano sabiamente elaborado sobre uma mesa, como foi ilustrado atrás. Elas surgiram no decurso dos tempos, em lugares e circunstâncias diversos.

A liturgia celebra os mistérios da salvação que possuem uma consistência histórica. Ela é, com efeito, uma celebração memorial. Este é um critério fun-

---

[19] Sobre cada uma destas festas encontram-se notícias histórico-litúrgicas na obra de W. Beinert (ed.), *Il culto di Maria oggi. Teologia-liturgia-pastorale* (Parola e liturgia 12), Roma 1985².

damental para interpretar as festividades do Ano Litúrgico e a sua relevância nele. Com efeito, o Calendário romano atual avalia a importância das celebrações marianas (solenidade, festa, memória obrigatória, memória facultativa), conforme o grau de associação de Nossa Senhora à obra do Filho, como ele aparece nos mistérios celebrados.

Antes de tudo, são consideradas as celebrações (solenidades ou festas) que comemoram eventos salvíficos nos quais Maria é protagonista estreitamente associada ao Filho Jesus no mistério da encarnação-redenção. Um segundo grupo de celebrações, as memórias obrigatórias, comemoram aspectos particulares dos mistérios da vida de Maria ou consagram algumas das grandes devoções marianas conservadas pela tradição. Entre as memórias facultativas são, ao contrário, inseridas aquelas celebrações que comemoram devoções marianas nascidas e desenvolvidas no seio de algumas grandes Ordens religiosas ou junto a alguns célebres santuários marianos.

Em princípio, como dissemos antes, as celebrações marianas estão distribuídas no curso do Ano Litúrgico ou seguem o ritmo dos acontecimentos da *historia salutis*, do qual o Ano Litúrgico é como que um "sacramento". Com base nestes critérios, o *Calendário romano geral* de 1969 realizou alguns deslocamentos. Uma mais equilibrada concepção teológica e litúrgica permitiu descobrir a função de Maria no ciclo da Encarnação, que teve como consequência maior presença de Maria no tempo do Advento-Natal. Conforme se tratou no capítulo correspondente, o caráter mariano deste período do Ano Litúrgico emerge nos textos do domingo IV do Advento e na maior parte dos formulários feriais de 17 a 24 de dezembro, como também em algumas férias natalícias. Assim também foi retomada a solenidade de *Maria Santíssima Mãe de Deus* no dia 1º de janeiro. Contudo, diferentemente do Oriente, falta, todavia, na liturgia romana uma presença significativa de Maria no Tempo Pascal. Em todo caso, em determinadas circunstâncias se podem celebrar como missas votivas as que foram publicadas pela *Collectio Missarum de Beata Maria Virgine*, de 1987. Em particular, os formulários de missa nn. 15, 16, 17, 18.

Em síntese, as festividades marianas no *Calendário Romano Geral* de 1969 são as seguintes:

Ano Litúrgico

- Três solenidades: *Mãe de Deus* (1º de janeiro); *Assunção* (15 de agosto); *Imaculada* (8 de dezembro).
- Duas festas: *Visitação* (31 de maio), *Natividade* (8 de setembro).
- Quatro comemorações obrigatórias: *Nossa Senhora Rainha* (22 de agosto), *Nossa Senhora das Dores* (15 de setembro), *Rosário* (7 de outubro), *Apresentação* (21 de novembro).
- Quatro memórias facultativas: *Nossa Senhora de Lurdes* (11 de fevereiro), *Coração Imaculado de Maria* (sábado que segue ao segundo domingo de Pentecostes), *Nossa Senhora do Carmo* (16 de julho), *Dedicação da Basílica de Santa Maria Maior* (5 de agosto).

Na terceira edição do *Missale Romanum*, publicada em 2002, encontram-se as seguintes novidades:

A memória do *Imaculado Coração de Maria* tornou-se obrigatória. Além disso, foram inseridas duas memórias facultativas: *Nossa Senhora de Fátima* (13 de maio); *Santíssimo Nome de Maria* (12 de setembro), festividade que fora tirada do Calendário de 1969. Em seguida, foi acrescentada também a memória facultativa de *Nossa Senhora de Guadalupe* (12 de dezembro).[20]

2.2. As solenidades marianas

As três solenidades marianas trazem à luz o tríplice privilégio pelo qual Maria ocupa um lugar à parte no plano divino da salvação. A origem destas solenidades coincide, além disso, com os três dogmas da Igreja sobre o mistério

---

[20] Sobre a Liturgia mariana renovada após o Concílio Vaticano II, cf. M. Augé, *La Madonna nell'Avvento del Nuovo Messale*, in EM 20 (1970) 367-370; D. Bertetto, *La Madonna nel nuovo Calendario e nel nuovo rito della Messa*, in AA.VV., *Fons Vivus. Miscellanea Liturgica in memoria di Don Eusebio Vismara*, Zürich 1971, 393-411; M. Augé, *Le linee di una rinnovata pietà mariana nella riforma dell'Anno liturgico*, in *Marianum* 41 (1979) 267-286; F. Brovelli, *La memoria di Maria nel Messale Romano*, in Aa.Vv., *Il Messale Romano del Vaticano II. Orazionale e Lezionario*, vol. II (Quaderni di Rivista Liturgica, n.s. 7), Elle Di Ci, Leumann (Torino 1981) 160-192; A. Carideo, *La presenza di Maria nel Lezionario: linee di interpretazione*, in ivi, 68-84; P. Jounel, *Le feste de la Santa Madre di Dio nel calendario romano*, in ivi, 61-67; E. Manfredini, *Analise tematica del Lezionario per le celebrazioni mariane*, in ivi, 85-159; A. De Pedro, *Lineas dominantes de la liturgia mariana provenientes del Vaticano II*, in *Phase* 23 (1983) 299-324; E. Lodi, *L'euchologie romaine de la liturgie mariale*, in Aa.Vv., *La Mère de Jésus Christ et la communion des saints dans la liturgie*, Conférences de Saint Serge, XXXIIe Semaine d'Études Liturgiques (Bibliotheca "Ephemerides Liturgicae" – "Subsidia" 37), C.L.V. – Edizioni Liturgiche, Roma 1986, 173-196; F. Gaspari, *Maria nella liturgia. Linee di teologia liturgica per un culto mariano rinnovato*, Dehoniane, Roma 1993.

de Maria. A seguir, será apresentada uma síntese temática dos textos eucológicos e bíblicos destas solenidades.

2.2.1. Maria Santíssima, Mãe de Deus

A coleta retoma a mesma do MR 1962. As outras orações da missa (sobre as ofertas e depois da comunhão) são novas e têm origem nos antiquíssimos Sacramentários romanos. Os trechos bíblicos propostos pelo OLM são Nm 6,22-27; Sl 66(67); Gl 4,4-7; Lc 2,16-21. A leitura evangélica do MR 1962 reduz-se a alguns versículos da atual perícope, que faz referência à imposição do nome de Jesus.

O Sl 66 exprime a alegria do agricultor da Palestina que, de uma terra pobre, conseguiu receber o dom das colheitas, o que representa um sinal experimentável da bênção divina. O Salmo se torna então um hino coral de ação de graças pelos dons divinos. A liturgia do primeiro dia do ano retoma este hino na sua parte mais universal, na qual se fala de uma presença beneficente de Deus que abraça todos os povos da terra: "A fim de que conheçam os teus caminhos sobre a terra, a tua salvação entre todos os povos". A nossa vida, que inicia uma nova etapa, é verdadeiramente abençoada por Deus, na medida em que é iluminada pelo esplendor da sua face.

O primeiro dia do ano é prenhe de diversas significações: o início do ano, a oitava do Natal, a solenidade da Santíssima Virgem Maria, Mãe de Deus, e o dia mundial da paz. No fundo destas variadas temáticas, a celebração da divina maternidade de Maria aparece mais luminosa e exaltante, pelas ressonâncias cósmicas. Gerando o Salvador, Maria se coloca no centro da história da humanidade, traçando para todas as pessoas os itinerários não somente do nosso crescimento espiritual mas também simplesmente humano. A bendita entre todas as mulheres deu-nos Jesus, fruto bendito do seu seio, primogênito entre muitos irmãos e irmãs. Dessa forma, também nos tornamos, por obra do Espírito Santo, filhos e herdeiros. A nossa vida coloca-se sob o sinal da bênção divina, da qual a paz é fruto precioso.

A primeira leitura traz a fórmula de bênção que o sumo sacerdote devia pronunciar sobre Israel no final da grande liturgia e, em particular, na festa do novo ano. Essa antiga bênção sacerdotal apoia-se no nome do Senhor, pronunciado por três vezes, colocando este nome sobre os filhos e filhas de Israel. "Colocar o nome" significa estabelecer uma relação com a pessoa. A bênção é o reconhecimento que todo o bem procede de Deus e depende de uma vida de comunhão com ele. A paz é o sinal manifesto das bênçãos divinas: Deus abençoa o seu povo e o conduz à paz.

Jesus Cristo é a plena realização da bênção. Ele é a mesma bênção. É o grande dom do Pai às pessoas e dele procedem todos os dons. São Paulo ilustra esta realidade a seu modo, na segunda leitura, ao afirmar que em Cristo recebemos a "adoção de filhas e filhos". Portanto, não somos mais escravas e escravos, mas filhas e filhos. A pessoa pode se tornar consciente da sua condição filial porque o Espírito Santo foi-lhe doado. É ele quem plasma no interior de cada pessoa os contornos de Cristo, o Filho primogênito. Este mistério foi possível e tornou-se visível porque, "quando chegou a plenitude dos tempos, Deus enviou o seu Filho nascido de uma mulher". Desse modo, a maternidade de Maria faz crescer a própria realidade, mostrando-a como "mãe de Cristo e de toda a Igreja" (oração depois da comunhão). Maria é então apresentada como exemplar de acolhida das bênçãos divinas que foram concedidas por Cristo. No trecho do Evangelho ela aparece como aquela que observa e medita no interior do coração todos os acontecimentos que dizem respeito ao filho. De mãe passa a ser também primeira discípula desde agora, conservando no coração o mistério do Filho.

"Mãe de Deus" é o título que a Igreja do Oriente e do Ocidente concedem unanimemente a Maria, quando a recordam na oração eucarística e nas celebrações do nascimento do Senhor e quando se dirigem a ela, invocando sua intercessão.

Na *Liturgia das Horas*, nota-se que a leitura patrística do Ofício das leituras é um trecho tirado das Cartas de Santo Atanásio, que se intitula "O Verbo assumiu a natureza humana de Maria", na qual lemos, entre outros pensamentos: "Verdadeiramente humana era a natureza que nasceu de Maria, segundo as Escrituras, e real, isto é, humano, era o Corpo do Senhor; verdadeiro porque totalmente igual ao nosso. Com efeito, Maria é nossa irmã, pois todos proviemos de Adão".

O texto de Atanásio dá grande relevo a Maria, em comparação ao que exprimia o texto de Natal de Leão Magno proposto pelo *Breviário Romano*.

2.2.2. Assunção da Bem-aventurada Virgem Maria

Esta solenidade foi enriquecida com uma *Missa vespertina na Vigília*, que não existia no MR de 1962. Aqui se comenta somente o formulário da *Missa do dia*. As três orações (coleta, sobre as ofertas e após a comunhão) são as mesmas que se encontram no MR 1962. Ao contrário, o prefácio é novo, amplamente inspirado em LG (n. 68). Os textos bíblicos propostos são: Ap 11,19a; 12,1-6a.10ab; Sl 44(45); 1Cor 15,20-27a; Lc 1,39-56. Entre as leituras bíblicas, somente o trecho evangélico coincide, em parte, com o que fora proposto pelo MR 1962 (Lc 1,41-50). A atual perícope contém o *Magnificat* por inteiro.

O Sl 44 é um poema que celebra as bodas de um rei de Israel com uma princesa estrangeira. A tradição judaica releu este canto da alegria, da beleza e do amor em chave messiânica com referência ao Messias e à sua esposa, isto é, a assembleia do povo de Deus. A liturgia cristã aplica o Salmo também a Maria.

Pode-se resumir o conteúdo das três leituras bíblicas com três imagens de Maria nelas presentes: *a mulher revestida de sol* (primeira leitura); *a nova Eva* (segunda leitura); *a bendita entre as mulheres* (Evangelho). Estas três exprimem quer a função ativa que Maria teve no mistério da nossa salvação, quer como a plenitude da redenção operada nela como primeiro fruto da mesma redenção. Maria nova Eva é protagonista, com Cristo novo Adão, da nossa salvação. Assim como Adão e Eva são personagens emblemáticos para exprimir a humanidade caída no pecado, também Jesus e sua mãe se tornam personagens emblemáticos para exprimir a humanidade renovada, que será tal à medida que levar adiante a inimizade contra Satanás. A Igreja canta nas Primeiras Vésperas da solenidade: "Uma mulher fechou a porta do céu; uma mulher abre-a para nós: Maria, a Mãe do Senhor".

Isabel, cheia do Espírito Santo, proclama Maria "bendita entre as mulheres". Maria está em antecipação sobre o Espírito das "bem-aventuranças" que Jesus proclamará no início da sua vida pública; por isso é para ela a primeira bem-aventurança do Novo Testamento: "Feliz aquela que acreditou que se realizariam tudo aquilo que o Senhor falou". Bem-aventurada, antes de tudo, por sua fé na Palavra do Senhor, pois Maria escutou e obedeceu à vontade do Senhor, declarando-se absolutamente livre de todo empenho humano para servir somente ao projeto do Senhor.

A "mulher revestida de sol" e coroada de doze estrelas (as doze tribos de Israel), das quais fala o Apocalipse, é o povo de Deus antigo e novo, sempre hostilizado pela terrível força do mal do "dragão". A criança que nasce da Mulher é o Messias. Este menino é vitorioso sobre o dragão, isto é, sobre o mal. Vencedor do pecado e da morte, "senta-se à direita do Pai". Com ele, também Maria é envolvida pelo mesmo esplendor e glória. Portanto, Maria é "primícia e imagem da Igreja", na qual Deus revela o cumprimento do mistério da salvação (prefácio). O mistério da Igreja e o de Maria se entrelaçam reciprocamente pela missão comum. O que aconteceu em Maria assunta ao céu se realizará um dia para toda a Igreja. Na história de Maria pode-se ler a nossa história. Maria é a primeira pessoa humana na qual se realizou a redenção em plenitude; é o primeiro fruto da redenção. A glorificação de Maria assunta ao céu é um acontecimento no qual já se admira realizado aquilo que um dia se espera para todas as pessoas. Com efeito, em Maria se contempla aquela glória futura para a qual somos chamados e destinados, se com ela soubermos seguir as pegadas do seu Filho Jesus.

O prefácio da missa resume bem a relação entre a Igreja e Maria no mistério da sua assunção: "Em Maria, primícia e imagem da Igreja, revelaste o cumprimento do mistério da salvação e fizeste resplandecer para o teu povo, peregrino sobre a terra, um sinal de consolação e de segura esperança".

A assunção de Maria não diz respeito somente a ela, as grandes obras realizadas por Deus na sua humilde serva (cf. o *Magnificat* anunciado pelo Evangelho), mas é sinal de segura esperança para todo o povo de Deus.

No que diz respeito à *Liturgia das Horas*, note-se que a leitura bíblica do Ofício das Leituras (Ef 1,16–2,10) anuncia a participação futura dos cristãos no triunfo de Cristo sobre a morte. A leitura patrística recolhe, através da Constituição Dogmática *Munificentissimus Deus*, de Pio XII (ano de 1950), os testemunhos da fé dos Padres da Igreja Oriental na Assunção de Maria.

2.2.3. Imaculada Conceição da Bem-aventurada Virgem Maria

As três preces da missa (coleta, sobre as ofertas e após a comunhão) são as mesmas que se encontram no MR 1962. Ao contrário, o prefácio é novo, inspirado em Ef 5,27, na Constituição SC (n. 103) e na LG (n. 65). Os textos bíblicos propostos pela OLM são: Gn 3,9-15.20; Sl 97(98); Ef 1,3-6.11; Lc 1,26-38. Somente a leitura evangélica coincide, em parte, com a que foi proposta pelo MR 1962 (Lc 1,26-28) e à qual foram acrescentados os vv. 29-38.

A Igreja celebra a solenidade da Imaculada Conceição da Virgem Maria no tempo do Advento. Nesse tempo a Igreja faz memória do projeto da salvação segundo o qual Deus, na sua misericórdia, chama os Patriarcas e realiza com eles uma aliança de amor. Ademais, deu a lei a Moisés, suscitou os profetas, elegeu Davi, de cuja estirpe deveria nascer o Salvador do mundo. Dessa estirpe Maria é filha eleita, quase o ponto de chegada. O núcleo de verdade que nos é comunicado pela imaculada conceição de Maria é o da relação entre o divino e o humano. Entre estes dois polos existe um "ponto" de intersecção que é justamente Maria Imaculada.

O refrão do salmo responsorial ("Cantai ao Senhor um cântico novo, pois ele operou maravilhas") sintetiza muito bem os sentimentos da Igreja nesta solenidade. A Igreja contempla em Maria a obra-prima de Deus. O Sl 97 canta a vitória final de Deus sobre os poderes do mal, bem como a salvação que conseguirá para Israel e para todos os povos. Maria retoma o v. 3 deste salmo no seu *Magnificat* para celebrar a obra de salvação que Deus realizou nela. Em Maria preservada, imune de toda mancha de culpa original, em previsão da morte de Cristo (cf. coleta), se pode contemplar realizado de modo maravilhoso o desígnio amoroso que Deus tem sobre todas as pessoas. Com efeito, em Maria Imaculada se celebra o amanhecer da redenção, o início da nova aliança ou, como diz o prefácio da missa, "o início da Igreja, esposa de Cristo sem mancha e sem ruga, resplendente de beleza".

Ano Litúrgico

Conforme interpretou a tradição, Maria está figurada no Protoevangelho como a mulher inimiga e vitoriosa sobre Satã; evento que é proposto como primeira leitura (Gn 3,9-13) junto com a desobediência de Adão e Eva (Gn 3,14-15). A escolha deste trecho pretende colocar em evidência o pecado sobre o qual Maria é vitoriosa e sugerir a ideia de Maria como nova Eva. Conforme se disse anteriormente, como Adão e Eva são personagens emblemáticos para exprimir a humanidade que caiu no pecado, então Jesus, novo Adão, e sua mãe, nova Eva, tornam-se personagens também emblemáticos que anunciam a humanidade renovada.

A leitura evangélica propõe o acontecimento da Anunciação: o Anjo proclama Maria "cheia de graça", texto clássico do Novo Testamento. Nele a tradição viu anunciada a verdade da Imaculada Conceição de Maria. Esta é, sem dúvida, a página mais lida na liturgia, mais meditada pelos artistas, mais reproduzida nas telas e nas esculturas. Os Padres da Igreja viram neste evento a contrapartida daquilo que aconteceu na queda do paraíso terrestre. Eva não escuta o preceito de Deus. Maria, ao contrário, escuta a mensagem do Anjo enviado por Deus. Eva desobedece à Palavra de Deus. Ao contrário, Maria pronuncia o seu "sim" obediente ao plano de Deus sobre ela: "Eis a serva do Senhor; faça-se em mim segundo a tua palavra". Eva significa "mãe de todos os viventes". Maria é mãe em sentido mais profundo, uma vez que é mãe dos redimidos mediante a morte do seu Filho, vencedor do mal e da morte. Maria, gerando Cristo, plantou na terra a "semente" indestrutível do bem, da justiça e da esperança. Ela se enraizará e transformará a humanidade inteira. É a mesma realidade que descreve o trecho introdutório à carta aos Efésios (segunda leitura), na qual o apóstolo afirma que Deus, em Cristo, "escolheu-nos antes da criação do mundo para sermos santos e imaculados diante dele no amor". Essa singular eleição encontra uma eleição particularíssima em Maria. A Imaculada é o primeiro sinal da vitória pascal de Cristo. Com ela, a humanidade encontra a estrada para percorrer uma história de santidade e não mais de pecado. Portanto, a Imaculada é um sinal de esperança. O que aconteceu nela é antecipação e, ao mesmo tempo, fruto da vitória de Cristo ressuscitado sobre a morte e sobre o pecado. A Eucaristia, representação sacramental do misté-

298

rio pascal, "cura nas pessoas as feridas daquela culpa da qual, por singular privilégio, Maria foi preservada na sua conceição imaculada" (oração após a comunhão).

Na *Liturgia das Horas* nota-se que a maioria das antífonas e responsórios provém do Ofício de 1863. Foram omitidos os textos do *Breviário Romano* que assemelhavam Maria à Sabedoria divina. Todas as leituras bíblicas são tomadas das cartas paulinas (Rm 5 e 8; Ef 1 e 5), exceto a leitura breve das *Laudes* (Is 43,1). Os três hinos são de autor desconhecido (séculos XVII, XIX e XV).

2.3. Os textos bíblicos e eucológicos das missas marianas

O capítulo VIII da Constituição LG do Vaticano II, falando da função de Maria na economia da salvação, afirma que as páginas do Antigo Testamento, passo a passo, trazem sempre mais a lume a figura da Mãe do Redentor. Indicando depois, rapidamente, os traços deste anúncio de Maria no Antigo Testamento, o documento conciliar exclui toda referência à literatura sapiencial. Utiliza somente os textos histórico-proféticos. O OLM de 1969 segue substancialmente o mesmo critério na escolha das leituras do Antigo Testamento para as festividades marianas. A maior parte das leituras evangélicas provém dos dois primeiros capítulos de Mateus e Lucas. Portanto, prevalecem as narrações da infância de Jesus, sobretudo segundo a redação lucana. Além disso, encontram-se duas perícopes de João (Maria nas Bodas de Caná e no Calvário sob a cruz) e uma de Lc 11 (a bem-aventurança lucana das pessoas que escutam e guardam a Palavra de Deus).

A eucologia dos formulários marianos do MR 1970 merece uma avaliação diversificada. As solenidades e as festas possuem uma eucologia que retira abundante inspiração dos textos da Escritura e oferece uma visão do mistério de Maria fortemente integrada com o mistério da salvação. São amplas fórmulas ricas de doutrina que ilustram a figura de Maria não isoladamente e nos seus privilégios, mas levam em consideração a relação profunda que ela tem com o evento salvífico de Cristo e da Igreja. Maria é vista no desígnio de Deus, no qual ela aparece como aurora da salvação na sua Natividade e como início gratuito da nova criação na sua Conceição imaculada. Nestes formulários, toda a história da salvação está contemplada nas figuras ou tipos marianos que auxiliam a compreender melhor os títulos que constituem a dignidade peculiar de Maria na sua vida terrena, em particular a conceição virginal do Filho de Deus. Deve-se sublinhar em seguida a relação singular de Maria com a Igreja. Neste contexto é considerada a Anunciação, na qual Maria aparece como primícia e imagem da Igreja e sinal de consolação e de segura esperança para o povo de Deus peregrino sobre a terra. Assim também a dimensão antropológica de Maria como modelo de vida cristã, tema frequente em toda a eucologia mariana.

Conforme se afirmou anteriormente, um outro setor do MR 1970, cuja eucologia possui um conteúdo mariano bastante rico, é o Tempo do Advento-Natal. Quase todas as coletas da última semana do Advento, em concreto as dos dias 17, 19, 20 e 23 de dezembro, mais a do domingo IV de Advento, exaltam repetidamente os aspectos marianos do mistério da Encarnação, com termos simples mas expressivos: o Verbo do Pai recebe a carne de Maria Virgem e assim o esplendor da glória divina manifesta-se no mundo através do parto da Virgem santa, cuja perpétua virgindade não é rompida. Também as coletas das férias natalícias, em concreto as da segunda-feira, terça e sábado, exprimem um conteúdo mariológico relevante. O fato de Cristo ter nascido de Maria é garantia da sua humanidade. Ele é verdadeiro homem nascido da Virgem Maria. Isto constitui um dos pontos basilares da cristologia. Jesus é verdadeiro homem porque emerge do fluxo das gerações humanas. Depois a singularidade do seu nascimento é garantia da salvação que ele introduz para toda a humanidade. Este mesmo nascimento faz de Cristo o nosso irmão e, portanto, permite participar um dia da glória do seu Reino.

Ao contrário, merece um juízo menos positivo a eucologia das memórias marianas e a dos formulários do *Comum da Beata Virgem Maria*. O conteúdo destes textos é, com exceções, de uma evidente pobreza teológica e de uma pesada monotonia temática. Trata-se de composições não suficientemente caracterizadas ou nem sempre pertinentes, que insistem excessivamente nos temas da intercessão e da liberação do mal e o fazem com termos bastante genéricos. Porém, é preciso acrescentar que na terceira edição do MR 2002, o Comum de

Nossa Senhora recebeu uma notável ampliação, passando dos sete aos atuais onze formulários. A fonte de referência é sobretudo a *Collectio Missarum de Beata Maria Virgine*, com a riqueza da eucologia e das temáticas marianas aí presentes.[21] Agora o quadro teológico foi positivamente enriquecido e ampliado, dando a esta seção do Comum maior respiro.

2.4. Os textos marianos da Liturgia das Horas

No Ofício das Leituras, após a leitura bíblica, tem-se a leitura dos Padres ou dos Escritores eclesiásticos. Nas festividades marianas e nas memórias de Maria dos sábados *per annum*, estas leituras oferecem um florilégio patrístico de rico conteúdo doutrinário, que recolhe o ensinamento dos Padres da Igreja, de Santo Ireneu a Beda, o Venerável, bem como de diversos testemunhos da piedade mariana medieval. Aí encontramos também um conjunto de textos de São Bernardo e de alguns de seus discípulos, bem como textos do Magistério mariano de Pio XII, de Paulo VI e do Concílio Vaticano II.

A piedade mariana suscitou abundante criatividade poética. A *Liturgia das Horas* contém um número considerável de hinos em honra de Maria, seja nas festividades marianas, seja no período Advento-Natal. Em geral, todas as solenidades, festas e memórias obrigatórias de Maria têm hinos próprios. A maior parte destes hinos nasceu nos mosteiros medievais, dos séculos VIII ao XIV, e os seus autores, na maioria das vezes, são desconhecidos.

Enfim, devem ser relevadas as preces, isto é, as invocações das *Laudes* e as intercessões das Vésperas. Todas as solenidades marianas possuem formulários próprios. Nas festas e nas memórias se reenvia geralmente para o Comum da Bem-aventurada Virgem Maria, que oferece dois formulários para as *Laudes* e dois para as Vésperas. São também de conteúdo mariano as invocações das *Laudes* da 1ª e 3ª semana do saltério *per annum*.

Concluindo este capítulo, recorde-se que a qualidade da presença mariana no Ano Litúrgico não depende tanto da quantidade das festividades – nem precisa querer, a qualquer custo, ver aumentado o seu número e elevado o seu

---

[21] Cf. A. Catella, La *"Collectio Missarum de Beata Maria Virgine". Analisi dell'eucologia,* in M. Hauke (ed.), *La donna e la salvezza. Maria e la vocazione feminile.* (Collana di Mariologia 7), Eupress Ftl, Lugano 2006, 43-73.

Ano Litúrgico

grau – quanto da sua capacidade de exaltar o lugar de Maria na história da salvação. A Assembleia cultual, celebrando uma festividade mariana, deve ter presente que toda celebração de Maria e dos santos é, definitivamente, anamnese de um aspecto que diz respeito ao mistério de Cristo, que se reflete sobre os membros do seu Corpo místico (cf. SC, nn. 103-104).

Capítulo XIII. Santos na celebração do mistério de Cristo

Conforme já se falou diversas vezes, o Ano Litúrgico celebra uma só realidade: o mistério (pascal) de Cristo. A divisão trazida pelos livros litúrgicos entre *Proprium de Tempore* e *Proprium de Sanctis* não deve conduzir ao engano. Não se trata de dois ciclos de celebrações, independentes, paralelas ou, menos ainda, contrapostas. A Igreja, celebrando cada ano o *dies natalis* dos mártires e santos, celebra neles a realização do mistério pascal de Cristo. Contudo, às vezes, com o passar do tempo, desenvolveu-se de fato certo dualismo no contraste entre Temporal e Santoral, seja em nível teórico, seja na prática pastoral. Tal fato se deve a uma compreensão partida do Ano Litúrgico que provém, por sua vez, da pouca atenção dada a uma visão verdadeiramente teológica e não somente organizativa.

Portanto, é de suma importância colher já nas origens dos primeiros desenvolvimentos do culto dos santos a estreita relação que ele tem com a celebração do mistério de Cristo. Ele representa sempre o ponto de referência fundamental para uma adequada avaliação teológica e pastoral do Santoral e de todo o Ano Litúrgico.[1]

---

[1] Cf. H. Delhaye, *Sanctus. Essai sur le culte des saints dans l'antiquité* (Subsidia Hagiographica 17), Bollandistes, Bruxelles 1927; Id., *Les origines du culte des martyrs* (Subsidia Hagiographica 20), Bollandistes, Bruxelles 1933²; R. Aigrain, *L'Agiographie. Ses sources, ses méthodes, son histoire*, Bloud et Gay, Paris 1953; R. J. Hesbert, *La réforme du Missel et les Communs*, in LMD, n. 35 (1953) 95-109; A. Chavasse, *Sanctoral et année liturgique*, in LMD 52 (1957) 89-97; B. de Gaiffier, *Réflexions sur l'origine du culte des martyrs*, in LMD 52 (1957) 19-43; P. Jounel, *L'été 258 sur le calendrier romain*, in LMD 52 (1957) 44-57; Id., *Le sanctoral romain du 8ᵉ au 12ᵉ siècle*, in LMD 52 (1957) 59-88; J. Dubois, *Les saints du nouveau calandrier. Tradition et critique historique*, in LMD 100 (1969) 157-178; F. Van der Meer, *Santo Agostino pastore d'anime* (Roma 1971) 1073-1133 "I banchetti sulle tombe"); W. Rordorf, *Aux origines du culte des martyrs*, in *Irénikon* 45 (1972) 315-331; A. M. di Nola, *Santi e Santità*, in *Enciclopedia delle Religioni*, vol. 5, Firenze 1973, 816-825; C. Vogel, *L'environnement cultuel du défunt durant la période paléo-chrétienne*, in Aa.Vv., *La maladie et la mort du chrétien dans la liturgie*. Conférences de Saint Serge, XXIᵉ Semaine d'Études Liturgiques (Bibliotheca "Ephemerides Liturgicae" – "Subsidia" 1) Edizioni Liturgiche, Roma 1975, 381-413; P. Visentin, *Formazione e sviluppo del santorale nell'Anno liturgico*, in RI 65 (1978) 297-39; W. Rordorf, *Le culte des martyrs*, in *Dictionnaire de Spiritualité* X, Paris 1980, 723-726; T. Citrini, *Memoria, riconoscimento e canonizzazione dei santi*, in ScC

1. ORIGEM E DESENVOLVIMENTO DO CULTO DOS SANTOS E DAS SANTAS

1.1. O culto dos mártires: primeiros testemunhos

Os primeiros cristãos da era apostólica sepultavam com a devida honra os heróis da fé. Assim se diz do protomártir Estêvão, que "pessoas piedosas sepultaram Estêvão e guardaram um grande luto por ele" (At 8,2). Porém, somente na segunda metade do século II é que se tem alguma afirmação isolada do martírio na comunidade cristã. Os testemunhos sempre mais explícitos e frequentes acontecem a partir da metade do século III.

O primeiro testemunho digno de fé[2] do culto de um mártir é encontrado em uma carta da *Igreja de Deus que está em Esmirna à Igreja de Deus que está em Filomélio e a todas as comunidades da santa Igreja católica de todos os lugares*, sobre o martírio do Bispo Policarpo.[3] Esta carta, redigida pouco menos de um ano dos fatos, contém a narração dos acontecimentos feita por testemunhas oculares. A data do martírio do santo bispo de Esmirna, hoje considerada a mais provável, é o ano de 155 ou 156. Portanto, trata-se de um documento da metade do século II e proveniente da Ásia Menor. Após a morte do seu bispo Policarpo, eis o que fizeram os fiéis de Esmirna:

---

109 (1981) 325-352; P. Jounel, *Le culte des saints dans l'Église catholique*, in LMD 147 (1981) 135-146; Id., *L'élaboration du calandrier romain général*, in Aa.Vv., *Liturgia opera divina e umana. Studi sulla riforma liturgica offerti a S. E. Annibale Bugnini in occasione del suo 70º compleano* (Bibliotheca "Ephemerides Liturgicae" – "Subsidia" 26) CLV – Edizioni Liturgiche, Roma 1982, 671-691; P. Brown, *Le culte des saints. Son essor et sa fonctions dans la chrétienté latine*, Paris 1984; P. Jounel, *Le renouveau du culte des saints dans la liturgie romaine* (Bibliotheca "Ephemerides Liturgicae" – "Subsidia" 36), CLV Edizioni Liturgiche, Roma 1986; Id., *Santi (culto dei)*, in Liturgia 1819-1836.

[2]   É assim que é julgado pela quase totalidade dos autores. Alguns anos atrás somente C. Vogel (*L'environnement cultuel du défunt durant la période paléochrétienne*, cit., 382) refutava a validez da passagem do *Martírio de São Policarpo*. Vogel afirma que é praticamente certo que o texto em questão foi interpolado e remanejado. Em favor desta tese ele cita H. Von Campenhausen, *Bearbeitungen und Interpolationem des Polycarpumartyrium*, in *Sitzunsberichte der Heilderberger Akademie der Wissenschaften* (Phil.Hist.Kl.), Heilderger 1957, 5-18. Porém, a opinião de H. Von Campenhausen não foi acolhida pela crítica (cf. D. Van Damme, *Polycarpe*, in *Dictionnaire de Spiritualité* XII, Paris 1986, 1905).

[3]   O texto italiano da carta, sobre o qual se baseia o autor, é de A. Quacquarelli (ed.), *I Padri Apostolici* (Collana di Testi Patristici 5), Città Nuova-Roma 1989⁶, 161-172. Em português há uma tradução disponível em: http://www.arminianismo.com/index.php?option=com_content&task=view&id=383&Itemid=39. Acesso em: 25.10.10.

Vendo, pois, o Centurião a insistência dos judeus, pôs o corpo no meio, como de costume, e queimou-o. E assim nós logo retiramos seus ossos, mais estimáveis que as pedras preciosas e mais dourados do que o ouro, e os guardamos em lugar conveniente. Ali, reunidos enquanto nos seja possível, jubilosos e alegres, o Senhor nos concederá celebrar o aniversário de seu martírio, para memória dos que lutaram e para exercício e preparação dos que terão que lutar.[4]

O texto, não obstante sua brevidade, contém indicações precisas sobre o culto do mártir e que serão assinaladas a seguir:

- Os fiéis demonstram especial veneração pelas relíquias de Policarpo. A carta afirma que o corpo do mártir fora queimado segundo o costume pagão. Os fiéis cristãos, contudo, recolheram os ossos para colocá-los em um lugar conveniente.

- A comunidade cristã de Esmirna propõe reunir-se junto ao jazigo do santo bispo no dia de aniversário do seu martírio, que é chamado "dia natalício". Note-se que o culto dos mártires, nos primeiros tempos, era estritamente local, ligado não somente a uma comunidade, mas até mesmo ao lugar preciso onde repousam os restos do mártir. Os pagãos festejavam anualmente a memória dos seus defuntos não no dia de aniversário da sua morte – dia considerado "nefasto" –, mas no dia de aniversário do seu nascimento. Os cristãos, ao contrário, escolheram para tal memória o dia da morte ou da *depositio* do mártir, conservando, contudo, o nome de *dies natalis*, que tinha o significado geral de aniversário. Os cristãos e cristãs falarão do dia da morte do crente como do verdadeiro dia natalício, dia do nascimento para a vida eterna. O conceito já se encontra em Santo Inácio de Antioquia (entre 50 e 107):

"Para mim é belo morrer em Jesus Cristo, do que reinar até os confins da terra. Procuro aquele que morreu por nós, quero aquele que morreu por nós. O meu renascimento está próximo".[5]

---

4   *Il martirio di Policarpo* 18,1-3, A. Quacquarelli, *I Padri Apostolici*, cit., 170 (a tradução está disponível em http://pt.scribd.com/doc/6451956/HISTORIA-ECLESIASTICA-Eusebio-de-Cesareia).

5   Inácio de Antioquia, *Aos romanos* 6,1, A. Quacquarelli, *I Padri Apostolici*, cit., 124.

Ano Litúrgico

- O aniversário é celebrado "na serenidade e na alegria". Alguns estudiosos acreditam que esta terminologia, que se liga à tradição dos Setenta e do Novo Testamento, revela que a alegria aqui expressa é o gáudio das pessoas que juntas participam do banquete eucarístico.[6] Os testemunhos mais explícitos a este respeito se encontram a partir dos séculos III-IV.

- Os cristãos, recordando os feitos dos mártires, preparavam-se para enfrentar eventuais circunstâncias semelhantes, frequentes em tempo de perseguição. Essa recordação era feita, provavelmente, com a leitura da narração dos martírios ou *passio* no decurso da celebração litúrgica.

- Por fim os fiéis distinguem entre adoração ou veneração dirigida a Cristo e honra para com o mártir: "Nós veneramos a ele que é o Filho de Deus e dignamente honramos os mártires como discípulos e imitadores do Senhor pelo amor imenso ao seu rei e mestre".[7]

Em todo caso, o mártir é honrado porque possui uma relação especial com Cristo e com o seu mistério. O documento estabelece um paralelismo entre a morte do mártir e a paixão do Senhor: "Com efeito, como o Senhor, ele [Policarpo] esperou ser preso".[8]

No que diz respeito ao Ocidente, somente na correspondência de São Cipriano (entre 210 e 258), bispo de Cartago, se encontra pela primeira vez a menção de um registro dos mártires que devia ser rememorado por parte da Igreja local. Cipriano recomenda duas coisas ao seu clero: sepultar com cuidado os restos dos confessores da fé e tomar nota do dia da sua morte, a fim de celebrar a sua memória.[9] Em Roma, no verão de 258, são martirizados Sisto II e os seus sete diáconos. O fato impressionou profundamente a comunidade romana e não ficou sem influxo com relação à veneração e ao culto dos már-

---

[6] Cf. R. Berger, *Die Wndung "Offerre pro" in der römischen Liturgie* (Liturgiewissenchaftliche Quellen und Forschungen 41), München/W. 1965, 29-30.

[7] *Il martirio di Policarpo* 17,3, A. Quacquarelli, *I Padri Apostolici*, cit., 170.

[8] *Il martirio di Policarpo* 1,2, A. Quacquarelli, *I Padri Apostolici*, cit., 161.

[9] "... *dies eorum quibus excedunt annotatae, ut commemorationes eorum inter memorias martyrum celebrare possimus*" (Cipriano, *Epistula* 37; PL 4, 328).

tires, a tal ponto que fala do verão de 258 como de um momento crucial para a história do calendário romano.[10]

1.2. *Do culto dos defuntos ao culto dos mártires*

É um dado incontestável, ainda que diversamente explicado e avaliado pelos autores, que o primitivo culto cristão dos mártires enxertou-se de alguma forma no "culto" e nas honras fúnebres prestadas então aos defuntos. Na Igreja antiga estas honrarias eram diversas conforme os lugares e procedências do mundo greco-romano e do mundo judaico. A seguir, indicam-se alguns destes usos que mais interessam.[11]

Em geral, o *"dies obitus"* dos cristãos era também o seu *"dies depositionis"*. O modo da *depositio* era a *inumação*. Não há nenhum indício que permita afirmar que os cristãos tenham adotado a cremação. Ela era excluída não por razões doutrinais, mas provavelmente por causa da permanência do uso judaico.

Não se encontram traços dos usos funerários cristãos ou traços do culto dos mártires sem conexão imediata com uma tumba, localizada topograficamente, ou sem relação imediata com um ou mais defuntos individuados com precisão. Nestes primeiros séculos persistia de alguma forma a crença segundo a qual a alma do desaparecido habitava junto da tumba ou girava pelos seus arredores.[12]

Deposto o caixão na sepultura, as pessoas que participavam da cerimônia se reuniam nas proximidades do túmulo para fazer, em comum, a refeição fúnebre ou *refrigerium*. A presença de um presbítero é testemunhada nos inícios do século III. Porém, era facultativa, ao não ser que não fosse celebrada a Eucaristia. O *refrigerium*, eventualmente a Eucaristia, e outras cerimônias fúnebres eram repetidas no terceiro, sétimo (ou nono) e trigésimo (ou quadragésimo) dia, bem como no dia aniversário da *depositio*. Estas datas foram escolhidas

---

[10] Cf. P. Jounel, *L'été 258 dans le calandrier romain*, cit.

[11] A respeito pode-se consultar a obra mais citada de C. Vogel, *L'environnement cultuel du défunt*, cit. Cf. também Z. Werblowsky, *Riti e tradizioni funebri presso gli ebrei*, in *Concilium* 2 (1968) 180-191.

[12] O Concílio de Elvira (anos 300-306) prescreve ainda: *"Cereos per diem placuit in cimiterio non incendi, inquietandi enim sanctorum spiritus non sunt"*; J. Vives (ed.), *Concílios visigóticos e hispano-romanos* (España Cristiana – Textos 1), Barcelona-Madrid 1963, 7.

provavelmente porque consideradas em relação seja com a progressiva formação do embrião humano, seja com o processo de decomposição do cadáver.

A celebração da Eucaristia nos arredores da sepultura, conforme se acenou antes, estava em uso, provavelmente, já a partir de meados do século II. A partir do século IV em diante, já existem numerosos testemunhos explícitos. O uso pagão do *refrigerium*, purificado dos seus elementos mitológicos e heréticos, no decurso do século III, passa a fazer parte das honras fúnebres cristãs. Desse banquete fúnebre participava simbolicamente o próprio defunto. Santo Agostinho nega que estes ágapes sejam uma continuação dos ritos pagãos, porque "os nossos banquetes nutrem os pobres com os frutos e com a carne".[13]

Paulino de Nola fala dos peregrinos que passavam a noite cantando hinos sagrados e bebendo vinho junto do sepulcro de São Félix.[14] Algumas desordens que se manifestaram no decurso desses banquetes manifestaram o protesto e a enérgica oposição de alguns Padres, até o ponto de eles serem suprimidos. O mesmo Santo Agostinho fala de "tais bebedeiras e banquetes dissolutos nos cemitérios"[15] e deseja que sejam proibidos.

Dadas as evidentes analogias entre o culto dos heróis gregos e o culto dos mártires cristãos, há muito tempo prevalece a opinião segundo a qual o culto grego influenciou o cristão.[16] Recentemente o culto judaico dos santos foi destacado como possível fonte do culto dos mártires cristãos.[17] Em 1960, Th. Klauser sintetizou as pesquisas anteriores e indicou os contornos do problema:[18] foi justamente o tardio judaísmo que transmitiu ao cristianismo o sentido do respeito e da veneração dos grandes crentes defuntos e, em particular, dos mártires. Contudo, também os pagãos veneram os mortos, especialmente os ilustres. Portanto, a prática das assembleias cultuais em honra dos mártires

---

[13] "*agapes enim nostrae pauperes pascunt, sive frugibus, sive carnibus*" (Agostinho, *Contra Faustum Manichaeum*, 20,20; NBA; PL 42,383).

[14] Cf. Paulino de Nola, *Carmen 27, Natale IX San Felice*; PL 61, 661.

[15] "*istae in caemiteriis ebrietates et luxuriosa convivia*" (Agostinho, *Epistula* 22, 6; NBA, PL 33, 92).

[16] Cf. E. Lucius, *Die Anfänge des Heiligenkultus in der christlichen Kirche*, Tübingen 1904; Fr. Pfister, *Der Reliquienkult im Altertum*, 2 voll., Giessen 1902-1912.

[17] Cf. J. Jeremias, *Heiligengräber in Jesu Umwelt*, Göttingen 1958.

[18] Cf. Th. Klauster, *Christlicher Märtyrerkult heidnischer Heroenkult und spätjüdische Heiligenverehrung. Neue Einsichten und neue Problema*, Köln-Oplanden 1960.

parece provir, antes, do culto aos heróis pagãos. Trata-se, com efeito, de um culto oficial da comunidade eclesial para com os "heróis" cristãos, isto é, os mártires. A memória de um mártir, diferentemente da memória de um defunto comum, não foi celebrada somente pelos parentes ou conhecidos, mas por toda a comunidade local.

Celebrar a *memória* de um mártir é uma expressão que engloba ao mesmo tempo um lugar e um aniversário. O termo latino *memória*[19] indicava não somente a inscrição comemorativa, mas também todo o túmulo. Nesse sentido é utilizada frequentemente pelos Padres e os escritores antigos.[20] Além disso, na linguagem literária e epigráfica, significou também a mesma Igreja que abrigava o túmulo dos mártires.[21] Por fim, e isto especialmente na África, a *memoria* indicou também as relíquias dos santos.[22]

1.3. Do culto dos mártires ao culto dos santos

O termo "mártir" deriva do grego *martus*, o qual, na língua profana, significa "testemunha". Porém, na terminologia cristã, o mesmo vocábulo – já desde os séculos II-III – é usado em um significado mais restritivo e designa uma pessoa que deu testemunho por Cristo e pela sua doutrina com o sacrifício da própria vida.

No princípio, a Igreja prestou culto somente aos mártires, os quais, com o sacrifício da própria vida, tinham atingido uma especial união com Cristo morto e ressuscitado. Posteriormente, em seguida, terminada a época das perseguições, prestar-se-á culto também às personalidades ilustres.

H. Delehaye explicou como, com o suceder do tempo, o nome de "mártir" foi dado não somente aos cristãos que morreram pela fé em meio aos tormentos, mas também àqueles que confessaram a sua fé e, portanto, morreram na prisão, no exílio, às vezes mesmo exilados na própria pátria.[23] Nessa sucessão

---

[19] Cf. H. Leclercq, *Memoria*, in DACL XI, Paris 1933, 296-324.

[20] Cf. Agostinho, *Epistula* 78; PL 33, 269. NBA; cf. também Paulino de Nola, *Epistula* 32, CSEL 29, 288.

[21] Cf. Agostinho, *Serm.* 323; PL 38, 1446; *Contra Faustum Manichaeum* 20, 21; NBA; PL 42, 385.

[22] Cf. Agostinho, *De Civitate Dei* I, 22, cap. 8, nn. 11-12; NBA; PL 41, 766.

[23] Cf. H. Delhaye, *Sanctus. Essai sur les saints dans l'antiquité*, cit., 74ss.

Ano Litúrgico

de significados talvez exista uma espécie de "degradação" insensível do conceito de mártir, que caracteriza uma primeira etapa no desenvolvimento do pensamento cristão. Uma segunda etapa consiste em estabelecer, não uma igualdade, mas certa assimilação entre o mártir e a pessoa virtuosa para a qual faltou a ocasião de sofrer pela fé. Foi esse alargamento do conceito de mártir que fez possível que o culto, primeiramente reservado somente aos mártires, fosse em seguida concedido a outras ilustres pessoas crentes: aos "confessores" da fé, às grandes figuras de bispos, às virgens, aos ascetas etc.

São Jerônimo, com uma frase que permanecerá famosa, fala do "*quotidianum martyrium*" das pessoas que vivem profundamente, sem jamais falhar, a própria dedicação a um ideal de renúncia e castidade.[24] Da mesma forma se exprimem todos os grandes Padres da Igreja, como Basílio Magno, João Crisóstomo, Agostinho. Este fala até da pessoa que vive o seu martírio no próprio leito, aceitando e santificando o sofrimento com espírito de fé. "Torna-se mártir no próprio leito. Aquele que, por amor, pendeu da cruz, haverá de dar-lhe o prêmio".[25]

Assim fala o *Missal de Bobbio*, pertencente à tradição litúrgica galicana (séculos VII-VIII) de São Martinho de Tours († 397), um dos primeiros santos não mártires venerados na liturgia: "Eis um homem de Deus que pode ser contado entre os apóstolos e incluído no número dos mártires. Confessor neste mundo, ele é certamente mártir no céu. Sabe-se, com efeito, que não foi Martinho que faltou ao martírio, mas foi o martírio que faltou a Martinho".[26]

Conceito semelhante encontramos na atual liturgia romana, que, na Antífona ao *Magnificat* das Vésperas da memória do santo, exprime-se deste modo: "Ó beato pontífice, que com todas as forças amava a Cristo rei e não temia o poder do Império; ó santíssima alma que, mesmo não tendo sido rasgada pela espada do perseguidor, não perdeu a palma do martírio".

Para avaliar adequadamente este progressivo alargamento do conceito de martírio, é preciso não perder de vista a ideia-chave da santidade cristã, que se

---

[24] Jerônimo, *Epistula* 108,31: PL 22, 905.

[25] "*Fit martyr in lecto, coronante illo qui pro illo, pependit in legno*" (Agostinho, *Sermo* 286, 7; NBA; 38, 1301).

[26] "*... cum sciamus non Martinum martyrium sed martyrium defuisse Martinum*" (E. A. Lowe, ed., *The Bobbio Missal. A Gallican Mass-Book*, London 1920, n. 363, pp. 108-109).

amplia certamente, mas que sempre teve raízes e autêntica justificação no martírio, como perfeita assimilação a Cristo morto e ressuscitado. Sendo o martírio o maior ato de amor, "prova suprema da caridade", ele constitui o caminho mais nobre para a santidade (cf. LG n. 43). Com efeito, seguindo Cristo até o sacrifício voluntário da vida, o mártir, mais que qualquer outra pessoa, é consagrado e unido ao Verbo encarnado e transformado na imagem do seu Mestre.

1.4. *Do culto local ao culto universal*

Conforme foi afirmado antes, originariamente o culto dos mártires era estritamente local, ligado não somente a determinada comunidade, mas até ao lugar preciso onde repousavam os restos mortais do mártir. As Igrejas locais, contudo, orgulhosas dos seus mártires, faziam participar as outras comunidades cristãs das gestas dos próprios heróis. Prova desta comunicação entre as Igrejas é, por exemplo, a carta da comunidade de Esmirna sobre o martírio do seu bispo, Policarpo, já citada.

O hábito de reunir-se junto ao túmulo dos mártires para celebrar o aniversário da sua morte levou a registrar o *dies natalis* de cada um deles e, portanto, a composição dos primeiros calendários. Este traz os nomes dos mártires e dos santos, o seu *dies natalis* e o lugar da *depositio* no qual era celebrada a Eucaristia. Mais tarde, as diversas Igrejas locais trocarão os respectivos calendários e, posteriormente, se reunirão para construir os martirológicos. Estes contêm os nomes de certo número de mártires e de santos pertencentes a diversas Igrejas locais. Os seus aniversários serão celebrados sempre no mesmo dia.

Um fenômeno que contribuiu notavelmente para a expansão do culto dos mártires e dos santos do âmbito nitidamente local para o mais amplo, e, portanto, serviu para aumentar o Santoral do Ano Litúrgico, foi o da trasladação, intercâmbio e aparição das relíquias. As descobertas e as trasladações das relíquias dos santos evidenciaram-se no final do século IV tanto no Ocidente como no Oriente. Esses fenômenos, contudo, foram mais tardios em Roma. Aí, como em outros lugares, os mais ilustres sepulcros dos mártires e todos os cemitérios estavam fora da cidade, e por isso expostos às irrupções e ao sacrilégio. Esta foi a causa principal pela qual, no século VII, começaram as trasladações dos corpos dos mártires para a cidade. Quando teve início as invasões dos longobardos e dos sarracenos, os papas organizaram a transferência sistemática dos corpos dos mártires, exumando-os dos cemitérios suburbanos para depositá-los nas basílicas das cidades.

No entanto, a trasladação das relíquias oferecia uma ocasião propícia para aqueles que, como os povos da Gália e da Alemanha, desejavam possuir corpos dos santos. Os pedidos e a multiplicação de relíquias se acentuaram, sobretudo, após a época carolíngia. A dispersão das relíquias caminha junto com a espoliação ou divisão dos restos dos corpos dos santos. Os abusos se multiplicaram e nasceu um verdadeiro comércio das relíquias. De toda forma, esses fenômenos, como já se disse, contribuíram notavelmente para a expansão e a consolidação do culto dos santos. É evidente que cada basílica que possuía as relíquias de santos estava destinada a ser um novo lugar de culto, multiplicando-se, desse modo, os centros de culto destinados aos santos.[27]

Tal estado de coisas é amplamente documentado pela presença sempre mais consistente do Santoral no Calendário litúrgico, presença que já nos séculos XIII-XIV evidencia demasiadas e surpreendentes desproporções. Destarte, explodirá o conflito entre Santoral e Temporal ou ciclo cristológico. Conforme já foi explicitado no capítulo dedicado ao Calendário litúrgico, diversas intervenções pontifícias, em várias ocasiões, procurarão restabelecer o equilíbrio perdido.

1.5. A expressão litúrgica do culto dos mártires e dos santos

Está amplamente documentado o hábito dos cristãos dos primeiros séculos de invocar as almas dos fiéis mortos na paz do Senhor. A hagiografia romana é rica em epitáfios deste gênero.[28] Porém, pouco a pouco o hábito de invocar os fiéis defuntos debilita-se, assumindo relevância, ao contrário, a invocação dos mártires e, a seguir, a dos santos em geral. Santo Ambrósio con-

---

[27] Sobre esta história longa e complexa, cf. E. Josi, *Reliquie*, in *Enciclopedia Cattolica* X, Città del Vaticano 1953, 749-757.

[28] Cf. H. Delhaye, *Les origines du culte des martyrs*, cit., 102-105; A. Bertolino, *El culto de los mártires; reflejos en la epigraphía de Roma*, in *Ecclesia* 10 (1995) 215-242.

vida os fiéis a dirigir as suas preces aos mártires: eles são nossos intercessores e nos obtém o perdão dos pecados.[29] Santo Agostinho distingue claramente entre os mártires e os demais fiéis defuntos:

> A justiça dos mártires é perfeita pois atingiram a perfeição justamente no cadinho da paixão. É justamente por isso que a Igreja não reza por eles. Para os outros fiéis defuntos se reza, para os mártires não se reza. Com efeito, eles saíram de tal forma purificados que não são os nossos intercessores, mas sim os nossos advogados.[30]

O Bispo de Hipona insiste, diversas vezes, nestes conceitos. Isto significa que essa doutrina não era ainda totalmente definida naquele tempo. Um século antes, São Cipriano afirma ainda que se oferecia a Eucaristia para os mártires e os confessores da fé, como se usava para os defuntos.[31] Santo Agostinho explica, ao contrário, que na celebração do sacrifício eucarístico são pronunciados os nomes dos mártires enquanto eles são pessoas de Deus. Confessando o seu santo nome, venceram o mundo. Ele acrescenta, contudo: "O sacerdote que celebra o sacrifício não os invoca, porque o sacrifício é oferecido a Deus, embora ele seja celebrado em sua memória".[32]

Portanto, se por um lado a invocação dos mártires era um fato consolidado na comunidade cristã do século IV, a expressão litúrgica do seu culto era muito discreta.

Os elementos que pouco a pouco foram relevados são os seguintes: a reunião da comunidade cristã junto ao túmulo dos mártires no dia de aniversário do seu *dies natalis*, a fim de celebrar no júbilo e na alegria a Eucaristia, no curso da qual se faz memória do mártir com a leitura da sua *passio* e a inserção do seu nome na oração eclesial.

---

[29] Cf. Santo Ambrósio, *De Viduis*, 9, 55; PL 16, 264.

[30] "*Martyrum perfecta justitia est, quoniam in ipsa passione perfecti sunt. Ideo pro illis in Ecclesia non oratur. Pro aliis fidelibus defunctis oratur, pro martyribus non oratur; tam enim perfecti exierunt, ut non sint suscepti nostri, sed advocati*" (Agostinho, *Serm*. 284, 5, NBA. PL 38, 1295; cf. também Id., *Serm*. 159, 1; NBA; PL 38,867-868; *Serm*. 284,5; NBA; PL 38,1291).

[31] Cf. São Cipriano, *Epistula* 38, 3; CSEL 3,583.

[32] "*...nominantur, non tamen a sacerdote, qui sacrificat, invocantur, Deo quippe, non ipsis sacrificat, quamvis in memoria sacrificet eorum*" (Agostinho, *De Civitate Dei* I, 22, 10; NBA. PL 41, 772).

Na *Depositio Martyrum* romana do Calendário de 354 leem-se mais de 50 nomes de mártires, e 12 papas têm o seu aniversário indicado na *Depositio Episcoporum* do mesmo Calendário. No que diz respeito, contudo, aos textos eucológicos utilizados na celebração eucarística, não há ainda testemunhos de relevo. É preciso aguardar a época dos Sacramentários (séculos VI-VIII). A compilação de Verona possui os primeiros formulários de missa para a celebração do *dies natalis* de vinte e dois santos, quase todos mártires romanos, muitas vezes com vários formulários: vinte e oito para os santos Pedro e Paulo no dia 29 de junho, quatorze para São Lourenço, no dia 10 de agosto. O GeV, utilizado nas paróquias romanas, reagrupa no livro II formulários para uma cinquentena de santos: mártires romanos, mas também apóstolos, aos quais se dedica uma Igreja em Roma. Compreende ainda um Comum dos santos com oito formulários. No GrH, expressão da liturgia papal, sucedem-se oitenta e três formulários para o Temporal e setenta e nove para o Santoral. Neste Sacramentário, o Santoral é misturado com o Temporal, antes, algumas vezes, os domingos recebem a denominação de um santo celebrado precedentemente.[33] O ulterior desenvolvimento da eucologia do Santoral está intimamente unido à confecção dos Missais plenários (a partir do século X), que culminará no MR 1570. A reforma desejada pelo Vaticano II representa a síntese dos melhores elementos dessa longa tradição eucológica realizada com a sensibilidade teológica do atual momento eclesial. É óbvio, porém, que isto só pode acontecer dentro de determinados limites.

2. TEOLOGIA DO CULTO DOS SANTOS

O Concílio Vaticano II sublinhou a centralidade da Páscoa no decurso da celebração do Ano Litúrgico (cf. SC, n. 102), propondo, portanto, a recuperação do culto aos santos no interior da perspectiva da centralidade do mistério pascal de Cristo:

---

[33] Sobre este processo, cf. E. Bourque, *Étude sur les Sacramentaires romains*, vol. I: *Les textes primitifs* (Studi di Antichità Cristiana 20) Roma, 1948.

Com efeito, no dia natalício dos santos, a Igreja proclama o mistério pascal nos santos que sofreram com Cristo e com ele são glorificados; ela [a Igreja] propõe aos fiéis os seus exemplos, que a todos atraem ao Pai por meio de Cristo e pelos seus méritos, implora para eles os benefícios de Deus (SC, n. 104; cf. n. 111).

Os santos são propostos à inteira comunidade cristã como as pessoas que souberam viver em plenitude o mistério pascal do Cristo, e, portanto, nesse sentido, tornaram-se modelos de vida cristã e válidos intercessores do povo de Deus. A Igreja celebra no Santoral o único mistério de Cristo, visto nos seus frutos, realizado nos seus membros que de modo melhor se configuraram com Cristo morto e ressuscitado. Quando a Igreja venera os santos, reconhece e proclama a graça vitoriosa de Cristo, o único Mediador e Redentor. Ela agradece o Pai a misericórdia que lhe foi concedida em Jesus Cristo. Esta graça tornou-se visível e eficaz em alguns dos seus membros, irradiando-se, destarte, para o inteiro Corpo da Igreja.

A pessoa santa participa da plenitude do mistério pascal do Senhor. A sua santidade é fruto dessa sua participação. Portanto, o que a Igreja considera decisivo é o ardor com o qual cada pessoa santa viveu o mistério pascal e o realizou com o Senhor a sua passagem deste mundo para o Pai. Cristo é o arquétipo de toda santidade, o santo por excelência, o "único santo". As pessoas cristãs se tornam santas na medida de sua identificação com Cristo, na medida em que viveram em plenitude a comunhão com o Cristo da Páscoa. Neste contexto, não se deve causar surpresa que tenha sido o mártir a receber culto.

As liturgias orientais dão realce à contemplação da pessoa santa, como aquela na qual se reflete o ícone trinitário. A Igreja ocidental tem se fixado de modo mais pleno na atividade da pessoa santa, como aquela na qual atua aquilo que Jesus começou a fazer e a ensinar (cf. At 1,1). Consequentemente as liturgias orientais desenvolvem a hinologia ao redor da pessoa santa. Os *"akatistoi"* visam facilitar, dessa forma, a memória litúrgica da pessoa santa proposta como "ícone-modelo" ao fiel que contempla a sua vida. Ao contrário, as liturgias ocidentais desenvolvem a eucologia, por meio da qual se dirige à obra da pessoa santa proposta à imitação. Em todo caso, tanto no Ocidente como no Oriente, a vida e a morte da pessoa santa só é contemplada no interior do mistério pascal de Cristo.

De acordo com o que se viu, já o *Martírio de Policarpo* estabelece um paralelismo entre a morte do mártir e a paixão do Senhor. Para a antiga eucologia litúrgica romana, o mártir é *imitator dominicae passionis* (Ve, n. 692). O adjetivo *dominicus*, frequentemente utilizado na literatura cristã antiga, é restrito na eucologia litúrgica a estas duas expressões tradicionais: *Dominicae Resurrectionis* e *Dominicae Passionis*. Os antigos textos litúrgicos do Veronense tratam com terminologia idêntica da *beata passio* do Senhor (Ve, n. 94) e da *beata passio* dos apóstolos e dos mártires (Ve, n. 286,301, 311, 366). Por isso, o mártir torna-se sinal privilegiado daquele amor que levou Cristo Jesus a doar a própria vida pelos irmãos na glorificação do Pai.[34] O MR atual, na coleta da festa de Santa Teresa Benedita della Croce (9 de agosto), define o martírio como conhecimento do Filho crucificado e a sua imitação até à morte. E a coleta da memória de São Maximiliano Maria Kolbe (14 de agosto) fala do martírio como conformidade ao Filho de Deus até à morte. O centro e o coração da santidade martirial é o amor por Cristo e a vontade de seguir os seus passos. Dessa forma, a vida do mártir se torna um sacrifício vivente e santo como foi o do Filho de Deus, que se fez obediente até à morte de cruz; e, portanto, o mártir se torna fecundo da mesma fecundidade de Cristo.

Se originariamente foi o martírio a encarnar idealmente a perfeição cristã e, então, foi o primeiro a receber culto oficial, o culto dos outros santos – confessores, bispos, virgens etc. – surgiu em referência e como alargamento do culto dos mártires. Pois bem, a forma mais antiga e sempre típica do culto dos mártires é a *memoria*, a sua "memória" que se insere no coração da celebração do mistério eucarístico. Existe uma admirável correspondência entre mistério pascal e o *dies natalis* do mártir, entre o memorial do Senhor e o aniversário ou memória do santo.

A Eucaristia é a fonte do martírio e de toda santidade. No *natal* dos santos Cosme e Damião, o secreta do *Sacramentário Gelasiano* antigo exprime-se nes-

---

[34] Cf. A. Donghi, *La memoria dei santi nel Messale Romano*, in Aa.Vv., *Il Messale Romano del Vaticano II. Orazionale e lezionario*, vol. II, cit., 218-219.

tes termos: *Sacrificium illud offerimus, de quo martyrium sumpsit omne principium* (GeV, n. 1030), texto não acolhido no MR 1570 nem no de 1962, retomado, todavia, pelo MR 1972. A prece sobre as ofertas da atual memória de Santo Inácio de Loyola alarga o mesmo conceito a todo tipo de santidade. "... este venerando mistério, fonte de toda santidade da Igreja" (*"Sacrosancta mysteria, in quibus omnis sanctitatis fontem constituisti"*).

Uma oração depois da comunhão do Comum dos Mártires fora do Tempo Pascal do atual MR afirma que a Eucaristia transmite ao mártir aquela força de alma que lhe permite suportar e superar as dificuldades e afrontar o martírio em defesa da própria fé. Trata-se de uma doutrina tradicional, isto é, em conformidade com aquela ensinada repetidamente pelos Padres da Igreja. Aqui será suficiente citar Santo Agostinho, afirmando que o mistério do martírio tem raízes no mistério do altar: a Eucaristia é o pão dos fortes para a luta e torna os mártires imbatíveis: "Ele, [Cristo] é o pão que desceu do céu. Os mártires são fortes, os mártires são firmes na fé: mas o Pão sustenta o vigor do ser humano".[35]

No discurso pronunciado na solenidade de São Lourenço, o mesmo santo doutor explica que a Eucaristia é o fundamento da graça do martírio, porque o mistério da Última Ceia desprende toda a sua eficácia quando se dá o próprio sangue para aquele de quem bebemos o sangue: "Aqui [Lourenço] foi ministro do sagrado sangue de Cristo. Aqui, pelo nome de Cristo, ele derramou o próprio. Com discernimento, ele tinha se aproximado da mesa do Poderoso".[36]

Diversos autores fazem coro com o problema levantado por alguns textos eucológicos dos livros litúrgicos romanos, antigos e modernos, nos quais se afirma que o sacrifício é oferecido pelo mártir *pro nataliciis* (Ve, n. 48), *pro commemoratione* (GeV, n. 845; MR 1970, pp. 681 e 685), *pro sanguinis* (GeV, n. 881), *pro passionibus* (MR 1970, p. 680) etc. Odo Casel já dera uma possível resposta; depois dele, outros autores a retomaram:[37] não seria difícil afirmar

---

[35] *"Ipse est panis qui de caelo descendit. Fortes sunt martyres, firmi sunt martyres, sed panis confirmar cor hominis"* (Agostinho, *Serm.* 333, 1; NBA; PL 38,1464).

[36] *"Ibi sacrum Christi sanguinem ministravit; ibi pro Christi nomine suum sanguinem fudit; ad mensam potentis accessarat"* (Agostinho, *Serm.* 304,1; NBA; PL 38, 1395).

[37] Cf. H. Hild, *Le mystère des saints dans le mystère chrétien*, in LMD, n. 52 (1957) 8-10; B. De Gaiffier, Réflexions sur les origines du culte des martyrs, in LMD, n. 52 (1957) 38-39; toda a problemática foi retomada por R. Berger, *Die Wendung "Offerre pro"*, cit., 123-125.

Ano Litúrgico

que o sacrifício é oferecido tanto pelos mártires como pelos demais defuntos, dado que se oferece *pro dormitione* pelos mártires e, ao contrário, *pro remissione peccatorum* pelos defuntos em geral. Seja no caso dos defuntos, seja dos mártires, o sacrifício eucarístico é sempre a fonte da sua santificação e glorificação. Note-se que a MR 1970, na sua versão italiana, contornou o problema com traduções muito livres dos textos apresentados anteriormente.

O martírio possui uma dimensão eclesial: apresenta a todas as pessoas a força vitoriosa de Cristo que superou a morte, bem como o eminente poder do seu Espírito, que anima e sustenta o seu Corpo Místico, a Igreja, na luta contra o poder das trevas e do mal. O mártir não é somente "imitador de Cristo"; ele é também membro da Igreja, Esposa de Cristo. Nesta perspectiva, o sacrifício do mártir manifesta-se como a resposta da Igreja à caridade do seu divino Esposo. O sangue derramado pelo mártir é o mesmo sangue da Igreja. Assim se exprime um prefácio do *Veronense*, quando afirma que, por meio dos seus mártires, a Igreja oferece o próprio sangue: *obsequium proprii cruoris exhibuit* (Ve, n. 818). Celebrando a memória dos santos, a Igreja entra em comunhão com eles e participa misticamente do seu destino.

A veneração dos santos coloca-se no âmbito do mistério da Igreja. Concretamente, pois o "lugar" próprio no qual se explicita primariamente o seu culto é a comunidade cristã local, onde cada um dos santos esteve historicamente inscrito. Portanto, a função "exemplar" de cada santo e a função de "intercessão" devem ser situados antes de tudo no contexto das diversas Igrejas locais.

Enquanto sepulcro e festa local no aniversário permaneceram estreitamente ligados, o mártir foi visto, naturalmente, na sua função de modelo e tutor da comunidade que crescia sob a sua proteção. A partir da época merovíngia, percebe-se uma sensível decadência e empobrecimento do culto dos santos por causa do acento desmesurado colocado no seu poder taumatúrgico e, portanto, na apelação muitas vezes interessada na sua intercessão. A partir da consolidação da praxe da canonização papal (séculos XII-XIII), com o exame sempre mais minucioso das "virtudes heroicas", acentua-se o aspecto "moral" da santidade e se esforça para propor a pessoa santa como modelo de vida cristã. Em certo sentido, pode-se afirmar que a santidade não é mais vista em estreita conexão com o mistério de Cristo, mas aparece como um conjunto de virtudes, de regras espirituais e de práticas ascéticas.[38]

Com o Vaticano II e o consequente período de reformas, buscou-se realizar um sério esforço de aprofundamento que procura voltar aos melhores valores da Tradição. O novo prefácio na solenidade de Todos os Santos do MR 1970 celebra estes membros eleitos da Igreja que Deus concedeu como "amigos e modelos de vida" (*adiumenta et exempla*).

Na praxe pastoral, o culto dos santos deve ser ocasião para amadurecer e aprofundar uma autêntica espiritualidade cristã, na qual Jesus Cristo e o seu mistério pascal sejam verdadeiramente o centro e o objetivo constante de toda aquela tensão de fé que o culto dos santos conseguiu exprimir e fazer surgir na história da espiritualidade cristã. A santidade é, antes e acima de tudo, o desenvolvimento supremo da graça batismal. Portanto, ela é comunhão com Cristo no mesmo ato da sua morte e ressurreição, da sua Páscoa. Eis, portanto, que todas as formas de expressão da santidade cristã modelam-se no exemplo de Cristo morto e ressuscitado, do Cristo do mistério pascal.[39] Este mistério é também, e sobretudo, a fonte de toda santidade, como precisa a Instrução *Inter Oecumenici* da Sagrada Congregação dos Ritos, quando afirma, no número 6, que todo esforço pastoral deve tender para fazer viver o mistério pascal,

> no qual o Filho de Deus, que se encarnou e se fez obediente até à morte de cruz. foi totalmente exaltado na ressurreição e na ascensão, a ponto de poder comunicar ao mundo a sua vida divina, para que as pessoas, mortas ao pecado e configuradas a Cristo, "não vivam mais para si mesmas, mas para aquele que morreu e ressuscitou por elas" (2Cor 5,15).

---

[38] A Decretal de Alexandre III que reserva a canonização para Roma e de 1171 (cf. P. Molinari, *Criteri di canonizzazioni*, in AA.VV., *Santità agiographia. VIII Congresso di Terni*, Marietti, Genova 1991, 89-112).

[39] Cf. P. Massi, *Il mistero pasquale nella vita della Chiesa. Saggi di teologia ecclesiale e liturgica* (Chiesa viva 8) Sales, Roma 1968, 153-161; P. Sorci, *La Chiesa celebra la Pasqua del suo Signore*, in Aa.Vv., *La celebrazione liturgica a trent'anni della 'Sacrosantum Concilium'* (Nuova Collana Liturgica – seconda serie 11), O.R., Milano 1993, 35-65.

3. O CULTO DOS ANJOS

Como um Apêndice, acrescentam-se algumas considerações sobre o culto dos Anjos no Ano Litúrgico.[40] O nome anjos (em grego *ànghelos*) significa "mensageiro". Para o Antigo Testamento é típica a ideia de que, na ação dos Anjos, age o próprio Javé. Os Anjos são seres superiores ao ser humano que formam a corte de Javé e o seu conselho (cf. Jó 1,6). No Novo Testamento, a ação de Deus em Cristo é anunciada, acompanhada, sustentada e realizada pelos Anjos. Cristo está acima deles (Hb 1,4); ele é o nosso único mediador, os Anjos são somente "servos" (cf. Ap 19,10; 22,9). Os Anjos são espíritos encarregados de um ministério, enviados a servir aqueles que acreditarão na salvação" (Hb 1,14). São Justino, quando pretende provar que os cristãos não são ateus, alega o culto que eles prestam ao Pai, ao seu Filho, "juntamente com a legião dos Anjos bons".[41] Mais tarde Orígenes, embora acentue a bondade do culto aos Anjos, deixa entender que alguns exageram na sua veneração, considerando-os como se fossem outros deuses.[42]

A veneração aos Anjos é atestada ininterruptamente pela liturgia (até mesmo na oração eucarística), ainda antes da piedade popular, bem como em numerosas expressões artísticas. A tradição constante desta veneração foi sintetizada pelo Concílio Vaticano II, quando afirma na Constituição Dogmática sobre a Igreja:

> Mas, os apóstolos e mártires de Cristo que, derramando o próprio sangue, deram o supremo testemunho de fé e de caridade, sempre a Igreja acreditou estarem mais ligados conosco em Cristo, os venerou com particular afeto, juntamente com a Bem-aventurada Virgem Maria e os santos Anjos (152) e implorou o auxílio da sua intercessão (LG, n. 50).

---

[40] Cf. C. Vagaggini, *La liturgia e il mondo angelico*, in Id., *Il senso teologico della liturgia. Saggio di liturgia teologica generale*, Edizioni Paoline, Roma 1965⁴, 330-345; M. Righetti II, 434-441; Aa.Vv., *Angeli e demoni. Il dramma della storia tra bene e male* (Corso di Teologia Sistematica 11) Dehoniane, Bologna 1992; A. M. Tracca, *Angeli*, in *Liturgia*, 46-61; E. Peterson; F. Mansi, *Il libro degli Angeli. Gli Esseri angelici nella Bibbia nel culto e nella vita quotidiana*, nuova edizione ampiamente integrata con bibliografia biblica di F. Mansi, CLV, Edizioni Liturgiche, Roma 2008.

[41] Justino, *Apologia* I,6; Giustino, *Apologie*, Introduzione, traduzione, note e apparato di G. Girgenti, testo greco a fronte (Testi a fronte 25), Rusconi Libri, Milano 1995, 44-45.

[42] Orígenes, *Contra Celsum* V, 5; PG 11, 1185-1188.

Por sua vez, o *Documento sobre a piedade popular e litúrgica*, n. 215, faz esta afirmação: "No decurso do Ano Litúrgico a Igreja comemora a participação dos Anjos nos acontecimentos da salvação e celebra a sua memória em alguns dias particulares: no dia 29 de setembro a dos Arcanjos Gabriel, Miguel e Rafael, e no dia 2 de outubro, os Santos Anjos da Guarda...".

Nestas páginas se fará um estudo das duas celebrações da atual liturgia romana.

3.1. Os Santos Arcanjos Miguel, Gabriel e Rafael
(29 de setembro – festa)

Em nome da eliminação dos duplicados, isto é, em nome de uma maior simplificação, o *Calendário Romano Universal*, promulgado por Paulo VI em 1969, reuniu em uma só celebração os três Arcanjos Miguel, Gabriel e Rafael. A festa deles, antes do Concílio Vaticano II, caía respectivamente nos dias 29 de setembro, 24 de março e 24 de outubro (MR 1962). A fusão das festividades em uma única data conserva a data da dedicação da Basílica do Anjo, na metade do século V, na Via Salária. Trata-se, portanto, de um culto antiquíssimo, testemunhado pelo antigo *Martirológio Jeronimiano* e confirmado pela mais antiga coleção de textos litúrgicos da Igreja romana, o *Sacramentário Veronense* (por volta do século VI). Ele contém cinco formulários de missa no *Natale basilicae Angeli in Salaria* (Ve, nn. 844-859). Os textos destes formulários fazem referência não somente e sobretudo ao Arcanjo Miguel, mas também aos Anjos em geral. No século VII, os Sacramentários romanos *Gelasiano* (GeV, nn. 1032-1036) e *Gregoriano* (GrH, nn. 726-728) trazem, por sua vez, uma *Dedicatio basilicae Sancti Archangeli Michaëlis* colocada no dia 29 de setembro.

No Novo Testamento o termo "Arcângelo" é atribuído somente a Miguel (cf. Jd 9). Em seguida foi estendido também a Gabriel e a Rafael, os únicos três Arcanjos reconhecidos pela Igreja, cujos nomes são documentados na Bíblia. O culto destes três Arcanjos foi justamente aprovado por um sínodo convocado em Roma em 745, nos arredores de São João de Latrão. Convocou-o o Papa São Zacarias, para defender o culto destes Arcanjos do culto de anjos apócrifos que traziam nomes de Anjos venerados no Ocidente.

Ano Litúrgico

São Miguel: o nome do Arcanjo Miguel, que significa "quem como Deus?", é citado quatro vezes na Bíblia: duas vezes no livro de Daniel (Dn 10,13; 12,1), quando é apresentado como o "Grande Príncipe" protetor de Israel. É citado ainda uma vez na Carta de Judas (Jd 9), na qual se faz referência a apócrifa *Assunção de Moisés*, e uma vez ainda no Apocalipse (Ap 12,7), em que se afirma que "Miguel e os seus anjos combatiam o Dragão".

Junto aos judeus, o nosso Arcanjo é bastante venerado. Ele é conhecido também pela tradição islâmica. Miguel (*Mikal*) é mencionado uma vez no Alcorão (Sura 2,98). Muito cedo foi venerado no culto cristão, seja no Oriente, seja no Ocidente. A sua devoção difundiu-se rapidamente na Europa. O mais famoso santuário italiano dedicado a São Miguel é o do Monte Gargano, na Apúlia. Esse santuário possui uma história que procede do século V, sendo Papa Gelásio I (492-496). O *Liber de Apparitione sancti Michaelis in Monte Gargano*, cuja redação data do século VIII, fala de uma série de aparições do santo Arcanjo em uma caverna do Monte, seguidas de diversos milagres. No início do século VIII, outro centro de irradiação do culto foi a famosa Abadia do Monte Saint-Michel, na Normandia, que se torna meta de peregrinações. Entre outros numerosos santuários dedicados a São Miguel, é conhecido o da Chiusa no Piemonte.

São Gabriel: O seu nome foi interpretado de formas diversas: "Força de Deus", ou "O Forte de Deus", ou ainda "Deus se mostrou forte". No Antigo Testamento aparece como anunciador das divinas revelações (Dn 8,16; 9,21). No Novo Testamento manifesta-se como aquele que está "diante de Deus" (Lc 1,19). É o Anjo que anuncia a Zacarias o nascimento de João Batista (Lc 1,11-20) e a Maria, o nascimento de Jesus (Lc 1,26-38). Também na tradição islâmica, Gabriel (*Djabrail/Djbril*) realiza uma missão semelhante: revela a Maomé a sua missão e lhe dita o Alcorão, o livro sagrado dos muçulmanos. O judaísmo posterior considera-o como um dos quatro Anjos maiores ou como um dos seis ou sete príncipes dos Anjos. A Igreja siríaca venera-o como o primeiro entre os Anjos. O Papa Bento XV (1914-1922) introduz na Igreja latina a festa do Santo Arcanjo Gabriel, em 21 de março.

São Rafael: O seu nome significa "Deus cura". Dos três Arcanjos, Rafael é o menos conhecido e o seu culto é o menos difundido entre os fiéis. Isto depende provavelmente do fato de que ele aparece somente no Antigo Testamento, no livro de Tobias. O gênero literário deste livro, na atualidade, não é considerado como estritamente histórico, mas como uma simples narração edificante. Deus envia Rafael. Este guia Tobias até a cidadezinha de Raguel. Faz-se casar com Sara e concede-lhe o remédio que curará o seu pai que estava cego. A festa de São Rafael entrou no Calendário romano em 1921.

No atual ordenamento da liturgia romana, a coleta da festa unificada dos três santos Arcanjos faz referência ao ministério dos Anjos em geral, quando afirma: "Ó Deus, que chamas os anjos e os homens para cooperar no teu desígnio de salvação, concede a nós, peregrinos sobre a terra, a proteção dos espíritos bem-aventurados, que estão diante de ti no céu para servir-te e contemplam a glória da tua face".

As leituras bíblicas da missa são: Dn 7,9-10.13-14 (ou então: Ap 12,7-12); Sl 137; Jo 1,47-51. Nestes textos somente Miguel é explicitamente nomeado (Dn 10,13). Ao contrário, os textos da *Liturgia das Horas*, nas leituras breves e nas antífonas, dizem respeito aos três Arcanjos, evocando cada função que eles executam na história da salvação.

3.2. Santos Anjos da Guarda
(2 de outubro – memória)

A piedade popular desenvolveu uma particular devoção ao Anjo da Guarda, que também possui raízes antigas. Já São Basílio Magno ensinava que "cada fiel tem ao seu lado um anjo como protetor e pastor, para conduzi-lo à vida".[43] Esta devoção teve um notável desenvolvimento durante a Idade Média. São Bernardo de Claraval foi um fervoroso propagador dessa devoção. É conhecida a oração popular *Angele Dei*, que em muitos lugares acompanha a recitação do *Angelus Domini*. Após o Concílio de Trento, a devoção ao Anjo da Guarda foi mais bem definida e conheceu ulterior difusão.

---

[43] Basílio, *Adversus Eunomium* 3,1; PG 29-656.

Ano Litúrgico

O uso de uma festa particular dedicada aos Anjos da Guarda difundiu-se na Espanha no século XV, quando, na cidade de Valência, se instituiu, em 1411, uma festa particular para o Anjo protetor da cidade. Uma festa semelhante encontra-se também na França e, no século sucessivo, o culto dos Anjos da Guarda propaga-se em Portugal e posteriormente também na Áustria. Suprimida pelo Papa Pio V, a festa em honra ao Anjo da Guarda foi restabelecida em 1608 por Paulo V. Em 1670, o Papa Clemente X a torna obrigatória para toda a Igreja Católica latina no dia 2 de outubro.

As três orações da missa da memória dos Santos Anjos da Guarda falam dos Anjos como guias e protetores no caminho da salvação. A coleta se exprime nestes termos: "Ó Deus, que na tua misteriosa providência envias do céu os teus anjos para nossa custódia e proteção, faze que no caminho da vida sejamos sempre sustentados pelo seu auxílio para estar unidos com eles na pátria celeste".

O fundamento bíblico desta proteção concreta e individualizada encontra-se nos dois textos bíblicos lidos na missa: Ex 23,20-23; Mt 18,1-5.10. A história da salvação atinge cada pessoa na situação concreta. A promessa bíblica: "Eu envio diante de ti um anjo para te conduzir..." (Ex 23,20) realizou-se para o povo eleito e se concretiza para cada comunidade eclesial e para cada pessoa particular. Depois Jesus, para proteger os pequenos, afirma que "os seus anjos estão sempre na presença do Pai" (Mt 18,10). E o refrão do Salmo responsorial (Sl 90) reafirma: "o Senhor manda os seus anjos em nosso caminho".

O prefácio dos Anjos do atual *Missal Romano* exalta os espíritos bem-aventurados nestes termos: "Nós proclamamos a tua glória que resplandece nos Anjos e nos Arcanjos; honrando estes teus mensageiros, exaltamos a tua bondade infinita. Nos espíritos bem-aventurados tu nos revelas quanto és grande e amável além de toda criação".

No culto dos Anjos deve-se levar em consideração também a dimensão escatológica do mesmo culto. A Igreja peregrina, na sua liturgia terrena, participa pregustando a liturgia celeste na santa cidade de Jerusalém. Com todos os coros da milícia celeste, a Igreja canta ao Senhor o hino de glória (cf. SC, n. 8).

Capítulo XIV. Teologia e espiritualidade do Ano Litúrgico

Há diversos pontos de vista para estudar o Ano Litúrgico. O historiador aprofunda as origens e a evolução da sua estrutura, bem como os diversos elementos que o compõem.

O antropólogo, entre outras coisas, pode mergulhar na análise dos elementos-base antropológicos do ato de celebrar no ritmo do tempo. O sociólogo pode constatar que a medição do tempo que se realiza durante o século IV – época em que a estrutura do Ano litúrgico toma forma quase definitiva – foi uma das mais radicais e duradouras revoluções sociais e religiosas que tiveram efeito sobre toda a história posterior. O tempo litúrgico cristão condiciona, então, o ritmo da vida social. Também o psicólogo encontra nele espaço para as suas pesquisas. Partindo de uma perspectiva psicológica, ele pode ocupar-se, por exemplo, da "dificuldade de fazer festa nos dias de hoje". Nestas páginas buscou-se dar um espaço considerável à dimensão teológica, bem como à espiritual do Ano Litúrgico. Chegados ao final do nosso percurso, perguntamos: o Ano Litúrgico é uma entidade teológica? Possui ele uma específica dimensão teológica?

1. O ANO LITÚRGICO É UMA ENTIDADE TEOLÓGICA

A primeira questão a ser esclarecida é: existe o Ano Litúrgico? E, se existe, é uma entidade teológica?[1] Não se trata de uma pergunta retórica, mas de uma questão fundamental e até de certa atualidade. Em uma longa recensão da tradução para o francês da obra sobre as origens do Ano Litúrgico, do conhecido liturgista da Igreja Episcopaliana Thomas J. Talley, Marcel Metzger

---

[1] Cf. M. Augé, *L'Anno liturgico è una entità teologica?*, in Eo 25 (2008) 161-175.

Ano Litúrgico

questiona o próprio conceito de "Ano Litúrgico".[2] Conforme se acenou no início destas páginas, também outros estudiosos sublinharam a ambiguidade desta expressão. Nota-se justamente, entre outros dados, que cada Eucaristia dominical celebra globalmente aquilo que se pretende celebrar durante todo o curso do Ano Litúrgico. Com efeito, o mistério da salvação não é celebrado por pedaços no decurso do ano, mas se torna presente em sua totalidade em cada celebração eucarística singular.

Comparando-se os dados da história com o conceito atual tornado presente com a expressão "Ano Litúrgico", alguns autores tiveram a impressão de que tal conceito corresponda a uma vontade de organização racional, típica da época moderna, na tentativa de querer conceber o conjunto das festas cristãs como uma unidade e como um tempo sagrado, contraposto a um tempo cósmico e profano. Tratar-se-ia de enfatizar, de alguma forma, um tempo específico e particular. Como já se falou no início destas páginas, de forma nenhuma esta visão corresponde ao espírito da liturgia. Por si mesma ela não pretende contrapor um tempo sagrado da celebração litúrgica a um tempo profano das vicissitudes humanas, e sim tornar eficaz a salvação de Deus no tempo dos seres humanos.

1.1. Em busca de uma teologia do Ano Litúrgico

Já os pioneiros do Movimento litúrgico, mas, sobretudo, os autores posteriores ao Concílio Vaticano II, perceberam a necessidade de enquadrar o Ano Litúrgico em uma compreensão propriamente teológica que supere os valores puramente organizativos que ele encerra. Ao mesmo tempo buscavam oferecer os elementos catequéticos, litúrgicos e pastorais indispensáveis para dar ao Ano Litúrgico um valor e um significado para a vida espiritual dos cristãos. Com efeito, ao Ano Litúrgico apresenta-se organizado como celebração anual do mistério de Cristo, bem como das memórias dos santos, que são concreta realização deste mistério. Portanto, o Ano Litúrgico celebrado pela Igreja é um

---

[2] M. Metzger, *Année, ou bien cycle, liturgique?* in RevSR 67 (1993) 85-96.

sustentáculo do caminho de crescimento da comunidade cristã e de cada fiel, chamado a atingir a estatura de Cristo.

Recorde-se que, nas diversas expressões ilustradas a seu tempo (Ano eclesiástico, Ano cristão, Ano do Senhor etc.), já se descobre uma tentativa de leitura teológica do Ano Litúrgico. Dom Próspero Guéranger estabeleceu as premissas para uma reflexão sobre o Ano Litúrgico, da qual posteriormente irá tomar parte. É evidente a preocupação que o Abade de Solesmes tem de não dar razões para uma concepção de Ano Litúrgico que se apresenta como espetáculo que vai se desenrolando sob os olhares dos cristãos. De diversos modos e em várias ocasiões, ele evidencia o seu valor salvífico, recordando que é um "meio de graça" pelo qual são dispensados os dons celestes aos fiéis. Cada um dos mistérios celebrados produz uma graça especial nas almas. Guéranger consegue formular as premissas de certa visão teológica do Ano Litúrgico, fazendo emergir o valor salvífico da sua estrutura pastoral. Realiza este feito, por um lado, com a precária situação do conhecimento histórico e o uso fundamentalmente apologético dos dados da tradição, e, por outro, com a utilização de categorias visivelmente dadas pelo contexto devocional da época.[3]

Não se pretende percorrer de novo as etapas da evolução da reflexão teológica sobre o Ano Litúrgico. Deve-se fazer, contudo, um rápido aceno a Pio XII e a Odo Casel. O Papa Pacelli, na Encíclica *Mediator Dei*, inicia seu discurso sobre o Ano Litúrgico com a visão global de que ele representa a celebração anual dos mistérios de Cristo, cujos polos são Eucaristia e ofício divino. O pontífice acrescenta que a liturgia, que recorda os mistérios de Cristo, leva os fiéis a participarem de modo tal que Cristo viva na santidade de cada um. Depois, o documento introduz os leitores na meditação dos mistérios de Cristo, seguindo as etapas principais da celebração litúrgica anual, do Advento à solenidade de Pentecostes. Em seguida a Encíclica oferece ainda uma imagem global do Ano Litúrgico.[4]

---

[3] Cf. F. Brovelli, *Per un studio del "L'Année liturgique" de P. Guéranger: Contributo alla Storia del movimento liturgico*, (Bibliotheca "Ephemerides Liturgiche" – "Subsidia" 22), C.L.V. – Edizioni Liturgiche, Roma 1981, 74-79.

[4] Cf. Pio XII, *Mediator Dei*, AAS 39 (1947) 521-595.

Salvatore Marsili afirma que se descobre, pouco a pouco, que se alternam no documento dois movimentos bem distintos na discussão do Ano Litúrgico: a linha ontológica e a linha moral-exemplar. No que diz respeito à linha ontológica, a Encíclica exclui, desde o princípio, que o Ano Litúrgico seja somente um Calendário que anota a sucessão das festas e o aniversário de uma pessoa desaparecida... Ao contrário, o Ano Litúrgico é o desenvolvimento de uma vida real, até hoje presente e vivente. É o mesmo Cristo presente em sua Igreja: *"liturgicus annus [...] est Christus ipse, qui in sua Ecclesia perseverat"*.[5]

O pensamento de Odo Casel é rico e profundo. É impossível reassumi-lo em poucas palavras. Diz-se sinteticamente que, segundo o grande teólogo de Maria Laach, o mistério de Cristo/mistério pascal é revivido inteiramente em cada Ano Litúrgico. Este mistério é o *tempo sacramental* no qual a Igreja celebra o mistério de Cristo hoje e aqui. O Ano eclesial, como o chama Odo Casel, coincide e se identifica com o ano civil somente externamente e na sua duração. Porém, na realidade ele o transcende e o torna eterno no seu conteúdo espiritual, que é perene enquanto foge das leis do tempo histórico. Na sucessão cíclica dos tempos e das celebrações litúrgicas, antecipa-se sacramentalmente a eternidade, a plenitude em Deus. *"O ano eclesial é o mistério de Cristo"*, assim sintetiza Casel, em uma frase típica do seu gênio teológico.[6]

1.2. O Ano Litúrgico é uma entidade teológica

A leitura teológica que os citados autores e muitos outros elaboraram não exime da resposta à questão colocada no início do capítulo. Perguntava-se se o Ano Litúrgico podia ser considerado uma verdadeira entidade teológica. Nossa resposta é afirmativa. Procuremos ilustrá-lo brevemente. Esta nossa convicção fundamenta-se em três pontos de apoio, a saber: a consolidação no discurso teológico dos últimos decênios da categoria "história da salvação"; a

---

[5] Pio XII, *Mediator Dei*, AAS 39 (1947) 580. Cf. Marie Sophie Kim, *Sviluppi della teologia dell'anno liturgico: Dall'inzio del Movimento liturgico alla riflessione contemporanea* (Exceptum ex Dissertatione ad Doctoratum Sacrae Liturgiae assequendum in Pontificio Istituto Liturgico), Roma 1990.

[6] Cf. Odo Casel, *Il Mistero del culto cristiano* (Classici Borla), Borla, Roma 1985. Para maiores detalhes, cf. o estudo de G. Rosas, *El Misterio de Cristo en el Año de la Iglesia. El misterio litúrgico en Odot. Casel*, Pontifícia Universidad Católica de Chile, Santiago 1996.

revalorização em Cristologia do "Mistério de Cristo"; a descoberta e a revalorização de múltiplas linguagens, verbais e não verbais, utilizadas pela liturgia.

1.2.1. A categoria "história da salvação"

Partindo de um ponto de vista terminológico, a "história da salvação" é uma variável do conceito patrístico de *"oeconomia salutis"*, que tem raízes na teologia paulina (cf. Ef 1,9-10; Cl 1,26 etc.) e é plenamente desenvolvido pelos Padres da Igreja. Mesmo que o sintagma *"historia salutis"* não esteja alheio à mentalidade medieval, o conceito "história da salvação" não se consolida enquanto tal no discurso teológico até que, no século XIX, foi recuperado em ambientes protestantes como resposta comum a certas tendências no campo da teologia bíblica. A categoria da "história da salvação" manteve por diversos decênios a sua hegemonia, especialmente com relação ao Novo Testamento, como ponto de chegada de um projeto divino. Na Igreja Católica a retomada da perspectiva histórico-salvífica acontece fundamentalmente com o Concílio Vaticano II, que de certa forma consagrou o seu conceito (cf. SC, n. 35; DV, n. 2). No âmbito do discurso teológico, basta citar a obra muito conhecida e feita a várias mãos: *Mysterium Salutis: novo curso de Dogmática como teologia da história da salvação.*

Após a época dos Padres, do século VI até à recente reforma litúrgica, a liturgia romana tinha cancelado da Liturgia da Palavra a leitura da maior parte dos livros do Antigo Testamento, dos quais tinham permanecido poucos trechos nas diversas edições do *Missal Romano.*

O abandono do Antigo Testamento coincide com a perda da profundidade da consciência histórica do único desígnio de salvação, cujas fases são a preparação do Antigo Testamento e a atuação plenária em Cristo com o Espírito Santo. Após o Concílio Vaticano II, a retomada da perspectiva histórico-salvífica caminha junto com a retomada de uma leitura mais abundante do Antigo Testamento no *Lecionário da Missa* e nos *lecionários* de outras celebrações litúrgicas.[7]

---

[7] Cf. T. Federici, *La Bibbis diventa Lezionario. Storia e criteri attuali,* in R. Ceccolin (ed.), *Dall'esegesi all'ermeneutica attraverso la celebrazione. Bibbia e Liturgia* – I ("Caro Salutis Cardo". Contributi 6). Messaggero – Abbazia di Santa Giustina, Padova 1991, 199.

A revelação bíblica não é um tratado, um conjunto teórico de doutrinas sobre Deus e sobre o ser humano, mas é essencialmente "história da salvação". Bento XVI recordou isto no início de sua Encíclica *Deus caritas est*: "No início do ser cristão não está uma decisão ética ou uma grande ideia, e sim um acontecimento, um encontro com uma Pessoa. Ela dá à vida um novo horizonte e com isto a direção decisiva" (n. 1).

A Liturgia, que é memorial do mistério de Cristo, é a representação sacramental de toda a história da salvação. O Ano Litúrgico é a trama ritual da história da salvação, porque a narra (em particular, recorrendo aos textos bíblicos), mas sobretudo porque é ele mesmo, enquanto estrutura ritual, uma história que torna possível o real acesso à história da salvação. O tempo e a história progridem, até quando Deus quiser, até que cada um, reconhecendo e aderindo ao que aconteceu em Cristo, possa ser salvo, isto é, tornar-se aquele pelo qual tudo foi criado, até que "Deus seja tudo em todos" (1Cor 15,28).

1.2.2. Os "Mistérios de Cristo"

Como foi acenado acima, segundo alguns autores, o Ano Litúrgico corre o risco de se tornar uma simples estrutura pedagógica sem outra finalidade senão a de fazer da idêntica Eucaristia festiva a ocasião para um discurso mais articulado sobre Jesus Cristo. Para evitar este entrave, é importante o esforço para que a reflexão teológica, sobretudo a partir do Concílio Vaticano II, procure repropor uma reflexão séria e orgânica sobre o "Mistério de Cristo". Trata-se de recuperar todo o acontecimento histórico de Jesus de Nazaré e os diversos eventos de sua vida terrena, como lugares da manifestação dos "Mistérios" da sua Pessoa e os elementos que se unem ao Mistério da salvação realizada na Encarnação e completada na Páscoa. É verdade que o Novo Testamento foi escrito à luz da experiência pascal, mas é também verdade que a Páscoa não anula toda a vida precedente de Jesus, mas, antes, aponta positivamente para esta.[8]

Muitos teólogos se distinguiram nesta discussão. Assim, por exemplo, Walter Kasper, Edward H. Schillebeeckx, bem como a obra acenada antes, *Mys-*

---

[8] Cf. F. Brovelli, *Appunti di studio sul tema dell'Anno liturgico*, in Aa.Vv., *Mysterion. Nella celebrazione della vita di Cristo la vita della Chiesa. Miscellanea liturgica in occasione dei 70 anni dell'Abate Salvatore Marsili* (Quaderni di Rivista Liturgica – n.s. 5), Elle Di Ci, Leumann (Torino) 1981, 541-556, qui 551-552.

terium Salutis. O evangélico Hans Conzelmann, que foi professor em Zurique e em Gotinga, afirma:

> O fato de que o sentido da vida de Cristo seja uma representação da salvação, faz com que esta representação aconteça segundo um plano definido. A coisa importante não é mais o elemento pontual e global – a compressão de Jesus como evento em si mesmo indivisível –, e sim a representação de uma sucessão de acontecimentos dentro de um espaço temporal qualificado.[9]

Portanto, podemos afirmar que as ações de Cristo são a realização da Escritura.

Notamos que também o CIC dedica um notável espaço aos "Mistério da vida de Jesus Cristo" (nn. 512-570). Toda a vida de Jesus, com todos os seus acontecimentos, está endereçada para a vontade salvífica de Deus e tem um centro unificador na sua morte e ressurreição. Cada acontecimento tem caráter de mistério enquanto nele se manifesta o único mistério, que consiste no fato de que "lá onde a realidade finita é vivida e sofrida na sua limitação, verifica-se a amorosa vinda de Deus".[10] Por seu lado, E. Schillebeeckx afirma: "Todos os mistérios da vida de Cristo foram perpetuados na forma de sua glorificação. Temos, pois, um mistério eterno da Páscoa e um mistério eterno de Pentecostes..."[11]

A presença sacramental do Cristo glorioso no Ano Litúrgico não é outra coisa senão o mistério do Cristo pascal que informa de si mesmo as coordenadas históricas, atualizando o hoje da salvação realizada por Deus em Cristo. Isto se torna possível porque, conforme afirma Odo Casel: "Em Deus o hoje é uma atualidade e uma presença que não se acabam".[12] O mistério de Cristo se manifesta através dos "mistérios", que são as "ações" mediante as quais, em Cristo, se revela o desígnio salvífico de Deus. Por isso a Igreja pode cantar em cada festa o *hoje* do mistério que se comemora naquele determinado dia. A irreversibilidade e a ação direcional do tempo praticamente se anulam. Todos

---

[9] H. Conzelmann, *Il centro del tempo. La teologia di Lucca.* Piemme, Casale Monferrato 1996, 200-203.

[10] H. Vorgrimler, *Nuovo Dizionario Teologico*, Dehoniane, Bologna 2004, 429.

[11] E. Schillebeeckx, *Cristo Sacramento dell'incontro con Dio* (Biblioteca di Cultura Religiosa) Edizione Paoline, Roma 1962, 89.

[12] Cf. Odo Casel, *Il Mistero del culto cristiano*, cit., 179.

nos tornamos, por assim dizer, contemporâneos de tais acontecimentos, porque justamente aquele evento é histórico e meta-histórico e exprime o sentido verdadeiro da nossa vida.

1.2.3. A linguagem litúrgica

É sabido que nos últimos decênios existe uma redescoberta e uma reavaliação da multiplicidade das linguagens não somente verbais, mas sobretudo não verbais utilizadas pela liturgia. No campo católico, tomando a Itália como exemplo, bastaria citar as obras de Giorgio Bonaccorso e Andrea Grillo, ou mesmo o recente volume da Associação Teológica Italiana sobre *Sacramento e Ação*.[13] Em campo protestante, há alguns anos, Henry Mottu, pastor e professor na Faculdade teológica protestante da Universidade de Genebra, escreveu um volume, traduzido em 2007 para o italiano, intitulado *O gesto e a palavra*. O autor trata da consistência do rito em si, uma questão – segundo afirma – que normalmente não é afrontada pelos Reformadores, e acrescenta: "No entanto, permanece o fato de que os protestantes deveriam respeitar mais o momento sacramental enquanto tal, ou seja, aquele instante no qual também a Palavra silencia de alguma forma e o gesto representa tudo".[14]

Ousaria afirmar que é justamente esta pilastra que dá consistência à nossa tese, uma vez que ela tem a especificidade de distinguir o Ano Litúrgico de cada uma das celebrações litúrgicas, nelas compreendida a própria Eucaristia. A linguagem é um conjunto de códigos, de sinais que são utilizados para se colocar em relação com os demais e, inclusive, com Deus. A liturgia se vale das linguagens verbais e gestuais, icônico-visíveis e musical-auditivas, rítmico-temporais e espaço-arquitetônicas. O Ano Litúrgico, como "sinal", tem como modo específico o mistério/mistérios de Cristo, e faz isso de modo particular, mas não exclusivo, através da linguagem rítmico-temporal. Com efeito, os ho-

---

[13] Cf. G. Tangorra e M. Vergottini (edd.), *Sacramento e azione. Teologia dei Sacramenti e liturgia*, Glossa, Milano 2006.

[14] Cf. Henry Mottu, *Il gesto e la parola* (Liturgia e vita), Qiqajon, Magnano 2007, 354.

rizontes nos quais melhor aparece a dinâmica do tempo litúrgico são constituídos pela *Liturgia das Horas* e pelo *Ano Litúrgico*.[15]

O rito exerce uma função de equilíbrio com relação ao tempo no qual é celebrado e que brota da sua dimensão festiva. Ele exige uma alternância periódica da festa com a pausa ferial. A monotonia reina onde tudo é festa ou onde tudo é ferial, permanecendo sem sentido. Se o tempo festivo está intimamente ligado ao sagrado e ao mistério, a inflação festiva que reduz tudo a festa leva o rito festivo a perder a sua ligação com o mistério, com o sagrado, com o mito originário.[16]

Pode-se considerar o tempo a partir daquele estágio da vida constituído pela velhice. Alguém já afirmou que "a velhice é aquele tempo da vida no qual as coisas perdem peso e adquirem significado". Com efeito, na necessidade de viver, o tempo é o instrumento com o qual se confia às coisas o seu peso, ou seja, a sua relevância em uma ordem de valores pragmáticos. Antes como intensidade e experiência, às vezes o tempo é assumido e experimentado principalmente na forma de um instante que não representa um dom a ser administrado, mas uma possibilidade a ser consumida. Quando, em vez das urgências da vida, subsistem dias de distanciamento mais sereno, as coisas revelam o peso do significado que escondem quando são consideradas somente no seu valor instrumental.[17] Pode-se dizer que o tempo do ciclo anual das celebrações litúrgicas são reveladores e introduzem no peso do significado do mistério de Cristo por meio da riqueza da sua linguagem. Portanto, nossa convicção é de que o Ano Litúrgico é um itinerário "significativo" que realiza uma leitura teológica do mistério de Cristo: "A variedade das palavras, dos ritos e dos aspectos desenvolvidos no decorrer dos tempos litúrgicos permite colher

---

[15] Cf. G. Bonaccorso, *Celebrare la salvezza. Lineamenti di Liturgia* ("Caro salutis cardo", Sussidi 6), Messaggero – Abbazia di Santa Giustina, Padova 2003[2], 183.

[16] Cf. L. de Simone, *Liturgia secondo Gesù. Originalità e specificità del culto cristiano per il ritorno a una liturgia più evangelica* ("Teorie", n. 1). Edizioni Feria, Panzano in Chianti 2003, 194.

[17] Cf. P. Nepi, *Tempo "laico" e tempo "cristiano"*, in L. De Salvo e A. Sindoni (edd.), *Tempo sacro e tempo profano. Visione laica e visione cristiana del tempo e della storia* (Storia sociale e religiosa della Sicilia e del Mezzogiorno d'Italia), Rubbettino Editore, Soneria Mannelli 2002, 346; F. Testaferri, *Eclissi del tempo nella postmodernità*, in *Convivium Assisiense* 2 (2005) 13-32.

a multiforme graça do mistério de Cristo em jogos infinitos de luz e de vida, de empenhos e de harmonia espiritual".[18]

A título de exemplo, recorde-se o que foi dito aqui sobre o parcial abandono e a sucessiva retomada da leitura do Antigo Testamento na liturgia romana: pode-se bem afirmar que, nos dois momentos históricos, existem duas leituras teológicas do mistério de Cristo.

Portanto, o Ano Litúrgico se torna uma verdadeira mistagogia. Jordi Pinell fala do Ano Litúrgico como de uma "programação eclesial de mistagogia".[19] A dimensão mistagógica pertence estruturalmente à ação ritual cristã enquanto contemplação e representação do mistério. É a celebração em si que é mistagogia ou "experiência dos mistérios". Dessa forma, é superada a visão redutiva, que considera a celebração somente como "meio" para obter o fruto espiritual da graça e dos dons de Deus, e também superada a concepção conceitual e ideologizante das celebrações litúrgicas transformadas em uma autêntica chuva de palavras e de ideias, esquecendo o gesto, o símbolo, a estética e – em uma palavra – a participação plena e integral dos fiéis. A presença do mistério de Cristo no ciclo anual não se exprime como uma presença estática, mas sim dinâmica de comunhão-comunicação; uma presença que podemos chamar "intersubjetiva", isto é, que espera da assembleia eclesial e de cada um de seus membros a acolhida do mistério objetivo na subjetividade de sua vida teologal.

Portanto, o momento mistagógico fundamental é a mesma celebração, o contato vivo com o mistério, a experiência pessoal e comunitária do dom divino. Mas, para evitar equívocos, é preciso recordar que, embora seja importante a nossa resposta à ação santificante, é Deus quem provoca a experiência em nós, sendo ele o mistagogo, e não nós que fazemos a experiência dele. Salvaguardada a objetividade do dom, é claro que Deus permanece livre de conceder maior intensidade à sua comunicação sacramental, como pode acontecer seja para o dom gratuito que ele quer comunicar, seja também pela

---

[18] J. Castellano, *L'Anno liturgico, Memoriale di Cristo e Mistagogia della Chiesa con Maria Madre di Cristo*, Centro di Cultura Mariana "Madre della Chiesa", Roma 1991.

[19] Cf. J. Pinnel, *L'Anno liturgico: programmazione ecclesiale di mistagogia*, in *O Theologos* 6 (1975) 27.

intensidade da vida teológica das pessoas que participam durante o ano da celebração litúrgica.

Procurando concluir estas reflexões sobre a entidade teológica do Ano Litúrgico, recorde-se o que afirma G. Lafont, texto que já foi citado no segundo capítulo deste volume:

> O tempo da história presente é um tempo "acompanhado", segundo a palavra de Jesus: "Eis que eu estou convosco todos os dias até o final dos tempos" (Mt 20,20) [...] E é justamente ali que – com toda certeza – se situa a sacramentalidade cristã, ou, com outras palavras, a ritualidade na perspectiva do tempo. [...] O sacramento torna presente o tempo crístico no tempo humano e cósmico".[20]

Portanto, o Ano Litúrgico é a presença em forma sacramental-ritual do mistério/mistérios de Cristo durante um ano.

O Ano Litúrgico é primariamente festa memorial, anamnese. Ele celebra "com sagrada memória (*sacra recordatione*) a obra salvífica do seu esposo divino" (SC, n. 102). Isto exclui contemporaneamente uma interpretação puramente historicizante, como forma de repetição da vida de Jesus Cristo ou de uma recordação simplesmente psicológica da sua ação. Se a celebração cristã tem uma configuração *memorial* referente ao acontecimento fundante, tem também uma configuração *epiclética* em relação ao Espírito que o renova plenamente no espaço de criatividade da comunidade crente e de cada pessoa que nela participa: "Recordando de tal modo os mistérios da redenção, esta [a Igreja] abre aos fiéis os tesouros de poder e de méritos do seu Senhor, de forma a torná-los presentes em todos os tempos, a fim de que os fiéis possam entrar em contato e ser plenificados com a graça da salvação" (SC, n. 102).

Portanto, a epiclese protege a anamnese de ser má interpretação com uma lembrança puramente humana. No início a anamnese das orações eucarísticas se condensava nas *"memoria mortis Domini"*. Um processo de expansão posterior fragmentou o mistério nas suas diversas fases históricas. Esse processo de evolução progressiva com relação ao conteúdo da anamnese é semelhante ao

---

[20] G. Lafont, *Storia*, in G. Barbaglio; G. Bof; S. Dianich (edd.), *Teologia* (I Dizionari San Paolo), San Paolo, Cinisello Balsamo 2002, 1581.

Ano Litúrgico

processo de desdobramento que está na origem da formação e da estruturação do Ano Litúrgico. Podemos afirmar que o Ano Litúrgico é a estrutura que dá suporte a todo o mistério do culto cristão.

A dimensão anamnética define o "momento" das ações litúrgicas na história da salvação, e o define no pressuposto de um plano linear do tempo. Ao contrário, a dimensão epiclética define, ao longo do Ano Litúrgico, o "modo" pelo qual as ações litúrgicas se relacionam com toda a história da salvação, e o faz com base em um padrão circular de tempo.[21]

Os dois aspectos se sobrepõem na experiência humana do tempo, que é regulado pelos ciclos da natureza (tempo cósmico) e que se desenvolve no fluxo dos acontecimentos (tempo histórico). Eles são governados por Deus e orientados para um mesmo fim. É uma visão do tempo que se torna particularmente atual, no sentido de que corresponde, de alguma forma, às exigências pessoais de hoje. Já o marxismo, mas também o chamado "tempo do mercador", como modelo de outras concepções atuais, perceberam a necessidade de realizar a síntese entre tempo cósmico e tempo do projeto. O Ano Litúrgico pode ser um instrumento apto para realizar tal síntese.[22] O tempo do Ano Litúrgico revela as origens, o sentido e o valor da história do ser humano, enquanto indica o seu centro e a determinação final: Cristo Jesus, morto e ressuscitado. O Ano Litúrgico exprime uma consciência qualitativa do tempo antes que uma estrutura organizativa.[23] Ele revela uma verdadeira teologia.

O Ano Litúrgico se nos apresenta organizado com uma múltipla e orgânica variedade de elementos celebrativos que evocam e propõem o único mistério de Cristo nos seus diferentes aspectos. Fiéis a esta imagem que o Ano Litúrgico oferece de si, propõe-se elaborar uma breve síntese teológica que ilustre a centralidade de Cristo no Ano Litúrgico, do qual ele é celebração memorial e cíclica; em seguida se oferece um resumo das diversas leituras que fazem deste

---

[21] Cf. G. Bonaccorso, *Il rito e l'altro. La liturgia come tempo, linguaggio e azione* (MSH, 13), Libreria Editrice Vaticana, Città del Vaticano 2001, 41.

[22] Cf. A. Rubino, *L'Anno liturgico itinerario con Cristo nella Chiesa*, Schena Editore, Fasano 2006, 46.

[23] Cf. E. Bargellini, *Il tempo liturgico attuazione della salvezza nella storia dell'uomo*, in *Vita Monastica* 37, n. 154 (1983) 11.

mistério os vários tempos do ciclo anual.[24] Ao elaborar esta síntese, retomam-se alguns conceitos já expressos nas páginas anteriores, recolocando-os em um discurso possivelmente mais sistemático.

2. O ANO LITÚRGICO É CELEBRAÇÃO MEMORIAL E CÍCLICA DO MISTÉRIO DE CRISTO

Antes de tudo, o Ano Litúrgico compreende, em cada semana, o "dia do Senhor", no qual se comemora a ressurreição do Senhor (cf. SC, nn. 102, 106); e, anualmente, a solenidade da Páscoa e as festas que formam a celebração do "ciclo anual do mistério de Cristo" (*in hoc anno mysterium Christi circolo celebrando*) (SC, n. 103). Portanto, a peculiaridade dos tempos da celebração no âmbito da liturgia cristã consiste não somente em ter assumido o substrato sagrado cósmico e o significado memorial e histórico das festas da Bíblia, mas, sobretudo, na referência ao mistério de Cristo como acontecimento central de cada festa ou momento celebrativo. É a doutrina do Concílio Vaticano II:

> A santa mãe Igreja considera seu dever celebrar, em determinados dias do ano, a memória sagrada da obra de salvação do seu divino Esposo. Em cada semana, no dia a que chamou domingo, celebra a da Ressurreição do Senhor, como a celebra também uma vez no ano na Páscoa, a maior das solenidades, unida à memória da sua Paixão. Distribui todo o mistério de Cristo pelo correr do ano, da Encarnação e Nascimento à Ascensão, ao Pentecostes, à expectativa da feliz esperança e da vinda do Senhor (SC, n. 102).

Conforme se afirmava no início destas páginas, a referência à categoria "tempo" aparece totalmente óbvia pela consideração de uma realidade – o

---

[24]   Cf. D. Bersotti, *Il mistero cristiano nell'Anno Liturgico*, Libreria Editrice Fiorentina, Firenze 1956²; Odo Casel, *Das Christliches Kulturmysterium*, Friedrich Pustet, Regensburg 1960⁴ (ed. italiana: *Il Mistero del Culto cristiano*, a cura di B. Neunheuser, Borla, Roma 1985); C. Vagaggini, *Il senso teologico della liturgia. Saggio di liturgia teologia generale*, Paoline, Roma 1965⁴; A. M. Triacca, *L'Anno liturgico: verso sua organica trattazione teologica*, in *Salesianum*, 38 (1976) 613-621; S. Marsili, *Anno liturgico*, in M. Alberta (ed.), *Il segno del Mistero di Cristo. Teologia liturgica dei sacramenti* (Bibliotheca "Ephemerides Liturgicae" – "Subsidia" 42), C.L.V. – Edizioni Liturgiche, Roma 1987, 408-411; M. Augé, *Teologia dell'Anno liturgico*, in *Anamnesis* 6, 9-34; Auf Der Maur, *Le celebrazioni nel ritmo del tempo* – 1, *Feste del Signore nella settimana e nell'Anno*, cit., 326-330; A. Verheul, *L'Année liturgique*, in QL 74 (1993) 5-16; G. Rosas, *El misterio de Cristo en el Año de la Iglesia. El Año litúrgico en Odo Casel*, cit.; M. Augé, *Teologia dell'Anno liturgico*, in ScLit, 356-370; A. Bergamini, *Anno liturgico*, in *Liturgia*, 78-95.

Ano Litúrgico – que encontra seu parâmetro de definição justamente no tempo. Também é óbvio que seja o dado bíblico a fornecer os elementos específicos para interpretar o culto e a organização cultual que se conecta diretamente aos ritmos cronológicos: *chronos-kairós-aión*.

A liturgia, vista como comemoração das intervenções de Deus que salva através de sinais rituais, prolonga e atua no tempo, mediante a celebração, as riquezas salvíficas do Senhor. Portanto, podemos afirmar, com Salvador Marsili, que o Ano Litúrgico é o momento no qual a totalidade da história da salvação, isto é, o Cristo nas suas diversas projeções temporais de passado--presente-futuro, atualiza-se no tempo determinado de uma concreta assembleia eclesial e no espaço de um ano. Na fragilidade do tempo que flui, o tempo da celebração litúrgica assume o valor de *kairós* ou espaço no qual é atuada e oferecida a salvação: "Depois da gloriosa ascensão de Cristo ao céu, a obra da salvação continua através das celebrações litúrgicas, as quais, não sem motivo, é considerada momento último da história da salvação".[25]

Devido à encarnação do Filho de Deus, o tempo não é simplesmente cósmico e histórico, mas assume uma dimensão soteriológica.[26] Para os cristãos o tempo não é a mera sucessão de dias e noites, semanas, meses e estações do ano (*chronos*), mas torna-se o momento privilegiado no qual, sobretudo mediante a liturgia, os cristãos e cristãs fazem experiência da presença e do poder salvífico do mistério de Cristo (*kairós*). O "tempo de Cristo", isto é, o tempo no qual ele transcorreu na sua atividade messiânica e sacerdotal, deu origem ao "tempo da Igreja" e, portanto, ao tempo litúrgico que incorpora o tempo de Cristo.

O Ano Litúrgico não é uma série de ideias ou uma sucessão de festas mais ou menos importantes, mas, como salientou Pio XII e já se recordou diversas vezes, é uma Pessoa: "O mesmo Cristo presente na sua Igreja".[27] A salvação

---

[25] *Missas da Bem-Aventurada Virgem Maria, Premissas* 11.

[26] Segundo K. H. Bieritz, "há válidos motivos contrários a uma nítida separação entre ano natural e ano da salvação. Conforme a convicção cristã, criação e redenção caminham *pari passu*. A história de Jesus Cristo possui dimensões cósmicas. Ela tende para a redenção de todo o criado, que apresenta, por assim dizer, os sinais pelos quais cristãos celebram a memória da história de Jesus" (K. H. Bieritz, *Il tempo e la festa. L'Ano liturgico cristiano* [Dabar. Saggi teologici 25], Marietti, Genova 1996, 31).

[27] Pio XII, *Mediator Dei*, AAS 39 (1947) 580.

por ele operada, "principalmente por meio do mistério pascal da sua beata paixão, ressurreição e gloriosa ascensão" (SC, n. 5), é oferecida e comunicada nas diversas ações sacramentais que caracterizam o dinamismo do calendário litúrgico. Desse modo se afirma que a Páscoa de Cristo, ou seja, a realidade da redenção por ele operada, está no centro da história da salvação e da liturgia e, portanto, no centro das celebrações do Ano Litúrgico. Da única fonte pascal um caudal abundante de mistérios que vivifica a Igreja. Portanto, a mesma realidade que o Ano Litúrgico celebra nos dias dominicais (*Páscoa semanal*), é celebrada posteriormente no dia de Páscoa (*Páscoa anual*) e é o conteúdo fundamental das demais celebrações do ciclo anual.

A liturgia da Igreja, embora celebre o mistério eternamente presente em Cristo, historiciza os seus aspectos e os recorda em dias determinados no decurso do ano. Como se dizia antes, a centralidade do mistério de Cristo no Ano Litúrgico não comporta uma recusa radical do simbolismo cósmico. Com efeito, determinados elementos e fenômenos cósmicos influenciaram a data de muitas festas, tendo uma função importante no desenvolvimento dos seus temas e rituais. Tais elementos e fenômenos cósmicos servem para veicular o mistério celebrado. Assim notamos que Páscoa e Pentecostes fazem também referência à primavera e à colheita. Natal e Epifania ao solstício de inverno e, portanto, ao nascimento da luz. As Quatro Têmporas com as Rogações, ao ciclo do trabalho do ser humano. Sobre a festa de São João Batista no dia 24 de junho, Santo Agostinho afirma: "João nasceu neste dia; a partir dele a luz do mundo decresce. Cristo nasceu no dia 25 de dezembro; a partir desta data cresce a luz do dia".[28] A explicação de Agostinho coincide com a afirmação do Batista: "Ele deve crescer; eu, ao contrário, diminuir" (Jo 3,30). Finalmente, São Miguel Arcanjo, protetor da Igreja, é celebrado no equinócio de outono (29 de setembro, assim considerado pelo *Veronense*).[29]

---

[28] Agostinho, *Sermo* 327,4: NBA; PL 38,1302.

[29] "Com São Miguel no equinócio de outono, Natal no solstício de inverno, Páscoa no equinócio da primavera e São João Batista no solstício do verão, são as quatro estações, os quatro pontos cardeais do ano solar, que recebem uma certeza divina; a repartição destas festas não resulta de uma programação explícita, mas ela consegue dar uma forma cristã a estes ritos de passagem de uma estação à outra, que todas as religiões mediterrâneas ou ocidentais estabeleceram nestes momentos críticos para suplicar a proteção e a bênção do céu" (Ph. Rouillard, *Les fêtes chrétiennes en Occident* [Histoire], Du Cerf, Paris 2003, 202). O autor reflete sobre a visão do Hemisfério Norte do mundo. [N.T.]

O cabeçalho dos antigos *Sacramentários* romanos exprime claramente o caráter de celebração "circular" e "cíclica" própria do Ano Litúrgico: a celebração anual do mistério/mistérios de Cristo retorna no *anni circulus*.[30] O tempo litúrgico, caracterizado pela "circularidade" própria do ano cósmico, faz a síntese da história da salvação, mas não a encerra no seu círculo. A "circularidade" do Ano Litúrgico conduz, antes, à visão de um ano entendido como uma sucessão de pontos na linha temporal da história da salvação, isto é, um momento do grande ano jubilar (cf. Lv 25), ou "ano da graça do Senhor", inaugurado por Cristo (cf. Lc 4,19.21).

Portanto, o Ano Litúrgico não deve ser confundido com o eterno e fatalista retorno das estações. Ao contrário, é um tempo que se repete como uma espiral progressiva que vai em direção da parúsia. A repetição das celebrações, ano após ano, oferece à Igreja a oportunidade de um contínuo e ininterrupto contato com os mistérios do Senhor:

> Como uma estrada corre serpenteando ao redor de um monte, com a finalidade de atingir, pouco a pouco, em gradual subida, o cume íngreme, também nós devemos percorrer em um plano mais elevado o mesmo caminho, até que o ponto final tenha sido alcançado, o próprio Cristo, nossa meta.
>
> Mas os motivos pedagógicos não podem indicar, por si só e de forma exaustiva, o sentido do retorno e do movimento circular do Ano Litúrgico. Uma vez que não somos nós, pessoas imperfeitas, os autênticos protagonistas do Ano Litúrgico, mas nele nos unimos a uma ação mais elevada. O autêntico protagonista do Ano Litúrgico é o Cristo místico, isto é, o próprio Senhor Jesus Cristo glorificado, unido com a sua Esposa glorificada, a Igreja, a qual já está essencialmente no Céu, como a viu João Evangelista (Ap 21,21)".[31]

O evento Cristo, com o seu vértice na Páscoa, dá plenitude ao tempo, mas não o encerra. Por isso, cada pessoa que vive na história é convidada a envolver-se no evento salvífico. Dessa forma, a liturgia realiza realmente a história da salvação, preenchendo todo o tempo do mistério de Cristo.

---

[30] *Liber sacramentorum romanae ecclesiae anni circuli* (Sacramentário Gelasiano antigo, século VII); *Incipit Sacramentorum de circulo anni expositum* (Sacramentário Gregoriano-Adrianeu, século VIII).

[31] Odo Casel, *Il mistero del culto cristiano*, cit., 108-109.

Como a vida do ser humano se desenvolve e cresce através de passagens e graus sucessivos, então é necessário aproximar-se frequentemente do mistério pascal, para sondá-lo e explorá-lo vitalmente. O Ano Litúrgico tem também forte valor pedagógico-pastoral. Com efeito, ele, no seu progressivo desenvolvimento, exprime duas características evidentes: a *continuidade* e a *ciclicidade*. O movimento circular não gira em círculos, mas subordina-se a um movimento ainda mais fundamental, que a mística de Saint-Denis chama de "movimento em espirais" e no qual reconhece o processo mais completo do itinerário espiritual. Portanto, o Ano Litúrgico concilia em si mesmo, profundamente, a *circularidade* e o *progresso*. Isso é pedagogicamente eficaz e responde às exigências de crescimento na fé, no respeito da lei da retomada progressiva dos mesmos conteúdos, por idades psicologicamente diversas. Portanto, a estrutura do Ano Litúrgico pede à pessoa crente que entre em uma atitude de formação permanente, o que pressupõe redescobrir o *sinal do Ano Litúrgico* como itinerário de fé e de vida, bem como eixo da catequese permanente de toda a comunidade cristã.[32]

3. PALAVRA E SACRAMENTO NO ANO LITÚRGICO

A missão que Cristo confiou à Igreja é contemporaneamente uma missão de anúncio (Palavra) e de atualização sacramental do mistério da salvação. "Ide a todo mundo. Pregai o Evangelho a toda criatura. Quem crer e for batizado, será salvo, mas quem não crer será condenado" (Mc 16,15-16; cf. Mt 28,19-20).

Portanto, o Ano Litúrgico tem um caráter sacramental, isto é, um sinal que manifesta e torna presente de forma eficaz a potencialidade de salvação da Palavra para a pessoa que crê. Ao mesmo tempo é o ângulo no qual se proclama a Palavra e se celebram os sacramentos, de modo particular a Eucaristia. O acontecimento redentor que culmina no mistério pascal de Jesus Cristo, que é único e que acontece uma só vez (*hapax*: cf. Hb 9,26-28; 1Pd 3,18) e uma vez

---

[32] Cf. M. Sodi; G. Morante, *Anno liturgico. Itinerário di fede e di vita. Orientamenti e proposte catechetico-pastorali* (Studi e ricerche di catechetica 11), Elle Di Ci, Leumann (Torino) 1988.

ANO LITÚRGICO

por todas (*ephápax*: cf. Rm 6,10; Hb 7,27[33]; 9,12; 10,10), continua presente e eficaz para os seres humanos de todos os tempos, na comunidade depositária dos bens da salvação que é a Igreja de Cristo (cf. At 2,42-46; 4,32ss etc.).

Como isto pode acontecer? Na tentativa de dar uma explicação, devem-se excluir duas coisas: a repetição do acontecimento; um tipo de "presença" que anula a distância temporal (como se não existisse mais diferença entre "então" e "agora"). Os Padres da Igreja falam de presença *in mysterio*. Cristo se torna presente nos momentos de sua humilhação e da sua glória em forma *mistérica*, isto é, real, ainda que sob os sinais sacramentais. Cada celebração litúrgica, sobretudo a eucarística, mas também o conjunto do Ano Litúrgico, no qual os mistérios são celebrados sempre mediante a Eucaristia, consiste em fazer memória da salvação realizada em Cristo invocando o Espírito Santo, para que realize no hoje de cada pessoa o acontecimento da salvação do qual se faz memória.

Portanto, na dinâmica da economia salvífica, o mistério da salvação se torna o hoje da assembleia celebrante por obra do Espírito Santo.[34] Após a Páscoa, Cristo e os seus mistérios se "espiritualizam". A partir daquele momento, afirma Odo Casel, "o Espírito de Deus atravessa os mistérios de Cristo".[35] Por isso o Espírito "atravessa" também os mistérios de Cristo celebrados no decurso do ciclo anual. Na SC não é evidenciada a função do Espírito Santo daquilo que é a liturgia (é o Ano Litúrgico). Ao contrário, o decreto conciliar *Presbyterorum Ordinis*, n. 5, afirma: "… nas sagradas celebrações agem [os presbíteros] como ministros daquele que na liturgia exercita ininterruptamente o seu ofício sacerdotal em nosso favor por meio do seu Espírito".

---

[33] "… [Ele] realizou uma vez por todas, oferecendo a si mesmo". Esta oferta única de Cristo coloca-se no centro da História da salvação (cf. At 1,17). No final do longo período de preparação, este acontecimento se afirma "na plenitude do tempo" e inaugura a era escatológica. Ainda que a manifestação do último dia seja ainda deferida, o essencial da salvação já foi adquirido desde o momento no qual, em Cristo, a pessoa humana morreu para o pecado e ressuscitou para a vida nova.

[34] "Nesta comunicação sacramental do mistério de Cristo, o Espírito age da mesma forma que nos outros tempos da economia da salvação: prepara a Igreja para encontrar seu Senhor, recorda e manifesta Cristo à fé da assembleia, torna presente e atualiza o mistério de Cristo por seu poder transformador e, finalmente, como Espírito de comunhão, une a Igreja à vida e à missão de Cristo" (CIC 1092).

[35] O. Casel, *Die Liturgie als Mysterienfeier*, Herder, Freiburg im Bresgau 1922, 102.

O que a Bíblia narra desde o Gênesis até o Apocalipse, a liturgia o representa ao longo do caminho que percorre do primeiro domingo do Advento até o último domingo do Tempo Ordinário, isto é, o único plano salvífico. Na Bíblia ele se desenvolve: "de ações e palavras intimamente relacionadas entre si, de tal maneira que as obras, realizadas por Deus na história da salvação, manifestam e confirmam a doutrina e as realidades significadas pelas palavras; e as palavras, por sua vez, declaram as obras e esclarecem o mistério nelas contido" (DV, n. 2).

Segundo os modos que lhe são próprios, a liturgia narra de novo este caminho, interpreta-o, anunciando-o realizado no mistério de Cristo, "que é, ao mesmo tempo, mediador e plenitude de toda a revelação" (DV, n. 2). Portanto a liturgia confere um particular realismo à Palavra de Deus enquanto a confirma realizada em nosso hoje: "A Igreja, especialmente no tempo do Advento, da Quaresma e, sobretudo, na noite de Páscoa, relê e revive todos os grandes acontecimentos da história da salvação no 'hoje' da sua liturgia" (CIC 1095).

Na celebração litúrgica torna-se de novo verdadeira a afirmação de Jesus: "Hoje se realizou esta Escritura que ouvistes" (Lc 4,21). Porém, podemos afirmar que a liturgia realiza com veracidade ainda maior a própria capacidade atualizadora. Com efeito: "Cristo está presente na sua palavra, uma vez que é ele quem fala quando as Sagradas Escrituras são lidas na Igreja" (SC, n. 7). Por si mesma a Palavra de Deus tende a se tornar um fato da nossa vida. Nela se realiza um encontro com a mesma vida de Deus. Este fato divino que se insere em nós, toma posse da nossa vida e do nosso agir, é o sacramento.

A plenitude do mistério de Cristo é celebrada *per verbum et sacramentum*. Aquilo que é anunciado pela Palavra, é realizado pelo sacramento. Este contém, de modo inseparável, o anúncio e a sua atualização. Palavra e sacramento, seguem-se um ao outro na celebração, na realidade mais profunda se compenetram e asseguram perenemente o contato salvífico entre o Cristo, sempre vivo e operante no Espírito, e a sua comunidade.[36] A liturgia é o "*locus* que

---

[36] L. M. Chauvet, ilustrando a célebre fórmula (*"Accedit ad elementum et fit sacramentum"*), nota que o *verbum* do qual se trata aqui pode ser entendido no tríplice nível do *Cristo-Verbo* (é ele o sujeito operador do sacramento, e não o ministro), das *Escrituras* que foram lidas na celebração e, enfim, da própria *fórmula sacramental*, pronunciada *in persona Christi*. E acrescenta que o número 2 (a leitura das Escrituras) é a mediação

restitui à plenitude de vida a Palavra de Deus, atualizando-a por meio do memorial celebrativo".[37] A celebração litúrgica, enquanto celebração memorial, torna presente todo o dinamismo da Palavra de Deus:

> [...] a Liturgia constitui o lugar privilegiado no qual a Palavra de Deus se exprime plenamente, seja na celebração dos sacramentos, seja, sobretudo, na Eucaristia, na *Liturgia das Horas* e no Ano Litúrgico. O mistério da salvação narrado na Sagrada Escritura encontra na liturgia o próprio lugar de anúncio, de escuta e de atuação.[38]

A presença sacramental do Cristo glorioso no Ano Litúrgico outra coisa não é senão o mistério do Cristo pascal, que informa de si as coordenadas históricas, atualizando para nós o hoje da salvação atuado por Deus em Cristo. Isto é possível porque "junto de Deus o hoje é uma atualidade e uma presença que jamais passam".[39] O mistério de Cristo se manifesta através dos "mistérios" que são as "ações" pelas quais revelou, em Cristo, o desígnio salvador de Deus. Por isso a Igreja pode cantar em cada festa o hoje do mistério que é comemorado naquele determinado dia.[40] Com efeito, a fé da Igreja vê nos acontecimentos da vida do seu Senhor outros "mistérios" que, ao mesmo tempo, operam e significam uma salvação. Por essa razão, o Ano Litúrgico é uma celebração do complexo das ações salvíficas de Cristo que compendiam toda a história da salvação desde o início da sua revelação na criação até a realização final.

---

que assegura a coerência da relação entre o Cristo-Palavra (nível 1) e a fórmula sacramental pronunciada em seu nome (nível 3) (L.-M. Chauvet, *Simbolo e sacramento. Una lettura sacramentale dell'esistenza cristiana*, Elle Di Ci, Leumann [Torino] 1990, 155). Não se deve nem isolar a palavra do sacramento nem estabelecer a palavra como um simples momento que precede e dispõe o sacramento.

[37] A. M. Triacca, *La Parola celebrata. Teologia della "Celebrazione della Parola"*. in R. Cecolin (ed.), *Dall'esegesi all'ermeneutica attraverso la celebrazione. Bibbia e Liturgia* I – Messaggero – Abbazia de Santa Giustina, Padova 1991, 46.

[38] *Proposição* 14 da XII Assembleia Geral Ordinária do Sínodo dos Bispos sobre a Palavra de Deus na vida e na missão da Igreja.

[39] O. Casel, *Il mistero del culto cristiano*, cit., 179.

[40] Assim, por exemplo, no MR 1970, o *Precônio* da Vigília pascal se exprime nestes termos: "Esta é noite na qual Cristo, quebrando os vínculos da morte, ressuscitou vitorioso do sepulcro" (*"Haec nox est, in qua, destructis vinculis mortis, Christus ab inferis victor ascendit"*). Veja-se ainda o Prefácio do domingo de Pentecostes e os vários textos das missas natalícias, bem como a Antífona ao *Magnificat* das II Vésperas do Natal: "Hoje Cristo nasceu, apareceu o Salvador; hoje na terra cantam os anjos, alegram-se os arcanjos; hoje exultam os justos, aclamando: Glória a Deus no alto dos céus".

Na Encíclica *Mediator Dei*, Pio XII reconhece que os mistérios da vida de Cristo estão plenamente presentes e operantes, "sendo cada um deles, no modo consentâneo à própria índole, a causa da nossa salvação".[41] Mesmo que seja verdade que a Encíclica fala prevalentemente dos mistérios de Cristo como exemplos de virtude, considerando-os, portanto, mais na linha "exemplar-moral" que na linha "ontológica", a doutrina de Pio XII é sumamente importante para acentuar o que já falamos atrás e que podemos reassumir com as palavras de Burkhard Neunheuser: "Portanto, a causalidade própria de cada um dos mistérios de Cristo exercita-se quando se celebra a festa correspondente, no anúncio da Palavra de Deus, na celebração do sacramento e em cada ação simbólica".[42]

A Constituição SC, n. 102, afirma seguindo o ensinamento de Pio XII: "Com esta recordação dos mistérios da Redenção, a Igreja oferece aos fiéis as riquezas das obras e merecimentos do seu Senhor, a ponto de os tornar como que presentes a todo o tempo, para que os fiéis, em contato com eles...".

Estas palavras sugerem, evidentemente (cf. Lc 6,19; Mc 5,28-30), a presença de Cristo não somente numa linha moral ou mística, mas mistérica e sacramental, segundo a doutrina dos Padres, que Odo Casel realçou.

Na realidade, o Ano Litúrgico não espelha a "vida" terrena do Senhor, mas antes o seu "mistério", ou seja, a atuação do desígnio salvador de Deus assim como se revela em Cristo. Como é o mesmo Cristo o protagonista dos diversos acontecimentos salvíficos, cada evento de salvação celebrado pela Igreja torna presente, pela força do Espírito Santo, todo o mistério que é Cristo. Ao contrário do que se poderia pensar, não se trata de uma reprodução dramática da vida terrena de Cristo. O conteúdo, a realidade última destas celebrações é sempre a totalidade do único mistério de Cristo. Na realidade, em cada celebração aparentemente parcial é sempre celebrada a Eucaristia, na qual acontece o todo. "O mistério é sempre completo."[43] Pode-se afirmar que o Ano

---

[41]   AAS 39 (1947) 580.

[42]   B. Neunheuser, *L'Année liturgique selon Dom Casel*, in QLP 38 (1957) 290.

[43]   O. Casel, *Il mistero del culto cristiano*, cit., 116.

Litúrgico é uma Eucaristia pascal dividida, celebrada durante todo o ano, juntamente com os diversos aspectos do mistério redentor.

O Ano Litúrgico retoma e desenvolve no círculo do ano os mesmos mistérios que a anamnese eucarística comemora.[44] Na celebração da Eucaristia, a antiga liturgia hispano-moçárabe conserva um rito particularmente significativo a respeito. Após ter formulado, como em todas as liturgias, a narração da instituição da Eucaristia, embora com as palavras de 1Cor 11,24-25, que contém duas vezes o mandato de repetir o gesto de Jesus, o sacerdote presidente, quando chega o momento da fração do pão, rompe a hóstia em nove partes e as distribui sobre a patena em forma de cruz, evocando com cada um destes pedaços um mistério da vida de Jesus: encarnação, nascimento, circuncisão, epifania, paixão, morte, ressurreição, glória (ascensão) e reino (última vinda).[45] Pode-se dizer que, dessa forma, permanece sobre o altar não somente o corpo do Senhor, a Eucaristia, mas também a imagem do Ano Litúrgico. É o que diz a oração sobre as ofertas da Quinta-Feira Santa do MR 1970: "Cada vez que celebramos este memorial do sacrifício do Senhor, realiza-se a obra da nossa redenção" (*"quoties huius hostiae commemoratio celebratur, opus nostrae redemptionis exercetur"*).

Portanto, o Ano Litúrgico possui uma dimensão "mistagógica", isto é, visa introduzir os fiéis na experiência do mistério de Cristo: "A catequese litúrgica visa introduzir no mistério de Cristo (com efeito, ela é 'mistagogia'), enquanto procede do visível para o invisível, do significante para aquilo que é significado, dos 'sacramentos' aos 'mistérios'" (CIC 1075).

A presença do mistério de Cristo no ciclo anual não é expressa como uma presença estática, mas dinâmica de comunhão-comunicação que espera da assembleia eclesial e de cada um de seus membros a acolhida do mistério objetivo na subjetividade da vida teologal. A participação ao mistério cultual alimenta a fé, aumenta a esperança, reforça a caridade (cf. MR 1970, oração

---

[44] Cf. O. Casel, *Faites ceci em mémoire de moi*, Du Cer, Paris 1962, 41-44. Nesta obra o autor confronta o desenvolvimento da anamnesi da prece eucarística com o desenvolvimento do Ano Litúrgico, partindo do núcleo fontal do mistério pascal.

[45] Sobre o significado deste rito, cf. o atual *Missale Hispano-Mozarabicum*, nn. 124-130, dos *Praenotanda*, in *Notitiae* 24 (1988) 712-714.

depois da comunhão do I domingo da Quaresma). São, sobretudo, as coletas e as orações após a comunhão que exprimem esta dimensão existencial da celebração. Eis dois exemplos:

Dai-nos, Senhor, uniformizar a nossa vida aos mistérios pascais que celebramos na alegria, para que o poder do Senhor Ressuscitado nos proteja e nos salve.[46]

Guia e sustém, Senhor, com teu contínuo auxílio, o povo que nutriste com os teus sacramentos, a fim de que a redenção operada por estes mistérios transforme toda a nossa vida.[47]

"Uniformizar a nossa vida" ao mistério pascal ou ser "transformados" pelos mistérios celebrados deve ser entendido não somente no nível psicológico, afetivo, intelectual ou ético, mas também no nível ontológico-mistérico. Em cada ação litúrgica, específica e singular, Cristo Ressuscitado, com o poder do seu Espírito, nos *con-figura* a ele, modificando nossa interioridade em conformidade com a dele, dando a ela o dom de poder viver, isto é, pensar, querer e agir, em conformidade com ele, de tal modo que se possa afirmar com São Paulo: "Não sou mais eu quem vive, é Cristo que vive em mim" (Gl 2,20). Da participação sacramental aos mistérios de Cristo brota uma vida renovada que deve desabrochar no testemunho: "Ó Deus, que nos nutres nesta vida com o pão do céu, penhor da tua glória, faze que manifestemos nas nossas obras a realidade escondida no sacramento".[48]

O tempo salvífico do Ano Litúrgico tem uma referência essencial à Igreja, existe para a Igreja. O mistério de Cristo celebrado se torna, assim, fonte para a Igreja" (cf. MR 1970, oração após a comunhão do sábado depois das Cinzas), e a Igreja, por sua vez, prolonga e completa o mistério de Cristo. O *hoje* das festas litúrgicas revela, ao mesmo tempo, a temporalidade e a eternidade do mistério por elas celebrado, bem como a sua referência à vida das pessoas que creem.

---

[46] *"Tribue nobis, quaesumus, Domine, mysteriis paschalibus convenienter aptari, ut quae laetanter exsequimur, perpetuae virtute nos tueantur et salvent"* (MR 1970, coleta da sexta-feira da V semana da Páscoa).

[47] *"Quae tuis, Domine, reficis sacramentis, continuis attolle benignus auxiliis, ut redemptionis effectum et mysteriis capiamus et moribus"* (MR 1970, Oração após a comunhão do XXV domingo durante o ano).

[48] *"Sumentes pignus caelestis arcarni, et in terra positi jam superno pane satiati, te, Domine, supplices deprecamur, ut, quod in nobis mysterio geritur, opere impleatur"* (MR 1970, oração após a comunhão do III Domingo da Quaresma).

4. NOS DIVERSOS MISTÉRIOS DO CICLO ANUAL CELEBRAMOS O ÚNICO MISTÉRIO DE CRISTO

Escopo e finalidade da liturgia é fazer com que a Páscoa de Cristo se torne a Páscoa da Igreja e de cada pessoa fiel em particular, chamada a glorificar a Deus mediante a morte para o pecado e a vida nova em Cristo. Destarte, a Páscoa se torna o ponto de partida e ao mesmo tempo o ponto de chegada da liturgia. A liturgia parte da Páscoa de Cristo, da qual retira todo o seu significado e a sua eficácia, e volta-se para a Páscoa da Igreja e das pessoas fiéis, isto é, tende a difundir nos membros do Corpo Místico aquela plenitude de vida que brota perenemente da Cabeça. Como diz o CIC no número 1171, "o Ano Litúrgico é o desdobrar-se dos diversos aspectos do único mistério pascal". Com efeito, as várias fases do ciclo anual, embora se detenham em determinados acontecimentos salvíficos, contemplam-nos no único desígnio redentor atuado por Cristo e culminam no mistério da sua Páscoa. Essa repetição memorial e cíclica do mistério de Cristo é proposta como um itinerário de conformação a Cristo, segundo uma articulação em três Tempos: *Advento--Natal-Epifania, Quaresma-Páscoa, Tempo Ordinário*. Ilustram-se brevemente os seus conteúdos essenciais, seguindo não a ordem cronológico-litúrgica, mas a teológico-litúrgica, que foi usada no decurso desta discussão. Repropõem-se conceitos desenvolvidos nos capítulos anteriores.

No tempo da *Quaresma-Páscoa*, a Igreja proclama os eventos pascais da paixão-morte-ressurreição-ascensão de Cristo, culminando no dom do Espírito Santo. Estes acontecimentos são celebrados como momento central e realização do desígnio salvífico de Deus em favor das pessoas. Portanto, possuem um sentido "para nós", a fim de que sejamos partícipes da mesma vida do Senhor Ressuscitado. É isto que a Igreja celebra de forma particular e com abundância de símbolos na grande Vigília Pascal, coração das celebrações pascais e de todo o Ano Litúrgico. Mas a Quaresma, como preparação, e os Cinquenta dias pascais, como prolongamento, celebram a mesma realidade.

A Quaresma é estruturada como um verdadeiro itinerário espiritual, articulado segundo três modalidades ou percursos diversos entre si (itinerário batismal, itinerário cristocêntrico-pascal, itinerário penitencial), mas ao mesmo tempo complementares, que nos permitem percorrer, guiados pelas páginas do Antigo e do Novo Testamento, as grandes etapas daquela história de salvação que tem o seu momento culminante na Páscoa de Cristo. Percorremos de novo esta história conscientes de que nela também somos verdadeiros protagonistas. Eis por que a Liturgia nos convida a assumir atitudes de autêntica fé-conversão na acolhida do dom de Deus.

Ao contrário, o *Tempo Pascal* celebra os mesmos eventos da Páscoa de Jesus, ilustrando os frutos que brotam para a vida da Igreja mediante os sacramentos da iniciação cristã (Batismo-Confirmação-Eucaristia) e graças à ação do Espírito Santo. O Prefácio da missa do Domingo de Pentecostes afirma que o dom do Espírito "conduz à realização o mistério pascal" (*"sacramentum paschale consumans"*). Na participação dos sacramentos pascais a Igreja é constituída como Corpo de Cristo, isto é, no Espírito, torna-se uma só realidade no Senhor Jesus. Por isso, todo o mistério da Igreja tem origem da Páscoa e encontra nela a sua força perene. O acontecimento pascal é vivido como acontecimento eclesial-sacramental, como exigência de renovação e de testemunho, como ponto de referência do crescimento da missão da Igreja, como renovação da vida nova e espera da realização definitiva em Cristo (é o que sugere a leitura do Livro do Apocalipse nas missas deste tempo).

O conteúdo do tempo do *Advento-Natal-Epifania* é contemplado pela liturgia e por um contexto histórico-salvífico. Em particular, o nascimento de Jesus é visto no contexto do desígnio salvífico de Deus, realizado por Jesus Cristo no mistério da sua Páscoa. Jesus, "nascido da estirpe de Davi segundo a carne", é o mesmo que foi "constituído Filho de Deus com poder, segundo o Espírito de santidade, em virtude da ressurreição dos mortos" (cf. Rm 1,1-7).[49] O nascimento de Jesus é celebrado como nascimento do Redentor que vem para salvar. A oração sobre as ofertas da missa vespertina na vigília do Natal (proveniente do *Veronense*, n. 1254), exprime-se nestes termos: "Concede ao

---

[49] Este trecho paulino é lido no IV Domingo de Advento (Ano A), como segunda leitura da missa.

Ano Litúrgico

teu povo, Senhor, celebrar com renovado fervor este sacrifício, na vigília da grande festa com a qual teve início a nossa salvação"[50]

A liturgia está consciente de que o Natal já está presente na Igreja na luz e na realidade do mistério pascal. Esta dimensão é acentuada pelo CIC, n. 1171, quando, falando do ciclo das festas relativas ao mistério da Encarnação (Anunciação, Natal, Epifania), diz que elas "fazem memória dos inícios da nossa salvação e nos comunicam as primícias do mistério da Páscoa".

A segunda vinda de Cristo, termo que aparece, sobretudo, nas duas primeiras semanas do Advento, está em estreita relação com a primeira vinda: a certeza da vinda de Cristo na carne nos encoraja à expectativa da última vinda gloriosa, na qual as promessas messiânicas terão total e definitiva realização. Com efeito, no nascimento de Jesus realizam-se as promessas antigas e é aberto o caminho da eterna salvação. Esta, atuada na Páscoa, realiza-se definitivamente quando o Senhor vier de novo. Tal conceito é desenvolvido pelo I Prefácio do Advento:

> No seu primeiro advento, na humildade da nossa natureza humana, ele levou a cumprimento a promessa antiga, e nos abriu a estrada da eterna salvação. Quando vier de novo no esplendor da sua glória, poderemos obter finalmente, na plenitude da luz, os bens prometidos que agora ousamos esperar vigilantes.[51]

A Igreja espera Aquele que já está presente nela, mas que se revela novamente na gloriosa manifestação final. A esperança que anuncia o Advento é um convite para aceitar a gradualidade da consolidação da salvação em nós e no mundo, bem como para viver a espiritualidade da espera.

A atitude que é pedida pelos textos litúrgicos neste tempo do ciclo anual pode-se resumir na vigilância, que exige a realização das boas obras, a honestidade, isto é, a conversão em vista da comunhão com Deus, que gera a alegria que nasce da experiência da salvação. O tema da alegria está presente, de for-

---

[50] *"Tanto nos, Domine, quaesumus, promptiore servitio haec praecurrere concede solemnia, quanto in his constare principium nostrae redemptionis ostendis".*

[51] *"Qui, in primo adventu in humilitate carnis assumptae, dispositionis antiquae munus implevit, nobisque salutis perpetuae tramitem reservavit; ut cum secunda venerit in suae gloriae maiestatis, manifesto denum munere capiamus, quod vigilantes nunc audemus exspectare promisisum".*

TEOLOGIA E ESPIRITUALIDADE DO ANO LITÚRGICO

ma particular, nos textos do Domingo III do Advento (Domingo *"Gaudete"*); já a antífona de entrada da missa convida a alegrar-se sempre no Senhor. O mesmo tema reaparece na oração de coleta, em alguma antífona da *Liturgia das Horas* e em algumas leituras bíblicas da missa.

O *Tempo Ordinário* faz uma leitura global do mistério de Cristo, a partir do seu núcleo central ordinário, o domingo. Com efeito, nele se perpetua a atuação do mistério pascal da morte, ressurreição e ascensão do Senhor, vértice e síntese de todo o caminho de invocações, de acolhida do dom da salvação e de espera do seu pleno e definitivo cumprimento no domingo sem ocaso. A leitura semicontínua do Evangelho é a proclamação do Cristo Senhor Ressuscitado, contemplado, episódio após episódio, na sua vida histórica entre as pessoas. Na contemplação cotidiana das palavras e dos gestos de Jesus, podemos colher a atitude fundamental que guia a vida de Cristo, isto é, a sua disponibilidade total para realizar a vontade do Pai até a total oferta de si mesmo. Assumir o mistério de Cristo no Tempo Ordinário significa levar a sério o ser discípulo, acolher e seguir o Mestre na vivência cotidiana, não para colocar entre parênteses a vida ordinária, mas para marcá-la como momento salvífico. A mesma leitura semicontínua de outros livros do Antigo e do Novo Testamento oferece a possibilidade de mensurar nosso seguimento/imitação de Jesus com as grandes esperanças do povo de Deus e com a perseverante fidelidade das primitivas comunidades cristãs. O Tempo Ordinário é tempo de contínuo confronto e de enxerto entre o mistério de Cristo e a nossa vida de crente.

A maior presença no *Calendário* dos mártires e dos santos neste período do Ano Litúrgico deve ser considerada na perspectiva de um aprofundamento do mistério de Cristo em nós. Os santos, particularmente os mártires, participam da plenitude do mistério pascal do Senhor e a sua santidade existe em função dessa participação. Os santos são tais à medida que se identificam com Cristo, à medida que vivem plenamente em comunhão com o Cristo da Páscoa. A santidade não é outra coisa senão o desenvolvimento supremo da graça batismal. Portanto, ela é comunhão com Cristo no mesmo ato da sua morte e ressurreição, na sua Páscoa. Sendo assim, eis que todas as formas de expressão

ANO LITÚRGICO

da santidade cristã modelam-se no exemplo de Cristo morto e ressuscitado, do Cristo do mistério pascal. É nesse contexto que os santos são propostos como *modelos* de vida cristã e válidos *intercessores* do povo de Deus (cf. SC, n. 104). Longe de concorrer com a celebração dos mistérios do Senhor, o culto dos santos exprime a sua feliz aplicação na aventura da humanidade.

O Ano Litúrgico, embora reproponha os grandes acontecimentos da vida terrena de Jesus, não os considera somente sob um ponto de vista histórico--cronológico nem os apresenta como simples modelos para serem imitados. O Ano Litúrgico celebra o mistério de Cristo como acontecimento salvífico que se torna presente no tempo, para nós, na escuta da Palavra de Deus e na participação dos sacramentos. Portanto, o Ano Litúrgico tem um caráter sacramental; é mais uma *memoria* que uma *imitatio*, mais uma *anamnesi* que uma *mimesi*. Consequentemente, a espiritualidade do Ano Litúrgico exprime--se como um processo de transformação progressiva no Cristo. No decurso do ciclo anual, a comunidade cristã é chamada a redescobrir, a celebrar e a viver o dom da salvação.

Concluindo, pode-se afirmar sinteticamente que a teologia do Ano Litúrgico pressupõe e integra *tout court* aquilo que pode ser chamado de Teologia Fundamental da Liturgia. Se o Ano Litúrgico é celebração anual do mistério de Cristo na sucessão do tempo, a sua teologia é fundamentalmente a mesma teologia da liturgia. Portanto, o elemento específico da teologia da liturgia deve ser procurado simplesmente no fato de que o mistério de Cristo é celebrado ciclicamente no tempo, isto é, no espaço de um ano solar. A sucessão dos tempos litúrgicos e das festas faz uma leitura particular do mistério de Cristo, que emerge dos ritos e dos textos bíblicos e eucológicos utilizados pela Igreja na celebração do mistério de Cristo.

5. O ANO LITÚRGICO, ITINERÁRIO DE VIDA ESPIRITUAL

Pelo Batismo, cada cristão está inserido no mistério pascal de Cristo morto e ressuscitado e é, portanto, chamado a seguir Jesus Cristo e a conformar a própria vida com a dele, caminhando na nova vida (cf. Rm 6,4). Paulo exprime seu pensamento naquela forma dialética usual, que coloca em relevo os dois polos do acontecimento pascal e, consequentemente, os dois polos da existência cristã. Graças ao Batismo, trata-se de uma existência estruturalmente assinalada por uma forma e por um ritmo pascal: morte-sepultura/vida-ressurreição; crucificação do ser humano velho/libertação do pecado e caminho para uma vida nova. Portanto, é preciso que da vida nova comunicada no sacramento se passe a uma vida cotidiana renovada à imagem de Cristo. Contudo, este princípio novo de vida redimida recebido no Batismo está contido em uma natureza humana ferida pelo pecado e sobreposta à incoerência e à debilidade da carne. Por isso nos é assegurado um alimento, que é o Corpo de Cristo no seu ato redentor.

A íntima união com o Cristo pascal, inaugurada com o Batismo-Confirmação, cresce, desenvolve-se e se consolida na assídua participação na Eucaristia (cf. SC, n. 6). Com efeito, "na santíssima Eucaristia estão encerrados todos os bens espirituais da Igreja, isto é, o mesmo Cristo, nossa Páscoa..." (PO, n. 2). Portanto, é nela que cada pessoa crente é chamada a viver em plenitude o mistério pascal do Cristo.

A resposta cristã ao dom que o Senhor faz incessantemente da sua vida divina encontra sua mais alta expressão quando a pessoa crente renova analogicamente o sacrifício de Cristo, isto é, une-se a ele na oferta da própria vida ao Pai, mediante o Espírito Santo. Com efeito, a perfeição cristã não é outra coisa senão a comunhão pessoal com Cristo, com a sua Pessoa, com a sua vida, com o seu mistério, pelo poder do Espírito. E essa união com Cristo se pratica através da *imitação*, que nasce do sacramento. Portanto, pode-se afirmar que toda verdadeira experiência cristã é substancialmente uma experiência sacramental, que repropõe o mistério pascal, concreta e existencialmente.

Inspirando-se na doutrina de Leão Magno, já se falou que o mistério de Cristo está encerrado no sacramento. Antes, Cristo é o *sacramento* enquanto aplica a ação divina em nós, mas é também *exemplo* enquanto suscita a resposta humana a essa sua ação divina, convidando, pois, para a *imitação*. Desse modo, é por Cristo sacramento que se volta para Cristo, que é a realidade plena através da imitação. Não se trata de duas coisas diversas, mas de dois aspectos diversos e complementares da mesma realidade, do mesmo sacramento de

Ano Litúrgico

salvação. O exemplo é a própria ação divina, na qual se realiza a salvação e que se torna modelo do agir humano. A comunhão com Cristo realiza-se pela imitação que nasce do sacramento. Este é uma ação salvífica que a pessoa humana recebe de Cristo; o exemplo é uma ação salvífica que se imita em Cristo; a imitação deriva do sacramento como o agir deriva do ser. Dessa forma, a vida espiritual é definida como perfeição cristã, além de todo moralismo filosófico que pudesse estabelecer uma perfeição puramente humana da pessoa.[52]

Portanto, por um lado o acontecimento litúrgico não é propriamente diverso do mistério salvífico de Cristo; por outro lado, porém, o evento litúrgico, enquanto "culto espiritual" (Rm 12,1), realiza-se plenamente somente "se introduzido" na existência cristã concreta, isto é, tornando-se "experiência" cristã no Espírito. O mistério "acreditado" e "celebrado" possui em si um dinamismo que faz dele princípio de vida nova em nós e forma da existência cristã.[53] A separação entre liturgia e vida conduz inevitavelmente ao empobrecimento de ambas. A liturgia que não assume a existência para transformá-la, cai no formalismo da cerimônia. O empenho na vida sem a celebração torna-se uma obra da pessoa humana que não é aberta ao mistério e se reduz, portanto, a uma pretensão privada de fundamento.[54]

O mistério de Cristo confessado, celebrado e contemplado cotidianamente, e seguindo os ritmos dos grandes ciclos do Ano Litúrgico, foi o alimento substancial da espiritualidade de gerações inteiras de cristãos do primeiro milênio. Quando, no decurso do segundo milênio, a experiência espiritual não foi mais interpretada pela celebração litúrgica, acabou-se, para encontrar-se exclusivamente em outros tipos de celebrações colaterais à liturgia. Vários são os autores que, tendo colhido esta verdade, ocuparam-se nos últimos decênios da espiritualidade vivida no conteúdo ou segundo o ritmo do Ano Litúrgico.

A fim de construir uma espiritualidade que seja fundada sobre a celebração do mistério de Cristo, do qual o Ano Litúrgico é memória sacramental, é

---

[52] Cf. S. Marsili, *Mistero di Cristo e liturgia nello Spirito*, a cura di M. A. Abignente (Teologia Spirituale 1), Libreria Editrice Vaticana, Città del Vaticano 1986, 138-144.

[53] Cf. Bento XVI, Exortação Apostólica *Sacramentum caritatis* 70.

[54] Cf. M. Augé, *Spiritualità liturgica. "Offrite i vostri corpi come sacrificio vivente, santo e gradito a Dio"* (Universo Teologia 62), San Paolo, Cinisello Balsamo 1998, 42-47.

TEOLOGIA E ESPIRITUALIDADE DO ANO LITÚRGICO

indispensável retificar algumas perspectivas: em primeiro lugar, a perspectiva analítico-devocional ou ascético-mística, que analisa e contempla os mistérios de Cristo não tanto como eventos salvíficos mas antes como episódios "edificantes", idôneos para suscitar a piedade, a devoção e a imitação moral.[55] Em segundo lugar, a perspectiva ontológica e jurídica, que busca explicar a essência de Jesus Homem-Deus e considera os mistérios do Senhor simplesmente como fontes de méritos infinitos para nós.

Sem negar o aspecto de verdade existente nestas perspectivas, é preciso evidenciar a visão, a função e o dinamismo do mistério de Cristo, analisado e operado pela ação litúrgica. A Constituição sobre a Liturgia do Vaticano II, após ter descrito "a obra da redenção humana e da perfeita glorificação de Deus [...] realizada por Cristo Senhor, principalmente por meio do mistério pascal..." (SC, n. 5), afirma a presença de Cristo (e do seu mistério)[56] com estas palavras: "Para realizar uma obra assim grande, Cristo está sempre presente na sua Igreja, especialmente nas ações litúrgicas..." (SC, n. 7).

Conforme se dizia acima, este mistério está presente e comunicado na Palavra e nos sacramentos, de forma especial na Eucaristia (cf. LG 7; PO 5 etc.).

A Liturgia é celebração do mistério de Cristo na Igreja; mistério que é uma realidade perenemente atual. A presença do mistério de Cristo na liturgia não é estática, mas é dinâmica, de comunhão-comunicação, que espera da assembleia eclesial e de cada um de seus membros a acolhida do mistério objetivo na subjetividade da vida teologal: "Nos ritmos e nas atividades do tempo recordam-se e vivem-se os mistérios da salvação". Este anúncio feito no dia

---

[55] Note-se que, segundo São Paulo, existe um conhecimento de Cristo "segundo a carne" e um "segundo o Espírito" (Rm 1,3-4). A manifestação de Cristo "segundo a carne" foi a fase imperfeita, inicial e transitória da sua revelação. Depois que foi "reconhecido justo no Espírito", Jesus iniciou o seu destino mais verdadeiro. Do momento no qual foi "elevado na glória" (1Tm 3,16), "o Senhor é o Espírito" (2Cor 3,17). Cristo é "o homem celeste", "corpo espiritual", antes "espírito que dá a vida" (cf. 1Cor 15,44-49). Livrado da "carne, que não serve para nada" (Jo 6,63), Jesus adquiriu no "ser espírito" a realidade mais verdadeira, não somente para si mesmo, mas também para as pessoas que acreditam nele. Portanto, o autêntico conhecimento de Cristo não é o "segundo a carne", e sim aquele "segundo o Espírito".

[56] "O mistério diz respeito ao plano divino que realiza a economia universal da salvação. Mas além disso, porque a realização desse plano é obra de Cristo, ou porque o plano divino se concretizou em Cristo – é-se quase tentado dizer: porque Cristo é a sabedoria de Deus, como é sua imagem –, uma revelação do plano da salvação é coextensivamente uma revelação centrada sobre a pessoa de Cristo e sobre o seu modo de realizar o plano divino. A pessoa de Cristo está identificada com a sua obra" (L. Cerfaux, *Cristo nella teologia di S. Paolo*, Ave, Roma 1969, 339)

da Epifania dá-nos de forma simples e imediata o sentido e o valor do Ano Litúrgico: "recordar" e "viver". O tempo salvífico do Ano Litúrgico tem uma referência essencial com a Igreja, é *para* a Igreja. O mistério de Cristo celebrado torna-se, destarte, a vida da Igreja. Esta, por sua vez, prolonga e completa o mistério de Cristo.

A vida espiritual do crente, no seu conjunto, deveria ser definida, primariamente, não tanto pelas situações concretas nas quais se encarna e muito menos pelas modalidades exteriores pelas quais se exprime e se realiza (comunitária ou individual; objetiva ou subjetiva; pública ou privada etc.), mas sim mediante sua referência fundamental ao que é decisivo em toda experiência de vida cristã: ser *memória viva* do mistério de Cristo. Nesta tensão em direção à experiência cristã, na qual o evento pascal de Jesus Cristo é chamado a se inserir, manifestam-se com maior evidência tanto a multiplicidade dos canais que podem contribuir para a sua realização quanto a centralidade do momento celebrativo constitutivamente desejado para ser rito memorial da Páscoa de Jesus.

Não é preciso supervalorizar que somos herdeiros de uma espiritualidade que no decurso do segundo milênio estruturou-se fora da força litúrgica. Por outro lado, não está ainda plenamente maduro um modelo de espiritualidade que realize uma síntese harmônica entre liturgia vivida, pessoal e comunitariamente, e as práticas e os valores ligados à espiritualidade precedente. Na busca dessa síntese são indicados alguns valores fundamentais: o itinerário celebrativo do Ano Litúrgico a ser feito sob a guia da *Palavra de Deus*, para recolher diretamente da Palavra proclamada, em sintonia com a interpretação da Igreja, o consenso e a mensagem de cada tempo e de cada domingo. Trata-se de um itinerário *existencial*: a vida inteira está coenvolvida no caminho litúrgico e é por ele iluminada, sem reduzir tudo a liturgia, mas inserindo a celebração na vida como um fermento. Finalmente, é preciso redescobrir neste itinerário a sua *dimensão comunitária*: o Ano Litúrgico é itinerário de fé e de vida das pessoas e da comunidade em uma interação recíproca e fecunda.

Pode-se concluir estas reflexões sobre o Ano Litúrgico como itinerário de vida espiritual afirmando, com Divo Barsotti:

Existe uma conversão entre culto, teologia e mística: aspectos diversos de um só mistério que permanece inteiramente incompreensível embora desvelado, incomunicável embora oferecido como dom de amor, inacessível embora possuído pela pessoa e tornado sua própria vida.[57]

"Amém. Vem, Senhor Jesus!" (Ap 22,20).

---

[57] D. Barsotti, *Il mistero cristiano nell'anno liturgico*, Libreria Editrice Fiorentina, Firenze 1956², 16.